한국의 서구 법제 계수의 문화사적 배경

표 성 수

국민대학교 출판부
KOOKMIN UNIVERSITY

글을 쓰는 것은 대학에 근무하는 사람으로서는 마땅히 할 일이거니와 그만큼 어렵고 부담스런 일도 없다고 생각한다. 틈틈이 짧은 분량의 논문을 쓰는 일은 계속하여 왔으나 10여 년 만에 4번째 연구서적으로 단행본을 내기로 하고 초고를 만드는 작업을 시작한지 약 2년 만에 부족한 책 한 권을 완성할 수가 있었다.

시간이 이처럼 걸린 것은 필자의 부족한 재능 때문이기도 하려니와, 특히 이 책에서 다루고자 한 것이 필자의 본래 전문분야가 아닌 타 학문영역과 겹치는 분야여서, 기본적인 역사적 자료 확인 등 과정을 거칠 수밖에 없었기 때문이다.

제목이 말해 주는 바와 같이, 이 책은 전문 법률 서적이 아니다. 그렇다고 필자가 전공으로 삼지 않은 분야, 즉 역사적 문제를 직접 다룬 것이라고 하는 것도 주제넘다. 그러나 우리 법이 성립하게 된 경위와 과정을 되돌아보려고 마음먹은 만큼 주로 과거의 역사, 특히 일본의 근대화 및 법제과정과 이에 대한 우리의 대응을 정리할 수밖에 없었으니 굳이 말하자면 법제사, 문화사에 근접한다고나 할까.

글을 쓰는 사람들은 항상 몇 가지 문제를 사전에 생각할 것이라고 추측한다. 이 글을 어떤 사람이 읽을지, 얼마나 읽을지 등 정보 수령자인 독자를 염두에 둔 갖가지를. 따라서 어떤 사람을 대상으로 할 것인지를 대략 상정하고 글을 쓰는 작업에 임하는 경우가 대부분일 것이다. 그러나 필자의 경우 어떤 책이나 글을 쓰건, 누가 읽을 것이며 얼마나 읽을 것인지를 가급적 고려하지 않으려 해 왔고 이 책도 마찬가지다.

운명처럼 그저 글을 읽고 쓰는 일을 하게 되었으니 틈틈이 관심이 가는 글을 읽으면서 거기서 생각을 얻고 이를 다시 쓰고 싶은 대로 쓸 뿐이다. 해서 이 책을 씀에 있어서도 법률가를 염두에 두거나 역사학자의 반응에 신경을 쓰지 않으려 했고, 더구나 내용을 재미있게 분식해서 일반인에게 읽을 기회를 넓히겠다는 생각을 하지 않았다. 그러니 글을 씀에 있어서 이를 고려한 한계나 제약이 없다.

일반인이 그저 잘 알지 못하는 분야이거나 관심과 재미가 없어할 내용일지라도 생각나는 대로 쓴다. 그 뿐이다. 이러니 글을 씀에 있어서 자유로움이 적지 아니하나 혹시 절제가 부족하지나 않을까 하는 우려도 없지 않다. 하나 그러면 어떠랴. 어차피 대가 없는 자유란 없음에.

주지하는 바와 같이 대한민국의 법은 국가의 성립 이래 우리의 의사와 무관하게 일본법을 거의 그대로 계수하여 왔다. 그리고 그 일본법은 근대화의 과정을 거치면서 주로 독일법을 본받은 것이다. 결국 우리 법의 문화사적 배경을 찾아나서는 작업은 일본의 서구화 과정과 이에 대한 조선의 대응, 그리고 서구법 계수의 과정을 확인하는 작업에 다름 아니다.

이 책은 크게 3개의 장으로 나뉘어져 있다. 이는 역사를 전공하는 분들이 학문적으로 확립한, 시대적 구분을 따른 것이 아니고 필자가 나름대로 이 책에서 정리하고자 한 내용에 따라 구분한 것인 만큼 견해를 달리하더라도 널리 이해를 구한다.

제1장은 주로 일본이 근세라고 구분하는, 전국시대 대명들의 각축 끝에 통일을 이루고 도꾸가와 막부가 일본을 수백 년 지배하는 동안 근대화의 길로 들어선 과정을 중점적으로 살펴보았다. 이는 본문에서도 자주 언급한 바와 같이 일본이 서구의 문화를 직접 받아들여 중국, 한국 등의 유교문화권에서 서서히 이탈해가는 과정으로 이로써 일본은 서구화, 산업화의 첫걸음을 내딛고 중국 등을 앞서 나가기 시작했던 시기이다.

제2장은 일본에서 명치유신이 성립한 이후 우리 국권을 침탈하기까지의 일본의 급격한 팽창의 과정과 이와 대비되는 우리의 사정을 정리하였다. 이 과정에서 일본은 서구와 같은 수준의 제국주의 반열에 들어서고 조선 등 주변 국가들을 식민화하는 등 제동 장치 없는 군국화의 길로 줄달음치다가 패전과 함께 잘못된 걸음에 종언을 고하였다.

제3장은 이러한 문화사적 배경을 바탕으로 본격적으로 일본의 근대법제가 이루어지는 과정과 함께 일본을 통한 서구법계수의 상황을 살펴보았다. 국권침탈로 인하여 해방 이후 근대적 법률가, 법률문화가 거의 전무한 상황에서 부득이 이러한 과정을 겪을 수밖에 없었고, 그 여파가 지금도 상당히 남아 있을 수밖에 없는 현실을 아울러 정리하였다.

이 책은 학술논문이 아니고 전문법률이론을 다룬 서적 또한 아니며 오히려 책의 상당 부분은 역사적 사실을 토대로 그 흐름을 정리한 것이다, 그런 만큼 관련 학자들의 평가적 의견이 있는 경우 각주를 통해 그 원전을 밝혔으나 이미 어느 역사서에서도 등장할 만큼 널리 알려진 역사적 사실에 대해서는 굳이 저서를 인용하는 것이 부적절하다는 판단 하에 이는 생략하였다.

마지막으로 이 책을 펴냄에 있어서 도움을 주신 분들에게 이 기회에 감사의 인사를 표하고자 한다. 국민대학교 출판부에서는 부족한 원고를 기꺼이 학교의 예산과 지원으로 출판을 허락하여 주셨다. 이 기회를 빌려 고마움을 표한다. 그 밖에 법과대학의 행정직원들도 필자가 저술을 함에 있어서 크고 작은 일들을 성심껏 도와주어 집필에 열중할 수 있게 해 주었다. 모두 감사한 분들이다.

2017년 눈이 부시게 푸른 늦여름에.

저 자.

목 차

과거를 거슬러 올라가는 여정

필자가 법학에 처음 입문한 지 40여년이 지났다. 대학에서 처음 법학을 교육받으면서 그저 무심코 교수님들이 지정해 주는 대로 민법, 형법, 헌법 등 기본 3법과 행정법, 상법, 소송법 등의 교과서를 중심으로 법리를 학습하였다. 이 법들이 어디서 온 것이며 어디서 비롯된 것인지에 대한 관심과 의문은 전혀 없었다. 그저 우리의 법이거니 하면서 배우고 이를 통해 법조인의 길을 가겠다는 생각밖에 없었으므로……

교과서에는 어느 법을 막론하고 일본학자들의 이름이 다수 등장하였고 더러 형법의 경우 마우라흐나 벨첼과 같은 독일학자들의 저서나 이론도 다수 인용문에서 소개되었다. 그러나 영미의 학자들이나 프랑스의 법학자들은 거의 없었다. 왜 그런가? 그 점에서 대해서도 깊이 생각한 적은 없다. 피상적으로는 법학의 분야에 독일학자나 일본학자들의 연구가 월등히 우수한 탓이거나 일본학자들의 이름은 그저 우리가 일본의 지배를 장기간 받았으니 그럴 수밖에 없었을 것이라고…… 그 정도였다.

약 25년간 현직에서, 또 재야법조에서 실제 사건을 처리하다가 대학 측의 요청이 있어 학생들을 상대로 형사법의 강의를 하게 되었다. 요청에 잠깐의 망설임이 없지 않았으나 이전에도 동료 법조인들에 비하여 강의를 많이 하여 비교적 익숙한 분야라고 생각하고 있던 터이라 오랜 시간을 끌지 않고 결정할 수 있었다. 법무연수원, 사법연수원 등에서 예비법조인들을 상대로 실무 강의를 오래 했었고 더러는 기업체, 사회단체, 대학 등으로부터 특강요청을 받아 강의를 한 일도 적지 않았다. 다만 대학의 이론 강의와 연수원의 실무 강의는 그 포인트와 강의의 질이 다소 다른 만큼 학부나 대학원의 학생들을 상대로 하는 이론 강의의 준비를 새로 하면서 오랜 기간 묻혀 있었던 의문이 다시 떠올랐다.

필자가 대학에서 형법을 처음 배우던 시절보다 교과서는 매우 두터워져 있었고 학문적 발전이나 많은 판례의 집적으로 이론은 상당히 정치해지고 복잡해졌으나 그 기본은 여전히 독일법 중심의 이론이었다. 최신의 독일 이론이 독일학자들의 이름과 함께 소개되고 이를 토대로 많은 학자들이 찬반론을 전개하면서 우리 형사법의 흐름을 주도하고 있었다. 다만 이러한 독일의 이론을 그대로 인용하는 학문적 경향에 대하여 일부 학문사대주의라고 비판하는 분도 있었으나 대부분의 학자나 심지어 우리 법원의 실무가들이 내놓는 판례들 또한 독일법 중심의 형사법 이론 등을 실무에 적용함에 있어 큰 문제제기를 하는 것 같지 않았다.

필자 스스로 독일법 이론이 잘못된 것이거나 또는 많은 법제 속에서 가장 우수한 법제라는 식의 평가를 할 의도는 전혀 없다. 법제라는 것은 해당 국가가 오랜 전통과 역사, 문화적, 사회적 기반 위에서 국민들이 가장 적합한 것이라는 선택 끝에 이루어진 것이고 어떤 법제가 다른 법제에 비하여 우월하거나 열등하다는 식의 평가를 하는 것 자체가 매우 부적절하다고 여기기 때문이다. 다만, 법제의 형성과 유지, 발전에 있어서 과거와는 달리 다양한 법제를 연구하고 이를 활용하는 경우는 적지 않은바, 이 경우에도 다양한 가치관 중 어떤 가치와 이념을 우선시하는가라는 선택의 문제는 항용 있게 마련이고 이러한 가치의 측면에서 어떤 점이 우선시되고 어떤 부분이 뒤로 밀리는가라는 선택이 있을 수밖에 없다. 궁극적으로 이는 국민들의 보편적 이해와 이익을 위해 국민들 스스로가 선택하는 것이라고 생각한다.

이런 측면에서 최근 우리나라의 여러 차례의 사법개혁의 과정에서 논의되고 실천된 바에서 보듯이 독일 중심의 유럽 대륙법계로부터 영미법계의 제도들로의 변화가 점차 확대되고 이를 중심으로 사법의 틀이 변모해 나가는 것도 충분히 이해가능하다. 뿐만 아니라 20세기 후반 영국이 전통적인 Anglo American 법역의 절차와 제도에서 소위 대륙법계로의 변화를 모색한 것이나 그 무렵 전제적 정치체제에서 민주체제로 변모한 스페인이나 러시아가 지난 세기부터 이미 폐기 추세에 있는 배심제를 다소 변형된 형태로 채택하는 등 영국식의 제도변화를 추구한 것도 충분히 이해할 수 있다.

다만, 이러한 법제의 선택과 유지, 발전, 변경 등은 대개 국민적 합의 위에서 국민들이 선택하는 과정과 절차를 거쳐 이루어진 것이며 또 그래야 한다. 그러나 우리의 경우는 어떠한가. 최초로 한반도에 시행된 서구의 법제는 일제의 국권 침탈에 이은 점령 하에서 우리의 의사와 무관하게 일본이 선택한 독일식의 법제였다. 또한 해방 이후 우리가 급하게 법제를 결정하는 과정에서 매우 제한된 인적, 물적 자원의 범위 내에서 일본법과 독일법을 택하게 된 것 또한 어쩔 수 없는 일이었다. 비단 법의 형식과 내용 뿐 아니라 법을 집행하는 절차나 사법기관의 구성 등에 있어서도 대부분 일본식으로 변형된 독일법제를 따랐다.

그러나 그 이후 많은 시간이 경과했음에도 우리의 법제는 다소의 변화를 겪었을 뿐 큰 테두리에서는 이러한 범주를 벗어나지 못하고 있다. 이러한 상황 또한 충분히 이해가능하며 이를 두고 그 당, 부당을 논의할 의도는 없다. 다만 필자의 관심은 우리는 왜 일본을 통해 독일의 법제를 받아들일 수밖에 없었는가에 있었으며, 법조 실무와 대학에서의 학문적 연구에 시간을 보내면서 어느 정도 여유가 생기면 이를 한번 구체적으로 탐색하여야겠다는 생각을 막연하나마 한 적이 있다.

필자는 10여 년 전 정부의 출장으로 프랑스 파리에 간 기회에 근교의 지베르니를 들른 일이 있다. 평소 서양회화에 관심이 있어 해외에 나갈 때마다 그 도시의 미술관은 거의 빠짐없이 다니는 것이 습관처럼 되어 있던 터였다. 잘 알려진 대로 그 곳은 인상파의 대가 끌로드 모네가 만년에 수련을 가득 심은 정원을 가꾸면서 태양의 빛과 방향에 따라 연작을 그리는 등으로 작품 활동을 하면서 기거한 곳이기도 하다. 정원을 지나 저택과 작업실 안으로 들어가 보니 막상 모네의 작품은 거의 볼 수 없었고 모네가 수집한 것으로 보이는 일본의 판화 그림이 가득 전시되어 있었다. '우끼요에(浮世畵)'라고 불리는 일본의 대표적인 풍속화 류의 판화작품들이었다.

대략 인상파의 주류가 일본 판화의 영향을 받은 것을 알고는 있었지만 1800년대 중반에 이러한 일본의 풍속화가 서양화단의 핵심인 파리를 점거한 것은 어떤 연유에서일까. 우리의 경우 일세를 풍미한 단원이나 혜원의 풍속도가 그 주제설정과 표현의 기법, 절제와 해학 등에서, 또한 예술성이나 완성도에 있어서 일본의 우끼요에에 조금도 손색이 없다고 필자는 생각해 왔다. 그러나 우리의 회화에 대해 유럽의 전통 화단은 조금의 관심도 가진 적이 없고 그 영향을 찾아볼 수 없다.

파블로 피카소가 한 때 간결하면서도 다소 과장된 형태의 아프리카 조각들에 관심을 두고 이를 모티브로 회화, 조각 등에 많은 작품을 남긴 것으로 알려져 있지만 일본의 판화 역시 원색 위주의 강렬한 색채와 인상, 형태의 과장, 원근과 명암을 무시한 대상의 배열 등에서 당시 유럽의 주류 화단에서는 매우 이색적으로 여겨졌을 것으로 보인다.

이런 몇 가지 예에 있어서도, 그 경위는 자못 궁금증을 자아내는 것이었으나 이는 전반적으로 일본과 유럽 사이의 문화적 관계, 특히 교류까지를 의미 있게 살펴보는 과정을 겪어야 풀릴 일이었다. 더러 세계의 법제와 법제사를 다룬 저서에서 이러한 문화적 흐름에 대하여 그 과정과 원인에 대한 자세한 언급 없이 피상적인 결과를 중심으로 문제를 다룬 경우를 접하였으나, 이는 그야말로 관점이 좁고 근원적인 문제에 대한 접근이 생략되어 있는 경우가 대부분이었다. 보다 기본적으로 이를 규명하기 위해서는 결국 역사적, 문화적 시대상황을 거슬러 올라가면서 정리할 수밖에 없다고 생각되었다.

우리는 어느 국가를 막론하고 명목적이건 형식적이건, 아니면 실질적이건 법을 기초로 정치와 사회질서가 유지되고 국가의 운영과 개인의 경제적, 문화적 삶이 이루어지는 소위 법치국가를 표방하는 시대에 살고 있다. 과거 인치시대에 군주의 의사가 곧 국민에 대한 절대적 명령이고 이를 지키면 생존하되 그렇지 아니하면 엄중한 처벌을 받아야 하는 것과 달리 법치는 국민의 보편적이고 합리적인 의사를 문서화의 형식으로 만든 법을 통해 모든 사회적 규율이 확립되고 질서를 유지하는 것을 원칙으로 한다. 그런 만큼 법의 제정은 국민의 의사를 따라 이루어져야 하고, 행정과정에서의 집행과 사법적 쟁송의 판단에 있어서도 이러한 의사가 기준이 되어야 함은 말할 것도 없다.

그런 만큼 법을 논하는 사람들에게는 우리의 법이 언제, 어떤 형식으로 어떤 절차를 밟아 만들어졌는지, 또한 그 법은 우리 국민의 의사를 얼마나 제대로 반영하였는지를 확인하는 것이 매우 중요한 책무이다. 우리가 법치주의를 표방하고 그 중에서도 실질적 법치주의를 이상으로 삼는 이상, 이러한 법제의 과정과 배경을 한번 살펴보는 것은 실천적 측면을 넘어 이론적 측면에서도 매우 뜻있는 일이라고 할 수 있다.

돌이켜 보면 우리는 그 동안 공직부패, 정경유착 등 수많은 법치주의의 왜곡과 혼란의 현상을 겪어 왔다. 어쩌면 과도기적 현상이라고도 할 수 있는 이러한 정의의 훼손은 우리가 국가운영과 의사결정에 있어서 전범(典範)으로 삼아야 할 법 제정과정에서의 문제, 즉 국민들의 합리적인 의사를 반영한 결정의 과정이 생략되고, 일본이 군국화의 과정에서 합리성과 공정성을 무시하고 국가우선주의라는 전근대적 방침에 따라 만들어낸 법의 시행과 함께 그로 인한 법문화가 부득이한 사정으로 우리에게 계수됨으로써 일정 정도 영향을 미친 것은 아닐까. 그로 인하여 입법과 행정, 나아가 사법의 과정에 이르기까지 실질적 법치주의의 혼란상을 초래한 것은 아닌가. 깊이 연구해 보아야 할 과제라고 생각된다.

과거 필자가 법조인 양성의 사법시험을 칠 무렵에는 문화사라는 과목이 1차 과목으로 편성되어 있었다. 문화와 법은 어떤 관련이 있기에 이런 과목이 들어가 있었을까. 인류학자인 Edward. B. Tyler에 의하면, 문화 또는 문명은 한 민족의 지식, 신앙, 예술, 법률, 관습 등 사회의 구성원으로서 인간이 가진 능력과 습관을 포함한 총체적 개념이라고 하였고, 철학자 Immanuel Kant는 법칙을 스스로 신성시하고 그것을 준수하는 것에서 인간으로서의 존엄성의 근거를 찾기도 하였다. 이러한 설명들에 의하면 법을 연구하고 집행하는 것은 인류의 문화현상의 한 중요한 부분이라는 점을 이해할 수 있다.

또한 베를린 대학의 교수로 역사법학의 태두로 일컬어지는 Friedrich Karl von Savigny 의 '사회 있는 곳에 법이 있다'거나 '생활 있는 곳에 법이 있다'는 표현도 마찬가지로 법을 하나의 문화현상으로 이해한 것으로 판단된다. 나아가 Bernhard Grossfeld 박사는 문화와 사회질서의 사이에는 수요와 공급의 사이에서 보는 것과 같은 상관관계가 존재하며, 어떤 문화도 전체로서 하나의 개체를 이루며 각각의 말단부분에 반영되어 동일한 정신을 반영하는데, 법은 이 정신을 구현한 것이고 그 정신으로부터 법이 생기는 만큼 결국 법은 '문화적 태도'를 나타낸 것이라고 정리한 바 있으니 같은 맥락이라고 생각된다.

이러한 취지를 요약하면 법은 정확히 문화, 문명현상의 일환이며 문화 그 자체라는 논리도 타당하다. 그러므로 문화현상과 그 흐름의 이해는 법의 내용과 그 가치에 대한 이해의 바탕이기도 하다. 나아가 법의 기본적 소재는 국민과 국가형성의 전 역사적 현상에 의하여 부여된 것이라는 공리도 타당한 것으로 이해된다. 이런 만큼 법의 역사와 현상을 문화의 전개현상으로 이해하고 우리 법의 과거나 현재에 대한 이해 뿐 아니라 글로벌 시대에 미래의 법을 탐구해 나감에 있어서는 이러한 문화사적 조망을 놓쳐서는 안 된다. 이러한 논리를 바탕으로 필자는 역사학이나 문화사를 전공한 사람이 아님에도 우리 법의 원류인 일본의 법제와 또 그 원류인 독일법 계수의 배경으로서의 문화적 흐름을 감히 조명해 보기로 하였다.

필자가 사법연수원에서 교육을 받을 무렵에는 일본의 법서를 읽고 이해하는 것이 무엇보다 절실하였던 터에 일본어 강독과목이 있었고 당시 부원장님께서 이 강의를 손수 하셨다. 뿐만 아니라 사법연수원에서 부교재로 많은 학생들이 구입한 법서는 주석민법, 주석형법, 주해민사소송법 등 거의 일본의 법서였으며 법률가로서 많은 현실적인 문제에 부딪힐 때마다 찾아본 것은 대개 일본의 책, 논문이었고 판례 또한 일본의 것을 다수 참고하였다.

예를 들면, 법조 실무가로 근무할 즈음 명예훼손에 관한 고소사건이 실제 배당되어 처리함에 있어서, 언론의 자유 등과의 헌법적 문제, 위법성조각사유 등 해결되어야 할 법적인 문제가 상당히 있었으나 우리의 학계나 실무가들의 이 부분에 대한 이론적 접근이나 설명, 판례가 거의 없는 상황이었다. 부득이 법원도서관 등에서 일본의 기존 판례와 이론서 등을 참고하였고, 더러 여기에 인용된 1960년대 이후 미국 연방대법원의 판결 등을 확인하면서 사건을 해결할 수밖에 없었다.

또한 주지하는 바와 같이 비단 형법 뿐 아니라 다른 법역에서도 일본 규정의 내용과 체제를 거의 그대로 갖다 쓰는 바람에 그 원칙과 이론적 체계가 거의 같다고 보아 틀림이 없다. 일본법을 실제 다룬 실무가나 학자들은 잘 알겠지만 일본이 우리보다 먼저 근대법제를 확립한 만큼 어떤 법률문제이든 당시로서는 그 연구의 양과 질이 압도적으로 우리의 경우를 앞서고 있었다.

왜 우리는 이와 같이 법의 영역에서도 일본어를 학습한 뒤 일본의 이론과 판례이론을 참고하여 사건을 해결하여야 하고, 그것도 부족하다고 하면 아예 일본법의 원류인 독일을 찾아 연구하고 돌아와 학생들이 읽기에도 버거운 독일법학자들의 이름을 교과서의 주석에 잔뜩 기술하면서 그 이론을 설명하고, 그에 따라서 우리의 법 문제를 해결하는 것이 당연한 상황인 것처럼 되었는가. 법도 문화의 한 부분일진대 이러한 문화적 흐름은 어디에서부터 어떤 경위로, 어떤 배경 때문에 이루어진 것인가.

필자가 대학에 적을 둔 지 이제 13년이 지났다. 대학이란 잘 아는 바와 같이 이것저것 얽매임이 없이 자신의 연구영역에서 각자가 관심분야로 여기는 것을 생각해 보고, 또 글로 적어 발표하고, 나아가 이런 문제들을 학생이나 동료들과 서로 교류하는 자유로움이 무엇보다 중요한 가치이고 또 대학생활이 주는 매력이기도 하다. 여러 가지 잡다한 행정업무에서 벗어나다 보니 다소 시간적 여유가 생겼고 이제 그동안 묻어 두었던 이 문제를 한 번 되짚어 살펴 볼 생각을 하게 되었다. 그러나 글을 쓴다는 것,

또 나아가 책이라고 이름 붙여질 정도의 분량을 홀로 확인하면서 글로 기록해 나가는 것이 쉬운 일이 아닌 것은 이런 쪽의 전문가라고 하는 교수들도 마찬가지이다. 그러나 그 작업의 어려움보다 그저 궁금해 왔던 관심의 무게가 더 컸던 것인지, 스스로 약 2년간의 계획으로 그 작업에 들어가 보기로 하였다.

필자를 포함하여, 역사, 문화사의 전문가가 아닌 우리는 일반적으로 중국의 문화를 우리나라가 도입한 후 해상로를 통하여 이를 일본에 전파하였으며, 따라서 우리는 일본에 문화를 전하여 준 문화선진국이었으며, 그 예로 한자와 불교 등을 들었다. 또한 일본 천황의 가계는 한반도에서 건너간 사람의 후손이며, 그 이후 식량난에 허덕이던 왜구가 고려, 조선 초기에 집중적으로 난입하여 이를 패퇴시킨 바 있고, 조선 중기에는 일본이 서구에서 도입한 조총 등으로 무장하여 임진, 정유년에 침입하여 왔으나 고전 끝에 역시 패퇴시켰으며 이후 조선통신사라는 이름으로 제한적이나마 국가 간 왕래를 간헐적으로 해 왔으나 일본이 1868년 명치유신을 통하여 새로운 정치체제를 시작하고 그로 인하여 서구화, 산업화, 군국화를 급속도로 발전시켜 국력을 키운 뒤 이를 바탕으로 중국과 조선반도를 유린하였다는 정도로 이해하여 왔다.

요컨대, 우리가 일본의 법제를 그대로 쓰게 된 직접적 연유는 우리가 삼국이전부터 일본에 문화를 전하여 주었으나 명치유신 이후 급속한 산업화에 성공한 일본에게 국권을 침탈당함에 있었다는 것이고, 구체적으로는 1868년 명치유신 이후 1876년 일본의 강압에 의한 조선의 개국, 그 이후 국제적 갈등 속에 발발한 1894년의 청·일 전쟁과 1904년의 러·일 전쟁을 통해 조선은 서구 열강의 묵인 또는 승인 하에 완전히 일본의 세력권 하에 편입되었다는 것이다. 그러나 과연 30년도 채 안 된 짧은 시간에 일본이 서구화, 산업화에 성공함으로써 유럽의 강국인 러시아를 패퇴시킬 정도로 성장하였다는 것에는 적잖은 의문을 가질 수밖에 없었고 그 과정과 배경은 어디에 있는지, 이를 한번 정리해 보고자 하는 것이 필자의 진솔한 의도였고 결국 이 책 집필의 핵심 주제였다.

이를 위해서는, 오랜 기간 삼국, 고려, 조선으로 이어지는 한반도의 왕조국가와 일본 사이에 어떤 정치적, 경제적, 사회적, 상황과 변화가 있었던 것인가를 확인하지 않을 수 없고, 그런즉 이를 규명하기 위해서는 수 백 년, 아니 그 이상을 거슬러 올라가는 역사적 탐구와 조명의 과정이 필요할 수밖에 없었다. 그러나 이미 우리 측의 삼국 및 통일신라, 고려, 조선까지의 역사와 정치, 사회, 문화적 발전과정은 우리가 충분히 이해하고 연구한 바이며, 그 결과가 어떠한 것까지도 역사서에 자세히 정리되어 있는 만큼, 과거로의 탐색은 이 기간 동안 일본이 역사적, 문화적으로 어떤 변화의 과정을 겪어 왔는지에 중점을 둘 수밖에 없었고, 따라서 노력의 상당부분이 우리에게는 비교적 덜 알려진, 일본 측의 사정과 변화를 확인하는데 할애되었다.

결국 이러한 작업은 과거의 자료들에 대한 이해의 과정이며 이를 법제사적 관점에서 시도한 해석의 과정이라고도 할 수 있다. 역사의 해석은 자신의, 또한 그가 속한 국가의 관점에서 자료들을 조합하고 다시 배열하여 정리하는 과정이게 마련이다. 또한 과거가 아닌 현재의 시각에서 새로이 이루어지는 과정인 만큼 그 국가나 민족, 또는 개인이 가진 가치와 방향이 영향을 미치므로 결국 객관성이나 공정성을 잃는 경우가 허다하다. 일본의 역사왜곡이 그러하고 많은 국가들이 국수적 입장에서 근거 없이 과거를 미화하는 것들이 그러하다. 그러나 필자는 이러한 주관이 개입된 역사의 해석은 학문적으로 온당치 않을 뿐 아니라 실천적으로도 미래의 설계를 위하여 도움이 되지 않는다고 보아 가급적 객관성을 잃지 않으려고 하였다.

이러한 일본의 문화사적 과정을 조망함에 있어서는 다양한 시각을 담보한다는 의미에서 우리 학자가 기술한 일본의 역사 및 조선과의 관계사, 일본 학자들이 기술한 같은 내용의 기록을 아울러 참고하였다. 그러나 현재에도 역사교과서 등을 둘러싸고 우리와 일본의 역사인식이 확연히 갈리는 터에 이 문제를 보는 시각에서도 양국사이의 현저한 입장차를 확인할 수 있었고 따라서 비교적 객관적이라고 할 수 있는 미국 등 제3국의 학자들은 이 문제를 어떻게 생각하고 기록하고 있는가를 문헌을 통해서 아울러 확인하고자 하였다. 그러나 이들 또한 친일, 또는 친한의 경향, 아니면 그가 속한 국가의 이익을 대변하는 입장에서 시각이 나뉘는 것은 어쩔 수 없는 것인가라는 생각은 지울 수 없었다.

특히 일본이 지금까지 역사적 왜곡을 중지하지 않음에서 보듯, 필자가 확인한 일본의 사료들 중에는 자신들의 역사를 기술함에 있어 국수주의적인 입장에서 그 행적을 더러는 과하게 미화하고 더러는 은폐하는 식으로 중립적이고 공정하지 않은 부분이 적지 않은 것으로 판단된다. 또한 우리의 입장에서도 일본의 과거 문화에 대하여 가급적 부정적으로, 적어도 긍정적인 입장을 유지하고 싶지 않은 것이 솔직한 심정일 것이다. 이는 타 국가의 역사기술에서 있어서도 보편적인 것이라고 여겨지며 이러한 객관적이지 못한 역사인식은 그 자체로서도 문제이지만 국가의 미래를 위해서도 적절치 않다고 할 수 있다. 이러한 편향성에 머물다 보면 우리가 역사를 통해 얻은 교훈으로 바람직한 미래를 설계함에 있어 그 에너지와 노력이 과거에 매몰되어 바른 방향을 잃을 수도 있기 때문이다.

필자는 역사학이나 문화사학을 전공한 학자가 아닌 만큼 이 분야를 전공한 분들의 입장에서는 이러한 과정이 서툴고 부족하게 여길 수도 있을 줄 안다. 그럼에도 불구하고 우리가 안타깝게도 일본의 법제를 어쩔 수 없이 받아들일 수밖에 없었던 과정을 개략적으로나마 정리하고 마지막 글에서 언급한 바와 같이 이를 통하여 힘들고 불편했던 과정이 반드시 과거에 국한된 것이 아니고 냉엄한 국제적 정세 속에서 현재도 또 앞으로도 없으리라 단정할 수 없는 만큼 이로써 교훈을 얻고 장래 불측의 국가적 위기, 또 나아가 문화적 역류에 대비할 수도 있는 만큼 부족하나마 그 과정을 거슬러 가는 시도를 해보기로 하였다.

일본과의 관계를 다루는 것은 매우 조심스러운 일이다. 여전히 임진란 등 조선중기의 침략으로부터 국권침탈에 이르기까지 가해자인 일본에 대한 국민적 증오와 불신의 감정이 온전히 남아 있는 터에 자칫 일본의 밝은 면을 이야기하는 것은 마치 일본을 찬양하거나 우리를 비하하는 모습으로 비춰져 국민적 비판을 받을 수도 있기 때문이다. 당연한 일이다. 한편 일본을 비판하고 우리가 그들보다 우월하다는 시각을 먼저 설정하고 객관적 사실들을 정리하게 되면 과거에 대한 냉정함과 객관성을 잃을 수도 있으며 따라서 아예 이를 하지 않는 것만 못할 수도 있다. 따라서 앞서간 과정을 정리하면서 이러한 양 시각을 가급적 배제한 채 객관적인 역사적 사실과 진행을 바탕으로 하기로 하였다. 물론 은연 중 이러한 과정 중에도 국민들의 일본에 대한 보편적인 감정과 같은, 필자의 비판적인 시각이 섞일 수도 있겠지만.

우리는 일본에 대하여 다양한 관점의 표현들을 사용해 왔다. '겉과 속이 다른 나라', '가깝고도 먼 나라', '우리와 같으면서도 다른 나라', '숙명적으로 부딪혀야 할 나라'라는 등과 함께 일본에 대한 우리의 입장을 칭하는 용어도 '친일', '반일'이라는 양극단의 용어에서부터 '극일', '지일', 등 다양한 스펙트럼으로 표현되고 있으며, 심지어는 일본사회를 경험한 지식인들의 '일본은 있다' '없다'는 등의 논쟁까지 있어왔다. 그만큼 일본에 대하여는 우리의 입장과 감정이 복합적이고 다양한 것임을 반증하는 것이리라. 필자는 이들의 정리가 대부분 타당한 것으로 생각한다. 다른 국가를 접하고 판단할 요소가 수없이 많은 터에 각자가 어떤 점을 주로 보고 정리하였는가라는 관점의 차이가 있을 뿐 옳고 그름을 논하는 것은 적절치 아니하다. 이와 같이 보는 사람의 시각마다 다른 용어의 다양성과 함께 한일 관계의 역사를 되돌아보면, 그 과정 또한 매우 복잡하고 다양함을 알 수 있다.

과거 우리 민족이 일본에 도래하여 그 지도층을 이루고 문화를 전달해 주었는가 하면, 일본은 계속하여 우리의 해안을 침범하고 노략질을 하는 등으로 위협해 왔고 세력이 성장한 뒤에는 여러 차례의 전면적 전쟁을 시도하고 급기야는 국권을 찬탈하기까지 하였으니 일본에 대하여 불편한 감정을 가짐은 지극히 당연하다. 하나 두 나라에는 공통적인 점도 있다. 대륙의 한민족 중심의 중국이 왕조를 거듭하면서 더러 이민족의 지배를 받기는 하였으나 결국 한민족 중심으로 정착하였고 주변의 소위 조공국의 지위에 있던 민족들은 거의 쇠락하고 지금 국가의 형태로 잔존하는 곳이 거의 없는 터에 과거 중국과 마찬가지의 관계를 가졌던 민족 중 한국과 일본이 국가를 온전히 유지하고 있는 것은 강인한 민족성과 끈기, 정치적, 외교적 생존 능력의 탁월함을 증명해 주는 것으로 보인다.

이제 본격적으로 이 책에서 주로 다루고자 한, 우리가 일본을 통해 서구의 법을 계수하게 된 배경과 과정을 거슬러 정리하고자 한다. 과거로의 여행은 자료를 바탕으로 당시의 상황을 살펴보는 것이나 제한된 자료들로 인하여 재생이 어려운 경우 주관적 추측을 하는 것은 가능한 피하고자 한다.

{제1장}

일본의 근대화와 법제 형성의 문화사적 배경

1. 역사적 조망
2. 고대 한반도의 일본에 대한 문화전파
3. 일본의 서구문물의 유입과 중국, 한국과의 차별화 과정
4. 17세기 이후 일본의 대외 교류의 상황
5. 서구와의 교류로 인한 일본의 변화
6. 일본과 서구와의 문화적, 학문적 교류
7. 조선의 당시 일본의 변화에 대한 평가
8. 명치유신과 일본의 본격적인 근대화

제1장 일본의 근대화와 법제 형성의 문화사적 배경

1 역사적 조망

가. 문화의 다양성과 이전

문화(culture)는 다의적 언어로 일반적으로는 사상, 종교, 학술, 문예 등을 망라하는 광의의 개념으로 사용되나 좁게는 특정한 집단의 생활에 특유한 방식을 상징적으로 체계화한 것으로 이해되어 왔다[1]. 물론 시대에 따라 차이는 있지만 고대 이래 한반도는 중국으로부터, 일본은 한반도로부터 문화적 자산을 이전받은 것으로 우리는 보편적으로 이해한다. 이러한 문화이전의 경향은 세계사의 큰 흐름으로 보아 동양의 서양에 대한 문화적 우월로 특징지어지며 소위 '문화의 동진현상'으로도 볼 수 있다. 실크로드를 통해 전파된 중국의 제지법, 인쇄술, 나침반, 화약 등이 그 예라고 할 수 있으며 이를 토대로 유럽이 비문명사회에서 새로운 자각에 이르게 되었고 나아가 중세의 문화암흑기에서 서양 근대화의 맹아인 르네상스가 시작되기도 하였다. 그러나 문화이전은 시대를 계속하여 한 국가로부터 다른 국가로, 또는 '동양으로부터 서양으로' 라는 일정한 도식을 따라 영원히 이전되는 것은 물론 아니다.

이집트나 그리스, 로마, 또는 동양의 인도나 중동지역의 예에서 보듯이 고대에 높은 문화적 수준을 자랑하던 국가들이 그 이후 쇠락하면서 문화를 유입해 가던 입장으로부터 오히려 기존에 문화를 흡수해가던 민족이나 국가로부터 더 진보된 문화를 받아들일 수밖에 없게 된 경우는 수없이 많다. 뿐만 아니라 동양의 문화대국으로 일컬어지던 중국, 터키가 18세기 이후 산업화를 통한 경제적 발전과 근대화에 뒤쳐져 서양

1) 물론 이러한 '문화'의 개념 및 '문화론'에 대해서는 다양한 인식과 이해가 존재하며, 근래 인류학의 측면에서는 이러한 '문화' 개념의 다양성과 진화를 심도 있게 논의하고 있으나, 본서에서는 이를 구체적으로 다루지 아니한다. 김정오, 「한국의 법문화」, 나남, 2006, 53면 참조.

에 문화적 역전을 허용하게 된 것은 주지하는 바와 같다. 특히 15-6세기의 상업혁명과 18-9세기의 산업혁명을 주도한 유럽은 문화적으로 '세계의 변방'에서 '세계의 중심'으로 우뚝 서게 되었고, 적어도 현재까지 세계문화의 흐름은 서유럽 강국과 이를 직접 근착, 발전시킨 미국의 일방적인 문화적 팽창이라고도 하여도 과언이 아니며 그 과정에서 과거 이들의 식민지 상태에 있었거나 그와 유사한 영향권에 속하였던 아시아, 아프리카 등 제 국가의 전통문화는 갈등과 변화 등 심한 진통을 겪어 왔다.

법 또한 문화의 한 부분이며 어떤 측면에서는 문화 전반에 대한 구성체계로서 역할을 하는 것으로 파악된다. Cliford Geerts 박사는 "법은 사회구성원들이 사회적 실재를 상상하는 하나의 의미체계이며, 의미체계로서의 문화를 구성하는데 법은 중요한 역할을 담당한다"는 설명도 이러한 범주에서 이해가능하다[2]. 이를 바탕으로 법제형성이나 운영 등은 '법문화'라는 관점에서 파악되어 왔으며[3], '법문화'의 측면에 있어서도 위와 같은 전반적 경향은 예외가 아니어서 오히려 그러한 문화이전의 흐름을 반영한다고도 할 수 있다. 결국 법제 이전도 문화의 흐름에 편승하여 시대와 상황에 따라 그 이전의 방향이 정해지며 이는 일정한 흐름을 보이다가 문화의 역전에 따라 그 흐름이 바뀌는 등의 과정을 거쳐 오고 있음에 틀림이 없다. 그런 만큼 다양한 국가, 민족의 문화나 그들 사이의 문화적 관계를 과거, 현재 등의 특정 시점을 따라 그 우열을 비교하는 것은 매우 적절치 않은 것으로 보인다[4]. 또한 문화는 한 국가가 처한 역사적, 사회적, 지리적 환경과 상황을 바탕으로 각각에 특유한 것들을 형성하고 발전해 온 것일 뿐 아니라 주변 국가나 민족의 영향을 받아 계속 변하는 것들이기에 더욱 그러하다. 그런 만큼 다른 문화의 다양성과 이질성을 이해하는 일방 이를 대등한 차원에서 비교, 분석하는 것이 문화의 탐구나 문화사 연구의 기본이라고 생각된다[5].

---

2) 김정오, 위 책, 61면 이하에서 인용

3) '법문화' 또한 문화의 한 부분이라고 할 수 있다. 로꾸모도 가헤이(六本 佳平), 「日本の法と社會」, 유비각, 2004, 22면에서의 정리를 본다. 저자는 '법문화'를 각국의 법제도나 법과정에 독특한 특징 등을 지칭하는 광의의 개념으로 사용되고 있으나 법사회학의 전문용어로서의 '법문화'는 좁은 개념으로 어떤 국가의 법이나 규범질서에 관한 기본적인 사고방법이며, 그 나라의 법제도나 법과정에 독특하게 일관된 특징을 이루는 것으로 정의한다. 또한 저자는 '법문화'는 법의 현상 면에서의 특징은 아니고 그 배후에 있는 그 국가의 문화에 유래하는 법적인 사고양식 내지 사유구조를 지칭하는 것이라고 강조한다.

4) 김정오, 앞의 책, 56면에서는 과거 역사법학자들이 유럽 인류의 발전단계에 맞추어 법체계를 모델로 정착시키면서, 서구의 것들을 가장 앞선 것으로, 나머지를 하위에 존재시키고 있음을 지적하고 있으나 뒤에서 보는 바와 같이 문화와 이를 바탕으로 한 법체계는 우열을 논할 것이 아니다.

5) 한태문 교수는 이러한 다양한 인류문화의 기본적 평등성을 이해하고 상호 이해를 심화시키는 것이 중요한 학문적 전제조건이라고 지적한다. "통신사 왕래를 통한 문화교류", 한태문, "통신사 왕

나. 근대화와 문화

우리는 어떤 경우이든 역사와 문화의 흐름을 시대를 구분하면서, 정리하는 것을 기본으로 하고 있다. 책의 제목에서 언급된 바와 같이 여기서 근대화라는 문제를 간략히 짚어 보고자 한다. 통상 근대화란 이전에 비하여 발전된 것을 의미한다고 생각되거니와 그런 측면에서 매우 상대적인 개념이라고도 할 수 있으며 지금도 여전히 근대화가 진행 중이라는 설명도 이해가능하다. 그러나 많은 학자들은 역사라는 관점에서 '근대', 문화적 관점에서 '근대화'라는 개념을 다소 한정적으로 사용하여 왔다. 그리고 그 한계는 종래 개인의 인권이 제한되고 국가의 권력이 집중되어 있으며, 산업적으로도 농업이나 목축 등 기본적인 1차적 연명수단에 치우쳐 있었던 상황을 '전근대적'이라고 하는 반면, 이를 극복하고 권력이 분산되고 인권이 강화되며, 원시적 산업형태에서 상업과 공업이 발흥하는 형태를 '근대사회'라고 정리하여 왔다.

문화적 측면에서도 굳이 이러한 보편적인 정리를 외면할 의도가 없는 만큼 이러한 관점에서의 '근대화'란 사람들의 일반적인 삶의 형태와 이를 지탱해 주는 제반의 정치, 경제, 사회적 체제가 위와 같이 새로이 변모할 것을 일컬어 강조함에 다름 아니다. 이를 바탕으로 보면 구체적으로 '근대화'란 서구, 특히 유럽 국가를 중심으로 16-7세기 이후부터 진전된 문화적인 특징을 중심으로 이해하는 것이 가능하며, '서구화', 산업화'라는 표현도 이러한 '근대화'의 또 다른 표현이라고 할 수 있다. 자크(Jacques)교수는 "'근대화'는 '산업화'를 통해 가능하며, 실제로 20세기 중반까지는 '산업화'가 세계의 극히 일부 지역을 제외하고는 '근대화'의 조건으로 작용했다"고 설명하면서, 일본을 제외하면 근대화된 국가란 서구 선진국인 미국과 캐나다, 호주, 뉴질랜드와 유럽 국가들을 의미한다고 지적하고 있다[6]. 교수의 주장에는 상당 부분 공감하거니와 여기서 주목할 점은 서구화의 중심은 유럽에 있으며, 그 외의 지역 중 유럽인들이 이주하여 문화가 직접 이전된 지역을 제외하면 유일하게 일본이 근대화에 성공한 부분이라고 할 수 있다. 과연 교수의 주장은 타당한가? 그 궤적을 따라 논의의 진위를 확인하는 과정은 이 책의 중요한 관점의 하나라고도 할 수 있다.

래를 통한 문화교류", 한일관계사연구논집 편찬위원회, 「통신사·왜관과 한일관계」, 경인문화사, 2005, 168면.

6) 마틴 자크(Martin Jacques), 「중국이 세계를 지배하면」, 안세민 역,, 부키출판, 2010, 23면.

다. 한국 등 3국 사이의 문화 이전

역사로 기록된 지 2천여 년이 지난 지금 극동의 3국, 즉 우리와 일본, 중국의 과거를 회고하여 보면, 이러한 문화형성과 이전의 경우도 위와 마찬가지임을 알 수 있다. 일본의 일부 학자들이 그들의 역사에 소위 분식(粉飾)을 하여 「일본서기(日本書紀)」라는 기록을 근거로 '임나(任那)일본설'이나 고구려, 백제, 신라가 일본의 조공국이었다는 등 근거 없는 주장을 한 경우가 있었으나[7] 오래 전부터 중국으로부터 한반도로, 또 한반도로부터 일본으로 문화의 전달이 이루어져 온 문화이전의 경로는 거의 명확하다[8]. 그러나 일정한 기간이 지나 특히 한반도에서 삼국이 각축을 벌인 이후의 과정을 보면 일본의 경우 이러한 문화전달의 경로가 중국이나 한반도와 차단되거나 변화되고 심지어 그 흐름이 바뀌는 소위 반전의 현상을 보여 왔으며 오랜 기간 이러한 변화와 반전의 흐름 속에서 조선왕조 말 일본의 국권침탈과 중국침략, 그에 따른 일본문화의 강압적인 이전, 나아가 이 책의 서장에서 다룬 일본법계의 이전이라는 결과로 이어진 것으로 보인다.

한편 우리와 일본은 이러한 문화교류의 흐름을 각자에 자의적으로 해석하는 경향이 농후하다. 우리는 일본에게 문화를 전달하여 온 '문화 전달국'이며 일본은 '전수국'으로 이해하는 한편, 일본은 가급적 한반도나 중국으로부터 이어진 문화의 영향을 축소하려고 하며 고대에서 중세 초기까지는 중국의 문화권에 있었으나 그 이후에는 서구의 문화를 유입하면서 독자적인 문화를 발전시킨 것으로 이해하려는 경향이 강하다. 동일한 사실관계를 두고 이와 같이 다른 해석에 나서는 것은 오랜 기간 일본과의 불

---

7) 그 예를 본다. 카마다 모또까즈(鎌田元一) 교수는 "율령국가의 성립과 변모", 아사오 나오히로(朝尾直弘) 등, 「새로 쓴 일본사」, 이계황 등 역, 창비, 2007, 70면에서, '일본은 4세기 후반 야마토 조정이 가야 지방에 임나를 설치하여 관리하여 왔고 이 임나가 562년 멸망한 후 부흥하기 어렵게 되자 일본은 신라에 임나가 하던 공물의 납입을 강요하였으며, 신라와 백제를 조공국으로 삼아 그 위에 군림하였다'고 주장하였다. 이러한 견해는 일본 측이 일본서기를 바탕으로 주장한 일방적인 역사해석에 불과할 뿐, 그 신빙성과 객관성은 우리 뿐 아니라 일본의 다수 학자들에 의해서도 부정되고 있는 것으로 일본의 역사해석의 자의성을 엿볼 수 있는 대표적 사례로 지적되고 있다. 예컨대, 유영렬 교수는 「한일관계의 새로운 이해」, 경인문화사, 2006, 123-5면에서 이러한 내용들은 중국이나 한국의 사서에서 전혀 찾아볼 수 없고 신빙성이 없으며 고구려 등 한반도의 삼국이 일본보다 문화적 측면에서 우위에 있었다는 것은 한일 학계의 정설로 되어 있다고 지적한다.

8) 한태문, 위 논문, 157면에서는 이에 대하여, 한국은 일본을 한국으로부터 문화를 물려받은 문화 전수국으로 여기는데 비하여, 일본은 중국을 염두고 두고, 대륙문화의 영향을 강조하면서, 한반도로부터의 영향을 애써 축소, 부정하려는 경향을 보인다고 정확하게 지적하고 있다.

편한 관계에서 비롯된 것이기도 하거니와 국익 중심으로 역사적 사실을 왜곡하는 소위 '국가 중심적 문화관'이 고스란히 드러나는 것이기도 하다. 이러한 경향은 과거 여러 번의 침략을 당한 우리와 여전히 침략에 대한 반성에 소극적인 일본의 입장이 대조적으로 반영된 것이거니와 이러한 일본의 역사인식은 매우 부적절하다고 판단된다. 그런 만큼 이 장에서는 가급적 과거의 피해를 중심으로 한 우리의 주관적 편향을 배제하고, 객관적인 역사적 사실을 중심으로 과거로 거슬러 올라가는 여정을 시작하고자 한다.

우리의 경우 대개 왕조를 중심으로 삼국, 통일신라, 고려, 조선의 순으로 역사를 구분, 정리하나, 일본의 학자들은 고대, 중세, 근세, 근 현대로 역사를 정리하는 것이 보편화되어 있다. 이 책에서 중요하게 살펴보고자 하는 한국과 일본의 관계는 이 중에서 일본이 소위 서구화, 산업화에 관심을 두고 우리와 문화적으로 차이를 보이기 시작하는 시기에서의 것이다. 즉 일본이 중국 중심의 사상적, 문화적, 정치적 아류집단에서 서구의 사상과 종교, 경제적 체제를 긍정적으로 받아들이면서 이들과 혼재하기 시작한 시점인 근세 이후를 중심으로 하고자 한다. 이 시기는 일본에서는 오다 노부나가(織田信長, 1534-1582), 도요토미 히데요시(豊臣秀吉, 1536-1598)를 거쳐 도쿠가와 이에야스(徳川家康, 1543-1616)의 에도 막부가 일본을 통치하기 시작한 때로부터이며 우리의 경우 조선의 중기에 해당한다. 즉, 우리가 일본법을 우리의 의사와 무관하게 계수할 수밖에 없었던 과정의 시작은 일본의 근세, 근대로부터 비롯된 것이며 이 시기에 일본에서는 어떠한 변화가 있었는가를 중점적으로 살펴본다.

2 고대 한반도의 일본에 대한 문화전파

가. 일본의 한반도 문화의 유입

우선 오래 전을 돌아보면 한반도의 삼한 시대 이래 많은 주민들이 일본열도로 이주하여 정착한 것은 역사학자들이 사실로 받아들이고 있으며, 이 시기에 농경 등 많은 기술과 생활양식, 문화가 일본에 전파되었다. 곧 이어 신라와 고구려, 백제가 한반도와 만주 일대에서 각축을 벌이던 당시 일본은 야마토(大和) 정권[9] 시대에 속하여 있었고, 그 무렵 일본의 전통적인 우방으로 왕래가 빈번하였던 백제, 고구려는 일본에 한자와 불교 등 많은 문화를 전해 주었고 일본의 왕족이 백제 유민의 후손이라는 점은 이견(異見)과 반론이 없지 않으나 대체적으로는 역사적인 사실로 받아들여지고 있다. 이 무렵 일본은 문화적으로 한반도에 유입된 중국대륙의 문화를 받아들이는 입장이었고 일본의 많은 문화재나 유적 등은 고구려, 백제의 영향을 크게 받은 것으로 일본이 소위 중국을 중심으로 한 동아시아문화권에 속하였던 것은 틀림이 없다[10]. 특히 백제는 저명한 학자들을 일본에 자주 파견하여 유교 등 사상과 문화, 기술 등을 전하여 주었고 일본의 요청에 따라 승려와 기술자들까지 파견하면서 사원건설은 물론 불상제조 등에 참여하였다. 이와 같이 적어도 서기 7세기 중엽까지는 중국에서 한반도, 그리고 일본으로 이어지는 문화의 유통경로가 대체로 유지되어 왔다.

이를 유영렬 박사는 '문화의 동류현상'이라고 정리하고, 한편 고대에 있어서 '일본의 한류(韓流)현상'이라고 칭한다[11]. 이러한 문화이전의 중심에는 중국대륙의 중화(中華)사상이 있었으며, 주변국가와의 이러한 조공외교를 따라 이어지는 문화의 흐름은 중화에 복종하는 의사를 표시하고 공물을 바치는 민족에 대하여 경우에 따라 왕의 자격(예, 韓倭奴國王印)을 임명하는 증서를 교부함으로써 이루어지는 관계를 기본으로 한 것이다. 이는 필자도 전적으로 동의하며 대개의 학자들 또한 이에 이의를 제기하지 아니한다. 이 시기에 한반도는 일본에 중요한 문화를 전달한 거의 유일한 경로였으나 이러한 유입의 경로는 이후 삼국의 각축 이후 신라가 고구려 일부와 백제를 병합하면서 변화의 조짐을 보이기 시작하는데 660년 백제가 당과 신라의 연합군에 패하고 그 왕조의 맥이 끊기면서 백제를 통한 문화유입의 경로는 벽에 막히고 668년 고구려마저 역시 패망하면서 거의 단절되기에 이른다.

삼국이 각축을 벌이던 당시 일본은 오래전부터 친교관계를 맺고 있던 백제, 고구려와 연합하면서 신라와는 적대적 관계를 형성하게 되었고 심지어 백제의 패망 이후 잔류왕족들 상당수가 일본행을 택함으로써 두 국가의 관계는 더욱 악화될 수밖에 없었다. 일시 통일 이후 한반도 전체의 지배를 시도한 당과 신라가 대립하면서 일본과의

---

9) 3세기에 히미코(卑彌呼)의 야마타이국(邪馬台國)을 중심으로 형성되어 있던 30여 개의 연합국시대를 거쳐, 4세기 초에 긴키(近畿)지역의 야마토를 중심으로 형성된 통일국가를 의미하며, 많은 일본 역사학자들은 이 시기부터를 고대(古代)라고 칭한다.

10) 예로써, 민석홍, 나종일, 윤세철, 「세계문화사」 제2판, 서울대학교출판문화원, 2015, 124면에서의 주장 등.

11) 유영렬, 앞의 책, 396면. 교수는 일본 야요이(彌生) 문화가 한반도로부터 유입되었다고 설명하면서, 고대의 삼한, 삼국문화의 일본에의 동류현상을 '고대의 한류'라고 칭한다.

적대적 관계가 중단되기도 하였고 한반도에서 당이 축출된 후 더러 신라가 일본과 사절을 교환하는 등의 외교적 관계를 가지기는 하였으나 통일 신라나 만주의 발해왕조는 일본에 문화를 전달하는 역할보다는 소위 상표문(上表文)[12] 작성과 관련하여 논쟁을 일으키는 등 오히려 반목과 견제의 관계로 전환되기에 이르렀고 곧이어 신라와 일본, 발해와 일본의 관계는 거의 단절된 것으로 이해된다[13].

나. 일본의 중국과의 교류

일본은 간헐적으로 중국대륙과 접촉의 기회를 가진 적이 없지 않았다. 이와 같이 오래 전부터 일본과 중국이 드물게 교류한 흔적은 역사서에 기록된 바도 있다. 예컨대, 후한서(後漢書)에 의하면, 일본이 공물을 가지고 황제를 알현하러 왔다는 기록이 있고, 3세기에 일본의 여왕 히미꼬가 3회에 걸쳐서 조공사를 보냈다는 기록도 남아 있다[14]. 또한 5세기 무렵 일본은 중국과의 직접 교류를 타진한 적이 있었고 황제로부터 왕의 지위를 인정받기 위해 노력을 한 흔적이 존재하기도 한다. 그러나 이는 정례화된 외교 관계라고는 보기 어렵고 드물게 존재하였던 예외적 경우라고 봄이 상당하다[15]. 그러나 한반도에서 삼국 사이의 갈등이 격화되고 정치적 변화가 감지되던 시점인 7세기 초에 선진문화의 유입에 목말라 있던 일본은 백제, 고구려 등 한반도를 통하여 문화를 유입하던 종래의 경로를 변경하고 새로운 길을 모색하게 되는데, 중국대륙으로부터 직접 문화를 유입하는 길을 개척하기로 방침을 정한다.

남북조시대를 거쳐 중국을 통일한 수 왕조 당시에 일본이 문물교류의 창구를 열기 위해 600년부터 614년까지 5차례에 걸쳐서 파견하였다는 기록이 있다. 소위 '견수사

---

12) 이 사건은 8세기 초 일본의 「고서기(古書記)」 등 신화적 역사서에서 야스마로(安万侶) 등이 작성한 서문 등의 내용이 주변국을 자극하여 문제된 것이다.

13) 김용운, "한국이 보는 일본", 한국국제교류재단, 「한국과 세계의 만남」, 지문당, 2002, 228면, 구체적으로는 일본이 신라의 공격을 염려하여 신라와 화친관계를 일시 유지하는 정책으로 변경하면서 신라에 사절을 약 10회 파견하였고 신라 또한 24회 사절을 보냄으로써 유화적 관계를 가진 적이 있었으나 이후 신라와 일본의 관계는 소원해졌다.

14) 김용운, 위 논문, 236면. 이에 의하면, 히미꼬가 조공사를 보낸 시기는 239년부터 247년까지로, 이는 백제 등 한반도와의 교류에 비하면 그 회수나 규모가 훨씬 적은 것이어서 문화의 직접 교류라고 칭할 정도에는 이르지 못한다.

15) 예컨대, 일본은 5세기 중국의 남북조 시대에 남조에 조공을 바치는 외교적 관계를 유지하면서, 일본왕을 백제왕과 대등한 대우를 해 주기를 희망하였고, 그 상징으로 백제왕과 같은 '대장군' 칭호를 간청하여 결국 이를 송나라로부터 인정받기에 이르렀다. 이상은 구태훈, 「일본역사탐구」, 태학사, 2002, 60면 참조.

(遣隨使)'라 불린 사절단인데 이러한 시도의 한 예로 볼 수 있거니와 백제, 고구려가 신라와 각축하던 630년 수나라를 이은 당나라에 일본이 '견당사(遣唐使)'라는 이름으로 직접교류 형태의 문화유입경로를 개척한 이후 백제와 고구려의 패망 이후에는 아예 이러한 직거래를 활성화하여 당의 수도 장안에 많은 관료와 인재들을 정기적으로 파견하였는데 이 견당사는 894년에 비로소 폐지될 때까지 공식적으로는 적어도 19회 중국에 파견되었고, 그 이외에도 비공식적인 밀무역이나 유학 등을 위한 왕래는 회수를 셀 수 없을 정도로 빈번하게 이어졌다. 한편 중국의 역대 왕조 중 가장 외세에 개방적이라고 평가받는 당에서도 곽무종을 비롯한 고위 관리들이 7세기 후반에 사절단을 이끌고 일본을 직접 방문하는 등 교류를 이어나갔다.

물론 위에서 본 바와 같이 일본은 백제, 고구려를 흡수 통일한 신라와도 일정 부분 교류를 한 흔적이 있으나 이는 매우 제한적이었고 그마저도 외교적 갈등이 지속되던 터에 842년에 신라인의 입국을 공식으로 봉쇄하면서 그 흐름이 끊어졌고, 비교적 일본에 우호적이었던 발해와도 920년에 국교가 단절되었다. 이러한 일시적인 왕래는 공식적인 문화유입의 루트로서의 역할을 한 것이라기보다 교린의 차원에서 이루어진 간헐적인 외교적 교류였을 뿐이었다. 이러한 일본과 당의 교류는 당이 내부의 사정으로 정치적으로 불안해지기 시작할 무렵에는 이동 항로를 변경하기도 하였으나 당과 직접적으로 문화를 교류하고 수입하는 것은 계속 이어진 것으로 보인다[16]. 결국 일본은 종래까지 한반도를 거치는 문화유입의 경로를 생략하고 당시로서는 가장 선진적이라고 할 수 있었던 중국대륙의 문화를 직접적인 경로를 통하여 정기적으로 유입하기에 이르고 이로써 한반도가 일본에 선진문화를 전파해 온 소위 스승으로서의 역할은 거의 중단된 것으로 판단함이 타당하다[17].

물론 이에 대하여 일부 관점을 달리 하면서 한반도 문화의 일본 동류가 꾸준히 이어졌다는 견해도 있다. 이 견해에 의하면 예컨대, 문화동류는 삼국의 각축시기를 거쳐

16) 민두기, 「일본의 역사」, 지식탐구사, 1998, 52면. 구체적으로 견당사 폐지의 직접적 원인으로는 신라연안을 따라 산동반도로 가는 완전한 항로 대신 황해를 직접 가로질러 양자강으로 들어가는 항로를 택해야 하는 등의 복잡한 사정을 들고 있다. 참고로 폐지의 주창자인 스가와라노 미찌자네(管原道眞, 845-903) 또한 당의 백거이와 견줄 정도의 한시의 권위자였다고 한다.

17) 이를 자세히 보면, 일본의 학자들 또한 일본의 아스카(飛鳥)문화는 한반도의 전래문화를 기본으로 하고 있는 것으로 이해하는 한편, 백제, 고구려의 패망 이후인 7세기 후반부터 8세기 이후의 소위 하꾸오(白鳳)문화, 덴포(天平)문화는 수와 당으로부터 직접 문화를 수용하여 형성한 것으로 이해한다. 자세한 것은 가마다 모또가즈(鎌田元一), "율령국가의 성립과 변모", 아사오 나오히로(朝尾直弘) 등, 「새로 쓴 일본사」, 이계황 등 역, 창비, 2007, 106면

통일신라의 시기까지 꾸준히 이어졌을 뿐 아니라 심지어 조선 중기 임진왜란 등을 통하여 한반도의 도자기 제조기법 등의 기술이 일본에 흘러들어가고 약탈한 서적과 강제연행한 학자들에 의하여 유교 등의 조선의 정신적 문화가 일본에 전파되었으며, 200여 년간 이어진 조선통신사를 통하여 한국문화가 일본에 전달되는 등 조선시대의 마지막 무렵까지 문화의 동류, 즉 조선 문화의 일본전파가 계속되었다는 점을 강조하면서, 다만 그 이후 명치유신을 통하여 일본문화가 오히려 한국으로 역류되는 현상을 보이게 되었을 뿐이라고 지적하고 있다[18]. 또한 그 예로는 일본이 서구와 접촉을 이어갈 무렵 그 중심에 있었던 네덜란드는 은을 통한 삼각무역으로 막대한 부를 축적하게 되는데 은 제련술 또한 조선에서 일본으로 전파된 것을 들기도 한다[19]. 이러한 견해는 그 주장에서 예시된 사례 등이 일면 역사적 사실과 부합하는 만큼 전적으로 부정하기 어려운 것이 사실이다.

그러나 전체적인 일본과 조선의 문화현상과 흐름을 보면 일본이 고려나 조선으로부터 문화를 수입하여 가던 구조는 그 이전부터 혼란 상태를 보이다 중단되기에 이르렀고 주된 구조는 일본의 독자적인 수입구조의 확대와 근세에 이르러서는 중국 중심의 문화구조에서 서서히 벗어나고 서구와의 교류와 국제교역을 중시하는 구조로 바뀌어 나가는 과정을 겪게 되었다고 봄이 타당하다[20]. 물론 그 과정에서 일부 조선이나 중국과의 문화교류가 단절되지는 않았으나 그 흐름의 주류는 이미 다른 곳, 즉 서구문화와의 교류, 유입에 있었던 만큼 중국, 조선으로부터 문화동류가 주된 문화적 교류의 형식이었다고 하기는 어렵다고 할 수 있다.

당시 일본이 중국과의 직접 교역과 문물수입이라는 국가적 과제에 얼마나 몰두하였으며 그 성과가 상당하였는지는 많은 기록들이 이를 전하고 있다. 예컨대, 일본은 견당사로 관료나 지식인뿐만 아니라 승려, 일반인까지 중국어를 배우도록 한 뒤 파견하였는데 이들은 중국어를 매우 유창하게 구사하였고 심지어 중국의 과거에 합격하여 중국의 관료로 오래 복무한 일본인도 존재하였던 것으로 알려져 있다. 또한 당시 당왕조의 수도인 장안에는 일본인의 정착마을이 존재하였고 이들은 독자적으로 중국과

18) 구태훈, 「일본근세·근현대사」, 재팬리서치21, 2008, 396-7면. 이에 의하면, 도자기 문화에 있어 조선으로부터 그 제조기법 등이 전승된 것은 사실이며, 일본은 장군세습의 시기에 통신사를 초치하여 후대하였고 통신사가 문화전달자의 역할을 하였다는 점도 지적하고 있다.

19) 홍익희, 「유대인 이야기」, ㈜행성비, 2013, 419면. 당시 네덜란드는 일본의 히라도에 상관을 두고 동인도회사를 통해 무역에 집중하였는데 은을 통한 삼각무역은 그 핵심사업 중 하나였다.

20) 마틴 자크(Martin Jacques), 앞의 책, 72-3면.

외교관계는 물론 문화적 교류의 역할을 담당하기에 이르렀으며 국제화, 세계화를 표방하였던 당 왕조 또한 과거와는 달리 문턱을 낮추어 문물유입에 열성적인 일본에 매우 협조적인 태도를 유지하였던 것으로 알려져 있다. 주지하다시피 당은 중국 왕조 중 가장 국제적인 시야를 가지고 있었고 중앙아시아나 중동 등의 문화 유입에도 적극적이었던 만큼 당을 통하여 일본은 중앙아시아, 인도의 문화까지도 수입할 수 있었고 불교, 한문학, 음악, 미술, 공예, 복식 등 거의 모든 측면에서 그 흔적을 지금도 찾아볼 수 있다[21].

당시 중국과 일본과의 이러한 밀접한 근린관계를 엿볼 수 있는 일화들도 적지 않다. 당 황제가 주관하는 신년 행사에는 소위 당의 속국으로 편입된 주위의 민족들, 즉 통일신라, 말갈, 일본 등이 사신을 파견하여 축하의 예를 올리는 것이 관례로 되어 있었다. 752년 신라보다 후순위로 예를 올리게 된 일본의 후지와라노 기요카와(藤原淸河)가 이를 항의하였다는 기록이 있는가 하면[22], 당 왕조에서 시선(詩仙)으로 일컬어지는 이백(李白)은 일본으로부터 견당사의 일원으로 파견되어 온 '아베'라는 일본인과 두터운 친분을 유지하였는데 '아베'가 임기를 마치고 일본으로 귀국하는 길에 풍랑을 당하여 종적이 끊겼다는 소식을 듣고 이를 한탄한 나머지 '아베'를 추모하는 시를 쓰고[23] 아쉬움을 달랬다는 기록이 있을 정도로 일본과 당과의 교류는 활발하였다.

또한 일본은 714년 중국 뿐 아니라 동양권 최대의 도시이자 국제교역의 중심이었던 당의 수도 장안을 모방하여 일본의 나라(奈良)에 장안의 3분의 1크기로 같은 형태의 수도를 인위적으로 건설하기도 하였다. 동서 4.2 킬로미터, 남북 4.7킬로미터에 이르는 이 수도는 바둑판 모양으로 형성되었고 중앙에 왕궁을 두고 그 주위에 사원을 배치하였으며, 그 곳에 거주한 인구는 약 15만 명 정도였다고 알려지고 있다. 이러한 제반의 상황은 일본의 지도자들이 당 문화의 직접수입과 그 모방을 국가적 아젠다의 중점에 두고 이를 적극적으로 실천하였던 증좌로 보아 틀림이 없다. 이처럼 고대로부터 삼국시대에 이르기까지 우리가 일본에 대한 문화교류의 제공자이고 일본은 문화의 수

---

21) 민두기, 앞의 책, 47면, 교수는 당의 장안을 축소한 수도를 건설한 것 이외에 당과 인도의 음악까지도 그 자취를 당시 일본에서 찾을 수 있으며, 당의 음악을 주로 하여 국제적으로 집대성된 음악은 '아악'이라는 이름으로 궁중음악의 원형을 이루고 있다고 설명한다.

22) 요시노 마꼬토(吉野 誠), 「동아시아속의 한일2천년사」, 한철호 역, 책과 함께, 2005, 116면. 이를 일본에서는 소위 쟁장(爭長)사건이라고 칭하며, 이로 인하여 자리가 상석으로 변경되었다고 한다.

23) 이 시는 다음과 같다. "日暮蒼山蘭亭安 本旡落霞綴靑倍 去年葉落緣分定 死水微漾人却亡"으로 각 행의 첫 글자와 마지막 글자를 합하면 "日本去死 安倍定亡"이 된다.

입자로서 역할을 한 것은 명백하나 또한 그 이후에 일본이 중국과 직접적인 문화교류의 관계를 형성한 것 또한 거의 사실이라고 보아야 한다.

일본에서는 국수주의적 사관에 터 잡아 한반도로부터의 문화유입과 중화권의 조공관계에 대한 편입을 일부 부인하는 견해들이 존재하나 많은 사료들은 위와 같은 문화교류의 상황을 입증해 주고 있으며 이를 부정하는 일부의 주장은 그 근거가 없을 뿐 아니라 왜곡되고 허황한 것임을 알 수 있다. 이러한 역사적 과정을 통하여 한국과 일본 두 국가 사이의 정기적 문화교류의 관계는 신라의 통일 이후 축소 또는 단절되고 각각 독립적인 중국대륙의 문화유입자로 대등하게 자리 잡게 되었다.

한편 일본이 중국으로부터 직접 문화를 유입하는 일종의 중화조공외교 관계는 그 후에도 간헐적으로 이어지나 이전의 당 왕조 시대 만큼 활발하게 이루어지지는 아니하였다. 이는 일본의 국내사정과 중국대륙의 정치적 혼란 등이 맞물려 일어난 것으로 예컨대, 일본에서는 심한 내전과 이를 일시 수습한 가마쿠라 막부(鎌倉, 1192-1333)와 남북조 시대(1336-1392), 그리고 무로마치 막부(室町, 1336-1573)의 정권을 거치는 과정에서 내치가 안정되지 아니하였고, 중국 또한 당 이후의 5대10국 시대와 만주에서 발흥한 요, 금과 중국의 중원장악전쟁 등이 겹친 것이 그 원인으로 지목된다. 그 이후 일본은 중국의 송 왕조나 한국의 고려, 조선과 간헐적으로 상업적 교역을 이어나간 경우도 있었으나 오히려 왜구 등의 문제로 주변국과 갈등을 일으킨 사례가 더 많았고 이후에는 각각 독자적인 다른 경로로 문화를 유입함으로써 그 관계는 매우 소원하게 된다.

3 일본의 서구문물의 유입과 중국, 한국과의 차별화 과정

가. 서구 세력의 일본 진출

(1) 포르투갈의 일본 상륙

이제 본격적으로 일본이 중국, 한국과 문화적 차별화를 거쳐 나가고 그로 인하여 양 진영이 대립하면서 서로 다른 방향으로 발전하다가 급기야 충돌하기까지의 과정을 정리하고자 한다. 이 부분은 결국 우리와 중국이 일본의 무력침략의 대상이 되고 나아가 세계의 제국주의 대결 속에서 우리의 경우 일본으로부터 국권을 침탈당하게 되고, 중국 또한 많은 전화를 입게 되는 과정이며, 법사(法史)적으로는 그로 인하여 우리가 일본을 통하여 독일법제를 계수할 수밖에 없는 과정의 시작이라고도 할 수 있다. 이에 관한 논의는 일본이 남북조 시대를 거치면서 천황의 정치력은 소멸되고 대명들간의 내란의 전화 속에서 국가적으로 타 문화권과의 직접적이고 적극적인 교류에 미처 신경을 쓸 겨를이 없었던 중세까지의 과정을 거의 마무리하는 시점에서 시작하고자 한다.

이는 역사적으로 일본이 서구의 신 문화권에 편입되기 시작하면서 새로운 문화를 형성해 나간 시기이며 그로 인하여 적어도 물질적, 생산적 측면에서는 중국과 한국을 추월해 나가면서 국가적 에너지를 점차 비축, 강화함으로써 궁극적으로는 이를 타국 침략의 원동력으로 삼기 시작한 시기이기 때문이다. 당시 유럽의 사정을 보면, '대항해 시대'와 '신대륙의 발견'으로 상징되는 바와 같이 역사적으로 엄청난 변화를 맞이하게 된다. 16세기부터 스페인, 포르투갈 등 유럽의 선두를 형성한 모험적 국가의 지도자들은 소위 「'후추와 영혼' 또는 '기독교인과 향료'를 찾기 위하여」[24] 라는 슬로건이 적절히 나타내 주는 바와 같이 천연자원의 확보와 후추 등 향신료의 획득을 통한 경제적 이익과 기독교세력의 확대와 전파를 목표로 동양으로의 진출을 경쟁적으로 시작하였다[25].

예컨대, 선두주자인 포르투갈의 경우 알부케르케(Affonso d'Albuquerque, 1453-1515)의 지휘 하에 1498년 인도에, 1511년 말래카에 진출하였고, 1513년에는 중국에 상륙하여 그 동안의 경험을 바탕으로 무역을 개시하려고 시도하였다. 그로 인하여 인도에서는 1510년 고아에 활동의 근거지를 마련하였으나 중국과는 이러한 관계발전에 실패한 채 1557년 마카오에 근거를 두고 광동지역과 무역을 개시할 수 있었다. 이러한 과정 속에서 포르투갈은 일본에도 진출을 시도하고 교역문호의 개방을 탐색하기에 이르렀는데 일본이 서구에 알려진 것은 물론 여러 경로가 있으나 가장 구체

24) 기독교인을 찾으러 왔다는 말은 다소 기이하나, 당시 유럽의 정세를 보면, 이베리아 반도의 포르투갈과 에스파냐는 이슬람과 계속되는 갈등 속에서, 전설과 같이 프레스터 존(Prester John)이 다스리는 기독교 국가를 찾는다면 이와 연합하여 이슬람 세력을 격파할 수 있다는 염원으로 가득 차 있었다. 민석홍, 「서양사 개론」, 삼영사, 1997, 299면.

25) 포르투갈 인이 인도의 캘리컷에 도착했을 때 그들이 한 말은 기독교와 향료 때문에 왔음을 선언하였다. 김기주, "서양세력의 아시아 진출", 동양사학회, 「개관 동양사」, 지식산업사, 1990, 271면 참조.

화된 것은 알려진 바와 같이 마르코 폴로(Marco Polo, 1254-1324)가 타인의 손에 의하여 중국에서의 체류경험을 기술한 「동방견문록」에서였고. 그는 일본을 '지팡그(Zipangu, 또는 Cipango)'로 지칭하면서, 중국 동쪽 1500해리에 있는 소위 '황금의 섬'으로 묘사하여 서구인들의 관심을 불러일으켰다.

동양으로의 교역확대에 열을 올렸던 서구는 일본에의 진출을 중요한 목표로 삼았고, 1492년 콜럼버스의 대서양진출이 보편적으로는 인도로부터 후추와 같은 향신료를 획득하기 위하여 스페인의 지원 하에 시작한 것으로 여겨지지만, 일부에서는 소위 지팡그를 정복하려는 욕심에서 대서양을 횡단하였다는 견해도 있다. 이러한 소위 잘못된 정보의 전파와 유럽의 경제적 욕구가 더하여져 동양으로 향하는 서구의 상인, 탐험세력 중에는 더러 일본에 도달하는 경우가 있게 되었으며 그 중 중요한 사건들은 1500년대 중엽에 있었던 것들이었다. 당시 정치적으로 일본은 다이묘들이 중원을 쟁탈하기 위하여 서로 세력 확장을 기도하면서 전쟁이 끊일 날이 없었고 궁극적으로 중부 지방에서 세력을 일으킨 오다 노부나가(織田信長, 1534-1582)[26]라는 다이묘가 주위의 다이묘들과 사원 세력을 무력으로 제압하면서 일본의 통일에 근접하게 되는데, 문화사적으로 중요한 두 가지 사건이 이 시기에 발생하여 일본의 문화적 전환을 이끄는 중요한 견인차로 작용하게 된다.

(2) 조총 등 서구문물의 유입

그 중 하나는 1543년 포르투갈의 상인들이 일본 큐슈의 남단 다네가(種子)섬에 상륙하면서, 당시 산업화에서 앞서 나가던 서구의 문화를 전달한 것이다. 이 기회에 이들은 당시 우리나라를 포함하여 동양권에서는 알지 못하였던 신무기인 조총, 일본어로는 철포(鐵砲)를 전달하게 된다. 이들은 왜구의 두목인 중국인 왕직(王直)과 오봉(五峯)이라는 사람의 배를 빌어 타고 일본에 도착하여 철포 등 서구의 문물을 전달하였는데 당시 창과 칼 등 재래식 무기로 내전에서 각축을 벌이던 일본인들은 조총의 위력에 경악을 금치 못하였다. 이를 자체제작하기 위하여 와카사라는 일본인은 자신의 딸까지 바쳐가며 철포의 제작기술을 습득하였고, 이것이 성공하자 다이묘들은 이를

26) 조선일보, 2005. 3.26. 자(지령 26185호) D3면에는 당시의 경위를 간략하게 정리해 놓고 있다. 다네가시마(種子島)에 표류한 포르투갈 인들은 이 조총이외에 가위제작 기술도 일본인들에게 가르쳐 주었고 일본가위의 원조 격인 다네바사미를 이 지역사람들이 최초로 만들어 일본 전역에 확산시켰다고 기사는 적고 있다.

다량 생산하는데 열중하게 되었으며 그 과정에서 원래의 조총보다 정교하게 다듬어지고 개선된 총기가 개발되었다[27]. 오다 노부나가는 이를 적극 활용하여 각종 전투마다 승리를 거두었고, 특히 잘 알려진 중북부 지방의 유력 다이묘 다께다 신겐(武田信玄, 1520-1570)과의 전투에서는 강력한 신겐의 기마부대를 화포대로 전멸시키는 쾌승을 거두게 되며, 이러한 무기의 선진화는 추후 임진왜란 등 조선침략전쟁에서 조선을 패퇴시키는 중요한 요인으로 작용하게 된다.

이들이 가지고 온 것 중에는 무기가 가장 눈에 띄었으나 그 외에도 포르투갈 등 서구의 상인들은 아래에서 보는 바와 같이 시계, 담배, 안경 등 생활용구를 건네주었고 이들 또한 일본인들의 관심을 끌기에 충분하였다. 물론 그 외에도 스페인의 상선이 1549년에 일본에 도달하였고 그 후에는 네덜란드가 1600년에 일본에 상륙하여 교섭을 개시하는 등 그 폭이 확대되었으나 무엇보다 초기에 이들의 관심을 끈 것은 카톨릭 국가인 스페인과 포르투갈이었다. 이러한 서구인들의 상륙과 그들의 무역 등 활동을 통하여 일본은 적잖은 변화를 경험하였다. 군사적으로 무기의 근대화가 이루어졌을 뿐 아니라 경제적으로도 토지경작을 중심으로 한 종전의 농업 의존형의 경제에서 점차 상업과 무역이 활기를 띄기 시작하는 등의 변화의 조짐이 나타나기 시작하였다.

일본은 당시 각 제후들이 자신들의 영토 확장을 둘러싸고 각축하면서 강력한 제후 중심으로 약육강식의 세력 재편이 일어나고 궁극적으로 새로운 막부통치가 회복되는 소위 전국통일의 움직임이 시작되는 시점에 있었던 만큼 조총이나 서구의 선진문물의 유입이 자신의 세력 확장에 큰 이익이 되었던 것으로 판단한 다이묘들은 경쟁적으로 이들을 자기 세력 하에 편입하려고 노력하였고 이에 편승한 포르투갈 등 상인들은 열성적으로 이에 협조하여 초기에 카고시마, 히라도, 후쿠다 등에서 이루어졌던 서구와의 교역은 1571년 나가사끼를 중심으로 확대되었고 그 후에는 일본 열도의 중심에까지 이어졌다.

(3) 기독교의 전파

그러나 보다 중요한 사건은 이보다 6년 뒤인 1549년에 일어났다. 바로 선교사들이

---

27) 조총의 자세한 전래경위는 일본의 1606년 南浦文之가 저술한 「鐵砲記」에 기록되어 있다. 이에 의하면 조총이 전해진 지 10년 정도 지나 일본 전역에서 대량으로 생산되었다고 한다. 한편, 서양의 기록에는 조총의 전래시기가 1542년이라고 기록된 바 있으며, 그 이전에도 왜구가 동남아 등을 침략하였기에 조총을 습득한 자들이 비공식적으로 있었을 수도 있다는 의견도 있다. 이상은 구태훈, 앞의 책(주 11), 236-7면 참조.

일본에 도달한 것이었다. 당시 서구에서는 신, 구교 사이의 종교 갈등이 심각하였고 해외 선교개척지를 찾아 나서던 구교 집단의 일파인 제수이트 교단의 프란시스코 데 자비에르(Francisco de Xavier, 1506-1552)[28]가 일본에 상륙하였다. 자비에르는 살인의 죄를 저질러 포르투갈의 선박에 피신해 있다가 말라카로 이주해 갔던 일본인 야지로의 안내를 받아[29] 중국인 아왕(阿王)의 소형범선을 타고 일본 큐슈의 남단 가고시마 현에 도달한 후 상당 기간을 일본에 머물면서 본격적으로 일본에 기독교를 전파하였다. 당시 일본 전국이 전란에 휩싸여 있었고 그 와중에 선교사들이 가지고 온 서구의 선진문물과 기술들은 다이묘들의 세력 확장에 매우 유익했던 만큼, 강력한 왕권을 바탕으로 종교, 이념적 통제가 강했던 중국이나 조선에 비하여 이들은 거의 저항에 부딪히지 않았고 오히려 일부 다이묘들의 협조 속에 교세를 확장하는 것이 가능하였다.

서구 문물과 기술의 전파는 우리나라를 비롯하여 여러 다른 국가의 예에서 보듯 가장 먼저 종교인들의 전도활동으로부터 시작되는 것이 보통이었다. 이들 선교사들은 새로운 문명을 소개하는 지식인, 학자의 역할을 겸한 것이 통상이며, 일본의 다이묘들은 이념이나 종교적 관심보다 각자의 세력을 확대하는데 이들의 도움이 컸었던 만큼 오히려 이들에게 큰 관심을 보였고 더러는 환대를 받았던 것으로 평가된다. 이들의 활동이 전통적인 종교, 이념과 배치되는 경우 엄중한 박해가 따르게 마련이고 결국 많은 나라에서 기독교 전파가 실패하거나 중단되는 경우가 적지 않았던 반면, 일본에서는 겨우 2년이라는 짧은 기간에 비록 구교의 일파인 제수이트 교단에 한정되었으나 아시아 전체에서 기독교 전도가 가장 먼저 성공한 사례로 손꼽히고 있다.

여기에서 당시 제수이트 교단에 관하여 간략히 보면 이들은 신교의 확장으로 유럽에서 상실한 종교영역의 회복과 포교를 목적으로 아시아로의 진출을 적극적으로 시도하였고 인도의 고아를 중심으로 일본, 중국에까지 포교활동을 확대하였는데 중국에서 마테오 리치(Matteo Ricci 1552-1610)가 1601년 중국의 황제를 알현하고 시계 등

28) Francisco de Xavier는 1540년 설립된 제수이트 교단 설립자 9명 중 한 분으로 130 성인 중 한 분으로 추앙받고 있다. 그는 1542년 인도의 고아에 도착하여 선교활동을 폈으나 곧 실망하고 일본으로 건너가 다이묘들의 환영을 받았으며, 이후 하카다, 야마구치, 교오토를 거쳐 야마구치에 일본 최초의 교회를 열었고 다시 선교를 위하여 중국으로 갔으나 광동 부근에서 사망하였다.

29) 민두기, 앞의 책, 133면. 자비에르는 말라카에서 일본인 야지로를 만났는데, 원래 야지로는 지금의 가고시마에 해당하는 사쓰마 번의 무사로 살인범이었으며, 자비에르의 안내역을 자처하였고 후에 인도의 고아로 가서 포르투갈어와 기독교의 교리를 배운 선각자로 알려져 있다.

서구의 물품을 헌상한 것도 그 맥락의 하나였다. 그러나 그 이후 필리핀의 루손 섬에 기지를 세운 스페인계 프란시스코회 수도사들이 일본에 도착함으로써 세력 확장을 둘러싸고 포르투갈과 스페인 사이에 갈등이 초래되었고, 1600년 일본의 우스끼 만에 네덜란드 배가 도착한 것을 계기로 신교세력마저 포교에 참여함으로써 신, 구교 국가간 일본과의 교역을 둘러싼 분쟁이 일어났고 결국에는 네덜란드 중심의 신교세력이 카톨릭 계 전도사들을 몰아내는데 성공함으로써 이들의 갈등도 정리되었다.

네덜란드는 비교적 뒤늦게 포교와 무역을 중심으로 한 대항해시대에 동양권진출에 뛰어들었으나 그들의 활약은 가히 눈부신 것이었다. 뒤에서도 다시 언급하고자 하거니와 이들의 성장의 배경에는 당시 지중해를 중심으로 한 해양 무역과 금융, 금은 등 귀금속거래를 장악한 유대인들이 있었고, 이들은 1602년 인도무역회사를 통하여 포르투갈, 스페인이 세력화하였던 아시아를 잠식하기 시작하였는데 몰루카 제도를 장악한 것을 비롯하여 1619년에는 자바의 바타비아에 식민지를 건설하는 등 활발한 활동을 하였다. 그 과정에서 일본과 대만에도 진출을 기도하였는데 네덜란드는 당시 사상이나 종교에 있어서 가장 자유로운 지역으로 유대인을 포함한 타종교의 엘리트들이 쉽게 활동할 수 있었고 그러한 색채가 옅은 점은 일본의 막부나 다이묘들로부터도 상대적으로 호평을 받아 종래 가톨릭 세력이 점하고 있던 해외 교역의 창구를 독점할 수 있었던 것으로 보인다[30].

(4) 기독교의 확산

이러한 과정을 거치면서 일본에서의 기독교의 전파는 동양의 어느 국가보다도 오랜 기간 활발하게 전개되었고 상당할 정도로 포교에 성공하였다. 이로 인하여 일본은 이후 수백 년에 걸쳐 조선이나 중국과 달리 초기 산업화와 물질문명의 성장으로 상징되는 근대화의 과정에 접근할 수 있었던 귀중한 토대를 닦을 수 있었다고 보인다. 물론 일본의 일부 학자들 중에는 자신들의 전통과 사회적 여건을 보다 중하게 여긴 나머지 기독교 선교사들의 역할이 일본에 미친 영향에 대하여 제한적으로 평가하려는 견해도 존재한다[31]. 그러나 이는 뒤에서 다시 언급할 기회가 있을 것이나 자국문화 중심주의

---

30) 김기주, 앞의 논문, 273면. 네덜란드는 1624년 대만에서 스페인 세력을 축출하는 등 아시아에서 상당한 우위를 점하였으나 이후 영국의 세에 밀려 일본을 제외한 전역에서 영향력이 위축될 수밖에 없었다.

31) 니토베 이나조(新渡戶稻造), 「일본의 무사도」, 생각의 나무, 2005, 187면. 저자는 예컨대, W. Spear 가 「Mission and Politics in Asia」, J. S. Dennis 가 「Christian Missions and Social

의 경향에 따른 다분히 편향적인 이해라고 보인다. 이러한 서구의 자극이 없었다면 일본의 근대화가 그렇게 쉽게 이루어지지 않았을 것임은 거의 명백하다. 결국 이러한 선교사들과 그 후 서구국가들이 일본 근대화에 끼친 영향은 결코 적지 않으며 일본 내부에서 자신들의 역할을 지나치게 강조하는 것은 객관성이 다소 결여된 것으로 보인다. 마찬가지로 우리의 경우도 간단히 일본의 근대화의 시발을 그보다 수백 년 후에 이루어진 메이지 유신에서 찾는 것은 피상적일 뿐 아니라 부적절한 이해라고 판단된다.

한편 선교사들의 방문으로 인한 일본의 기독교 전파 상황을 간략히 본다. 자비에르 이후 많은 선교사들이 일본에 와서 기독교를 전파하였는데 특히 1559년 가스파르 빌렐라(Gaspar Villela, 1525-1572) 신부가 내일하여 교토에서 본격적으로 다이묘들의 후원 속에 전도를 계속함으로써 교세는 더욱 확장되었다. 그 후에도 이러한 전도활동은 계속 이어졌고 이는 일본을 통일한 도요토미 히데요시가 기독교의 확산을 우려하여 제동을 걸기 시작한 1500년대 말까지 지속되었다[32]. 당시 히데요시가 기독교의 확대에 제동을 건 것은 일정 부분 정치적인 이유에 기한 것이었으나[33] 한번 서구의 선진화된 문물을 접한 다이묘들이나 막부의 지도자들은 이후에도 서구와의 교역필요성을 절실히 느끼고 있었다.

히데요시를 이은 도꾸가와 막부가 1612년 공식적으로 기독교의 전파를 금지하기는 하였으나 제한적으로나마 이러한 교역과 문물의 교류는 매우 좁은 창구이기는 하나

Progress」에서 서구의 기독교 선교사들이 일본에 대하여 많은 영향을 미친 점을 지적한데 대하여 반론을 펴면서, 선교사의 역할은 간접적인 영향을 미친 데 반하여 일본 내부의 정신적 사조 등이 큰 영향을 미쳤다고 하고, 예컨대, 사이코 다카모리나 오오꾸보 도시미치 등의 사상을 보면 이러한 경향은 현저하다고 지적한다.

32) 예컨대, 1582년 예수회의 순찰사 발리냐노(Allessandro Valignano, 1537~1606)의 '일본 관찰 보고서'에 의하면 일본 전역에 200개의 교회와 15만 명의 신도가 있었고, 선교사는 75명에 이르렀다고 하는데 이는 당시 일본 인구를 고려하면 매우 성공적인 전도활동이라고 판단된다. John Whitney Hall, 「선사부터 현대까지 일본사」, 박영재 역, 역민사, 2003, 146면 참조; 또한 기독교는 일본인의 일상생활에도 많은 영향을 미쳤는데, 1591년 선교사 루이스 프로시스(Louis Frois)가 작성한 보고서에 의하면, '교토에는 포르투갈의 의복과 물건을 가지지 않은 사람은 사람 취급을 받지 못할 정도였다. 많은 영주들이 서양식 외투, 모자, 셔츠, 바지 등을 몸에 걸치고 있었다. …… 풍신수길도 포르투갈의 복장을 즐겼다'는 기록이 있을 정도였다고 한다. 구태훈, 앞의 책(주 11), 243면 참조.

33) 풍신수길이 기독교의 확산에 제동을 걸기 시작한 표면적인 원인은 기독교의 유일신 사상과 일본의 전통적인 신도와의 충돌이었으나 일단 일본을 제패한 풍신수길은 기독교의 전파가 자신이 확립한 통치체제에 부정적인 영향을 미칠 수도 있다는 점을 우려한 것으로 판단된다. 이상은 구태훈, 위 책, 243면에서의 지적.

계속 이어져 왔으며 막부도 이를 묵인하였다. 무엇보다 선교사들을 비롯한 서구의 사람들은 다이묘 등 일본의 지도자들에게 서구의 발전된 문물을 전파하는 것은 물론 당시 세계의 사정과 흐름을 일깨워 주고 정치적 자문의 역할도 아울러 수행함으로써 일본의 정치, 경제, 사회, 문화적 측면에서 상당한 영향을 끼친 것으로 알려져 있다. 당시 이러한 기독교 전래의 영향을 보여 주는 자료와 일화는 일본의 역사서 뿐 아니라 문화적 사료, 심지어 병풍화 등 회화의 소재로도 자주 등장한다.

일본의 역사에 있어서 1540년대부터 1640년까지의 시기를 기독교도의 100년이라고 불릴 정도로 기독교의 영향은 상당하였다. 구체적으로 보면, 1500년대 말까지 일본의 전역에는 많은 수의 교회가 세워져 있었고 이들 교회에서는 성탄절과 부활절 등 교회가 기리는 성일에, 오르간의 연주에 맞추어 찬송가를 부르는 등 신도들의 신앙생활이 활발히 이루어졌다. 문헌에 따라 다소 차이는 있으나 당시 기독교도의 수는 꾸준히 증가하여 1620년대에 일본 전역에 걸쳐 기독교를 신앙하는 신도들의 수는 전 인구의 2%에 달하였다는 주장이 있는가 하면[34], 10만 명을 넘었다는 문헌에서부터 70여만 명에 달하였다는 문헌도 있다[35].

이를 구체적으로 정리한 문헌으로 자주 인용되는 것은 제수이트 교단의 순찰사로서 일본에 와서 활동한 알렉산드로 발리냐노(A. Valignanao)의 보고서인데[36], 1582년 일본의 신도 수를 15만 명, 교회를 200개로 보고하고 있으며, 1600년에는 신도수가 30만 명으로 늘었고 1615년에는 50만 명에 달하였다고 한다. 이 기록이 얼마나 정확한지는 알 수 없으나 16세기 말 일본의 인구가 1천 5백만 명에서 2천만 명이었던 것을 생각하면 어떤 견해이든 대단한 교세였음을 알 수 있다. 한편 일본의 1900년대 초기의 기록에 의하면, 그 무렵 공식적인 기독교도의 수는 14만 명이었고 그들 중 6만 명은 로마가톨릭, 그리스 정교의 수가 약 3만 명이었다고 하므로 무려 300년 전인 16세기의 일본의 기독교도는 가히 놀랄 정도로 많았었고 그 역사 또한 오래되었음을 알 수 있다[37].

---

34) Hall, 앞의 책, 141면.
35) 도꾸가와 막부 초기 기독교 신자를 70만 명으로 정리하고 있는 견해는 미즈모또 구니히꼬(水本邦彦)의 "막번체제", 아사오 나오히로(朝尾直弘) 등, 앞의 책, 275면; 홍익희, 앞의 책, 414면 등에서의 주장이나 당시의 기독교도의 수는 이를 조직화하여 정리할 수 없었던 만큼 정확한 통계를 찾아보기는 어렵다.
36) 민두기, 앞의 책. 135면: 이러한 기독교의 활발한 전파에 선교사 스스로도 놀랐다는 보고를 인용하고 있다.
37) W. G. Beasley,「일본 근현대사」개정 3판, 장인성 역, 을유문화사, 2004, 167면. 가톨릭교에 비

또 이들 중에는 소위 다이묘로 칭하여지던 영주들도 여럿 있었는데 조선을 침략한 일본군 선봉장 중의 한 사람이었던 고니시 유키나가(小西行長, 1558-1600)는 기독교인으로 알려져 있었고 그 딸은 마리아라는 세례명을 가졌고 현재 쓰시마에는 그녀를 모시는 신사가 존재하고 있다. 그 외에도 지금의 오오이타 현(당시 붕고 현)지역의 영주 오오토모 도시히게((大友義鎭), 히젠 현의 아리마 하루노부(有馬晴信) 등이 기독교를 신봉한 다이묘들이었다. 또한 도요토미 히데요시가 기독교를 금지하는 정책으로 전환하자 종교적 박해를 피하여, 지방의 다이묘였던 다까야마 우곤(高山右近), 나이토 조안(內藤如安)은 1614년 가족과 함께 필리핀으로 이주하기까지 하였다.

또 몇 가지 예를 더 들어 보면, 이들 기독교인들은 당시 기독교의 본산인 로마에 가서 교황을 알현하는 것을 갈망하였는데 일본에서 로마까지 간다는 것은 위험하였을 뿐 아니라 많은 시간이 소요되는 여정이었다. 기독교도들의 희망을 반영하여 위 알렉산드로 발리냐노는 이러한 점을 감안한 뒤 1582년 이토오 만치오 등 건강한 소년 4명을 선발하여 로마로 파견하였고 이들은 2년간의 예정으로 마카오, 인디아, 희망봉을 거쳐 로마에 도착한 후 교황을 알현하는 등으로 여정을 마치고 1585년 다시 일본으로 귀국하여 기독교도들의 열렬한 환영을 받았는데. 이 또한 1500년대 후반기의 일이었다[38]. 이들 기독교도들은 신분과 계급에 얽매이지 않는 만민평등의 사상을 기본으로 한 기독교의 세계관과 합리적 정신에 매료되었고 다이묘들의 묵인 속에 교세가 확충되었으나 일본을 사실상 통일한 도요토미 히데요시는 1587년 선교사들에 대한 추방령을 발표함으로써 기독교를 핍박하기 시작하였다.

(5) 기독교도에 대한 핍박과 탄압

이에 대한 직접적 계기는 큐슈의 한 지방에서 기독교도들이 신사나 불사를 파괴한 것이었으나 그 명분으로 내건 것은 왜 기독교도는 사실상 일본의 통치자인 자신보다 하느님을 상위에 위치시키고 자신보다 더 섬기느냐는 등의 이유를 붙이기도 하였다. 그러나 막상 히데요시 자신도 선교사 추방을 명한 것에 그쳤을 뿐 서구와의 교역에 대해서는 관대하여 실리를 추구하는 경향을 버리지 않았다. 결국 히데요시 등 다이묘들의 입장에서는 세력 확장과 통일에 이르기까지에는 실질적으로 기독교도 등 서구의

하여 개신교 각파의 신도들은 5만 명에 미치지 아니하였다고 한다.

38) Hall, 앞의 책, 146면; 민두기, 앞의 책, 135면. 이러한 로마에의 파송은 일본의 당시 기독교에 대한 관심과 세력을 추측할 수 있는 중요한 사건으로 판단하고 있다.

문화적 도움을 필요로 하였지만 통일 후 막부의 중앙집권을 강화하기 위해서는 개인적 자유와 계급의 철폐 등을 종교적으로 내세운 기독교가 그리 달갑지 않았고 거기에 외국과의 무역을 지방의 다이묘들이 각기 독립적으로 할 경우 막부에 대한 도전세력으로 성장할 것을 우려하여 이를 막부가 독점하려는 의도로 기독교를 핍박한 것으로 보인다.

이후 도꾸가와 막부 역시 초기에는 무역과 종교를 분리하여 기독교도에 대하여 관대한 경향을 보였으나 이후 일본을 사이에 두고 신, 구교 국가 사이의 갈등이 심해지자 이에 자극을 받아 1613년 선교사를 추방하기 시작하였고, 1622년에는 기독교도를 처형하기 시작하였으며, 1628년에는 기독교를 전면 금지하기에 이르렀다. 위에서와 같이 기독교에 대한 막부의 입장은 변하였으나 한번 뿌리 내린 기독교는 쉽게 수그러들지 않았고 막부는 기독교도들을 검거, 처벌하기 위해서 속칭 후미에(踏繪)라는 이름의 신문방법을 동원하기도 하였다. 이는 신도로 의심되는 사람이 부인할 경우 십자가를 땅에 그려놓고 이를 발로 밟고 지나가도록 하여 차마 지나가지 못하는 사람은 기독교도로 인정하여 처벌하는 방법으로 전해지고 있다.

기독교가 가장 활발하게 전파된 곳은 무엇보다도 처음 자비에르가 상륙하여 포교에 성공한 큐슈지방이었고 1604년 세끼가하라 전투를 통해 일본의 전역을 장악한 도꾸가와 막부는 특히 기독교도의 활동이 활발하였던 큐슈지방에 대하여 탄압을 강화하였다. 당시 흉작이 이어지면서 공납물의 상납을 지연하는 농민들에 대한 관리들의 탄압이 이어지자 이에 저항하는 농민들과 속칭 낭인 등이 기독교를 통하여 구원을 받자는 명분으로 막부에 저항함으로써 전란이 발생하기도 하였다. 이 내란이 1638년에 발생한 소위 시마바라(島原)의 난으로 주로 기독교도였던 2만에서 5만명으로 추정되는 백성들이 막부에 대항하여 끝까지 항전하다가 상당수가 살해되었는데 그 주동자는 기독교도인 시로도끼 사다(四郎時貞)라는 청년으로 알려져 있다[39].

이러한 과정 등을 통해 전국에서 기독교도라는 이유로 처형된 사람은 일본 전역에서 약 28만 명에 달하는 것으로 알려져 있다. 이렇듯 서구문화 전파의 첨병인 기독교의 유입이 일본에서는 1500년대 이후 시작되었고 포교에도 성공하였는데 뒤에서 다

39) 시로도끼 사다는 원래 기독교도로 알려진 고니시 유끼나가의 가신의 아들로 알려져 있다. 그는 기독교 금지령이 내려진 이후에도 은밀하게 신앙생활을 계속해 오다가 봉기의 지도자로 막부에 대항하였다. 그 세력은 수만 명에 달하였고 이들은 성 내부에 십자가와 성상을 그린 깃발을 높이 세우고 마리아 등의 구호를 외치며 막부에 대항하였으나 결국 10만여 명에 이르는 막부의 토벌군에 대부분 섬멸되었다. 자세한 것은 구태훈, 앞의 책(주 11), 279-280면 참조.

시 보거니와 우리의 경우와 비교하면, 거의 200여년을 앞서 진행되었음을 알 수 있다. 이는 일본으로 하여금 비로소 서구화, 산업화, 근대화에 관심을 가지게 만든 중요한 첫걸음이었고 향후 한국, 중국을 현저히 앞서는 계기로 작용하였다고 평가되며, 일본의 서구화가 19세기 메이지유신을 계기로 시작되었다고 막연히 이해하는 것은 적절하지 않다고 판단된다.

나. 서구 문화의 접근에 있어서 일본과 다른 국가의 대응의 차이

(1) 대응의 차이와 원인

앞에서도 언급하였다시피 일본 전역에서 서구문화의 첨병인 기독교의 놀라울 정도의 확산으로 인하여 일본은 중국이나 조선과 달리 초기 서구화의 길을 걷기 시작하였고 이로 인하여 경제, 사회, 문화 등 다양한 측면에서 매우 빠른 진보를 이루게 된다. 그러면 비교적 인접한 거리에 있었고 국력이나 국토의 면적에서 일본과 비교가 되지 않을 정도의 중국 등에서 이러한 현상이 일어나지 않고 유독 일본에서 이와 같이 기독교 전파가 가능했던 것은 어떤 이유에서일까를 정리해 보는 것은 매우 중요하다고 보인다. 그 근거를 두고, 일부에서는 일본인이 오래 전부터 외국문물의 수용에 익숙하여 있어서 새로운 문물을 쉽게 받아들일 수 있는 감각을 가지고 있었다는 점, 대부분의 일본인은 종교 그 자체에 집착하지 아니하고 기독교 또한 불교의 한 유파 정도로 가볍게 여기는 종교, 사상에 있어서의 유연성을 지적하기도 한다[40]. 일면 타당한 견해라고 여겨진다.

하나 보다 중요한 것은 중국과 조선, 그리고 일본의 정치체제가 현저히 달랐다는 점이라고 지적하지 아니할 수 없다. 중국과 조선은 전통적으로 전제왕권이 유달리 강하여 외부의 이질적인 종교나 사상의 유입으로 인하여 왕조의 권위와 체제가 흔들릴 수도 있다는 점을 우려하여 황제나 국왕보다 종교적 절대자를 우선시할 수도 있는 교리를 엄금함으로써 왕조와 그 추종세력의 이익을 유지하려고 한 반면, 일본은 오랜 기간 천황은 상징적 지도자로 여겨졌고 전국적인 통제권을 가진 강력한 왕조가 존재하지 않는 대신 지방분권으로 인한 대명들의 경쟁적 각축구도가 지속됨으로써 다른

---

40) 민두기, 앞의 책, 135면 참조. 그 외에 봉건시대를 경험한 포르투갈인이 일본의 무사도 등에 친숙감을 느끼고 일본인들도 선교사들에게서 훈련된 성품과 학식을 발견하여 존경하였을 것이라는 논거도 덧붙이고 있다.

대명을 압도하고 패권을 잡기 위해 군사적, 경제적, 문화적 측면에서 크게 기여할 수 있는 서구문물을 도입하려는 시도가 우선 이루어졌고 그 첨병인 기독교에 대해서도 관대한 태도를 보인 것으로 판단된다.

이러한 이해는 과거 지방분권식의 봉건적 국가체제가 히데요시의 통일과정을 거쳐 서서히 붕괴되고 도꾸가와 막부의 수립으로 점차 중앙의 정치권력이 강대해지면서 선교사들을 추방하고 나아가 기독교의 전파를 중지시킨 점을 보면 충분히 수긍이 가는 부분이다. 또 한 가지 기독교의 확산이 가능한 요인은 정치, 사상적 기반에 있어서 일본은 중국이나 조선과 달랐다는 점을 들 수 있다. 이 점은 정치체제나 왕권의 강약과도 관계가 있는 것이기는 하나 중국 등에서는 강력한 중앙집권적 체제를 뒷받침하기 위한 사상적 수단으로 신성시할 정도로 백성들에게 유교에 대한 신봉을 요구하였고 한편 국가적 차원에서 이를 포섭한 것은 아니나 백성들에 대한 불교의 영향이 상대적으로 커서 이와는 상충된 교리를 가진 기독교의 교리가 스며들기 어려웠던 반면, 일본의 경우 이러한 사상이나 종교적 고착성을 진작 포기하고 다양한 실용적 가치를 내세운 사상이나 종교를 쉽게 포섭할 수 있을 정도로 정신적 사조의 측면에서 유연성을 가지고 있었고 특히 대명들의 내전이 진행되는 가운데 불교세력의 정치적 개입을 차단하기 위해 사원을 불태우고 승려들을 숙청하였고 이에 대항하여 불교집단은 전쟁에 나서는 등으로 전통적 불교의 교리와 다른 현실참여가 일상화함으로써 백성들이 종교로서의 불교로부터 영향을 크게 받지 않았던 점도 그 원인의 하나로 정리할 수 있다.

그러면 그 동안 줄곧 중화권의 정치, 문화 영역에 포섭되어 온 일본이 조선이나 다른 중국의 인접 국가들과 달리 강력한 중앙집권체제와 다른 길을 걷고 사상적인 면에서도 유연한 태도를 취함으로써 기독교나 서구의 문물에 관심을 보이고 그 영향을 크게 받은 원인을 살펴볼 필요가 있다. 이 점에 관하여는 가장 중요한 원인으로 일본의 지정학적 여건을 지적할 수 있다. 일본은 한반도와 달리 중화문화권의 가장 외방에 위치하여 해외 문물의 유입이 용이할 뿐 아니라 오래 전 한국을 통하여 당시로서는 가장 선진적이었던 중국의 문화를 일상적으로 유입한 경험을 통하여 해외문물의 유입이 그들의 정치적, 사회적, 문화적 삶을 윤택하게 해 줄 수 있다는 지도층의 이른바 열린 인식이 영향을 미친 것으로도 볼 수 있다.

또한 이러한 지정학적 위치로 인하여 만일 중국과 육지로 연결된 조선 등 한반도의 지배왕조가 중국과 다른 종교, 사상적 접근을 시도할 경우 이전 중국이 이러한 이유로 수차례 한반도를 억압한 사례에서 보듯 인접한 국가들은 이러한 조공관계로부터의 이탈로 인한 중국의 위협을 두려워할 수밖에 없었으나 일본은 중국의 위협에서 훨씬 벗어나 있었고 그보다는 자신들의 이해관계에 따라 종교나 사상을 다양하게 선택할 수 있는 가능성을 지정학적으로 가지고 있었다고 볼 수 있다. 이러한 이유로 일본은 이 시기에 서구의 다양한 문화적 요소들을 경험하게 되었고 실제 생활에서도 이러한 것들은 크게 영향을 끼쳤다. 당시 일본에서는 서구의 복장 뿐 아니라 빵, 비스킷, 카스테라 등 서구의 음식과 담배, 침대, 의자, 안경 등 서구의 생활용품들이 다수 도입되거나 모방하여 사용된 기록이 존재한다.

전국통일의 기초를 세운 유력한 대명 오다 노부나가는 선교사로부터 기증받은 서양식 망토와 모자를 애용하였다고 하며, 기독교사절단으로 로마를 다녀온 사람들로부터 전수받은 활자 인쇄기를 이용하여 이솝이야기가 로마자와 일본어로 인쇄, 출판되기도 하였다. 그리고 우리가 잘 아는 바와 같이 빵 등 스페인어, 포르투갈어가 일본에 널리 사용되었으며, 일본인들 중 일부가 자국문화 중심적 관점에서 이러한 서구문화의 요소들을 남만(南蠻)문화라고 비하하여 칭하기도 하였으나 실제로는 일본인들이 이에 상당할 정도로 관심을 보였고 귀하게 여겨졌던 것으로 보인다[41]. 중국과 조선, 일본 등 소위 중화권 국가의, 서구와 그 상징으로 여겨지는 근대화에 대한 접근의 차이는 뒤에서 다시 검토하기로 한다.

(2) 조선의 경우

만일 프란시스코 자비에르가 일본의 남부 섬에 상륙하지 않고 당시 조선이나 중국에 상륙하였다면 …… 이러한 가정은 역사적 이해에 거의 도움이 되지 않는 것이지만, 아마도 당시 엄격한 유교문화에 젖어 있었고 중앙집권식의 통치체제가 강력하게 유지되고 있었던 조선이나 중국의 사회에 다소의 충격은 주었을 수가 있을지 모르나 이를 서구문화 유입의 창구로 활용하고자 하는 개방적인 태도를 당시 집권세력이 가졌을 리는 전무하다고 판단된다. 우리의 경우 그 이후에 한반도에 들어온 벨테브레(J. J. Weltevree)[42]나 하멜(H. H.amel)[43]의 사례 등에서 보듯 기독교나 서구문화의 유입

---

41) 민두기, 앞의 책, 164-5면 참조. 서구의 장식품이나 물품에 호기심을 보인 것은 일본의 많은 대명들로 이들은 스페인이나 포르투갈의 선교사들이 가져온 물건(예컨대, 과자나 향초 등)에도 관심을 보였다고 알려져 있다.

42) 1628년 네덜란드의 선원이던 벨테브레는 제주도에 표류하였고, 동료들과 압송되어 박연이라는 이름으로 귀화하였고, 병자호란에 참전하는 등 조선에 크게 기여하였다.

43) 1653년 네덜란드의 선원으로 제주도에 표류하였다가 검거되어 복무 중 탈출하였고, 1668년 조선을

에는 상당한 거부감을 보였을 것이고 그렇지 않다고 하더라도 매우 제한적으로 이들의 지식이나 문화를 활용하는데 그쳤을 것으로 보인다.

서구의 입장에서 보면 일본이나 아래에서 보는 바와 같이 중국을 비중 있게 취급하고 교역을 요구한 반면, 조선은 지리적 여건이나 국가의 규모에 있어서 중국과는 달리 취급되어 서구의 접촉희망지역으로 편입되지는 않았고 다만 몇 가지의 우연적 사건 또는 중국과의 교류 중 간접적으로 지득하는 정도에서 매우 제한적이기는 하나 서구에 관한 정보를 취득한 것으로 보인다. 예컨대, 세종 조에 이슬람의 사람들이 조정에 내왕하였다는 기록 등이 그러하다. 그러나 조선의 조정은 뒤에서 보는 바와 같이 이에 적극적으로 민감하게 반응하지 않았고 이 점은 중국의 경우와 같다. 이러한 서구와의 접촉, 그리고 그 문화에 대한 반응이 전혀 달랐던 점이 결국 서구화 나아가 근대화의 속도에 있어서 일본과의 격차를 크게 만든 중요한 요인이었다고 할 수 있다.

우리의 기독교 전파는 주지하는 바와 같이 1783년 북경에서 이승훈이 세례를 받고 귀국한 후 1785년 한양에서 처음 미사를 보면서 시작되었고, 그 이후 중국의 주문모 신부(1752-1801)나 우리나라 최초의 김대건 신부(1822-1846)를 통한 기독교의 전파에서 비로소 시작된 것으로 역사는 기록하고 있으며 그마저도 제대로 뿌리를 내리지 못하였다. 조선에서의 기독교의 유입은 일본에 비하면 무려 250년 뒤의 일이었고 이를 당시 조선의 조정과 집권양반세력이 강력하게 탄압함으로써 19세기에 수차례의 탄압과 신도들에 대한 사형 등의 박해가 이루어졌다. 당시 희생된 사람들의 수도 적지 않다고 기록되고 있으나 200-300년 전 도요토미 히데요시, 도꾸가와 막부의 탄압과 시마바라의 난 등으로 수만 명이 처형당한 일본의 사례와 비교하면 그 시기나 규모의 면에서 엄청난 차이를 보인다. 우연의 일치일지 모르나 그 시간적 간격은 임진왜란과 명치유신 이후 조선침략전쟁으로 일컬어지기도 하는 청일, 러일 전쟁의 시간적 간격과 거의 맞아떨어진다.

또 한 가지 조선에서의 서구학문과 서양의 문물에 관하여 관심을 가진 것은 성호 이 익(李 瀷, 1681-1763)등이 활동한 18세기 후반이니 이 또한 일본이 서구문물을 접한 후 관심을 갖고 적극적으로 활용한 16세기와 비교하면 약 200여년의 차이를 보이는데 이 또한 매우 중요한 의미를 가진다고 생각된다. 소위 북학파라고 일컬어지는 일부 실학자들 중심의 새로운 학문의 경향에 대하여 서학이라는 명칭으로 일부 관심

서양에 소개하는 최초의 서적「하멜표류기」를 네덜란드에서 출간하였다.

을 가지기도 하였으나 조선의 주류학자들은 자신들의 입지를 약화시키는 이러한 학문을 거의 배타적으로 대하였고 따라서 조선 사회에 뿌리를 내리지 못하고 실용화되지 못한 채 그저 다른 세계의 문화정도로 여기고 말았던 것은 매우 안타까운 일로 생각된다.

(3) 중국의 경우

다음으로 중국의 경우를 본다. 중국에 서구의 문물이 최초로 전하여진 것은 위에서 본 바와 같이 일본과 거의 비슷한 시기였으며 오히려 단기간이기는 하나 중국은 그 이전에 적극적으로 외부로의 진출을 기도하기도 하였다. 또한 기독교의 전래 이외에도 중국은 동양에서 차지하는 위치나 그 국력이 상당했던 만큼 여러 경로로 서구로부터의 접촉시도가 있었고 서구의 흐름에 대하여 상당한 정도의 지식을 갖고 있었던 것은 명백하다. 오히려 일부에서는 당시 중국의 국력이나 문화의 수준이 유럽에 비하여 앞서 있었다는 주장이 적지 않으며 이 또한 일면 타당하다. 예컨대, 명왕조가 수립된 초기에 3대 황제 영락제는 1405년 정화(鄭 和, 1371-1433)[44]로 하여금 거대선단을 이끌고 동남아시아를 거쳐 인도, 동아프리카까지 진출하는 해상로를 개척하고 주변 국가들을 중화문화권에 편입시키려는 시도를 하였다.

이는 28년간 7차에 걸쳐 이루어졌으며 유럽에까지 도달하지는 못하였으나 상당한 성과를 거두었다고 알려지고 있으며 신대륙발견에 비견할 정도에 해당하는 모험적 시도라고도 평가된다. 그러나 경제적 수익의 측면에서 내부의 비용을 감당하기 어려울 정도로 그로 인한 이익이 많지 않았고 결국 이를 불편하게 여긴 명의 황실은 해외진출을 중단하기에 이른다. 이는 스페인과 포르투갈이 본격적인 해외진출을 시도하기 직전의 일로 중국으로서는 굳이 해외원정과 진출을 통한 세력 확대에 무리할 필요가 없을 정도로 경제적이나 문화적으로 앞서 있었다는 점을 반증하는 것이기도 하다.

결국 이러한 이유 등으로 중국의 황실과 그 지배세력들은 일부를 제외하고는 소위 중화 우월적 사고에서 서구문화에 대하여 소극적으로 대처하였다고 정리할 수 있다. 이와 관련한 기록들은 이외에도 중국의 역사서에 자세하게 기록되어 있고 이를 이 책에서 자세히 언급할 필요를 느끼지 않는다. 다만, 몇 가지 일본과 비교할 만한 서구문화의 접촉과 기독교의 전파에 관한 중국의 상황과 대응만을 간략히 본다. 기독교도의

---

44) 기록들에 의하면 그는 환관이었으며 그 아버지는 이슬람교도로 알려져 있다. 그가 방문한 곳에 정착한 화교들은 그를 조상신으로 받들 정도로 그의 영향력은 적지 않았다.

전파에 따른 국가적 혼란은 청대 말의 태평청국의 난에서 정점에 달하였다고 역사는 기록하고 있다[45]. 당시 홍수전(洪秀全, 1814-1864)은 '상제회'라는 기독교도의 모임을 이끌었고 이를 토대로 정치제체를 비판하고 세력화하여 중국의 일부를 점령하고 청 왕조의 존립을 위협하기에 이르렀고, 수십 년 간 이어진 국난으로 청은 몰락의 위기에까지 몰렸으나 결국 실패에 이르렀는바, 이는 19세기의 중반의 일이었다.

다. 서구문화에의 대응의 차이로 인한 결과

여기에서 조금 더 나아가 서구의 동양권과의 접촉과 관련하여 중국, 조선, 일본의 적응과 반응이 전혀 다른 데 따른 결과를 정리해 본다. 이렇듯 기독교의 전파가 갖는 서구화의 중요한 과정에서 일본이 현저히 앞서 간 반면, 한국과 중국, 인도 등 동양문화권 국가들은 기존의 문화, 이는 곧 물질적 변화를 우선시한 서구와 이를 추종한 일본 등의 문화와 달리 유교 중심의 정신적 문화를 우선시함으로써 서구 중심의 산업화, 근대화에 있어서의 격차를 현저히 벌어지게 하는 계기가 되었고 이는 결국 제국주의 시대를 맞이하면서 국가 쇠락과 국민들의 엄청난 피해로 이어졌을뿐 아니라 심지어는 오늘날까지도 물질문명에의 적응 실패로 인한 산업의 낙후, 국민생활의 궁핍 등으로 허덕이는 상황에 처한 국가도 적지 않다. 뒤에서 다시 그 과정을 자세히 보고자 하거니와 심지어 필자가 이 글의 중심으로 삼고자 한 법제의 서구화라는 현상으로까지도 이러한 대응의 차이에서 비롯된 것으로 보아 틀림이 없다.

이러한 외부의 충격에 대하여 결국 받아들이는 측의 반응을 결정하는 것은 주로 중앙집권세력인 왕실과 관료들의 이에 대한 관심과 변화의 의지이며 그리고 국민들의 태도와 사고 등도 다소의 영향을 미칠 수는 있다고 할 수 있다. 돌이켜 당시 중국이나 조선의 경우를 보면 황실이나 고위 관료들의 이에 대한 의지가 전혀 없었을 뿐 아니라 기득권 유지를 위해 이를 철저히 외면한 것이 사실이다. 이로 인하여 뒤에서 언급할 1853년 미국 페리 제독의 동경의 우스가 만 내침과 같은 사건을 두고도 일본의 반응이 중국이나 조선과 전혀 달랐던 것은 이러한 기본적인 서구 문화에 대한 지도세력의 대응태도의 차이가 빚은 결과라고 판단된다.

---

45) 기독교의 구세주 사상을 기반으로 한 종교국가 태평천국건설을 기치로 청의 조정에 대항하여 1850년에서 1864년까지 중국 대륙에서 벌어진 대규모 내전으로 사망자만도 수천만 명에 이를 정도의 대규모 군사 분쟁이었다.

이러한 격발 사건에 대하여 적절히 대응하기 위해서는 정치지도자나 지식인들의 이에 대한 정확한 판단과 방향설정이 필수적이며 한편 이를 뒷받침하고 국민들의 지지를 이끌어 내기 위한 정치체제의 유연성도 필요하다. 물론 여기에 국민들의 관심 우려 등과 함께 산업화, 서구화 등에 관한 경제적, 사회적, 문화적 기반과 토대도 영향을 미치는 것이 사실이다. 앞에서 본 바와 같이 일본은 이미 16세기 서구 문물과 기독교 문화를 대거 유입하면서 지도자들 뿐 아니라 일반 국민들도 이러한 사상, 종교의 변화가 자신들의 생활과 전반적인 사회, 문화에 대하여 어떤 긍정적인 영향을 미치는지를 경험하였고 이로 인하여 기독교의 영향을 제한하면서도 서구와의 통로는 계속 유지하였으며 이러한 서구문화에 대한 유연한 대응의 경험이 축적되면서 서구와의 과감한 개방이라는 체제의 변화도 가능하였으리라고 판단된다.

4 17세기 이후 일본의 대외 교류의 상황

가. 해외 진출과 국제교역의 확대

위에서 본 바와 같은 기독교를 중심으로 한 서구와의 접촉은 일본에게 기존과 전혀 다른 해외의 문화에 대한 동경과 교류를 촉진하는 계기가 되었고 이로 인하여 일본은 급격하게 외부의 다른 국가, 민족과의 교류채널을 확장하기에 이르렀다. 물론 그 이전에도 일본은 지정학적인 여건에 비추어 외부세력과의 접촉을 도모하거나 심지어 왜구라고 칭하여질 정도로 외부 국가에 대한 악명 높은 약탈과 침략을 꾀하기도 하였으나 그 대상은 중국, 한국의 일부 해안지방. 동남아 등에 그쳤고 그 정도도 일부 해적집단의 노략질 정도에 불과하였으나 이 시기의 일본의 해외로의 진출은 그 규모나 정도에 있어서 과거와는 비교할 수 없을 정도로 확대되었고 그 주도세력은 일부의 해적집단 정도가 아니라 당시 중앙의 집권세력 내지는 지방의 봉건영주가 주도하는 식으로, 정식의 외교적, 군사적, 경제적 활로개척 수준의 것이었다는 점에서 종래와는 그 양상이 크게 달랐다는 점을 지적할 수 있다.

이를 구체적으로 본다. 16세기 중반, 즉 1500년대의 중반에 서구 국가의 일본 상륙으로 촉발된 일본의 새로운 세계에 대한 놀라움과 그 물질문명에 대한 경탄은 그 지도자 및 지식인들을 크게 각성시키는 계기가 되었고 이에 따라 봉건영주들은 앞 다투어 자기 휘하의 세력을 발전시키기 위한 노력의 일환으로 배를 건조하여 해외진출을 시도하였는데, 그 결과 일본은 당시로서는 놀라울 정도의 규모로 동남아의 여러 곳에 해외 무역로를 개척하였다. 우선 정기항로로 필리핀, 태국, 보르네오 등 원거리를 잇는 해상교통로를 확보하였으며, 이들 국가의 집권세력과 외교관계를 열고 물자교환과 인력송출을 과감히 확대하였다[46]. 대만, 필리핀, 베트남, 태국, 캄보디아 등 동남아 국가의 곳곳에 소위 니혼마치(日本町)라는 일본인의 자치촌락이 조성되었는데 예컨대, 마닐라 교외의 산 미구엘(San Miguel)에는 약 3,000명 이상의 일본인들이 거주하였다고 기록되어 있다[47]. 앞에서 본 바와 같이 오오이타의 대명 등이 기독교 박해를 피하여 필리핀으로 망명한 것도 이러한 교역로 확대와 관련이 있음은 물론이다.

심지어 태국(당시의 샴) 중북부의 아유타야 지역에는 수많은 일본인이 촌락을 이루어 거주하고 있었고 이들 중 일부는 태국 왕국의 내분과 전란에 개입하여 당시 유력한 집안의 왕자를 보필하여 왕권탈환을 성공시킴으로써 태국 아유타야 왕국(1351-1747)에서 높은 관직을 담당하기도 하였던 것으로 알려져 있다. 또한 이러한 해외 진출의 상징적 사건의 하나로 1613년 일본이 세계 일주를 성공시킨 경우를 들 수 있다. 당시 일본 동북부 센다이 지역의 봉건 영주였던 다테 마사무네(伊達正宗, 1567-1636)는 자신의 지역의 발전을 도모하기 위해 직접 서구와 교역하기 위하여 사절단과 유람단을 파견하기로 결정한다. 그는 직접 길이 30여 미터 폭 10여 미터의 범선을 제작토록 하여 가신과 평민, 노비 등 180여명을 배에 승선시켜 세계 일주에 나서도록 하였다.

이들의 지휘관은 하세꾸라 쓰네나가(支倉常長, 1571-1622)라는 인물로 멕시코의 은광산 개발과 무역로 개척을 통한 이익의 창출이 그 목적이었다. 이들은 그 배로 태평양을 횡단하여 멕시코 서안에 상륙하고 다시 대서양을 건너 유럽에 들어가 스페인 국왕과 로마의 교황을 알현하고 서구의 문물을 직접 견문하는 성과들을 거둔다. 그 다음에 그들은 다시 인도양을 거쳐 일본으로 귀환하는데 그들은 여행 도중 일본을 통

---

46) 일본은 1604년부터 1635년까지 약 350척의 공식적인 무역선을 파견하였고 이외에도 각 대명이나 상인들이 독자적으로 해외 무역을 위해 진출한 것은 더 많으리라고 추정된다. 이러한 교역과 관련하여, 해외로 진출한 일본인은 10만 명 정도에 이를 것으로 추산되며, 그 중 약 10,000명이 해외에 거주하면서 일본인의 자치촌락을 구성하였다고 알려지고 있다. 자세한 것은 구태훈, 앞의 책(주 11), 274면 참조.

47) 민두기, 앞의 책, 139면 참조. 이들은 대개 무역업에 종사하면서 부를 축적하였으나 일부는 네덜란드 상인의 종업원으로 근무하기도 하였다고 한다.

일한 도쿠가와 막부가 쇄국의 정책을 취하기로 하였다는 소식을 접하였고 이에 굴복할 수밖에 없었던 영주는 일단 여정은 마무리하되 그 이후의 서구와의 독자적 접촉을 포기할 수밖에 없었다. 그들이 범선으로 세계 일주에 성공한 것은 마젤란이 세계 일주에 나섰던 것에 비하면 100년 가량 뒤진 것이었지만 당시의 극동 지방의 중국이나 한국의 상황에서 보면 경악할 만한 시도라고 하지 아니할 수 없다. 한편, 도꾸가와 막부가 16세기 초 즉 한국과의 국제전이 종식한 이후 해외진출을 원칙적으로 봉쇄한 이후의 일본의 해외 교류의 상황을 간략히 본다.

막부가 해외와의 적극적 교류를 제한한 배경은 시마바라의 난 등 앞에서 본 바와 같거니와 이로 인하여 일본이 해외와의 교류를 완전히 절연한 것은 결코 아니었을 뿐 아니라 서구의 사정을 훤히 알고 있었다고 전해진다. 예컨대, 서구에서는 산업혁명이 일어나고 있고 자연과학이 발달하였을 뿐 아니라 새로운 혹성을 발견하는 등의 사정도 일일이 알고 있었다[48]. 도꾸가와 막부시대에 해외교류를 제한한 점을 두고 역사학자들은 E. Kampfer가 말하는 쇄국[49]으로 정책을 전환하였다고 평가하기도 한다. 물론 타당한 지적이나 반드시 해외와의 교류를 금지한 것은 아니었다. 대신 막부는 대명 들이 임의로 계속해 오던 해외무역을 막부의 통제 하에 두기로 하고 신교 국가인 네덜란드, 영국과 우선 무역을 유지하였다.

영국과의 무역은 1600년 4월 표류한 네덜란드의 상선의 선원으로 후에 이에야스의 고문역이 되었던 영국인 윌리엄 아담스(William Adams, 1564-1620)[50], 네덜란드와의 무역은 같은 얀 요오스텐(Jan Joosten, 1556-1623)이 중심이 되었다고 알려져 있다[51]. 막부는 1609년 네덜란드, 1613년 영국에 무역을 허가하고 정부의 허가를 받은

48) 도날드 킨/시바 료따로, 「세계 속의 일본, 일본 속의 세계」, 고려원, 39면. 더 나아가 도날드 킨 교수는 이 시기 일본의 문화수준은 유럽보다 높았다고 강조하고 있다.

49) 이는 1801년 네덜란드 통사인 시스키 다다오(志筑忠雄, 1760-1806)가 캠페르(독일인으로 1690년부터 몇 년간 나가사끼의 데지마에서 의사로 머문 적이 있다)의 「일본지(日本誌)」를 번역하면서 마지막 부분을 1801년에 「쇄국론」이라는 제목으로 번역할 때 처음 등장한 용어였다. 요시노 마꼬토(吉野 誠), 앞의 책, 210면.

50) 영국인 아담스가 일본에 상륙한 것은 1600년 도꾸가와 이에야스가 히데요시의 아들 히데요리와 소위 일본의 패권을 걸고 벌인 세끼가하라 전투 직전으로 아담스는 네덜란드 선박 리프테 호로 현재 오이타 현의 우스키 만에 도착하였고, 곧 아담스는 미우라 안진(三浦按針)이라는 이름을 얻은 후 이에야스의 외교고문으로 많은 조언을 하게 된다.

51) 민두기, 앞의 책, 138면 참조. 영국과 네덜란드는 막부의 허가를 받아 나가사끼의 히라도(平戶)에 상관을 설치하고 무역에 종사함으로써 대외 교역의 창구 역할을 하게 되었으나 이후 신, 구교의 갈등 속에 일본은 이러한 외국의 대립이 자국에 미칠 영향을 우려하여 1641년에 상관을 폐지하고 데지마로 외국교역 창구를 단일화하였다.

소위 '주인선(朱印船)'을 통한 무역만을 가능하도록 함으로써 그 범위를 제한하였다. 그러나 이후 영국은 보다 적극적이었던 네덜란드와의 경쟁에서 밀려나고 인도 등에 집중함으로써 네덜란드가 일본과의 무역을 독점하는 체제로 굳어졌다. 주인선은 90톤부터 크게는 800톤까지 다양한 선박으로 구성되었으며 약 350척의 주인선이 동남아 일대를 상대로 무역을 이어나갔다.

나. 대외진출의 제한과 네덜란드의 역할

이러한 해외교역과 기독교의 영향으로 앞에서 본 바와 같이 해외에 진출한 일본인은 약 10만 명에 달하고, 실제 해외에 거주한 일본인은 7000명에서 10,000명에 이르렀을 것으로 추정된다[52]. 한편, 막부는 사적인 무역을 금지하는 방편으로 1633년에는 해외체류기간이 5년 이상인 자가 일본에 귀국하거나 해외로 밀항하는 자를 사형에 처하는 출입국 금지에 관한 명령을 불시에 공포함으로써 이를 통제하기도 하였다. 사전 경고 없이 해외와의 왕래가 봉쇄됨으로써 해외에 거주하던 일부 일본인은 귀환할 적당한 방법을 찾지 못하여 고향을 그리워하며 해외에 정착할 수밖에 없었던 경우도 적지 않았고 실제 이러한 막부의 정책을 위반함으로써 처벌이 가하여졌던 경우도 드물지 않은 것으로 알려지고 있다. 한편 이러한 조치로 인하여 막부의 승인 하에 파견되었던 해외 무역선, 즉 주인선의 정기적인 왕래는 축소되었으나 일본인들의 개별적인 해외왕래는 꾸준히 계속되었고 이것이 발각되어 처벌된 사례도 있었으나 막부가 완전히 이를 통제하기는 실제 어려웠다.

막부 또한 과도한 해외교류로 인하여 자칫 막부 중심의 통치체제에 악영향을 미칠 것을 우려하여 공식적으로 해외교류를 제한하기는 하였으나 정기적으로 네덜란드를 중심으로 한 서구 국가와의 교류는 계속하였고 막부의 장군 중에는 오히려 이를 적극적으로 활용한 경우도 적지 않았다. 특히 네덜란드 국왕의 서구사정에 대한 자세한 설명을 곁들인 친서가 일본에 전달되고 있었고 국가의 관리들이나 성직자, 지식인들도 정기적으로 왕래를 계속하고 있었다. 위에서 본 바와 같이 초기에는 가톨릭 국가였던 포르투갈, 스페인을 중심으로 일본과의 교역이 이루어졌다면 그 이후 서구와의 교역은 종교, 사상적인 면에서 신교나 유대교 등 다양성과 유연함을 포섭한 네덜란드

52) 구태훈, 앞의 책(주 14), 59면. 이들은 '일본정(日本町)'이라는 촌락을 구성하고 자치제를 실시하는 등 생활을 이어나갔으나 주인선 무역제도가 폐쇄되자 점차 소멸의 길을 걷게 된다.

를 중심으로 이루어졌다. 내부적으로는 이러한 사상의 유연성이 막부로 하여금 정치체제에의 변화를 걱정하지 않도록 안심시키는 원인으로 작용하였으나 해외정세 상으로는 당시 유럽에서의 종교전쟁과 스페인 무적함대의 패퇴 및 영국, 네덜란드의 국제적인 지위향상에 기인하는 것으로 판단된다.

특히 네덜란드는 위에서 지적한 바와 같이 유럽 중에서 가장 종교색이 옅고 정치, 사상적인 면에서도 가장 자유로운 국가였고 암스테르담은 자유사상가, 유대인, 신교도 등이 운집하여 금융과 무역, 보석가공, 화훼 등 산업이 번성하였고 실용적 가치가 가장 우선시되었던 지역이었다. 당시 네덜란드는 1593년 터키에서 가져온 튤립 종자를 개량, 재배한 후 판매하여 큰 수익을 올렸을 뿐 아니라 1608년에는 4배율의 망원경을 최초로 개발하여 이후 갈릴레이로 하여금 1609년 25배율의 망원경으로 개량하는 단초를 제공하는 등 각종의 산업에서 첨단을 달리고 있었고 심지어 예술, 회화부문에서도 유럽을 선도하는 국가였다. 이런 첨단기술과 지식은 일본과의 교역을 가능하게 하였으며 일본도 종교적 경향이 옅은 네덜란드가 체제에 미치는 위험이 훨씬 적다는 점과 최고의 기술력과 상업정신을 가진 네덜란드를 무역파트너로 삼기에 이르렀다. 나아가 네덜란드 또한 일본과의 교역이 가져다주는 이익과 국제적 지위를 중시하여 소위 안본 사건[53]을 야기하는 등으로 타 유럽국가와 일본이 교역하는 것을 계속 방해하고 독점적 지위를 유지하려고 노력하였고 마침내 1639년 공식적인 창구는 네덜란드에 한한다는 막부의 확약을 받아내는데 성공한 것으로 알려져 있다.

이처럼 도꾸가와 막부가 해외진출을 제한하기는 하였으나 나가사끼와 쓰시마, 데지마, 마쓰마에 등에 해외교역의 창구를 열어 두고 있었고 동남아시아와의 교역도 소규모로 이어지고 있었으나 다만, 전란을 통하여 적국이 된 명 왕조나 그 이후의 청 왕조와는 국교를 맺지 아니하였다. 과거 명 왕조와는 아시카가 막부의 집권기인 1404년 책봉을 받아 형식적으로는 중화권의 소위 책봉, 조공외교권에 편입된 적이 있으나 이 또한 얼마 가지 않아 흐지부지 되어 버렸고 일본이 통일한 후에는 전혀 교류가 없었다고 하여도 과언이 아니었다. 이는 이미 일본이 네덜란드 등 유럽의 중심권과 교류하는 대신 중화권 세력과의 조공외교나 문화교류를 거의 축소하거나 단념한 중요한 증좌로 볼 수 있다. 이러한 막부의 방침으로 당시 유럽의 사정이나 정세, 심지어 기술

53) 「안본(인도네시아의 지명)사건」이란 1623년에 영국과 네덜란드가 동인도의 무역을 독점하기 위한 경쟁에서 유발된 사건으로, 영국인과 일본인 수십 명이 네덜란드에 의해 처형당함으로써 네덜란드가 우위를 점하는 계기가 되었다.

이나 지식은 일본의 막부를 비롯한 지도자, 지식인에 가감 없이 전달되어 일본 또한 메이지 유신 수백 년 전부터 이러한 유럽의 사정을 비교적 상세하게 알고 있었던 것으로 알려지고 있고 이것이 일본의 서구화를 촉진하는 중요한 요인이었음은 더 말할 것도 없다.

특히 막부는 이러한 네덜란드와의 교역을 중시하여 그 창구로 일본 큐슈 나가사키의 앞 바다에 위치한 데지마(出島)라는 섬을 지정하고 제한적이나마 네덜란드 사람들의 거주와 왕래를 허용하였으며 통상 그 곳에는 10여명의 네덜란드의 의사, 학자들이 거주하였는데 지금도 일본의 나가사끼에는 '오란다 자까(네덜란드의 언덕') 등 네덜란드와의 당시 교역을 알 수 있는 많은 유적지가 존재한다. 뿐만 아니라 일본은 20세기에 네덜란드와의 교역을 기념하여, 나가사끼에 '하우스텐 보스(HUIS TEN BOSCH)'라는 풍차마을을 20세기에 건립하여 지금도 운영하고 있다. 일본인들은 이러한 일본과 네덜란드의 역사적 교류를 매우 중요한 것으로 여겼고 근래 일본의 한 사업가는 네덜란드의 암스테르담에 호텔을 열고 식당 이름으로 당시 교역지였던 '데지마'라는 명칭을 붙이기까지 하였다.

5 서구와의 교류로 인한 일본의 변화

가. 경제, 산업의 변화

17세기 초부터 시작된 200여년의 도꾸가와 막부 시대에 일본에서는 현저한 경제적 변화가 있었다는 데에는 대체적으로 학자들이 동의하고 있다. 런던 대학의 W. G. Beasley 교수에 의하면, 일본의 17세기는 고도성장이 이루어진 시기로 농업생산이 비약적으로 발전하였을 뿐 아니라 아시아의 다른 농업국가에 비하여 농업 자체를 이상화하는 가치체계로 변화되었다고 한다[54). 나아가 농업의 발전은 국내 상업의 번성으로 이어졌는데 상업의 발달로 인하여 도시의 수와 규모가 현저히 증대하는 결과로 이어졌다고도 한다. 이를 구체적으로 보면, 긴끼 지방의 오오사카는 당시 상업 및 금융의 중심지로서 역할을, 동경은 거대한 소비시장으로 기능하면서 두 도시를 잇는 육

54) Beasley, 앞의 책, 39면.

로와 해로의 교통이 또한 발달하였고 점차 효율적인 생산방법을 고안해 내면서 수공업이 개선되기 시작하였는데, 이로 인하여 일본이 서구 자본주의의 본격적인 자극을 받기 이전부터 근대적인 경제성장을 가능하게 하는 일정한 자본주의의 발전단계에 도달하였음이 분명하다고 정리하고 있다[55].

뒤에서 다시 언급하는 바와 같이 교수의 주장은 일본이 근대화에 성공하는 과정으로 이어지는 것이며, 일부 수긍할 만한 합리성을 가지고 있다. 다만 순전히 일본이 외부의 자극 없이 이러한 경제적 발전을 독자적으로 가능케 한 것은 아니라는 점은 간과하지 말아야 할 것으로 보이는바, 이를 조금 더 구체적으로 본다. 일본의 막부가 서구교역의 통로를 큐슈의 작은 섬 데지마로 한정하고 거주하는 인원도 10여명으로 제한하였으나 일본인들은 이를 통하여서 뿐 아니라 여러 경로를 통해 서구의 문물에 거의 정통해 있었으며 이로 인하여 급속도로 사회, 경제, 문화적으로 중국, 한국과 대비되는 별도의 발전경로를 이어가는데 메이지 유신까지의 이러한 상황들을 구체적으로 본다.

김광옥 교수는 그의 저서「변혁기의 일본과 조선」이라는 책에서 이미 일본은 16세기 후반부터 17세기 초에 이르기까지 세계무역체제 속에 편입되었다는 이론들을 소개하고 있으며 이는 적어도 외형상으로는 상당부분 사실로 받아들여지고 있다. 이는 앞에서 본 바와 같이 유럽에서의 15-16세기 상업혁명이 아시아에서는 최초로 일본에서 100년 뒤에 부분적으로 확산된 것으로 볼 수 있으며 일본의 학자들 뿐 아니라 서구의 학자들도 이를 인정하는 사람들이 적지 않다. 그 결과로 금, 은, 동을 이용한 화폐경제가 확산되었을 뿐 아니라 이로 인하여 일본에서는 급속한 도시화와 각종 산업의 재편 과정이 뒤따르게 된다[56].

16세기말 1,600만 명이었던 일본의 인구는 1721년의 조사에서는 3000만 명으로 약 50%가 증가하여 경제력의 성장을 뒷받침하는 계기가 되었다. 당시 일본과 직접적

55) Beasley, 앞의 책, 28-30면. 저자는 이러한 경제적 변화는 추후 막부붕괴와 명치유신으로 이어지는 역할을 하게 되는데 경제적 발전으로 인한 부의 불평등과 사회적 불만의 확산의 측면, 그리고 종래의 제도는 경제적 동기부여와 기술 등에서 문제가 있다는 측면에서 다루어져야 할 논쟁의 주제들이라고 정리하고 있다.

56) 김광옥,「변혁기의 일본과 조선」, 인문사, 2011, 104-5면, 이러한 일본의 세계무역체제로의 편입은 Hall 등 서구의 연구자들이 이로부터 일본의 근대화가 시작되었다는 근거라고 주장하기도 한다. 저자 역시 이러한 일본의 도시발전은 대단한 것이었으나 다만 세계무역체제 속에 깊이 휩쓸리지도 않고 유럽과 절연하지도 않은 중간형태의 발전이 일본의 당시 상황이었다고 중립적인 견해를 피력하고 있다.

인 관계를 형성하면서 서구의 문화교류 창구 역할을 하였던 네덜란드의 인구가 150만 명 정도였던 것을 감안하면 일본은 인구만으로도 상당한 대국이었음을 알 수 있다. 17세기에 일본은 이미 초기 농업사회에서 상업사회로 변모하는 과정을 거치면서 상업자본의 붕아(embryo capitalism)가 나타나기 시작하였는데 광범위한 상업의 발달과 함께 이를 뒷받침하는 화폐제도와 환전제도도 확산되었다. 화폐는 금화, 은화, 철화가 사용되었는데 동부는 금본위제, 서부는 은본위제로 나누어 채택하였고, 금, 은의 부족으로 여러 가지의 상업어음과 지역별 지폐가 널리 사용되기도 하였다. 나아가 이를 다루는 은행업과 환전업도 활기를 띄었고 막부시대의 말기에는 총 1,600종의 지폐가 발행되었던 것으로 보인다[57].

17-18세기 일본의 도쿄막부는 이미 통화량과 이자율의 조작을 통하여 경기의 흐름에 대처하는 등의 정책을 펴기도 하였다. 예컨대, 1695년에 실시된 주조화폐의 가치 절하, 번찰 발행이 그것이고, 1800년대 초기에는 전매사업과 대부 금리의 제한, 물가 억제 등을 포함한 경제개혁안을 실행하기도 하였다[58]. 이는 화폐경제와 상공업이 이미 상당한 정도로 진전되었기에 가능한 것이었으며 일부 막부의 정책이 실패로 끝난 적도 있었으나 이를 토대로 경제정책은 꾸준히 개선되었으며 이러한 노력과 경험들이 축적되면서 결국 국가 전체의 산업과 경제적 발전으로 이어지는 원동력이 되었다[59]. 뿐만 아니라 교통망과 통신망이 새로 정비되었고 기업가 정신이 일본인들 사이에 널리 확산되었으며 수공업의 발달로 인하여 몇 가지 중요한 경공업제품을 대량 생산하는 기술이 개발, 보급되기도 하였다.

유럽의 경우 18-9세기에 산업혁명(Industrial Revolution)이 이루어졌고 그 영향이 세계적으로 파급되어 나갔으나 일본에서도 이와 유사한 형태로 산업구조의 개편이 이루어졌고 이는 공업화 또는 산업화(industrialization)의 초기 단계라고 할 수 있다. 그 예를 본다. 명치유신이 이루어지기 직전인 1846년의 자료에 의하면, 일본의 대표적 공업 분야인 직물업의 경우 200여개의 소 공장화한 직물공장에서 약 5,000대의 직

---

57) Hall, 앞의 책, 213면.

58) Beasley, 앞의 책, 32-3면. 저자는 상업적 부에 대한 어용금을 내도록 하는 등의 경제적 조치는 이미 화폐경제, 시장 활성화로 들어선 증좌로 재정에 압박을 받고 있던 막부로서는 획기적인 조치였다고 지적하고 있다.

59) 예를 들면, 경제침체기에는 어음의 발행을 금지하는 등의 정책을 편다거나 물가 상승기에는 화폐의 회수를 통하여 이를 해결하려는 정책들은 막부는 1700년대에 이미 실시한 것으로 기록되어 있다. 구태훈, 앞의 책(주 14), 150면 이하.

조기를 갖추고 이를 생산, 유통하였다고 한다. 이러한 일본의 경제상황을 이미 대량생산시대의 초기에 들어갔다고 보는 견해들도 있는바, 그 규모로 보아 반드시 대량생산에의 시작이라고 보기에는 다소의 무리가 없지 않으나 여하간 상당한 규모의 공업화가 이미 진전되었다고 보는 것은 타당하다[60].

인구의 증가와 함께 도시화도 진전되었는데 그 중 일본의 수도였던 동경은 인구 100만으로 당시 유럽의 이스탄불이나 중국의 북경과 함께 세계 1, 2위를 다툴 정도의 대도시였고 오오사카는 50만명 정도의 인구를 가지고 있었다[61]. 경제의 활성화와 함께 주거, 의복 등의 생활 패턴이 개선되었을 뿐 아니라 오락과 여가생활도 변모하여 심지어 서구인들처럼 당구나 테니스를 즐기는 부유층도 있었다. 그 배경이 되는 사회적 계층이 재정리 현상도 나타났는데 일본의 사회적 계급은 여전히 공식적으로는 다이묘와 이를 섬기는 무사 층이 최상층을 이루고 있었으며 상공인들은 하위계층에 속하였으나 실제의 관행과 인식은 이와 달라 이들 상공인들 중에서 부를 축적한 사람들은 다이묘에 버금가는 지위를 갖게 되었다. 다이묘나 무사들이 상공인들로부터 금전을 차용하거나 신세를 짐으로써 종속되는 역현상이 벌어지기도 하였고 특히 동경이나 오오사까를 중심으로 경제가 활성화됨에 따라 사회부분에서도 변화가 서서히 일어났으며 이를 통하여 가치에 대한 관념도 재정리되기 시작하였다.

일본의 동경, 오오사까 지방에서 성장한 상업자본가 집단은 그 세력이 대명을 능가할 정도였는데 1760년대에 200이상의 상인이 거액의 재산을 축적하였고 이들을 중심으로 가히 부르조아라고 칭하여도 좋을 새로운 지배계층의 일단이 형성되었으며, 일부이기는 하나 이들은 매우 사치스런 생활을 하여 더러 막부로부터 비판을 받기도 하였다. 이를 상징적으로 보여주는 예들을 본다. 지금도 일본을 대표하는 재벌그룹인 '미쓰이(三井)'[62]의 경우 1620년에 양조업으로 출발하였으나 그 이후 1673년 동경으로 이주하여 '에치고야(越後屋)'라는 포목점에 이어 대규모유통업을 운영하면서 박리다매와 정찰제로 고객에게 큰 인기를 끌었다. 그 후손들은 또한 환전업에 뛰어들어 막부나 황실의 재정대리인으로 활약하였고 이는 지금까지 이어져 일본 굴지의 재벌로

---

60) 민석홍 교수는 앞의 책, 421면에서 유럽이 지구상에서 가장 부유한 상태에 있었던 것이 산업혁명을 가능케 한 원동력이라고 소개하면서 그 영향을 받았으나 이러한 상황에까지는 이르지 못한 유럽 외 국가들의 산업적 변화를 공업화 또는 산업화라고 칭하고 있다.

61) 스즈끼 겐지(鈴木健二), 「役に立つ日本史物語」, 講談社, 1990, 58면

62) 미쓰이 재벌은 미쓰이 다까도시(三井高利, 1622-1694)가 포목점 등을 시작하면서 회사를 키워 일본의 굴지의 재벌로 성장하였으나 2차 세계대전 이후 해체된 일본의 기업 집단이다.

발전하였으며 일본 각지에서 볼 수 있는 '미쓰꼬시(三越)'라는 대규모 백화점체인은 이들 재벌기업이 운영하는 사업의 한 부분이다.

또한 1650년대 '고오노이께(鴻池)'[63]는 양조업에서 출발하여 환전상으로 다이묘들의 재정을 취급하였고 해운업, 토지개간사업에 진출한 일본의 대표적인 기업이었다. 현재도 '삼화(三和)은행'이라는 이름으로 금융업에 종사하고 있으며 그 산하인 대부업체는 우리나라에도 진출하여 잘 알려져 있다. 역시 일본 굴지의 재벌 '스미또모(住友)'[64] 또한 1700년대에 철제품상, 제련소, 광산개발업, 금융업 등을 영위하면서 부를 키워 나갔고 이러한 기업들은 위에서 보듯이 대명들을 능가하는 부와 사회적 지위를 누렸는데[65], 그 외에도 많은 수의 상업자본가들이 등장하여 도꾸가와 막부 치하의 일본에서 사회적, 경제적, 문화적 발전을 주도하였다.

이러한 일본의 막부 치하에서의 경제적 발전을 연구한 런던 대학 Beasley 교수의 정리를 본다. "…… 일본의 발전된 지역의 농민들은 화폐 경제에 익숙해져 있었고 상품분배체계는 도시 지역 뿐 아니라 시골 지역에까지 잘 발달되어 있었으며 대부분의 일본인들은 제조업에 대해서는 그렇지 못했지만 재정과 상업에 관해서는 어느 정도 전문지식을 보유하고 있었다. 한편 소수의 지배계층은 서양의 과학기술, 특히 군사 및 의학부문과 같은 응용과학에 관한 지식을 어느 정도 갖고 있었다. …… 또한 상민들 사이에는 소규모이긴 했지만 자본 축적이 널리 이루어져 있었고 도꾸가와 말기에는 그들의 생활수준이 상승하였다는 증거도 존재한다"고 기록하고 있다[66]. 결국 개항 전 일본은 이미 근대적 경제성장에 필요한 여러 가지 특성을 보이고 있었고 근대화의 결정적 국면에 바로 들어가지는 않았지만 그러한 방향으로의 이행이 이미 시작되고 있었다는 것이 교수의 결론이다.

나. 일본의 사상, 문화의 변화

중국, 조선과 현격한 차이를 가져온 이러한 경제 환경과 사정의 변화를 일으킨 가

63) 야마나까 신로꾸(産中新六, 1570-1650)가 오사까 지방에서 주조업으로 시작하여 운송업 등 사업영역을 확장하여, 재벌에까지 이른 기업집단의 정형으로 알려져 있다.
64) 스미토모재벌은 미쓰이재벌, 미쓰비시재벌과 함께 일본의 3대 재벌로 꼽혔던 기업 집단으로 16세기 말 오오사카 지역을 중심으로 발전하여, 임산업, 금융업 등에 진출하였다.
65) Hall, 앞의 책, 211면 ; 민두기, 앞의 책, 144면 등. 미쓰이 가문은 원래 이세 지역에서 상점을 열었고, 고오노이께는 오오사까에서 발흥하였는데 이들의 세력은 대명과 견줄 정도였다고 한다.
66) Beasley, 앞의 책, 178면.

장 중요한 동인(動因)은 역시 서구화 또는 서양화라고 칭할 수 있는 유럽의 영향이라고 보아 틀림이 없으나 여기에 보태어 일본의 정치체제와 사상과 윤리, 종교적 이탈현상을 또한 주시하지 않을 수 없다. 일본은 도꾸가와를 중심으로 한 세력으로 통일되면서 내전은 종식되고 평화기에 접어들었다. 막부는 여전히 많은 자치권을 지방의 영주들에게 부여하였고 영주들은 다투어 영역내의 상업과 교역의 발전 등에 경쟁적으로 매진함으로써 그러한 발전의 토대를 쌓으면서 오래전부터의 중화문화권으로부터 점차 이탈하는 경향을 보이게 되었다. 사실 이들은 이전부터 제1차, 제2차 막부의 집권과 그 이후의 내란을 겪으면서 한국과 중국 등에서 정신적 사조로 자리 잡고 있었던 유교 등으로부터 거리를 두고 자신들이 강조하는 소위 무사도라고 하는 직업정신과 불교와 다른 성격의 신도라는 종교적 신념을 강하게 유지함으로써 이러한 흐름은 본격화되었고 16세기 서구의 문화와 종교의 전파로 이러한 경향은 더 강화되었다고 봄이 타당하다.

이러한 문화적 차이에서 과거 정신적 사조의 공간을 대신 차지한 것은 서구의 상업, 산업중심의 물질적 사조였다. 그런 만큼 일본이 한국의 유교 등에 일부 영향을 받기도 하였으나 그들의 주된 관심은 서구의 발전된 사회, 문화로의 지향이었고 막부도 이러한 경향을 애써 막으려 하지 않았을 뿐 아니라 자연스레 이에 동조하거나 더러는 앞장서 이러한 문화적 학습을 주도하기도 하였다. 보다 구체적으로 보면, 위에서 본 바와 같이 서구세력과의 교류로 인하여 지득하게 된 근대문명은 그 이후 농업, 수공업 등으로 점차 경제가 진화, 발전하는 원동력이 되었을 뿐 아니라, 이를 중시하는 실용적 사상, 즉 농업 등 산업, 기술에 대한 가치를 중시하는 한편 농민, 상인 등에 대한 종래의 신분차별이 이완되었고, 이것이 복합적으로 산업 전반의 발전을 가속화하는 상승작용으로 현실화되었다[67].

초기에 일본이 전통적인 중화 문화 및 유교와 공존하기도 하였던 시기에는 문화적 혼조의 경향을 보이기도 하였으나 점차 그 흔적은 더 옅어졌고 소위 '난학(蘭學)'이라는 서구의 학문, 영국 등의 자유민권사상 등이 소개되면서 새로운 학문과 사상은 적어도 지식인들에게는 점차 주류의 신념으로 받아들여지게 되었다. 급기야 19세기 초반 중국이 서구 열강 등으로부터 압박을 받는 상황이 이어지고 러시아, 영국 등이 일본 근해로 몰려와 문호개방을 요구하는 군사적 시위를 하기 시작한 현실 속에서,

67) 스즈끼 겐지(鈴木健二), 앞의 책, 174면에서도, 당시 일본의 농민들은 단순히 식량에 한정하여 재배하는 것보다 환금성 작물을 재배함으로써 농업자본가들도 또한 다수 등장하였다고 설명한다.

이러한 서구의 사상과 정치적 이념, 문화에 의존하려는 경향은 오히려 강해졌고, 선각자 집단은 자칫 권력을 상실하게 될 지도 모르는 우려에서 여전히 과거의 체제 및 정치적 사조와 공존을 유지하고자 하였던 막부에 대항하려는 움직임까지 나타나게 되었다. 그 예를 보면, 당시 막부의 관리였던 사꾸마 쇼잔(佐久間象山, 1811-1864)은 외국학문은 합리적이고 중국 학문은 그렇지 못했고 중국인들이 이러한 사실을 인식하지 못하였기 때문에 중국이 아편전쟁에서 패할 수밖에 없었다고 비판하면서 동양의 도덕 이외에 서양의 과학이라는 것을 중시하지 않으면 안 된다고 지적하기도 하였다[68].

또한 간과하지 말아야 할 것은 위에서 본 바와 같이 일본의 통치체제가 막부를 중심으로 한 중앙집권적 성격을 가지고는 있었으나 우리나 중국과 같이 왕조 중심의 강력한 통치체제와는 성격을 달리 하였다는 점이다. 일본의 막부체제는 일종의 반봉건적 성격을 가지고 있어 각 번마다의 자율권을 상당 부분 허용하고 참근교대(參勤交代)라는 정도의 통제만으로 평화를 유지하는 것이었으나 이러한 막부의 통제구조마저도 1800년대에 이르러서는 여러 가지 요인으로 이전보다 느슨해졌고 결과적으로 각 번의 자율적 움직임이 강화되었다. 이로 인하여 각 번은 경쟁적으로 자치지역의 경제적, 정치적 영향력을 강화하기 위하여 상공업 중심의 경제체질의 강화와 제도적 개편에 나섰다는 점이다. 물론 이는 페리 제독의 내침이 있기 이전부터의 일이다.

예를 들면, 큐슈지역의 사가 번의 경우 1800년대 초에 이미 서양식 대포를 일본에서 최초로 주조하였다는 기록이 있고, 사쓰마 번(현재의 가고시마 현)의 경우 이전부터 힘을 기울여 온 공업화를 더욱 진전시켜 1853년에는 용광로의 일종인 반사로를 활용한 '집성관(集成館)'이라는 서양식 공장을 설립하였고, 부국강병을 목적으로 증기기관을 구비한 기계공장에서 서양식 대포와 함선을 제작하였다고 한다[69]. 이를 당시 조선의 사정과 비교해 보면, 이미 서구화 및 산업화, 나아가 군사기술 등에서 일본과 조선과의 격차는 명치유신 이전부터 현저하게 벌어져 있었던 점을 추지할 수 있다.

---

68) Beasley, 위 책, 52-3면. 교수는 이 사람이 피터 대제의 정책을 이상적인 모델로 삼아 정치적 통합을 이룩하고 서양의 기술로 함대를 건조하여 국제적 승인을 받아야 한다는 구체적 대안까지 제시한 것으로, 명치유신 이후 이러한 목표는 거의 현실적으로 달성되었다.

69) 이러한 각 번 중심의 독자적 군비강화는 이미 서양의 정세와 중국의 서구에 대한 굴복 등의 과정을 지켜보면서 나름대로 생존의 전략에 총력을 기울였던 것으로 보인다. 이러한 산업화의 속도는 결국 청과 러시아를 제압하는 원동력으로 작용하게 되었음은 더 말할 나위도 없다. 구태훈, 앞의 책(주 14), 151면 이하

6 일본과 서구와의 문화적, 학문적 교류

가. 서구 문화, 학문의 일본 유입

문화, 학문적으로도 일본은 서구 국가로부터 많은 영향을 받았으며 한편 이러한 교류를 통해 일본의 문화가 서양에, 서양의 문화가 일본에 전파되었음은 말할 나위가 없다. 그러나 대체적으로는 동양권의 문화에 대한 서구의 관심과 유입보다는 서구 문화의 일본에의 유입이 압도적으로 많은데 이는 문화 역시 높은 곳에서 낮은 곳으로 물처럼 흐르는 것이 대세이기 때문이다. 우선 서구 문화와 기술, 학문의 일본 유입과 모방의 과정을 본다. 일본은 17-18세기 가장 중요한 교역대상국이었던 네덜란드를 통해 서양의 기술적 발전과정을 익히게 되었고 심지어 의술을 답습하기도 하였는데 서구문물의 신속한 수입을 위해 네덜란드, 영어 사전을 편찬하기도 하는 등 학문적 토대를 마련하기도 하였다.

몇 가지 사례를 보면, 수학에서 세키 다다카즈(關 孝和, 1642-1708)는 서구의 이론을 학습하여 현대 수학의 미분학, 적분학을 충분히 이해한 수준 높은 학자로 알려져 있고, 측량학에서의 이노 타다타카(伊能忠敬, 1745-1818)는 막부의 후원 하에 서양식 도구와 기법을 사용하여 정확한 일본의 지도를 제작하였다. 한편 예술 분야에서 시바 고칸(司馬江漢, 1738-1818)은 서구에서 개발된 유화와 동판화를 시도하는 등 서구의 학문을 접한 사람들이 나름대로의 분야에서 모방과 연구를 이어갔고 이러한 경향은 보편적으로 네덜란드의 '난학(蘭學)'이라고 하거나 범위를 넓혀 '양학(洋學)'이라고 칭하기도 하였다.

원래 난학이 학문으로 자리 잡게 된 것은 1600년대 말이었는데[70] 이것이 학문의 중요한 경향으로 이어져 일본의 아오끼 곤요오(青木昆陽, 1698-1769) 등은 네덜란드어를 습득한 후 「화란문자약고(和蘭文字略考)」, 「화란어역(和蘭語譯)」이라는 서적을 편찬하여 네덜란드어 학습의 교재로 널리 쓰였고, 나아가 할마(F. Halma)의 네덜란

70) 구태훈, 위 책, 215면에 의하면 니시까와 조겐(西川如見)이 1600년대 말 「화이적상고(華夷適商考)」라는 책에서 해외의 지리와 풍속을 소개하면서 이러한 학문이 기틀을 잡았으며, 그 이후에 아라이 세끼하꾸(新井白石)가 네덜란드인 요한 시도치를 신문하면서 남긴 기록 「서양기문(西洋紀聞)」은 세계의 지도와 기독교에 관한 기록을 전반적으로 소개한 것이라고 한다. 이는 이 시기에 이미 일본의 서양연구는 깊게 뿌리를 내린 것을 추정케 한다.

드, 프랑스 어 사전을 바탕으로 8만 단어를 수록한 네덜란드어 사전이 편찬되었다. 일본의 곳곳에 네덜란드와 서구의 학문을 연구, 강습하는 학교가 설립되어 100여명의 학자를 배출하기도 하였다. 이 시기에는 서양에서 새로운 과학적 발견으로 여겨졌던 지동설이나 뉴튼의 만유인력의 법칙 등도 전해졌고 새로운 달력의 제정 등도 이루어졌다[71].

야마와끼 도오요오(山脇東洋)는 1754년 서구의 해부학에 자극을 받아 1754년 처음으로 인체해부를 실시한 후 「장지(臟志)」라는 서적을 편찬하였는데, 본격적인 서구식의 해부는 1771년 3월 스기다 겐빠꾸(衫田玄白)등이 죄수의 사체를 대상으로 네덜란드의 해부학 서적에 따라 실시하였다. 이를 통하여 3년이 지나 각고의 노력 끝에 1774년에 「해체신서(解體新書)」라는 이름으로 일본에서 최초로 해부학교과서가 출간되었다[72]. 이러한 각 분야에서의 서양의 학문과 기술의 학습이 이루어진 것은 막부의 공식적인 입장과 정책으로 지원된 것은 아니나 한번 데지마라는 작은 섬을 통하여 뚫리고 계속 유입하여 들어오는 서양의 학문이나 기술, 문화 등에 대한 일본인 소수의 관심으로 시작되었다. 그러나 막부는 이를 통제하지 않았고 18세기에는 오히려 농업, 수공업 등의 기술발전을 위해 장려하기도 하였으며 이러한 흐름은 지속적으로 각 분야에서의 개혁의 토대로 기능하였다.

위에서 본 바와 같이 이러한 서구 사상이나 학문의 중심은 최초 네덜란드로부터 유입된 것들이었으나 점차 범위를 넓혀 국가로는 영국, 프랑스 등에까지 확대되고 그 대상도 광범위해지면서 이를 소개하고 장려하는 소위 양학으로 발전하였는데, 이들은 서구의 과학과 의학 등 당시로서는 가장 발전된 실용적 학문들을 소개하였고 1765년에는 의학을 교육하는 학교가 등장하였다. 그 과정에서 내과, 외과, 산부인과 등 전문

---

71) 민두기, 앞의 책, 178-9면에 의하면 이러한 당시의 학문적 기풍은 집권세력인 막부의 묵인 내지 지원 하에 진행되었는데 이로 인하여 실용적 학문 경향이 뚜렷해지고 그 성과도 눈부시게 발전하는 등 서양학문의 도입성과가 계속 이어졌다. 예컨대, 코페르니쿠스의 지동설이나 뉴튼의 만유인력 등도 1700년대 말에 이미 일본에 소개되었다고 한다.

72) 몇 가지 예를 소개한다. 1745년 아오키 콘요오(1698-1769)는 네덜란드어 사전을 편찬하였고, 오오츠키 겐타오(1757-1827)는 1788년 난학계제를 편찬하였는데 이는 일반인을 위해 네덜란드어를 해설한 것이어서 대중이 이용할 수 있는 네덜란드어 교본이었다. 또한 오오츠키는 네덜란드와 서구의 문화를 연구하는 학교를 설립하기도 하였다. 한편 1769년에서 1786년 사이에 스웨덴의 의사 툰베르크(K. P. Thunberg)가 일본에 체류하면서 의학과 과학에 관한 지식을 전수하였으며, 스기다 겐빠꾸(衫田玄白, 1733-1817) 등 일본인 3인은 1771년 인체의 해부를 시도하였으며, 1774년 독일인 쿨무스(J. A. Kulmus, 1689-1745)의 해부학교과서 「Tafel Anatomia」를 「해체신서(解體新書)」라는 이름으로 번역하여 서양의 의술의 경향을 소개하기도 하였다. 이상은 Hall, 앞의 책, 225-6면 참조.

의학 지식은 물론 생리학, 병리학 등 기초학문도 소개되어 1793년에는 내과전문서적이 발간되기도 하였다. 코페르니쿠스와 뉴튼의 학문적 성과가 소개되는가 하면, 온도계, 시계, 색안경, 망원경 등의 수입도 이루어져 이를 개선하는 등의 자체적인 발전을 도모하기도 하였다.

예컨대, 한 일본인은 놋쇠로 만들어진 네덜란드제 망원경에다 종이를 겹쳐 옻칠을 함으로써 훨씬 가볍게 발전시킨 '잇깐바리(一閑張)'라는 이름의 망원경으로 개조하는 등 나름대로의 변화를 꾀하기도 하였다[73]. 이러한 과정에서 우리는 몇 가지를 눈여겨 정리할 필요가 있다. 우선 이러한 서양 학문을 비롯한 중국, 조선 등의 유학 등 학문적 추구는 무사계급에만 한정되었던 것이 아니고 상인, 농민 등 모든 계급의 사람들에게도 기회가 부여되었다는 점이다. 이러한 사회 계층 간 한계가 점차 무너진 점은 교육기관의 보급과 출판물의 증가로 다양한 계층의 사람들이 학문에 열중한 데서도 찾아볼 수 있다. 이는 중국과 조선이 학문을 특정계층의 것으로만 한정한 것과는 전혀 다른 것으로 후일 일본의 근대화를 가능하게 한 배경이라고도 할 수 있다.

서구에서 유행하던 테니스와 같은 운동경기가 일본에서도 가능하였으며 상위계층의 사람들이 서양의 술잔으로 와인을 즐긴 것은 대체적으로 알려진 문화적 교류의 한 예이다. 특히 광범위한 기술적 관심과 유입으로 인하여 막부 말에는 지식인들이 고등수학이나 증기기관의 구조 등에 대하여 정통할 정도로 유럽과의 격차를 좁혔다. 한편 이러한 서구의 문화와 학문의 유입에 더하여 일본의 지식인들은 매우 탄탄한 학문적 기초위에 이를 발전시켜 나가는 노력을 계속하였는데 앞에서 본 망원경의 개선 이외에도 서구에서 실제 이루어지고 있었던 전기실험을 하는 사람도 있었다고 한다. 의학적 지식과 기술의 도입에 따라 한방의사로 마취학을 연구했던 하나오까 세이슈(華岡淸洲, 1760-1835)라는 일본인은 자체적으로 마취약을 개발하여 1800년대 초 세계 최초로 전신마취 후 유방암수술에 성공하였다고 하는바, 이러한 서구 문화의 유입이 영향을 끼친 중요한 예라고 할 수도 있을 것이다[74].

또한 이러한 양적인 교육의 증가에 덧붙여 간과해서는 안 될 점은 비록 '기술은 yes, 사상은 no'로 대변되는 바와 같이 일본 고유의 사상을 유지하려는 노력도 계속

73) 서양 학문의 기술적 발전을 도입하는 과정에서 수입된 물건 등도 다양하게 일본의 지식인들에게 소개되었고 이들은 온도계, 망원경, 시계 등의 정교함에 주목하여, 서양인들의 합리적인 정신과 과학적 사고체계를 본받으려는 움직임으로 이어졌고 나아가 이를 더욱 개량하여 일본화하는 경우도 적지 않았다. 이상은 구태훈, 앞의 책(주 11), 331면 참조.

74) 도날드 킨/시바 료따로, 앞의 책, 121면.

되었으나 앞에서도 지적한 바와 같이 기술의 유입으로 인하여 일본 내에서는 종래 중화권의 유교 중심의 정신적 문화의존 경향을 넘어서 서구의 상업, 과학, 기술과 같은 것들을 폭넓게 수용하고, 일본의 지식인은 물론 일반인들까지 이를 자신들의 것으로 소화하는 과정을 통해 매우 실용적이고 한편으로는 개방적인 사고를 이어 왔다는 점을 들 수 있다. 예컨대, 1823년 나가사끼에 독일인 의사 시볼트(Siebold, 1796-1866)[75]가 건립한 '난학 교습소'에서 의학, 약용식물학 등을 배운 일본의 학자들은 서양과학의 우월성에 주목하였고, 유럽에서의 이러한 발전이 진리탐구의 실천적 정신에 바탕을 두고 있는 만큼 일본에서도 이러한 기풍이 진작되어야 한다고 주장하는가 하면, 심지어 정부형태 또한 서구와 같이 변화되어야 한다는 견해를 밝히기도 하였다.

또한 일부의 학자들은 서구의 발전된 군사력을 본받아 일본 또한 해군을 창설하고 군사력을 강화해야 한다고 주장하는 등 사실상 본격적인 서구 근대화로 나갈 것을 강조하였는데 물론 이는 명치유신이 성공하기 훨씬 이전의 일이었으며 일본의 근대화가 명치유신을 기점으로 시작된 것이 아님을 여실히 보여주고 있다[76]. 나아가 일본은 다음 장에서 보는 바와 같이 19세기 초에 이미 서구의 아시아 지역에 대한 제국주의형의 침략이 이어지고 이에 적절히 대처하지 못한 중국이 서구의 힘에 굴복하는 과정을 지켜보면서 막부나 각 번은 군사적 측면에서의 기술적 변화를 시도하게 되는데 예컨대, 1841년 서양식 포술을 시범하고, 대포를 주조하기 위한 반사로와 용광로를 설치한 후 대포의 주조에 성공하는가 하면[77], 화약제조소를 건립하고 해군훈련소를 운영하는 등 군사력의 발전을 도모하였을 뿐 아니라 해안에 포대를 설치하여 서구 군함의

---

75) 그는 1823년부터 1828년까지 나가사끼의 네덜란드상관에 근무한 독일 출신의 의사로, '明暴塾'이라는 학교를 열어 서구의 의학을 가르쳤고 귀국길에 배가 좌초하는 바람에 당시에 금지되었던 일본의 지도를 소지하고 있던 것이 밝혀져 스파이 혐의로 강제추방조치를 당하는 소위 시볼트 사건을 일으키기도 하였다. 도날드 킨/시바 료따로, 위 책, 56면.

76) 민두기, 앞의 책, 180-1면에 의하면, 예컨대, 하야시 시헤이(林子平, 1738-1793)는 「해군병담(海軍兵談)」이라는 저서에서 해안경비와 해군창설의 필요성을 역설하였고, 혼다 도시아끼(本多利明, 1744-1821)는 「경세비책(經世秘策)」 등의 저서에서 서양사회의 선진성과 대외교역의 필요를 적극 주장하는 등 일본의 서구화에의 길을 강조하였다. 이외에도 많은 일본인 지식인들이 이러한 내용의 서적을 출간하였으며, 결국 막부의 보다 개방적인 대외정책과 체제변화를 요구하였으나 당시 막부는 이들의 지나친 활동이 막부의 집권체제에 악영향을 미칠 수도 있다고 보아 시볼트를 추방하는 등 억제정책을 펴기도 하였다.

77) Beasley, 앞의 책, 51면에 의하면, 에가와 다로자에몬(江川太郎左衛門, 1801-1855)이 이를 성공시킨 것은 1853년의 일로 기록되어 있으며 이즈 반도의 촌락에서는 지금도 그 잔재를 찾아볼 수 있다.

접근에 대비하는 등 그 속도를 높여 나갔다[78]. 이러한 적극적인 서구 문화의 도입과 서구의 내침에 대한 사전대비는 서구의 동양진출과정에서 중국이나 인도 등이 당한 것과 같은 국가적 충격과 피해에서 벗어나 동양 국가 중 유일하게 서구에서와 같은 근대화를 성공시킨 원동력이 되었다고 볼 수 있다[79].

원래 막부가 이러한 서구와의 교류를 공식화하려고 한 것은 아니었고 서양의 사정과 문화의 정도를 파악하려는 작은 의도에서 일본의 데지마라는 작은 인공섬에서 10여명의 한정된 인원만으로 제한한 가운데 네덜란드와의 교류를 허용하였을 뿐이므로 그 영향은 제한적이었을 수도 있다. 그런 만큼 과연 이러한 경로만으로 일본이 서구화, 근대화에 진전을 이루는데 도움이 되었을까 라는 의문이 들 수도 있다. 이에 대하여 한 일본인이 남긴 말은 이러한 의문을 불식시킬 수 있는 강한 메시지를 담고 있다고 보인다. 위에서와 같이 최초의 인체해부도를 작성한 스기다 겐빠꾸(衫田玄白)는 83세에 저술한 「난학사시(蘭學事始)」에서 "한 방울의 기름을 넓은 연못에 떨어뜨리면, 흩어져서 연못 가득히 퍼진다"라고 그 영향이 적지 않았음을 강조하였다[80].

비록 일부의 사람만으로 시작되어 진행한 서구의 학문보급과 서구 문화의 전파였지만, 사실 그 영향은 서서히 전 일본에 퍼질 정도로 강한 파급력을 가지고 있었고 이로 인하여 일본의 서구화, 즉 유럽의 문화, 학문의 유입은 이미 중국이나 조선 등 동양의 다른 국가들과는 현저한 차이를 보일 정도로 진행되고 있었음을 의미한다고 하지 아니할 수 없다. 이러한 흐름은 일본의 향후 진로설정을 이해하는데 많은 시사점을 제공해 준다고 생각된다. 이러한 것들을 가능하게 한 데는 위에서 지적한 바와 같이 당시 일본의 막부를 비롯한 정치지도자들이나 지식인들이 서양문화에 대하여 강한 흡입의지를 가지고 있었던 점이나 일본인 대다수가 유일신교에 집착하지 않고 불교, 유교, 신도 등 다양한 신앙과 사상을 자유롭게 받아들였던 사회, 문화적 바탕 등이 원인으로 보이는바, 이에 대해서는 뒤에서 다시 자세히 언급하고자 한다.

---

78) 구태훈, 앞의 책(주 14), 241면에 의하면 일본은 서구의 산업화의 힘이 얼마나 큰 지를 이미 잘 알고 있었으며, 중국이 허망하게 아편전쟁에서 패하고 홍콩을 잃는 등의 과정을 보면서 그 동안 축적된 정보와 기술 등을 활용하여 군사적 발전에 속도를 내게 되는 기회로 삼았다고 지적한다.

79) 구태훈, 앞의 책(주 11), 333면

80) 이러한 인체해부는 의학사적인 의미 이상의 중요성을 갖는다, 미야기 키미꼬(宮城公子), "근세사회의 전환", 나오히로 등, 앞의 책, 315면에서는 이는 서양문명을 서양의 인간관과 사회관까지 함께 이해하는 계기가 된 문명사적 사건이었다면서 이 책이 던진 사회적 파문은 엄청난 것이었다는 미야기 기미꼬(宮木 君子)의 견해를 소개하고 있다. 이러한 표현은 다소 그 영향을 과대하게 평가한 것이라고도 보이나, 실제 일본 서구화의 중요한 징표였다는 점은 부인하기 어려울 듯하다.

이러한 경향에 대하여, 도날드 킨(Donald Keene)박사의 설명을 본다. 박사에 의하면, 일본인은 처음에는 중국에 대하여 깊은 관심을 가졌고 나아가서는 쇄국이라는 공식적인 막부의 정책으로 외국에 갈 수 없었음에도 불구하고 바늘구멍만한 나가사끼의 데지마 섬을 통해 유럽의 사정을 가까이에 있는 아랍인들보다 훨씬 더 잘 알고 있었을 뿐 아니라 네덜란드의 학문이나 기독교가 들어온 데 대하여도 거부감을 갖지 않았고 심지어 지동설이 소개되었어도 그다지 반감을 가지지 않고 쉽게 수용할 수 있었다고 한다[81]. 또한 킨 박사는 자신의 저서「일본인의 서양발견(Japanese Discovery of Europe, 1720-1830)」에서 당시 일본 지식인들의 서구화 경향과 서양문물에 대하여 가졌던 호감에 대하여 자세히 지적하고 있다. 그들이 가졌던 이러한 경향은 중화문화권에서 강조되었던 한문의 번잡함을 비판하고 서양화의 원근법과 음영법에 의한 입체성 등을 높이 사는 등 새로운 시각에서 학문에 접근한 것에 공통점이 있다고 설명하고 있다[82].

가히 서양 찬미라고도 할 수 있었던 이러한 사조는 한참을 더 나아가, 1700년대 후반에 혼다 도시아끼(本田利明)라는 일본인 학자가 섬나라로서 영국과 버금가는 국가를 건설하는 것을 목표로, '동양의 대일본섬, 서양의 영국섬'이라는 대부국(大富國), 대강국의 출현을 미래지향적으로 설정하고 이들 나라에는 밝은 유리창에 사계절 내내 꽃이 피고 혹한에도 잠옷을 입지 않고 판야(panha)로 만든 이불을 덮는다는 다소 이상향적인 목표를 제시하는가 하면, 이를 위하여 일본이 시행할 정책은 향후 무역입국이라는 점을 역설하는 등으로 서양문화에 대한 외경감을 넘어 이에 이르기 위한 일본의 정책방향까지 제안하고 있다[83]. 그 외에도 많은 지식인들이 일본의 상공업 중심의 경제정책을 제안하거나 적극적인 해외무역, 동남아로의 세력 확대 및 대외팽창정책을 주장하는 견해들을 제시하였는데, 불과 100년이 지나지 않아 20세기 초 일본이 실제

---

81) 도날드 킨/시바 료따로, 앞의 책, 50-52면. 이에 대해 킨 박사는 이러한 일본의 서구에 대한 지식욕, 호기심으로 인한 변화를 인류 역사상 가장 훌륭한 일 중의 하나라고 생각한다는 평까지 곁들이고 있다.

82) 미야기 기미꼬, 위 논문. 저자는 이외에도 문명발달의 정도를 역사의 깊고 얕음에서 바라보는 점, 서양인 금수관 등을 공통점으로 보고 있다.

83) 1798년 도시아끼의 저서「세이이끼모노가따리」에 등장하는 이러한 설정은 일본이 당시 서양의 사정에 정통하였을 뿐 아니라 영국이 발전한 원인까지도 제대로 짚고 있음을 보여준다. 영국은 일본과 같이 본섬과 부속도서로 이루어진 이른바 섬나라로 그 수도인 런던과 프랑스 파리, 일본의 동경이 같은 위도에 속하여 있어 이러한 발전이 가능하다는 단순한 논리로 뒷받침되어 있으나 지리학적으로도 상당한 수준에 도달해 있음을 짐작할 수 있다. 미야기 기미꼬, 위 논문, 318면.

대동아공영권이라는 무리한 제국주의적 슬로건으로 아시아 각국을 유린하고 심지어 태평양전쟁 등으로 구체화한 것은 실로 시사하는 바가 적지 않다고 판단된다[84].

나. 일본 문화의 서구에의 전파

일본이 서구로부터 문화를 유입해 온 정도는 아니더라도 일본이 서구의 국가들과 교류를 해 오는 동안 일본의 문화가 또한 서구에 전파된 사례도 당연히 있을 수 있으며 그러한 예들도 적지 않다. 우선 일본 도자기의 서구전파사례를 본다. 영어의 차이나(china)라고 하면 도자기를 의미하는 것으로 정해져 있거니와 마찬가지로 저팬(japan)이라고 하면 일본의 칠기를 의미하는 보통명사로 사용되어 왔는데 이른바, '오채자기'라고 일컬어지는 당시 일본의 도자기는 유럽에서도 최상품에 속한 것으로 알려져 왔다[85]. 일본의 도자기 등은 중국으로부터 소위 상회기법의 기술을 직접 전수받는 등으로 중화문화권의 대표적 상품이었고 특히 임진왜란 등을 통해 조선의 도공을 강제로 납치하고 큐슈지역을 중심으로 도자기 가마 등 생산시설을 마련하여 그 기술을 재현하였으나 일본은 더 나아가 이러한 중국, 조선의 도자기 제조의 기법을 나름대로 변형하여 칠기 중심의 도자기를 대량 생산하였고 이와 같이 재창조된 일본의 도자기 등은 다량 서구에 수출한 것으로 알려지고 있다[86].

임진년 등의 왜란이 다른 의미에서 '도자기 전쟁'이라고 불릴 정도로 일본은 조선에서 수많은 도공을 납치하였고, 이들을 활용하여 주로 큐슈지역에서 아리타야끼, 사쓰마야끼, 다까다야끼 등의 도자기 문화를 부흥시키게 된다[87]. 예컨대, 조선에서 볼모로 잡혀 간 도공 이삼평(李參平) 등의 한 맺힌 기술의 전수를 통해 탄생한 도자기는 원래 그 명칭이 아리타(有田) 도자기이었으나 18세기 초에는 이를 실어 나르는 큐슈 사가

---

84) 예컨대, 1700년대 말에서 1800년대 초까지 이러한 주장이 봇물을 이루었는데 가이호 세이료(海保靑陵), 혼다 도시아끼(本田利明), 사또오 노부히로(佐藤信淵) 등의 주장이 그러하다. 구태훈, 앞의 책, (주 14), 233면 참조.

85) 강경숙, "조선도자와 임진왜란", 한일관계사학회 등, 「한·일 도자문화의 교류양상」, 경인문화사, 2005, 23면. 임진란을 통해 납치된 조선도공들은 우수한 도자기를 생산하여 일본이 중국을 대신하여 세계도자기 수출국으로 성장하는데 크게 이바지하였다.

86) 방병선, "임란 이후 조선도자-대일관계를 중심으로-", 한일관계사학회 등, 위 책, 130-131면. 이에 의하면 조선의 북학파의 일원으로 분류되는 이희경(1745-1805?)은 이러한 일본의 움직임을 보고 일본인들은 먼 곳에 가서 묻는 것을 부끄럽게 여기지 않고 능히 그 방법을 배울 수 있다면 나라를 다스리는데 무슨 어려움이 있겠는가라는 취지로 일본의 기술도입의 활발함을 문명적이라고 평가하기까지 하였다.

87) 김영작, 「근대한일관계의 명과 암」, 백산서당, 2006, 106면.

현의 항구 도시인 이마리(伊萬里)의 이름을 본떠 이마리 도자기로 명명되었다. 이 도자기들은 네덜란드의 Delft, 독일의 Meisen 을 비롯하여 영국 등 유럽각지로 수출되기에 이르렀는데, 일본으로부터의 무역선이 네덜란드의 북해 쪽 항구 호른을 거쳐 암스테르담에 도착하면, 도자기는 유럽의 귀족들에게 비싸게 팔려 나갔고 심지어 고급 도자기 제품의 가격은 집 한 채의 가격에 맞먹을 정도로 고가였다고 한다.

청화자기의 한 유형으로, 색채가 아름답기로 유명한 이 도자기는 미국, 유럽 등에 현재도 수출되는 일본의 대표적 수출품의 하나이다. 한 일화로 일본으로부터 도착한 무역선으로부터 물건을 구입하러 항구를 찾은 유럽의 한 귀족은 도자기 값이 부족하자 그 즉석에서 데리고 간 병사를 팔아 도자기를 구입하기까지 하였다고 한다[88]. 한편 역으로 서양의 골동품과 시계, 회화 등 예술작품 등이 일본에 전하여져 일본의 상류층은 이를 귀하게 여겨 다수 수집하였고 지금도 일본 전역의 박물관 등에서 이를 쉽게 볼 수 있다.

도자기를 중심으로 한 대일무역은 네덜란드의 경우 동인도 회사가 주도하였는데 이 회사는 주로 유대인들이 경영에 참여하였으며 이를 통하여 막대한 이익을 취한 것으로 알려져 있다. 네덜란드 국적으로 제주도에 표류하였다가 탈출한 하멜(Hendrik Hamel, 1630-1692)의 표류기를 통하여 조선이 서구에 알려진 이후 네덜란드의 동인도회사는 도자기 기술의 원류인 조선으로부터 직접 도자기를 수입할 계획을 세우고 1천톤급의 '꼬레아'라고 명명된 선박을 건조하여 1669년 5월 20일 네덜란드를 출항하여 이듬해 1월 19일 바타비아에 도착한 후 조선으로 출발하고자 하던 중 일본이 조선과 직거래할 경우 네덜란드와의 거래를 중단하겠다고 위협하는 바람에 동인도회사는 조선으로의 출항을 포기하였다는 기록이 있다[89]. 만일 동인도회사가 조선과 도자기의 직거래를 타진하였을 경우 어떤 상황이 벌어졌을까. 예단키는 어렵지만 당시 조선조정의 폐쇄적인 분위기로 보건대, 자유무역으로 인한 이익보다는 새로운 정치, 사상적 유입을 꺼려 서구와의 해외교역이 순조로웠을 것으로는 생각하기 어렵다.

한편, 다소 제한적이기는 하였으나 데지마를 중심으로 한 일본과 서구의 교역은 제법 활발하게 이루어졌고 이로 인하여 일본이 서구의 근대화, 산업화의 과실을 음미하고 모방하는 중요한 계기가 되었음은 앞에서 본 바와 같거니와 역으로 일본에서 출발한 무역선으로 인하여 서구에 전파된 일본 등 동양의 문화가 비록 도자기에 한

88) 도날드 킨/시바 료따로, 앞의 책, 31면.
89) 홍익희, 앞의 책, 423-4면 참조.

정된 것은 아니었던 것도 당연한 일이다. 당시 일본 문화의 뿌리가 결국 중국이나 조선과 같은 중화문화권의 정신문화이었던 만큼 이를 바탕으로 발전된 몇 가지의 예술적 창작물이 중심이었을 것이나 그 이외에도 서구가 관심을 가진 것은 극동의 특산품 등 이익창출이 가능한 소수의 물건들도 있었다. 그러나 서구인들에게 중요하게 여겨진 것들은 한정되어 있었고 앞에서 본 도자기나 그림 등의 공예, 예술적인 작품 등이 중요한 관심의 대상이었으며, 앞에서 본 바와 같이 데지마와 네덜란드를 연결하는 상업항로를 통한 물자의 교환 중 유럽 상류층의 중요한 수집대상이었던 것으로 보인다.

그 예 중 일본의 예술작품에 관하여 본다. 프랑스 중심의 회화의 흐름은 주지하는 바와 같이 계속 변화하여 왔으며, 그 중 19세기 중반부터 화단의 관심이 집중되었던 인상파는 Edouard Mant, (1832-1883), Claude Mont(1840-1926), Auguste Renoir, 1841-1919), Edgar Degas(1834-1917), Alfred Sisley(1839-1899) 등 창작욕에 불타는 젊은 화가들이 기존의 전통적 기법으로부터 탈피를 시도한 획기적인 시도였다. 이전부터 유럽과 빈번하게 교류하던 일본에서는 17세기부터 세상의 풍속을 다양하게 표현한 '우끼요에(浮世畵)'[90]라는 이름의 많은 회화, 판화 작품들을 유럽에 전하였고 당시 파리의 화가들은 이러한 일본의 예술작품에 큰 감명을 받은 것으로 알려져 있다. 원래 '우끼요에'는 우리의 풍속화와 유사한 것으로, 1600년대 초기에 일본의 화가들이 육필로 그린 것이었으나 그 이후 목판화로 주종이 바뀌면서 녹색, 청색, 빨간 색 등의 색조가 섞인 상태의 '니시키에(錦繪)'로 발전되었고 이를 통하여 대량생산이 가능해져 일종의 오락산업으로 변모하기에 이르렀다. 이러한 그림이 일본에서 유럽으로 전해진 것은 아이러니하게도 일본의 대표적 자기인 칠기를 포장한 종이가 '우끼요에' 이었기 때문이라는 이야기도 전하여진다.

우끼요에는 처음 '호색일대남(好色一代男)' 같은 이야기책의 삽화로 그려진 것이었는데 이것이 인기를 끌면서 점차 독립적인 화풍을 가진 감상용 판화로 자리 잡게 되

90) 이는 목판으로 찍어낸 일본의 풍속화를 일반적으로 지칭한다. 주로 세상의 풍속을 소재로 하였기에 이러한 이름이 붙여졌다. 이는 처음에 단순한 선으로 이루어진 삽화였으나 1765년에는 스즈끼 하루노부에 의해 나가사끼를 통해 중국으로부터 배운 신기술을 응용하여 채색이 이루어졌고, 그 이름도 니시끼에(錦繪)로 불리어졌다. 이는 17세기 말에 미술의 중요한 양식으로 자리 잡았으나 과장되거나 선정적인 내용 등으로 인해 천박한 것으로 여겨져 일본 국내에서 가치 있는 것으로 평가되지는 않았으나 오히려 유럽 등지에서 관심을 끌게 되었다. 유명한 작가로는 히시카와 모로노부(1618-1694), 스즈끼 하루노부(1725-1770), 키타가와 우타마로(1753-1806) 등이 꼽힌다. 이상은 Hall, 앞의 책, 231면; 정혜선, 「한국인의 일본사」, 현암사, 2011, 56면 등 참조.

었다. 풍경, 기녀, 가부끼 배우, 스모 선수 등 인물이나 그들의 생활 등 우끼요에의 대상은 매우 다양하였으나 예컨대, 히시까와 모로노부(菱川師宣)의 작품의 30%정도가 춘화인 것에서 보듯 상당 부분은 에로틱한 포르노에 가까운 그림들이었는데, 단순한 평면적 구도와 밝고 선명한 단색 위주의 색상을 사용하여 대상 중 특정 부위를 강조하는 식으로, 강렬한 인상을 주는 것들이 대부분이었다. 대상의 재현, 특히 바로크를 대표하는 벨기에의 Rubens(1577-1640)나 네덜란드의 Rembrandt(1608-1669) 등의 인물화를 중심으로 대상을 우아하게 또는 음영을 처리하여 재현하는 전통적 기법이 유럽의 전통적 회화의 흐름이었고 다만 대상의 재현기법에 있어서 많은 탐구와 시도가 이어져 오던 때에 이러한 일본의 독특한 판화들은 당시 파리의 화단에 큰 영향을 주었다.

전통적 기법과는 전혀 달리 과감하게 상징적 구도를 설정하고 군더더기를 배제한 채 중심적 소재만을 강조하는 점, 원색 중심의 강렬한 대비를 통한 시각적 효과 등에서 젊은 화가들은 새로운 회화의 방향을 찾을 수 있었고 이는 인상파의 태동과 활동에 중요한 요소로 작용하였다. 당시 파리의 화상이나 화단에서는 일본의 이러한 회화 작품을 수집하여 참고하는 것이 유행처럼 되어 있었고 인상파를 이끌었던 거장 Claude Mont는 이러한 일본 작품의 유행에 편승하여 '기모노를 입은 까미유 모네'라는 작품을 발표하기도 하였으며(1876), 제임스 휘슬러(James Whistler, 1834-1908)는 '도자기 나라의 공주'라는 일본 의상을 입은 여인을 화폭에 담았고(1863), 가장 연장자인 Edouard Manet 역시 일본의 작품이나 부채 같은 소품을 다수 구입하여 자신의 작품에 참조한 것으로 평가되어 왔다.

뿐만 아니라 인상파 이후 새로운 경향을 이끌었던 폴 세잔(Paul Cézanne, 1839-1906)이나 빈센트 반 고흐(Vincent van Gogh, 1853-1890), 폴 고갱(Paul Gauguin, 1848-1908) 등의 작품에서도 이러한 일본의 영향은 매우 적잖게 나타나는데, 특히 고흐의 작품은 일본 회화의 영향을 가장 강하게 받은 것으로 알려져 있다. 고흐의 작품 중 '화상 탕기의 초상'과 같은 작품(1887)의 배경에는 일본의 회화들이 다수 전시되어 있는 것을 볼 수 있는데 이러한 점을 보더라도 일본의 전통적 풍속화에 대한 파리 화단과 화상들의 관심을 충분히 짐작할 수 있다. 고흐는 그 내면적인 감정의 폭발적인 분출과 거칠고 투박한 터치, 단색 위주의 강렬한 색채 등의 표현을 통해 우리에게도 많은 감동을 주었으나 막상 본인은 프랑스 남부의 아를 등지를 오가며 빈한한 생활을 하였고 생애 약900점의 작품을 남겼으나 생존 중에는 그의 작품세계를 이해하지 못한 사람들로부터 외면당한 채 '붉은 포도밭'이라는 작품 1점을 500프랑에 팔 수밖에 없었던, 불운한 삶을 살았다.

일본의 문화적 영향을 정리하면서 고흐에 주목하는 바는 자신의 화풍에 끼친 일본화의 영향 때문이다. 그가 우끼요에의 명인이었던 히로시게의 판화를 본떠 '비 속의 다리'라는 작품(1887)을 완성하는 등으로 이에 심취하였던 점은 비교적 잘 알려진 사실이다. 또한 고흐가 생전에 화상의 점원으로 일하던 동생 테오(Theo van Gogh, 1857-1891) 와의 편지 등에서 이러한 영향을 추지할 수 있는데, 테오는 물감을 살 수 없을 정도로 어려운 생활을 하던 고흐에게 작은 돈이나마 작품제작에 도움이 될 수 있도록 경제적 지원을 계속 하였고, 심지어 1888년 10월 28일부터 역시 어려운 생활을 하던 고갱으로 하여금 고흐와 같이 약 2개월에 걸쳐 프랑스 남부 아를에서 같이 거주하도록 주선하기도 하였다. 당시 고흐는 자신의 어려운 삶에 대한 고통과 예술에 대한 자신의 생각, 테오에 대한 감사함을 수백 통의 편지를 통하여 동생에게 전하였는데 테오에게 보낸 편지 중에는 '일본은 예술적으로 매우 발전된 나라로 거의 완벽에 가까운 예술적 고향으로 생각한다'거나 '살아 생전에 일본을 한 번 가보고 싶다'는 뜻을 전하기도 하였으나 그는 37세의 나이에 오베르 드 쉬아즈에서 요절하였고 그의 꿈을 결국 이루지 못하였다.[91] 지금도 네덜란드 암스테르담의 고흐 미술관에는 고흐가 생전에 수집한 일본의 풍속화와 이를 모방하여 그린 그의 그림이 전시되어 있다.

이외에도 일본의 예술적 경향들은 서구회화의 흐름에 많은 영향을 끼쳤는데, 예컨대, 색채에 있어서 대상색의 재현을 거부하고 과감하고 자유로운 시도를 함으로써 야수파라는 새로운 경향을 열었던 앙리 마티스(Henry Matisse, 1869-1954) 등도 일본의 작품을 참고한 것으로 알려져 있고[92], 심지어는 1900년대에 오스트리아를 풍미하였던 표현주의 작가들, 즉 구스타프 클림트(Gustav Klimpt, 1862-1918)나 에곤 실레(Egon Schiele, 1890-1918) 등의 작품도 일본의 영향을 받은 것으로 평가되기도 한다. 여기에서 한번 정리하고자 하는 바는 예술성과 작품의 완성도에서 전혀 손색이

---

91) 도날드 킨/시바 료따로, 앞의 책, 142면. 이 책에서 시바 료타로는 고흐의 정신적 세계 속에서 이미 일본과 우끼요에는 기호화되어 있었던 것으로 평가하고 있다.

92) 도날드 킨/시바 료따로, 위 책, 142면. 마티스의 평면적 구도와 색채로부터의 해방은 당시 파리 화단에서 이단으로 평가되었으나 후에 새로운 경향으로 정착하면서 추종자들이 적지 않았다. 그러나 막상 저자는 우끼요에의 나쁜 영향만을 받은 화가로 마티스를 평가하고 있다.

없는 당대의 조선 풍속화와 달리 일본의 판화작품은 어떻게 서구의 핵심화단을 사로잡을 수 있었을까 이다. 물론 이러한 서구회화에의 영향을 일본의 역사가나 미술평론가들이 다소 과장하여 평가한 점이 없다고는 볼 수 없으나 파블로 피카소가 한 때 아프리카의 조각 작품을 보고 그 간결함과 핵심만을 강조하는 표현기법에 마음을 뺏겨 이를 모티브로 한 수많은 작품을 그의 전성기에 남겼음을 생각하면, 원근법, 명암법 등을 무시한 우끼요에의 단순하고 강렬한 구성이나 대담하고 간결한 색채 등이 프랑스 화단에 새로운 관심을 불러일으키고 그들로 하여금 예술적 영감을 얻는데 기여한 것으로 보아 틀림이 없다.

이러한 류의 판화작품이 일본에 흔하게 유행하였고 결국 이것이 서구 회화의 흐름에도 큰 영향을 끼친 것은 문화적 교류라는 측면에서도 중요하게 받아들여지지만, 또한 가지 이를 통하여 일본 내부의 사상과 사회의 변화를 추측하게 한다는 점도 지적할 수 있다. 앞의 Beasley 교수는 이러한 것들이 정치변혁을 위한 재료가 되지는 거의 못하였지만, 사회 변혁의 가능성을 내재한 문학과 예술의 소재가 되었다는 점을 강조하고 있다. 나아가 이는 문화적 중화권에서 벗어나 토착적인 것을 강화하고 엘리트의 특권을 감소시키는 방향으로 옮겨가고 있다는 증좌라고 강조한다[93]. 곧 이러한 사회 현상은 유교 중심의 철저한 신분제와 형식 위주의 사회질서와 강고하고 본질적인 위계질서를 이완시켰을 뿐 아니라 형식적인 것에서부터 살아 있는 생활, 즉 실용중심의 문화형성에도 기여한 것으로 평가한다.

한편, 일본이 데지마를 통하여 서구의 문화를 받아들인 만큼 회화에 있어서 서구의 흐름이 일본에 영향을 주기도 하였는데 예컨대, 서구 회화에서의 유화기법이나 원근법, 명암법 등이 당시 매우 평면적이고 간단한 구도로 이루어져 있던 일본의 회화에도 적잖은 영향을 준 것으로 평가된다. 이 시기는 18세기 말부터 19세기 초로 막부의 말기에 해당한다. 이 시기를 대표하는 우끼요에의 대가로는 안도 히로시게(安藤廣重, 1797-1858)[94], 가쓰시카 호쿠사이(葛飾北齊, 1760-1849)[95] 등으로 이들은 풍경 뿐

93) Beasley, 앞의 책, 43면 참조. 그는 우끼요에를 당시 유행한 인형극과 함께 형식중심의 예술이 아니라 생과 더불어 분출하는 예술의 하나로 지적하고 있다.

94) 그는 그 동안 평면적으로 이루어져 오던 우끼요에에 서양화의 원근법을 도입시켜 새로운 경지를 열어간 화가로 풍경화, 인물화 등에서 많은 작품을 남겼다. 이상은 도날드 킨/시바 료따로, 앞의 책, 87-8면 참조.

95) 마치 모네의 낟가리, 루앵 대성당, 수련 연작처럼 일본의 후지 산을 계절에 따라 여러 각도에서 관찰하는 연작으로 그려내 서구의 화집에도 자주 등장하는 우끼요에의 대표적 화가로 자연과 인

아니라 인물화 등에서 서구의 회화 기법을 도입하여 과감한 시도를 함으로써 일반의 호응을 받기도 하였으나 그 표현이나 대상 선정의 지나침으로 인하여 아직까지 전면적 문화개방에 주저하고 있었던 막부로부터 1841년 제작금지라는 규제에 처하여지기도 하였다. 일본과 서구문화권과의 교류를 다루면서 몇몇 예술적 교류의 사례를 언급하는 것이 그 예로 적절하다고 여겨 한정된 지면의 일부를 할애하였으나 더 이상의 자세한 예술사적 정리는 필자의 전공분야가 아닐 뿐 아니라 이 책의 목적한 바가 아닌 만큼 생략하기로 한다.

7 조선의 당시 일본의 변화에 대한 평가

가. 왜란 이후 조선의 대응

임진왜란 등 전란을 겪은 이후 조선이 300여 년이 지나 마지막으로 일본에 치욕적으로 복속하고 국권을 탈취 당하기까지의 역사적 과정은 이 책에서 다루고자 한 바 아니며 이미 역사적으로도 잘 정리되어 있으므로 자세한 언급을 약하고자 한다. 다만, 위에서 본 일본의 변화에 대한 조선의 대응과 평가만을 간략히 살펴보고자 하거니와 이는 서구문물의 유입과 이를 통한 물질적 발전, 산업화에 대한 우리의 시각과 평가, 그리고 이에 대한 대응 및 주변 국가들의 움직임과 세계정세에 대한 정보수집 및 전략적 평가와 외교적 대응이 국익에 얼마나 큰 영향을 미칠 수 있는지 우리에게 지금도 큰 교훈을 제공해 주는 만큼 그 한도에서 이를 살펴보고자 한다[96].

임진왜란 전 우리의 일본에 대한 교류와 평가는 여러 면에서 이루어져 왔고 이에 대한 문서 등 기록도 다수 남아 있다. 일본으로부터 조선에는 71회, 조선으로부터 일본으로는 17회에 걸쳐서 사신이 파견되었고 1428년부터 조선으로부터 파견되는 사신

간의 조화로운 관계, 민중의 생활 등이 일관되게 표현되어 있다. 이상은 도날드 킨/시바 료따로, 앞의 책, 89면 참조.

96) 이는 역사학자들의 관심사 중 하나이기도 하였으며 이와 관련된 연구업적도 적지 않다. 예컨대, 조선실학자들의 대일인식에 관한 연구로는 이덕무, 정약용, 안정복 등 실학자들의 일본관을 연구한 하우봉의 "조선후기실학자의 일본관연구", 손승철의 "조선후기 한일양국인의 상호인식 및 정책의 사상적 특질", 김의환의 "조엄이 본 18세기 후반기의 일본사회와 조일관계" 등이 있다. 이상은 민덕기, "조선후기의 회고와 전망", 한일관계사학회, 「한일관계사연구의 회고와 전망」, 국학자료원, 2002, 137면 참조

을 서로 신의를 교환한다는 의미에서 통신사라고 칭하였다. 이 시기의 교류에 대해서는 자세한 언급을 약하거니와 예컨대, 조선 초기의 외교 전략가로 잘 알려진 신숙주(1417-1475)같은 인물은 1443년 일본을 다녀온 후 「'해국제국기(海國諸國紀)'」라는 저서를 서술하고 이를 당시 국왕에게 봉정하면서 일본의 군사적 성장과 항해술 등을 있는 그대로 평가한 후 일본과 화친하면서 이들을 잘 이용할 것을 진언하였다. 그 이후 일본의 국내사정이 대명들의 쟁투를 통해 통일로 치닫고 해외진출을 시도하는 등으로 급박하게 돌아가자 국왕은 황윤길(1536-)과 김성일(1538-1593)을 일본에 파견하였고 이들이 서로 다른 취지의 보고를 한 것은 이미 잘 알려져 있으므로 자세한 언급을 약한다.

왜란을 통하여 조선은 엄청난 화를 입었으나 수군 등의 분전과 명군의 파견 등으로 국권상실로까지는 이어지지 않았으나 약 300년 이후 국권을 상실하고 국토와 국민을 일본에 내주는 초유의 참화를 겪게 되는바, 이 책에서 주로 다루고자 하는 것은 위에서 본 바와 같이 두 차례의 왜란 이후 조선의 일본에 대한 평가와 대응이다. 예컨대, 「조선왕조실록」에서 한일관계에 관한 내용을 정리한 손승철 교수에 의하면, 실록 중 관련내용은 총 18,169건이 존재하는데 그 중 조선전기인 태조부터 명종까지가 9,197건, 왜란이 있었던 선조대의 기록이 7,501건, 그 이후인 광해군부터 철종까지가 1,471건이며 일본의 개항 직전인 19세기 중반에는 거의 일본에 대하여 기록한 내용이 없는 것으로 확인해 주고 있다[97].

이와 같이 조선전기의 기록이 많았던 것은 왜구에 대한 대책 등 일본에 대하여 많은 관심을 가졌던 집권세력의 대응이 반영된 것이며, 선조의 집권기에 많은 기록이 존재하는 것은 당연히 두 차례의 전란 때문으로 이해되는 반면, 그 이후의 기록이 현저히 줄어든 것은 일본과 적어도 외형상으로는 평화를 유지하는 한편 서로에 대하여 깊은 외교적 관계가 없었던 데 기인하는 것으로 보인다. 한편 역으로 보면, 이는 대외관계의 중심이 중국대륙에서의 왕조교체 등 정치적 변화와 이에 대한 대응에 집중되면서 조선의 일본에 대한 경계심이 느슨해지고 그 변화에 대한 정보수집에 소홀하였던 반증으로 보인다. 바로 이 부분이 조선왕조의 일본에 대한 굴욕적 국권침탈로 이어진 원인의 하나로 판단되며, 구체적으로는 일본의 서구화와 산업화, 그로 인한 국력의 신장, 나아가 해외진출을 명목으로 한반도정벌이라는 원려심모를 획책하고 있던,

97) 손승철, "조선왕조실록 속의 한일관계기사 분석", 한일관계사학회 등, 「조선왕조실록 속의 한국과 일본」, 경인문화사, 2004, 19면.

일본의 해외전략에 대한 정보를 놓치고 대응 또한 매우 소홀하였던 결과로 이어진 것으로 보인다.

정리하면, 전란 이후 조선은 일본에 대해 사과와 약탈한 문화재, 인질로 끌려간 사람들의 송환을 요구한 반면 일본은 이에 적극적으로 응하지 않았다. 그러나 이후 조선과의 관계정상화를 원하였던 도꾸가와 막부와 일본과의 불편한 관계로 다시 전란에 휩싸이지 않기를 내심 원하던 조선 조정과의 협상에 의하여 완전하지는 않으나 일부 이러한 과정이 진행되었다. 두 나라의 관계를 복원하는 과정에서 대마도주가 국서를 개작하는 사건까지 발생하였으나 서로 이를 묵인하였고 그 결과 진정한 선린관계라고는 보기 어려우나 그저 서로를 간섭하지 않고 대결하지 않는 정도에서 다소 어색한 관계가 유지되었던 것은 주지하는 바와 같다. 이러한 두 나라 사이의 관계는 서로에게 복종을 요구하거나 조공을 요구하는 등의 우월적 지위요구 없이 상호 대등한 관계였다는 것이 보편적인 평가이다[98].

이를 보다 구체적으로 본다. 손승철 교수는 전란 이후 조선의 일본에 대한 입장은 한마디로 불구대천의 원수여서 증오를 넘어 복수의 대상이었으나 우선 급하게 전란의 참화를 극복하고 민심을 안정시켜야 한다는 현실적 문제, 대외적으로 중국과 만주의 변화에 대비하여야 할 필요가 커지는 상황에서 동쪽 해양국가와의 관계를 안정시켜야 한다는 외교적 절박감으로 인하여 현실적으로 강화를 논의할 수밖에 없었고, 일본으로서는 조선의 복수심을 이완시켜 군사적 위협을 사전에 방지하는 한편 국내적으로는 새로 등장한 막부에 대한 국민의 존경심과 충성심을 고양하고 내치에 집중함으로써 국가의 새로운 발전을 도모한다는 등의 이해관계를 고려하지 않을 수 없었기 때문에, 당분간이지만 일본이 적극적으로 화해의 손을 내밀었고 조선은 못이기는 채 명분을 얻는데 만족하면서 이를 받아들인 것으로 파악하고 있는바[99], 적절한 이해라고 본다.

98) Andrew Gorden, 「현대일본의 역사 1」, 문현숙/김우영 역, 이산, 2015, 58면.

99) 손승철, 「조선시대 한일관계사 연구」, 경인문화사, 2006, 132-3면 참조. 이외에 가까운 국가와 교린의 관계를 회복하는 것은 국제적 도리라는 점도 새로운 관계설정의 논리로 들고 있으나 이는 형식적 명분에 불과하므로 적절치 않다.

나. 조선의 일본의 변화에 대한 평가 - 조선통신사를 중심으로

(1) 조선통신사의 파견

전란 이후 최초로 조선의 관리가 일본을 방문한 것은 1607년이었으나 이는 이른바, '회답겸쇄환사(回答兼刷還使)'로서 조선인들을 송환하기 위한 것이었으며 이러한 형식의 사절파견은 1617년, 1624년에 두 차례 더 이루어졌다. 한편 1609년에는 이른바 기유조약에 의하여 조선과 일본이 제한적이나마 관계를 다시 복원하였다. 즉 왜란 이전에 3항구를 개항했던 조선은 부산포 초량 한 곳만을 개항하였으며 교역의 대상 또한 막부가 아닌 주로 대마도주로 하여금 맡도록 하였다. 나아가 부산에 거주하는 왜인을 400명 정도로 제한하고 거류지 밖으로 나가는 것을 금지하는 등 조선은 왜란 이후 초기에는 극도로 일본을 경계하는 태도를 유지하였으나 그 이후 이러한 경계심은 점차 완화되어 갔다.

손승철 교수는 전란 이후 조선의 일본에 대한 관심과 현안은 전쟁의 후유증을 회복하고 포로를 송환받는 등 뒤처리와 함께 백성들의 일본에 대한 적대감과 경계의식을 일본의 사죄를 받는 등으로 다소나마 해결함으로써 단절된 통교관계를 일부 회복하고 왜관을 어떻게 운영할 것인가의 문제였으며, 조선과 일본의 관계는 두 나라 사이 뿐 아니라 중국과 유구를 포함한 동아시아 국제관계속에서 전개되었다고 구체적으로 지적하고 있다[100]. 한편 일본은 조선통신사 등의 사절을 막부의 집권을 정당화하고 그 권위를 국내외적으로 인정받는데 활용하려고 했던 것으로 보인다[101]. 이러한 조선의 입장 중 일본에 대한 적대감은 그 이후에도 계속 지속되어 왔으며 전란 이후의 일본의 변화 와 그로 인한 한반도에 대한 위험의 증가 등 조선은 일본의 사정과 변화를 계속 주시하고 경계하려고 한 것으로는 보이나 이러한 점에 있어서는 적잖은 문제가 있었다고 볼 수밖에 없다.

전란 후 일본은 중국과는 나가사끼를 중심으로 생사를 수입하고 은을 대금으로 지급하는 식으로 제한적인 무역관계를 유지하였고 조선으로부터는 쌀이나 인삼 등을 수입하는 등의 교역이 재개되었으며 그 외에 비단, 벼루, 종이 등이 일본에 수출되기도

---

100) 손승철, 앞의 논문, 27면.

101) Gorden, 앞의 책, 58면. 저자는 통신사가 장군가에 물품을 선물하고 장군 계승을 축하하는 장면을 다이묘 들이나 백성들에게 보여주는 의식을 계속 유지한 것은 이러한 의도와 매우 깊은 관련이 있다고 지적한다.

하였다. 주지하는 바와 같이 일본은 중국이나 조선에서의 유학 등 정신문화적 측면의 발전에 관해서도 관심을 두고 예컨대 퇴계 이황 선생의 유교철학 등에 관한 연구를 하기도 하였다. 그러나 두 국가사이의 교류는 이전에 비하여 매우 제한적이었으며, 전란 이후의 한일 간의 교류는 이를 구체화한 통신사 등 사절단의 교환이라는 공식적인 채널의 상황을 통하여 그 면모를 확인할 수밖에 없다.

물론 그 이외에도 두 나라의 거리나 그 동안의 관계 등으로 미루어 일부 민간차원의 교류도 있었을 것으로 짐작된다. 그러나 이에 대해서는 몇 가지 일화 등이 존재할 뿐 공식적으로 파악되어 있지도 아니할 뿐 아니라 이 책에서 주로 다루기로 한 일본의 서구화, 산업화에 대하여 바로 이웃이며 전란의 피해당사자였던 조선에서 이를 어떻게 관찰하고 평가하였는가는 결국 우리의 당시 조정의 이에 대한 대응과 이로 인한 그 이후의 대일관계의 전개, 나아가 국권침탈까지 이어지는 과정에 매우 큰 영향을 미친 것인 만큼 공식적인 채널을 통한 교류에 한정하여 중요한 내용만을 정리하고 그 이상의 자세한 관계에 대해서는 언급을 약하고자 한다.

조선과 일본은 임란 이후, 전란에 대한 사죄나 배상, 책임자의 처벌 등의 해결이 마무리된 것도 아닌 상태에서 관계를 이전처럼 복원할 수는 없었으나 그저 서로를 간섭하지 않는 정도에서 최소한의 관계만을 유지하기로 한 것으로 보인다. 한편 조선은 일본에 대하여 재침의 의도나 계획이 있는지를 계속 관찰하고자 하였고 이를 위해 가능한 일본의 상황을 계속 확인하고자 노력하였던 것은 사실이다. 이러한 정책의 일환으로 부산에 이전보다 훨씬 규모가 축소된 왜관을 설치하는 한편 일본통신사라는 명목의 사절단을 계속 파견하면서 일본 막부와의 관계를 유지하는 일방 일본의 정세를 확인하고자 하였다.

(2) 조선통신사의 성격

여기에서 일본과 조선의 서로에 대한 관계설정의 방향과 내용을 좀 더 언급하고자 한다. 조선의 경우 외형상, 공식적으로는 일본과의 관계를 교린 체제 내에서 선린우호를 다지기 위한 대응한 것으로 설정하고자 하였고 일본의 막부에서도 공식적으로는 이러한 교린의 관계를 유지하고자 한 것으로 평가할 수도 있으나 그 내면, 즉 실질을 들여다보면 그 평가는 다소 달라질 수도 있다. 즉 조선은 일본에 대하여 우선 전란을 야기한 당사자라는 증오와 분노가 저변에 가득 차 있었고, 또 한편으로는 과거에 우리로부터 문화를 유입해 갔고 지금은 우리가 우선시하는 정신적 사조에서 볼 때 저급하기 짝이 없는 물질문화에 사로잡힌, 일종의 문화미개국으로 보는 시각을 가지고 있었다. 일본 또한 조선에 대하여 중국의 조공국가일 뿐 아니라 일본에 대하여도 사절을 파견하는 식민지적 국가로 취급하는 경향이 팽배해 있었다.

더구나 일본이 전란을 통해 확인한 조선은 지나친 허례 중심의 문화에 사로잡혀 실용적, 기술적인 면에 있어서는 일본에 뒤떨어져 있을 뿐 아니라 문약하기 짝이 없어 상황에 따라서는 일본의 세력권에의 편입도 가능하나 다만 이를 좌시하지 않을 중국이 걸림돌이어서 당시로서는 그저 서로를 묵인할 뿐이라는 식의 외교적 방향설정을 하고 있었다고 보인다. 이는 정치학, 사회학에서 흔히 사용되는 민족주의 또는 국가주의(nationalism)에 비하여, 문화적 성격에 초점이 맞추어진 것으로 이를 조 광 교수는 '자국중심주의', '상호멸시관'이라는 용어로 정리하고 있거니와 이는 조선, 중국, 일본이 공통적으로 가졌던 일종의 문화적 편견이라고 할 수 있으며 뒤에서 다시 보는 바와 같이 이는 현재까지도 이어져 오는 보편적인 극동 3국의 상호인식이라고도 할 수 있다.

조선의 일본에 대한 이러한 자국중심주의적 입장은 당시 일본과의 교류창구로서의 역할을 한 통신사에 대해서도 우리가 일본에 정신적 문화를 전달해 주는 역할을 했을 뿐이라고 이해하려고 하였으며, 물론 일본은 이에 대하여 정반대의 시각을 가지고 있었는데, 조 광 교수는 역사해석에서의 객관적인 입장을 강조하면서 이러한 자국 중심적 해석을 당파적 해석이라고 하면서 이러한 해석으로는 과거의 역사적 사실을 제대로 이해할 수 없다고 지적한다[102]. 이러한 '자민족중심주의(Echnocentrism)'는 W. G. Summer가 주장한 바와 같이 각각의 집단이 자신의 자존심이나 자부감에 빠져 스스로의 문화만이 훌륭하다고 자랑하며 이를 신성시하거나 높여 칭찬하는가 하면 타민족의 이질적 문화를 경멸하는 속성을 가지고 있다[103].

우리나 일본, 중국이 주장해 온 바와 같은 「문화전달자 이론」이나 '중화중심주의', '조선중심주의'나 일본형 '화이(華夷)의식' 등이 이러한 부류에 속한다. 우리가 일본을 '왜', 중국을 '오랑캐'라는 식으로 호칭한 것과 유사하게 일본 또한 한국을 조롱하는 단어를 늘 사용하였고, 심지어 중국까지도 '서융(西戎)'으로 칭하기도 하였다, 일본과

102) 조 광, "통신사에 관한 한국학계의 연구 성과와 쟁점사항", 한일관계사연구논집 편찬위원회, 「통신사·왜관과 한일관계」, 경인문화사, 2005, 7면.

103) 손승철, 앞의 책, 10면. 저자는 이는 미국의 사회학자 Summer의 각국의 습속연구에 관한 이론으로 이와 같은 논리 하에 타 민족의 습속을 깔보는 경향이 있고 그 대표적인 예로 유대인, 그리스인, 로마인, 중국인 등의 우월적 민족성 인식을 인용하고 있다.

의 관계에서 늘 부딪히는 바와 같이 현재의 역사해석에서도 이러한 경향은 상당 부분 그대로 이어지고 있는데, 손승철 교수는 일본의 이러한 자국 중심적 해석은 두 차례의 조선 침공 이후 더 강해져 일본은 규모는 작지만 명과 유사한 일본형 화이질서를 스스로 구축함으로써 중화질서로부터 이탈하였다고 과대 평가하기도 하였다[104]. 심지어 영국 런던 대학의 Beasley 교수는 일본의 자민족 중심주의는 당시 중화문화권을 넘어 세계의 모든 민족에 대한 우월감으로까지 이어졌다고 평가한다[105]. 타당한 지적이다.

그러나 침략전쟁을 통하여 명, 조선과 적대적 관계를 형성한 일본이 명 중심의 중화질서에 다시 편입된다는 것은 현실적으로 매우 어려운 것이 당시의 현실이었다. 따라서 그로 인하여 일본이 중화문화권에서 이탈한 것은 일정 부분 사실로 받아들일 수 밖에 없으나 다만, 종전의 중국 중심의 질서에 편입되어 그 문화적 환경 속에서 안주하던 일본은 위에서 본 바와 같이 16세기 중반 서구와 직접 교류하는 많은 문화적 경험 등을 통하여 중화문화권에의 편입과 간접적이나마 서구와의 교류를 통한 근대화된 문화에의 편입을 비교하는 계기가 되었고 후자의 경우 국력신장과 문화적 선진화에 있어서 훨씬 이익이라는 현실적 계산이 정부지도자들의 다양한 문화에 대한 개방의지와 맞물려 구체화되었고, 이를 통해 실제 중국, 조선보다 앞서 근대화의 길로 줄달음치는 과정을 밟았다고 이해할 수 있다.

이와 관련하여 조선 후기의 일본과의 교류를 간략히 살펴본다. 통신사는 신의를 통하는 사신이라는 취지이며, 일반적으로 알려진 조선통신사라는 명칭은 오히려 일본 측 시각에서 사용된 용어인데 그대로 일반화되었다[106]. 왜관은 그 기능과 참여인원이 매우 제한적이었기에 공식적으로 일본의 정세를 관찰하는 것은 조선통신사들이 중심이 될 수밖에 없었다. 조선통신사는 임진왜란 이전에도 여러 차례 파견된 적이 있으며 그 때에는 주로 왜구에 대한 대책과 그 처리가 중요하게 여겨져 그에 관한 임무가 중심이 되었으나 임진왜란 이후 잠시 이러한 통신사의 파견은 중단되었다. 이후 도꾸

104) 손승철, 위 책, 219면. 이후 막부는 자신이 만든 외교질서에 따르지 않는 나라는 일본적 국제질서에서 배제한다는 원칙을 확립하고 1621년 중국의 절강성 총독이 보낸 서한의 접수를 거부하였다.

105) Beasley, 앞의 책, 38면. 저자는 특히 이러한 자민족우월주의와 농업의 이상화는 막부 시대 가치체계를 변화시켰다고 지적한다.

106) 손승철, “조선통신사와 21세기 한일관계”, 한일문화교류기금, 「되돌아 본 한일관계사」, 경인문화사, 2005, 144면, 저자에 의하면, 조선왕조실록의 우리 측 명칭이 ‘일본통신사’라고 규정되어 있는 만큼 조선통신사라는 명칭은 일본 측의 관점에서 본 명칭인 셈이다.

가와 막부의 적극적인 외교와 화해의 노력이 이어진 끝에 조선에서는 다시 통신사의 파견을 재개하였고 결국 12회에 걸쳐 통신사(회답겸쇄환사 3회 포함)를 파견하였다[107]. 파견은 10년 또는 길게는 30년의 간격을 두고 1600년부터 1800년까지 이루어졌으며 대마도에는 이보다 많은 54회의 문위행(問慰行)을 파견하였다.

조선통신사의 구성은 300-500명으로 이루어졌고 여기에는 수십 명의 관료와 학자, 민간인전문가 등이 포함되어 있어 일본의 사정을 자세히 살필 수 있었던 매우 좋은 기회였다고 생각된다[108]. 당연히 불법이었지만 그 이외에도 사적으로 일본을 왕래하거나 우연히 일본에 표류하게 된 조선인 등을 통하여 일본의 사정을 청취한 경우도 물론 있었으며 이에 대하여는 뒤에서 다시 언급하기로 하거니와 이러한 부문의 정보수집과 활용에 대한 조선의 노력은 거의 없었던 것으로 보인다[109]. 결국 정보수집의 거의 유일한 통로였다고 보이는 통신사에 대한 조선과 일본의 입장은 서로 상이하여 조선의 입장에서는 이를 대등한 국가 사이의 교린 외교로 규정하고 이에 맞는 외교적 관례를 취하였으나 일본은 오히려 이를 일본에 대한 조선의 조공외교로 간주하는 등 양국 사이에 그 성격을 두고 각기 다른 입장을 취한 점은 위에서 본 바와 같다[110]. 통신사에 속한 조선인들은 일본 막부의 정책적 판단에 따라 이동경로나 관찰대상이 매우 제한적이었으나 상당한 정도로 일본 내 사정을 탐지할 수 있었던 것으로 판단되고 그들이 남긴 기록으로 보아 실제 이러한 활동이 있었다고 보인다.

107) 김영작, 「근대한일관계의 명과 암」, 백산서당, 2006, 103면에서는 이러한 통상적인 이해에 대하여, 1605년 사명대사와 손문옥 일행의 도일이 규모는 작았지만, 일본과 조선 사이의 제1차 통신사라고 주장하고 있다.

108) 조선통신사에 관한 연구는 오래 전부터 다수의 역사학자들에 의해 이루어졌다. 70년대 김종욱의 "조선후기통신사점묘", 이준걸의 "일본파견 조선통신사의 역정" 등이 있고 일본 측의 연구를 번역한 김용선의 "조선통신사"는 80년대에 발표되었으나 90년대 이후에는 통신사에 대한 연구가 거의 없는 반면, 상호인식교류에 대한 연구가 활발해졌다고 한다. 민덕기, "표류민을 통한 정보의 교류", 한일관계사학회, 「조선시대 한일표류민연구」, 국학자료원, 2011, 136면 참조.

109) 민덕기 등, "한·일간 표류민에 관한 연구", 한일관계사학회, 「한일관계사의 양상」, 국학자료원, 2000, 31면; 민덕기, 위 논문, 93, 105면에 의하면, 조선의 대일정보 수집노력은 간헐적으로 파견되는 통신사에 주로 의존하였고, 표류민으로 도달하였다가 귀국한 조선인들로부터는 이러한 노력을 거의 하지 않은 데 비하여, 일본은 표류민들로부터 정보를 획득하기 위해 많은 노력을 경주한 것으로 보인다.

110) 특히, 통신사 파견은 대략 막부 장군의 취임 등에 주로 이루어졌는데 이러한 점에 착안하여 일본은 조선이 축하사절단과 조공을 하러 온 것으로 선전하기도 하였다. 미즈모도 구니히꼬, 앞의 논문, 281면.

〈표 1〉 조선전기조선사절일람표[111)]

회수	서기	使行名	正使	派遣對象	使行目的	出處
1	1392		覺鎚(僧)	征夷大將軍	倭寇禁止要請	善隣國宝記, 上
2	1399	報聘使	崔云嗣	日本大將軍	報聘	實錄, 定宗元/8.癸亥
3	1402		朝官	日本大將軍	和好, 禁敵, 被虜人刷還	實錄, 太宗2/7壬辰
4	1404	報聘使	呂義孫	日本國王	報聘	實錄, 太宗4/7己基
5	1406	報聘使	尹銘	日本國王	報聘	實錄, 太宗5/12戊辰
6	1410	回禮使	梁需	日本國王	報聘, 義滿弔喪賻儀	實錄, 太宗10/2辛丑
7	1413	通信官	朴賁	日本國王	使行道中發病中止	實錄, 太宗14/2乙己
8	1420	回禮使	宋希璟	日本國王	國王使回禮, 大藏經賜給	老松堂日本行錄
9	1423	回禮使	朴熙中	日本國王	國王使回禮, 大藏經下賜	實錄, 世宗4/12癸卯
10	1424	回禮使	朴安信	日本國王	國王使回禮, 金字經賜給	實錄, 世宗5/12辛亥
11	1428	通信使	朴瑞生	日本國王	國王嗣位, 致祭	實錄, 世宗10/12甲申
12	1432	回禮使	李藝	日本國王	國王使回禮, 大藏經下賜	實錄, 世宗4/7壬午
13	1439	通信使	高得宗	日本國王	交聘, 修好	實錄, 世宗21/7丁己
14	1443	通信使	卞孝文	日本國王	日本國王嗣位, 致祭	實錄, 世宗25/2丁未
15	1460	通信使	宋處儉	日本國王	國王使報聘, 使行中遭難	實錄, 世祖5/8壬甲
16	1475	通信使	裵孟厚	日本國王	修好, 日本內亂中止	實錄, 成宗6/8丁酉
17	1590	通信使	黃允吉	豊臣秀吉	倭政探聞	金誠一, 海槎錄

〈표 2〉 조선후기 통신사 일람표[112)]

순번	서기	조선	일본	임무	총인원(오오사카잔류인원)	일본기행문	비고
1	1607	조선 40	慶長 12	강화, 국정탐색, 피로인쇄환	467	경섬『해사록』	回答兼刷還使
2	1617	광해군 9	元和 3	피로인쇄환, 오오사카평정 축하	428(78)	오윤겸『동사상일록』 박재『동사일기』 아경직『부상록』	〃
3	1624	인조 2	寬永元	피로인쇄환, 장군습직축하	460	강홍중『동사록』	〃
4	1636	인조 14	寬永 13	태평축하	478	임광『병자일본일기』 김세렴『해사록』 황호『동사록』	通信使 大君호칭사용

111) 손승철, 앞의 논문, 145면.
112) 손승철, 위 논문, 149-150면

순번	서기	조선	일본	임무	총인원(오오사카잔류인원)	일본기행문	비고
5	1643	인조 21	寬永 20	장군탄생축하	477	조경 『동사록』 신유 『해사록』 작자미상 『계미동사록』	日光山致祭
6	1655	효종 6	明曆元	장군습직축하	485(100)	조경 『부상일기』 남용익 『부상록』	
7	1682	숙종 8	天和 2	장군습직축하	473	김지남 『동사일록』 홍우재 『동사록』	
8	1711	숙종 37	正德元	장군습직축하	500(129)	조태억 『동사록』 김현문 『동사록』 임수간 『동사록』	아라이하쿠세키 개정 (大君-將軍)
9	1719	숙종 45	享保 4	장군습직축하	475(109)	홍치중 『해사일록』 신유한 『해유록』 정후교 『부상기행』 김흡 『부상록』	개정환원 (國王-大君)
10	1748	영조 24	延享 5	장군습직축하	475(83)	조명채 『봉사일본시문견록』 홍경해 『수사일록』 작자미상 『일본일기』	
11	1764	영조 40	宝曆 14	장군습직축하	477(106)	조엄 『해사일기』 오대령 『계미사행일기』 성대중 『일본록』	崔天淙被殺
12	1811	순조 11	文化	장군습직축하	328	유상핑 『동사록』 김청산 『도유록』	對馬易地通信

〈표 3〉 1682년 통신사 편성표(실제 파견자 수와는 차이가 있음)[113]

職責	人員	日本側 接待官	職責	人員	日本側 接待官
正使	1	三使	禮單直	1	中官
副使	1	〃	廳直	3	〃
從事官	1	〃	盤纏直	3	〃
堂上官	2(1)	上上官	使令	18	〃
上通事	3	上判事	吹手	18	〃
製述官	1	學士	節鉞奉持	4	〃
良醫	1	上官	砲手	6	〃
次上通事	2	〃	刀尺	7	〃
押物官	3(1)	〃	沙工	24	〃

113) 손승철, 위 논문, 152면.

職責	人員	日本側 接待官	職責	人員	日本側 接待官
寫字官	2	〃	形名手	2	〃
醫員	2	〃	纛手	2	〃
畵員	1	〃	月刀手	4	〃
子弟軍官	5	〃	巡視旗手	6	〃
軍官	12	〃	令旗手	6	〃
書記	3	〃	淸道旗手	6	〃
別破陳	2	〃	三技槍手	6	〃
馬上才	2	次官	馬上鼓手	6	〃
典樂	2	〃	銅鼓手	6	〃
理馬	1	〃	大鼓手	3	〃
伴倘	3	〃	三穴銃手	3	〃
船將	3	〃	細樂手	3	〃
卜船將	3	中官	錚手	3	〃
部小童	19	〃	風樂手	18	〃
奴子	52	〃	屠午匠	1	下官
小通事	10	〃	格軍	270	〃
導訓導	3	〃	總計	569(2)	〃

당시 일본의 사정을 보면, 1600년대를 넘어서면서 이미 서구 근대화의 흐름이 유입되었고 이를 본받아 심지어 초기 자본주의의 붕아가 태동되고 있었으며 위에서 본 바와 같이 1700년대를 거쳐 1800년대 초기에는 상당한 정도로 산업화가 진행되고 있었다. 이들 조선의 통신사들은 이러한 일본의 변화를 적어도 수개월에서 2년까지의 기간 일본 전역을 두루 거쳐 가면서 목도하였을 것으로 추정된다. 여기서 중요한 것은 이들이 이러한 일본의 변화를 어떻게 평가하고 조정에 보고하였으며 조선의 조정은 이러한 보고를 어떻게 판단하고 정책에 반영하였을 것인가 인데 결과적으로 그들의 평가와 조정의 판단은 문제가 있었던 것으로 볼 수밖에 없다. 조선은 일본의 변화의 흐름을 객관적으로 냉정하게 파악하고 그 득실과 향후의 움직임까지 평가할 기회가 여러 차례 있었을 것임에도 불구하고 이러한 기회를 놓친 것으로 보이고 결국 일본과의 서구화, 산업화에의 격차가 현저히 벌어지게 되는 결과로 이어진다.

다. 통신사 등의 일본기행 기록 – 신유한의 기록을 중심으로

(1) 해유록(海遊錄) 등의 기록

그 예를 본다. 조선의 사절단이 일본을 시찰하고 쓴 기록은 여러 가지가 존재한다. 그 중에는 일본에 포로로 잡혀 갔다가 귀국한 강 항(姜 沆, 1567-1618)이 일본에서의 경험을 기록한 「착수록(着手錄)」이나 전란 이후 교류 초기인 1624년 강홍중(姜弘重, 1577-1642)의 「동사록(東槎錄)」에서 상업의 발달과 도시화에 대하여 언급한 기록이 있기도 하다. 그러나 본격적인 조선통신사들의 기록으로는 22편이 존재하며 이를 모아 영조 때 홍계희가 「해행총재(海行總載)」라는 이름으로 편집하였으며 이를 다시 「식파록(息波錄)」이라는 61편의 기록으로 재편집하였다. 그 이후 이를 조 엄이 「해사일기(海槎日記)」로 정리하였으며, 오랜 세월이 지나 1974년에 '민족문화추진회'에 의하여 3년간의 작업 끝에 「국역 해행총재」라는 이름으로 간행되기에 이르렀다. 이 기록들은 후임 통신사들의 여행에 대한 참고자료를 제공한다는 것과 일본의 정세를 살펴 국가 정책의 수행에 도움을 주고자 하는 의도에서 각 참여자들이 나름대로 일지의 형식으로 견문한 내용을 정리한 것으로 보인다[114]. 이러한 기록은 일본에서도 상세히 이루어졌는데, 예컨대 1852년에 편찬된 「통항일람(通航一覽)」에 의하면 통신사와의 교류와 문답에 관한 기록이 백 수십 권에 달한다고 한다.

이 중 많이 언급되는 것으로 1719년 제9차 조선통신사 일행의 기록을 보기로 한다. 이들은 일본으로 향하여 당시 막부가 지정해 준 대로 일본의 큐슈와 오오사카 등을 거쳐 에도에 들어가 장군을 만나고 국왕의 친서를 전달한 후 다시 막부 장군의 답신을 받아 귀국길에 오르는데, 당시 일행은 모두 475명에 이르렀다. 이들의 일정은 대략 6개월간에 걸쳐 이루어졌다. 일행들은 각각 직급에 따라 임무가 나누어져 있었고 그 중에는 막 과거에 급제한 후 하급관리로 임명되어 통신사 일행에 합류하였던 제술관 신유한(申維翰, 1681-1752)[115]이 들어 있었다. 당시 과거에 급제하여 관직에 오르기 위해서는 유교 중심의 한학에 관하여 깊은 지식을 가져야 했었고 신유한 또한 이런 지식인에 속한 사람이었다.

---

114) 고병익, "군왜(群倭)와 기화요초(琪花瑤草)", 한일문화교류기금, 「되돌아 본 한일관계사」, 경인문화사, 2005, 95면 이하; 이재삼, 「법의 철학과 우리의 법제」, 대진, 2006, 92-3면.

115) 그는 1705년(숙종 31년) 진사시에 합격한 후 1713년 증광문과에 병과로 급제하였다. 1719년 제술관(製述官)으로 통신사 홍치중(洪致中)을 따라 일본에 다녀왔으며, 봉상시첨정에 이르렀다. 저서로는 「해유록」, 「청천집」 등이 있다.

그는 6개월간의 일본체류의 경험을 기록하였는데 그가 남긴 「해유록(海遊錄)」은 조선통신사 들이 기록한 해외체류기록 중 그 문장력과 섬세한 관찰 등에 있어서 가장 뛰어난 것으로 연암 박지원의 1780년 「열하일기(熱河日記)」와 더불어 조선조의 기행문 중 으뜸으로 평가되어 왔다. 그는 긴 기간 항해를 통해 일본에 도착한 후 일본인들과 다수 교류하였고 그들의 삶과 생각들을 잘 정리하였는데, 그 중에는 당시 일본의 서구화, 산업화 과정을 추지할 수 있는 부분들도 적잖게 들어 있었을 뿐 아니라 일본의 풍물습속과 여색에 관한 기술 등 실생활에서의 진솔한 모습도 빠짐없이 기록하였다.

예컨대, 그는 당시 오오사카의 발전된 모습, 특히 일본인들이 백화점의 전신이라고 할 수 있는 만물상의 형태로 운영하던 대형 매매센타 등을 방문하고 놀라움을 표시하기도 하였다. 하나 아쉽게도 그가 일본의 실상을 보고 전한 것은 피상적인 외관일 뿐이었다. 그가 만난 일본인들은 한학에 정통하고 놀라울 정도로 한문장에 관한 실력을 갖춘 그에게 경의를 표하였고 심지어 일본의 관료들은 그에게 시를 한 수 써 달라고 하거나 글을 받으려고 애쓰는 등으로 관심을 표하기도 하였다. 이를 두루 경험한 신유한은 자신의 기준에 비추어 일본인들의 한학에 대한 몰이해와 관리들의 형편없는 한문장 실력을 보고 그들이 학문에 대한 존중과 이해가 부족하다고 폄하함으로써 당시의 일본과 일본인에 대한 평가를 마무리하고 말았다.

이를 보다 구체적으로 보면, 신유한은 일본인이 상제(喪祭)에 상복을 입지 않는다거나 공자에 대한 제례의식이 없으며 도를 모른다고 지적하였다. 또한 신유한은 도중에 일본의 학자인 아메노모리 호슈(雨森芳洲, 1668-1755)와 대화한 기록이 전해지는데 이 기회에 각자는 서로에 대하여 '왜놈', 당인(唐人) 등의 경멸적인 호칭을 하는 데 대하여 항의하는 등의 내용이 들어 있기도 하다. 우리는 일본인들을 '군왜(郡倭)'라고 비하하였는데 이에 아메노모리는 일본인들로 호칭하여 주기를 당부한 내용도 들어 있다. 두 차례의 전란으로 한국은 일본인에 대하여 극도의 원한을 가지고 있었고 이후 두 나라는 서로를 불신하고 얕잡아 보는 식의 국민적 반감과 서로의 문화에 대한 몰이해, 비하 등이 훨씬 강하게 펴져 있음을 충분히 확인할 수 있다[116].

한편 신유한은 일본인의 단결심, 경쟁심, 나아가 일본의 군사제도의 엄격함과 사회풍조의 변화에 대하여도 기술하고 있는데, 일본에 대하여 상당한 경계심을 표하면서

116) 자세한 대화의 내용은 Marius B. Jansen, 「일본과 동아시아 이웃 나라들」, 지명관 역, 소화, 2002, 49-51면.

도, 이는 의(義)와 인(仁)을 중심으로 하는 조선의 사상과 전혀 다르다고 평가하고 있다. 예를 들어, 신유한은 남녀가 상열(相悅)하면서 부끄러워하지 않는다거나 유교적 관점에서 당시 천황의 부친 상제가 매우 소홀한 것을 보고, 일본의 입장에서는 치욕적이라고도 생각할 수 있는 금수(禽獸)들이라는 표현을 사용하면서까지 이들의 문화적 이질성을 비판하고 있다[117]. 이로 미루어 조선과 일본은 정치적, 사상적으로 뿐 아니라 사회적 나아가 국민정서상으로도 각자 서로 다른 길을 가고 있음을 확인할 수 있고 극도의 적대감정을 가지고 있음을 추지할 수 있다.

(2) 통신사들의 기록에 대한 평가

이러한 반목은 다분히 일본의 임진년 등의 전란야기로 인한 조선의 피해로부터 비롯된 것이라고 할 수 있거니와 중요한 것은 신유한 뿐 아니라 조선의 조정이 이러한 적대감정에 몰입된 나머지 일본이 더 이상 중국을 중심으로 한 유교 문화권에 안주하지 아니하고 신유한이 목도하였듯이 신문화권, 즉 서구 문화를 기반으로 한 물질문화의 진입초기에 들어섰음에도 불구하고 이것이 의미하는 바를 일방적인 시각에서 해석하고 말았다는 사실이다. 다시 말하면 이미 일본은 정신적인 면에 치우쳐 있고 보기에 따라서는 사변적인 경향이 강한 중화문화권의 가치체계와 이를 바탕으로 한 국가경영이 성장과 발전에 한계가 있음을 체험으로 지득한 후 이에서 탈피하는 식으로 변모하기 시작하였고 그 성과가 현출되고 있었음에도 불구하고 이를 놓쳐 버렸다는 점이다.

즉, 그들에게 신유한이 내보인 한문, 유학의 실력은 우리에게는 매우 중요하거나 거의 전부라고도 할 수 있는 문화적 가치 그 자체이었겠으나 그들에게는 과거에 자신들이 잠깐 몸담았지만 이제는 긍정적으로 보면 많은 문화 중 하나일 뿐이고 부정적으로는 계속 유지하기에는 국가발전에 장애가 될 수도 있는 문화로 이미 결론을 내리고 있었다는 점을 냉정하게 평가하지 못하고 간과한 것이었다. 신유한 이외에도 많은 통신사로 파견된 조선의 관리들 또한 크고 작은 평가 및 보고서를 작성하였으나 대체적으로 그들의 평가 또한 이러한 경향과 틀을 벗어나지 못한 것으로 보인다. 이들의 보

---

117) 고병익, 앞의 논문, 97면. 이러한 자료들에 의하면 이미 일본은 유교적 문화에서 탈피하면서 실용적 경향을 유지하였고, 종교적인 면에서도 신도와 불교가 섞여 상제, 혼사, 남녀 간의 문제 등에서도 전혀 다른 길을 가고 있었음에도 유교적 문화에 젖은 신유한으로서는 이러한 차이를 객관적으로 보지 못하고 자신의 가치관을 강조하여 이들은 동물과 같다고 비하함으로써 일본의 변화를 제대로 파악하지 못하고 말았다.

고서를 잘 정리한 고병익 교수는 통신사로 간 사람들의 견해에 관하여, 크게 두 가지의 상반된 경향을 보인다면서 그 2중성을 정리하고 있다. 즉 일본인들의 인간관계나 생활의 방식이 유교적 관점에서 크게 벗어나 있어서 금수와 같다고 비판적인 입장을 서슴지 않는 경우가 있는가 하면, 다른 한편으로는 그들의 나라가 번성하고 기술이 정교할 뿐 아니라 생활에 질서가 있고 집이나 사원 등이 매우 청결하다는 객관적인 서술을 하는 등 긍정적인 평가를 한 경우로 나누고 있다.

후자의 예를 들면, 거리에 돈을 내고 목욕을 하는 공중탕이 보급되어 있다거나 사원이나 저택에 이름 모를 기화요초들이 잘 가꾸어져 있고 도량형이 철저하여 집마다 돗자리의 규격이 일치하고 백성들이 한문은 몰라도 자신들의 언어인 글자를 읽지 못하는 사람이 없다는 보고가 그러하다. 또한 중국 뿐 아니라 조선의 책들도 쉽게 간행하여 이웃 나라에 관한 서적이 없는 것이 없었고 그 자판의 정교함에 놀라기도 하였다는 기록도 있다[118]. 초기에 소위 '조선중화주의', '조선번국관'이라는 자국 중심의 경향에서 일본을 다소 경멸적으로 평가하던 경향에서 점차 통신사로 참여한 사람들이 일본의 엄정한 질서의식. 교육의 전반적인 성장. 선진문명의 보급 등 긍정적인 측면을 부각시키는 등 객관적인 시각에서의 평가가 눈에 띄게 증가하는 한편, 일본 또한 전통적인 '조선멸시관'에서 벗어나 한반도로부터의 문화적 영향을 인정하고 정신문화로서의 조선의 문화에 대한 존경을 표현하기에 이르렀다는 한태문 교수의 견해도 이러한 범주에 있다[119].

한편 최종고 교수는 통신사들의 기행관찰 기록을 보면 모두가 공식사행의 일원이었으므로 당연히 자유로운 견해와 인상을 표현하는 데 제약이 있었고, 게다가 전란에서 입은 피해로 인한 적개감과 증오심, 유교적 기준에 입각한 시각으로 인하여 일본에 대한 멸시와 우월감의 태도를 벗어나지 못했다고 평가하고 있으며, 나아가 일본의 제도와 문물이 훌륭하다고 인정하면서도 편견과 유교적 우월감에서 이를 도입할 생각을 하지 못하였는데 이는 청의 실학을 본받으려 한 북학파와도 사뭇 다른 태도를 보였다고 지적한다[120]. 몇 교수들의 평가에서 보듯이 일본에 파송된 관리들의 평가는 다소

118) 고병익, 위 논문, 103면에 의하면, 신유한이 방문길에 써 준 시들이 한 달 뒤 귀로에 올랐을 때 오오사카에서 이미 책으로 간행되어 팔리고 있었다는 내용도 기록되어 있다.

119) 한태문, "통신사 왕래를 통한 문화교류", 한일관계사연구논집 편찬위원회, 「통신사·왜관과 한일관계」, 경인문화사, 2005, 196면. 통신사절을 통한 상호소통의 전통을 확립하고 상대국에 대한 인식의 변화를 가져왔다는 의미로 정리할 수 있다.

120) 최종고, "근세한일법률교류사", 한일문화교류기금, 앞의 책(주 98), 331면. 저자는 법학자로서

의 모호함과 2중성을 지니고 있어 객관적으로 정돈된 사회분위기와 문화적 다양성 등의 경향에 대하여 피상적으로는 찬사를 보내면서도, 잘 장식된 집이나 사원에 대하여 낭비가 심하다거나 신분 상하 간에 질서가 없다는 등 '비판을 위한 비판'을 덧붙인 경우도 적지 않았다.

당시 통신사들의 입장은 그 기록으로 판단할 수밖에 없으며, 이에 비추어 그 평가가 다소 제한적이고 객관적이지 못한 점은 학자들이 지적하는 바와 같이 사실이다. 이에는 사신으로 파송된 기회가 적었을 뿐 아니라 그 중에는 일본어를 하는 사람들 또한 드물어 실제로 그들과 대화를 나눌 기회가 많지 않았던 이유도 없지 않다. 그러나 기본적으로는 통신사를 이루어 일본을 왕래한 관료들이나 이를 보내는 조정의 입장에서 이를 이해함이 타당하다. 그들의 입장이 옳고 그러고를 평가하는 것은 어떤 문화가 우월한가를 논하는 것과 같이 부적절한 만큼 자제하고자 하거니와 두 차례의 전란을 일으킨 장본인인 일본에 대한 분노와 증오의 감정, 그리고 유교적 정신문화에 안주하고자 하였던 집권세력의 경향과 당시 조선의 문화적 흐름으로 볼 때 그들의 관점에서만 이러한 일본의 물질적 발전과 사상적 변화를 평가하였을 것은 충분히 이해 가능하며, 이러한 결과가 기행기록 및 보고로 이어진 것으로 추정된다.

고병익 교수 또한 이런 점을 지적하고 있다. 중국에 사신으로 갔던 사람들이 실용문물도입을 주장하는 이른바 북학의 논의를 시작한 것과 극명하게 대비되는 것은 중국보다 훨씬 실용적이고 근대화된 일본을 왕래하면서 이들은 일본의 이러한 점을 도입한다는 생각은 아예 하지 아니하였을 뿐 아니라 그런 활동을 전혀 찾아볼 수 없었고 이는 유교적인 우월함과 편견에 사로잡혀 냉정하고 객관적인 시각을 놓쳐 버린 것으로 그 문건들 또한 사장되는 결과가 되었다고 서술하고 있다[121]. 역설적으로 만일 사행에 참여한 사람이 일본은 이러저러한 문화적 발전을 이루었고 근대화되어 있으며 서구의 실용적 경향을 본받아 문물이 풍부하고 일상생활이 풍족하다는 긍정적 평가를 내리는 보고서를 작성하였을 경우 유교적 편향과 과거의 증오감에 사로잡혀 있었던 조정의 왕과 관료들은 해당 통신사절단의 관료를 친일적이라고 맹렬히 비난하고 처벌하였을 것으로 추정된다.

이들은 기본적으로 일본의 지리와 인문, 풍속과 인상을 기술했지만 제도적인 면, 특히 법에 대해서는 기록을 거의 하지 않았다고 지적한다.

121) 고병익, 앞의 논문, 115면. 저자는 이러한 관점이 사행들의 목적이 상부보고 나아가 후행에 대한 자료제공 이상이 아니었기 때문으로 파악하고 있다.

일본 재일사학자 중에 우리나라의 통신사들이 상상도 못할 만큼 환대를 받았으며 친근감을 가지고 있었고 특히 퇴계학에 대하여는 그 후손들에게까지 관심을 가질 만큼 관심이 높았고 나아가 동의보감과 같은 조선의 의학에 대해서도 찬사일색이었다는 평가도 있다[122]. 일본이 조선의 선진문화를 접하는 좋은 기회로 통신사들과의 만남을 매우 중시하였다고 하나 사교적, 외교적 언사정도일 뿐 이러한 통신사에 대한 일본의 시각에 전적으로 동의하기는 어렵다. 아래에서 보는 바와 같이 일본인들의 당시 시각은 어떤 문화라도 일단 접한다는 생각, 그 중에서 퇴계의 성리학과 같이 일본보다 연구가 앞선 일부 분야에 대한 관심을 보인 것뿐이었을 것이고 나아가 조선과의 문화적 이질성을 확인하는 정도였을 것이다.

(3) 기타 사적인 일본왕래에 관한 기록

위에서 본 공식적인 일본과의 교류 및 정보유통의 통로로서의 통신사 이외에 일본과 비공식적으로 접촉하게 된 경우도 적지 않다. 이들은 특별한 사유로 해상에서 표류, 표착하게 된 사람들이 대부분으로 한 연구에 의하면 1599년에서 1872년까지 조선인이 일본에 표착한 건수는 971건에 그 인원은 9,770명이라고 한다[123]. 그 수로 보면 만일 조정이 이들로부터 일본의 사정을 청취하고 정책에 반영하려고 하였다면 상당한 성과가 있었을 것으로 추정되나 이들 민간인들은 거의 예기치 못한 사정으로 일본에 표류한 사람들로 공식적인 기록을 남긴 경우가 많지 않고 조정도 이를 정책에 반영할 정도로 적극적이지 않아 개인적인 여행기 정도로 밖에 취급받지 못하였다. 기록으로는 임란 전인 1488년 일본에 표류하였던 최 부가 남긴 「표해록(漂海錄)」이나 1696년 일본 북해도에 표류하였던 이지항이 남긴 「해주록(海舟錄)」, 대흥사의 승려로 1817년 일본에 표류한 풍계(楓溪)스님의 「일본표해록(日本漂海錄)」 등이 그 예로 꼽힌다.

그 중 해주록의 기록을 간략히 보면, 일본에 우호적인 입장이 일관되게 나타나 있으며 중화 중심의 오랑캐적 시각은 거의 없다. 다만 경제, 사회적 발전과 관련하여 이지항은 일본의 "한 번의 시위의 융성함과 고을 안의 인물 및 시전 물산의 풍성함이

---

122) 이진희, "조선조 후반기의 한일관계", 한일문화교류기금, 앞의 책, 135면.

123) 정성일, "표류·표착의 지역적 특성과 그 현재적 의의", 한일관계사학회, 앞의 책(주 2), 66면. 연평균 3.5건에 35.7명이 일본의 해상으로 표착한 것이니 그 규모가 작지 아니하나 이 또한 공식적 사료로 정리된 것이므로 불법적인 도항까지 포함하면 그 수는 훨씬 더 많을 것으로 보인다.

우리나라 주나 부보다 백배나 더하니 그 직업을 대대로 물려주기 때문이 아닌가"라고 기록한 바 있고, 「일본표해록」에서 스님은 나가사끼를 방문한 후 "나가사끼는 대도시이다. 건물의 모습이 웅장화려하고 중국의 배와 네덜란드의 배가 이 곳에 정박하는데 배들이 가득 찼다. 서양의 물화가 폭주하고 사람들이 많은데, 가히 집집마다 금은이요 사람마다 비단 옷으로 사람의 눈을 어지럽히는 것이 말로 표현할 수 없다"고 기록하는 등[124] 그들이 본 일본의 실상을 비교적 담담하게 있는 그대로 표현하고 있다.

이러한 기록들이 보여주는 바와 같이 일본의 경제적, 사회적 발전상은 이미 유교관에 젖어 있었던 조선과는 확연한 차이를 보이는 것으로 이를 어떻게 이해하고 대응할 것인가는 매우 중요한 국가적 과제라고 할 수 있음에도 이러한 기록들은 정부로부터 거의 개인적인 관심사 이상의 시선을 끌지 못하였다. 결국 조선의 조정이 보인 시각과 정책의 방향 내지 일본에 대한 대처는 향후 국가의 장래와 발전에 있어서 중요한 것이 무엇인가에 관한 냉정한 시각과 판단을 미처 하지 못한 것이라고 보이며 이러한 점에서 국가운영의 중요한 방향을 결정함에 있어서 필요한 주변세력들의 움직임에 대한 냉정한 평가와 통찰, 판단, 그리고 새로운 시대적 변화에 대한 부응이라고 하는 점에서의 인식부족을 지적하지 않을 수 없고 이것이 일본과의 물질적, 산업적 격차를 더욱 벌어지게 만드는 한 요인이었음을 부정할 수 없다.

(4) 일본의 조선통신사들에 대한 평가

한편 이러한 조선의 관리들, 특히 통신사들의 일본에 대한 기록을 일본인들은 다시 어떻게 평가하고 있었을까. 일본의 저명한 역사소설가 시바 료따로(司馬療太郞, 1923-1996)는 당시 신유한의 해유록에 관하여 도날드 킨 박사(Donald Keene, 1922-)와 자세하게 의견을 나누었다. 시바는 신유한이 과거에 급제하였으나 서자라는 이유로 관직에 제대로 등용되지 못하고 울적한 나날을 보내던 차에 통신사의 일원으로 합류한 사람이라는 점을 지적하면서 이 책이 훌륭한 여행기록인 점을 인정하고 있다. 그러나 놀랍게도 신유한은 처음부터 일본인을 인간보다 조금 아래의, 거의 짐승에 가까운 존재라고 형편없이 묘사하는 등 비판적으로 보았는데, 시바는 그 이유로 일본인 관료들이 기본적인 한자조차 알지 못하는 등 학문적 지식이 매우 부족하였을 뿐

124) 민덕기, 앞의 논문(주 102), 125, 129면.

아니라 한시도 서투르다는 점을 들고 나아가 일본이 유교와 그 예법을 따르지 않는 것을 비하한 것으로 이해하면서, 신유한의 일본인관에 대하여 냉정한 비판을 가하고 있다[125].

또한 신유한이 오오사까를 방문하여 상품경제가 압도적으로 번성한 것을 목도하고도 이러한 경제적 발전은 짐승에 가까운 일이며 성현이 할 일이 아니라고 판단한 듯 이에 관하여 언급을 하지 않은 점에 대하여도 지적하고 있다[126]. 그들은 신유한이 일본인들을 일컬어 차마 사람이라고 하기 어려울 정도였다고 표현한 부분을 들어 조선의 지식인들이 폐쇄적이고 자기우월적인 경향에 젖어 있었다는 점잖은 비판을 가한 바 있거니와 이는 솔직히 당시 조선의 유교 중심적인 닫힌 정치와 사고의 경향을 반영하는 예이기도 하다. 국왕의 강력한 중앙집권체제 속에서 국왕이나 관료들은 성리학 중심의 정신문화를 강조해 왔고 이에 집중한 나머지 산업화와 물질문명의 중요성을 외면해 왔음은 주지하는 바와 같거니와 일본은 1500년대의 내란과 그 이후 서구와의 교역을 통해 성리학 중심의 정신문화 이외에 물질문명과 산업화의 중요성을 극동의 어떤 국가보다도 깊이 깨닫고 있었다.

당시 일본 사회를 리드한 계층은 무사중심의 개방집단으로, 이들은 전쟁을 통해 세력을 확대하는 과정에서 신무기 등 물질문명을 무엇보다 중시하였고 한자를 모르는 것을 부끄러워할 리도, 부끄러워 할 필요도 전혀 없었던 것이 사실이었다. 이들은 한학과 성리학에 몰두하는 중국, 조선식의 국가경영을 이미 정리하고 새로운 세계로의 발전에 뛰어든 만큼 이들이 필요로 한 것은 한자나 성리학의 경전이 아니라 서구와의 교역을 통한 서구식의 문화적 발전이었고 지식인들은 이를 위하여 네덜란드어나 영어와 같은 언어에 대한 이해를 우선시하였을 뿐 한자나 조선어에 대한 지식부족을 부끄러워 할 이유가 전혀 없었다.

한자나 유교에 소홀한 일본인들의 모습을 본 조선통신사들의 스스로의 우월적인 일본인들에 대한 폄하와 평가는 당시 유교적 문화에 젖어 있었던 조선사회의 경향과 관리들의 성향을 반영하는 것이겠으며 그 나름대로 명분이 없지는 않을 것이나 일본의 신무기에 국토가 유린당하는 참혹한 전란을 겪은 후 일본의 실상을 파악하기 위해 파견된 관리들이 객관적인 평가를 떠나 지나치게 자기중심적으로 일본을 견문하고 평가한 것은 매우 안타까운 일이었다. 물론 이러한 평가는 그대로 국왕에게 보고되었을

125) 도날드 킨/시바 료따로, 앞의 책, 128-9면.
126) 도날드 킨/시바 료따로, 위 책, 128면.

것이고 이러한 일이 반복되면서 국가의 운영에 있어서 일본의 변화와 후일 이것이 가져올 국가적 위험을 외면하고 현실에 안주하는 결과로 귀결되기에 이른 것 또한 우리로서는 뼈아픈 일이라고 지적하지 아니할 수 없다.

라. 조선의 선각자들의 일본에 대한 경계

다만, 조선후기의 실학자 중에는 일본의 이러한 변화에 대하여 주목하고 경계하는 견해가 없지 않았다. 예컨대 성호 이 익(李 瀷, 1681-1763)은 「성호사설」에서 "일본은 앞으로 천황 중심의 사회가 올 것이며 이 경우 조선의 왕은 대처하기가 어려울 것이다. 일본은 해외 사방에 통하지 않는 곳이 없고 그 기계의 정교함도 배워 익히지 않는 것이 없으니 이를 당할 수 없다"는 등으로 일본의 문화적 발전과 향후 행보를 정확하게 예측하였다. 또한 북학파의 박제가(朴齊家, 1750-1815)는 「북학의(北學議)」에서 일본에 가 본 적이 없었으나 여러 차례 일본의 사행을 다녀온 지인들을 통해 일본의 문물의 변화를 전해 듣고 "일본의 풍속은 무릇 백공(百公)의 기예가 천하제일이라는 이름을 얻으면 비록 그 사람의 기술이 자신보다 못함을 알면서도 반드시 그를 찾아가서 스승으로 모신다. 이러한 것이 백성들로 하여금 한 가지 기예에 전념하게 하는 것이 아닌가"라는 취지로 일본의 기술적 발전과 제도적 장점을 객관적인 시각에서 평가하기도 하였다[127].

나아가 다산 정약용(丁若鏞, 1782-1836)은 「여유당전서」에서 "종래 일본은 중국으로부터 비단과 보물을 조선을 통해 얻었는데 이제는 그들이 직접 해로로 중국과 통상을 하여 물품을 취득할 뿐 아니라 제조법까지 배워서 실용적이면서도 부유한 상태에 이르렀다. 일본은 먼 바다에 위치하고 있음에도 불구하고 그 기능이 중국과 대등하게 되었고 백성이 부유하고 군사가 강성하여 감히 어느 나라도 침범하지 못하게 변화되었다"고 지적하는 등 그 실상과 조선의 잘못된 대응을 우려하기도 하였으며[128], 이외에도 한원진의 「의상시무봉사(擬上時務封事)」, 허 목의 「흑치열전(黑齒列傳)」등에서도 일본의 실상을 분석하고 경계를 촉구하는 견해들이 제시되어 있다[129]. 그러나 일

---

127) 방병선, 앞의 논문, 128면.

128) 김용운, "한국이 보는 일본", 한국국제교류재단, 앞의 책(주 8) 244-5면, 이들은 그 외에도 일본인의 사회성과 단결력, 그리고 해외진출의 장려 등을 통하여 이미 강성한 나라로 성장하기 위한 발판을 충분히 갖추고 있음을 부러워하면서 경계하는 입장을 취하였으나 주류 선비사회에서 이들의 주장은 전혀 현실에 반영되지 못하였다.

129) 조성을, "한국과 일본의 화이관의 변화와 상호인식", 한일관계사연구논집 편찬위원회, 앞의 책

부 선각자들의 이러한 충고는 군왕 중심의 중앙집권적 정치체제와 유교 중심의 사상이 확고히 자리 잡고 있었던 조정과 관리들에게는 메아리 없는 일부의 외침에 불과할 뿐이었다.

오랜 기간 일본의 변화와 이에 대한 조선의 소극적인 대응 등 복잡한 과정을 거쳐 결국 조선의 조정과 백성들의 운명은 일본에 종속되는 것으로 귀결되기에 이른다. 학자 중에는 조선의 폐쇄적인 대외관계에 모든 책임이 있고 이는 결국 조선사회의 후진성을 증명해 주고 있다는 자학적 역사의식을 피력하거나 오히려 역으로 이러한 사고를 비판하면서 명치유신 이후의 서계 사건과 왜관 점령 등의 일련의 과정 등을 볼 때 이는 조선에 대한 멸시, 자기중심적 우월적 사고와 침략 근성 등 전적으로 일본의 책임을 강조하는 견해 등 다양한 논의들이 있지만[130], 250년간 양국의 역사와 그 과정에서, 가장 중요하게 여겨지는 국력의 핵심인 산업화와 외부 국가, 나아가 세계의 정세에 대한 판단과 대응 등의 중요한 요소를 전적으로 배제하는 이론이 부적절한 것과 마찬가지로 우리의 당시 역사가 후진적이었기 때문이라고 자학하는 논리 또한 적절치 않다. 역사적 과정과 이에 대한 이해는 우월감이나 자괴감 등 주관적 요소들을 가급적 배제하지 않으면 학문적 객관성과 정당성을 잃을 수밖에 없으며, 역사를 통하여 진정한 교훈을 얻을 수 있다는 진리마저도 상실할 수 있기 때문이다.

무수한 시간이 흐르는 가운데 일본의 변화를 감지할 수 있었음에도 불구하고 이를 다 하지 못한 채 결국 국권침탈이라는 비운을 맞이하게 된 조선의 잘못된 판단을 역설적으로 추지할 수 있는 자료를 하나 소개한다. 윤치호(尹致昊, 1864-1945)는 조선 말기에 일본에 소위 신사유람단의 일원으로 일본의 사정을 살피러 기선을 타고 일본을 방문하여 일본에 머물게 되었다. 그가 일본의 발전상을 보고 놀란 기록을 간단히 정리한다. [기선을 타고 간 그는 '세상에 이런 배도 있구나'라고 감탄하였다. 동경에 전신, 전화, 철도가 놓여 있고 가로등과 양옥집이 들어서 있었음을 보고 개화의 실체를 피부로 느꼈다. 일본에 이미 소학교 의무교육제도가 실시되고 무수한 공사립 중학교와 동경대학이 설립되어 근대교육이 실시되고 수많은 신문, 잡지, 강연회 등을 통해 신사상이 보편되었음을 보고 조선의 현실과 비교하였다. 동경에 세계 각국의 사절이 주재하고 활발하게 국제교류가 이루어지는 것을 보고 아직도 청국과 사대관계를 단절

(주 110), 308, 313면.

130) 손승철, 앞의 책, 264면.

치 못한 채 그 지휘를 받고 있는 현실을 안타깝게 생각하였다. 일본이 상공업을 장려하여 각종의 근대산업을 개발하고 영국 등의 선진국가의 장점을 취해 독자적 군사제도를 확립하고 부국강병에 매진하는 활기찬 모습에 감명을 받았다]. 는 등이다[131].

결론적으로 그는 "청국은 사람이 많고 땅이 넓기가 일본의 11배인데 일본은 30년 내에 경장진작(更張振作)하여 문명 부강함이 60년간 외국과 통상한 청국보다 백배나 낫다고 사람들이 칭하니, 그 이유가 무엇인가? 청국은 옛 것을 지키고 일본은 옛 것을 고쳐 새 것을 본받기 때문이다"고 나름대로 그 이유를 정리하고 있다[132]. 윤치호가 목격한 것은 명치유신 이후에 속도를 높여 진행된 일본의 근대화 상황이었으나 그 이전에도 일본은 앞에서 본 바와 같이 경제적, 사회적, 문화적으로 이미 많은 분야에서 서구화의 길을 걸어 왔다. 그리고 조선 또한 여러 차례의 통신사 방문이나 다른 기회를 통해 이를 짐작할 수 있었을 것임에도 불구하고 가볍게 여겨 버림으로써 산업화와 서구화, 문화유입의 다양성을 스스로 배제하는 결과를 초래한 것으로 보인다. 그리고 그 이면에는 윤치호가 적절히 지적한 바와 같이 왕조, 관료 중심의 중앙집권적 정치의 폐쇄성과 유교 중심의 윤리구조 등이 복합적으로 작용한 것 또한 부정할 수 없다.

여기에서 일본인들의 조선에 대한 평가를 위에서 본 마리우스 잰슨(Marius B. Janson, 1922-2000) 교수의 저서 속에서 살펴보고자 한다. 특히 임진년 등의 전란 이후 일본인들은 조선에 대하여 우월감을 가지고 있었던 것으로 전해지는데, 조선이 형편없는 나라라는 생각을 가지고 있었음은 물론 중국 또한 무력한 나라라는 인식을 가지고 있었고 심지어 도꾸가와 막부의 시기에는 조선을 종속국으로 여기는 경향마저 있었다. 그 예로 1715년 나가사끼의 상관장은 일지에 "내일은 백년 전에 조선인들이 굴복을 강요당했다고 해야 할 사실을 일본인들이 축하하는 날이다"라고 기록했다고 하며, 19세기 말 국가의 명운이 위기에 처할 당시 일본의 외상 무쓰 무네미쓰(陸奧宗光, 1844-1897)는 "조선정부는 나라의 독립을 확립하고 내정개혁을 단행하기에는 몽매 무식하며 ……"라고 비판하고, 조선인에 대하여도 "의심 많은 악의와 음험한 수단을 쓰는 것을 주저하지 않는 악덕이 특색이다"라는 취지의 글을 남기기도 하였다[133].

131) 유영렬, 앞의 책, 8-9면. 윤치호가 일본에 간 것은 1880년 신사유람단의 일원으로서였다. 그 후 일본에서 유학하면서 일본의 변화를 자세히 살펴본 후 귀국하여 이를 조선에 활용하려 나름대로 노력하였으나 결국 실패로 돌아갔음은 주지하는 바와 같다.
132) 유영렬, 위 책, 9면.
133) Jansen, 앞의 책, 52, 55면.

그들이 조선, 중국에 대하여 얼마나 서구 근대화를 통한 문화적 우월감과 자만심 나아가 이들에 대한 침략적 의도를 합리화하고 있었는지 추측할 수 있다.

8 명치유신과 일본의 본격적인 근대화

가. 1800년대 이후 근대화 과정

(1) 구미세력의 일본진출

이제 일본이 본격적으로 정치, 경제, 문화적 측면에서 부분적, 점진적으로 서구화와 산업화를 지향하던 경향을 본격화하여 완전히 유럽형 국가로의 전향을 시도하기 시작한 1800년대 이후의 상황을 살펴보고자 한다. 주지하는 바와 같이 이러한 일본에서의 변화를 촉발한 것은 1853년 미국에서 일본을 탐지하고 통상을 공식화하는 길을 열도록 대통령의 명령을 받은 페리 제독의 군함(이를 일본에서는 '黑船'이라고 칭하였다)들이 일본의 막부가 있던 에도의 외항에 들이닥쳐 일본에 통상을 요구한 사건이라고 대체적으로 지적되어 왔다. 앞에서 본 바와 같이 일본의 역사가들은 이러한 상황들이 초래한 이후의 시기를 '근대'라는 관점에서 파악하고 '근대사'로 편입하고 있으며 이러한 견해는 많은 점에서 긍정적으로 받아들여지고 있다[134].

그러나 서구의 일본에 대한 개항의 요구와 통상교섭 및 이에 대한 일본의 대응 움직임은 이전부터 시작되어 왔다. 특히 러시아의 동방진출과 관련하여 여러 가지 사건들이 이어졌는데, 1771년 러시아인 베뇨브스키(M. Benyovsky)가 일본에 표류하여 러시아의 일본 침략계획을 전하면서 일본을 경악하게 한 일이 있었다. 결국 이는 허구로 밝혀졌으나 이러한 사실이 알려지면서 일본의 지식인들은 막부에 대하여, 러시아 등 서구국가들을 상대로 북방대책을 마련할 것을 촉구하는 한편, 서구에 대응하기 위하여 일본의 국방력 강화와 근대화의 필요성을 마련하는 서적을 집필하는 등 향후 일본의 대응방향을 제시하기까지 하였다[135]. 이는 한 예에 불과하거니와 서구의 동양

134) 예컨대, 김용덕, 「일본근대사를 보는 눈」, 지식산업사, 2005, 32면에서는 일본 뿐 아니라 비서양국가에서의 근대사의 시작은 새로운 세계질서 속에 편입되는 것으로부터 잡아야 하며, 일본에서 쇄국이 무너지고 개항한 시점을 근대사의 시발로 보아야 한다고 지적하고 있다.

135) 미야기 기미꼬(宮城公子), "근세사회의 전환", 아사오 나오히로(朝尾直弘) 등, 앞의 책, 311-2

에 대한 관심과 시장 개척 등의 욕구는 훨씬 이전부터 있었고 특히 육로로 극동에의 진출을 노린 러시아의 경우 18세기 말 태평양까지 진출하는데 성공하였다.

즉, 1792년에 락스만(A. K. Laksman)이 네무로 항에, 1804년에 레자노프(N. P. Lezanov)가 나가사끼 항에 러시아 함대를 이끌고 들어와 통상을 희망하였으나 막부로부터 거부당한 일이 있었다. 그 이후 1806년부터 1807년 사이에 러시아 해군은 북해도, 사할린, 쿠릴열도의 에토로후 등 일본인의 입식지를 파괴하는 등의 공격을 감행하기도 하였다. 일본은 당시만 하더라도 원주민인 아이누 족의 거주지로 방치하였던 북해도에 러시아의 접촉을 기화로 탐험대를 파견하였고 18세기 말에는 이를 막부의 직할령으로 지정하면서 관리에 나섰다. 이에 대항하여 러시아는 1808년 사할린, 치시마 등에 군대를 파견하여 시설을 습격하였고 일본 역시 무장병력으로 이에 대응하였다.

산업혁명이 본격적으로 시작되기 시작한 19세기 초반 서구의 관심은 시장개척과 천연자원의 확보 등에 있었고 이를 위하여 해외에 경쟁적으로 진출을 시도하였다. 일본에 대하여 관심을 가진 것은 당시 해외에 많은 식민지를 개척한 영국의 경우도 예외는 아니었다. 이러한 움직임을 반영하여, 1808년 영국함선 페이튼(Phaeton)호가 나가사끼 항에 입항하여 일본의 배를 습격하고 네덜란드인을 납치하는 등 무력행동을 함으로써 일본군과 대치하는 상황이 발생하였다. 나아가 영국이 자바를 점령했던 1813년과 1814년에는 부총독 래플즈(Thomas S. Raffles)가 네덜란드의 국기를 게양하고 나가사끼에 들어와 교역을 요구하였고, 이어 1818년에는 영국 선박이 우라가만에 들어와 무역허가를 요구하기도 하였으나 막부는 이를 거부하였다.

그 외에도 영국은 1820년까지 여러 차례 일본의 항구에 함정을 출몰시켜 무력시위를 하는 등으로 당시 국제적 관심이 집중되었던 포경산업의 보호와 통상교섭을 타진하였으나 당시 막부는 제한적인 규모의 서구문물의 유입과 교류, 그리고 막부 중심의 정치체제 유지에 집중하는 한편 더 이상의 서구와의 교역이나 개방에는 부정적인 입장을 지속하였다. 이에 중국 주재 영국 공사였던 존 데이비스(John Davis)는 1845년에 일본과의 조약체결을 압박하려는 계획까지 세웠으나 해외의 여러 가지 사정으로

면. 그에 의하면, 이러한 일본의 대책 중에는 러시아의 남진정책에 대한 대비를 위해 일본 북방의 개발, 러시아와의 교역 등을 제시하는 경우도 있었고, 특히 하야시 시헤이(林子平)는 국방의 필요성을 주장하면서 해군중심의 국력신장을 강조하는 「해국병담(海國兵談)」이라는 서적을 출간하였는데, 이 책은 향후 일본의 군국화에 큰 영향을 준 것으로 평가하고 있다.

교섭을 지원할 만한 군사력을 동원하지 못함으로써 이를 포기하기에 이르렀다.

(2) 페리 제독의 내침

이런 상황에 대하여 일부 일본의 지도자나 지식인들은 서구세력이 본격적으로 세력을 과시하는 데 대하여 위협을 느끼거나 이를 격퇴하여야 한다는 전향적인 입장을 표시하고 이를 정책에 반영하고자 하였다. 예컨대 아이자와 세이시사이(會澤正志齋, 1782-1863)는 이러한 서양 세력에 '오랑캐들'이라는 용어를 사용하면서 이에 대항하기 위해서는 일본의 지배계급들이 천황을 중심으로 통합하여야 한다는 주장을 개진하였다[136]. 그러나 일부 현실론자들은 이러한 분위기 속에서 지금까지는 서구의 온건한 서면적 요구나 무력적 압박에 의한 개항의 요구를 거부하였으나 결국에는 시대의 흐름에 순응할 수밖에 없다는 주장을 펴기 시작하였고, 결국 미국이 우라가 만에 페리(M. C. Perry, 1794-1858) 제독의 소위 흑선을 파견하여 개항을 성공시킴으로써 일본과의 통상교섭에서 우위를 점하는 것으로 귀결되었다.

물론 미국도 이러한 유럽의 움직임에 편승하여 태평양, 아시아 지역으로 그 세력을 확대하려는 움직임을 강하게 보이기 시작하였다. 중국, 일본을 비롯한 아시아에 영향력을 확대하기 위해 1835년 동인도 함대를 조직하였고, 1837년에는 모리슨(Morrison)호가 일본에 출몰하였다가 일본과 포격전을 벌이기도 하는 등으로 접촉이 이어졌다. 1846년에는 제임즈 비들(James Biddle)제독이 미 태평양 함대를 이끌고 에도만으로 갔으나 통상요구를 거절당하였다. 이후 그 함대의 대장으로 페리가 임명되었고, 페리는 1853년 6월 4척의 군함(병사 1,600여명, 함포 100문 이상의 상당한 규모의 전력을 보유한 함대이었던 것으로 보인다)을 이끌고 우라가 만에 정박하면서 일본에 공식적으로 통상을 요구하였다. 그 표면적인 이유는 자유무역, 포경선문제, 저탄문제 등 일본에 포경산업에의 협력과 미국군함의 항해에 필요한 물과 석탄, 식량의 공급 등에 집중하는 듯 했으나 그 내심은 일본을 중간기지로 하여 중국 및 아시아에서의 미국의 영향력을 확대하고 나아가 태평양 전역에 걸쳐 미국의 세력을 확장하는데 있었다고 이해되어 왔다[137].

---

136) Gorden, 앞의 책, 58-9면. "근자에 역겨운 서양 오랑캐들이 세계의 말단에 위치한 하등의 존재이면서 사방의 바다를 설치고 다니며 여러 나라를 유린하고 자신의 분수도 모르고 고귀한 우리 신국(神國)을 능멸하려 하고 있다."는 등이다.

137) 이에 관한 자세한 내용을 다룬 서적을 본다. 민두기, 앞의 책, 193면에는 당시 미 국무성 차관 C. Conrad의 페리 제독에 대한 훈시가 기록되어 있다. 즉 "증기력에 의한 태평양 횡단 항로가

페리 제독의 강경한 요구에 막부는 상당한 부담을 느끼고 다음 해에 회답을 주겠다고 약속한 후 일단 페리를 돌려보냈으나 페리 제독은 1854년 1월에 회답을 얻기 위하여 이번에는 7척의 군함을 지휘하여 다시 일본을 찾았다. 당시에 일본은 침입자들에게 겁을 주기 위해 전통적인 스모경기를 보여 주기도 하였으나 전혀 효과가 없었고 대신 미국은 실물의 4분의 1크기로 축소한 증기기관차와 약 110미터 길이의 환형선로를 가지고 나와 일본인들에게 기관차가 시속 29킬로미터의 속도로 선로를 도는 장면을 현출하여 놀라게 하였다[138]. 이러한 에피소드 속에 일본의 지도층은 더 이상 쇄국이 어렵다는 판단을 하게 되었고 3월 31일 소위 화친조약이라고 하는 개항의 조약을 미국과 체결하게 되었다.

그 자세한 내용은 여러 곳에서 다루고 있으므로 자세한 내용을 약하거니와 간략히 정리하면. 미국 선박의 기항지로 시모다 항을 개방하고, 저수, 저탄 공급지로 북해도의 하코다테 항을 지정하는 한편 미국 영사의 주재를 허용하고 최혜국대우 조항을 추가하였다[139]. 이러한 취지는 같은 해 5월에 영국과, 12월에 러시아와의 조약에서 이어지는 등 일본은 서구열강과 완전한 개방의 길로 나서게 되었다. 한편 1856년에는 미국의 요청에 의하여 총영사 T. Harris 와 수호통상조약을, 이어 네덜란드, 영국, 프랑스 등과도 같은 내용의 조약을 체결하는 등 확대되었으나 이후 최혜국 조항 등이 불평등조약의 전형이라는 이유로 뒤에서 보는 바와 같이 개정 문제에 휩싸이게 되나, 일본 스스로 이로써 배워 조선에 대하여 더 강력한 취지의 불평등조약을 같은 방법으로 강요한 것은 주지하는 바와 같다.

여기에서 왜 하필 다른 나라들이 많은 관심을 가졌던 일본과의 통상요구에 미국이 처음 성공을 거둘 수 있었을까를 본다. 이 점에 관해서는 당시의 여러 가지 국제정세를 살펴 검토할 필요가 있다. 우선 가장 먼저 이에 대하여 관심을 가졌던 러시아의 경우 19세기 초반까지는 여러 차례 일본의 북방 섬들에 출몰하는 등으로 통상노력을 하였으나 유럽에서 나폴레옹과의 전쟁 등의 상황이 긴박하게 돌아가자 동양으로의 진출

열렸고 미국이 태평양 연안에 광대한 식민지를 획득했으며, 그 식민지에 금광이 발견되었고, 파나마 지협의 교통이 빈번해져 동양의 제 국가와 미국의 관계가 현저하게 밀접해 졌으므로 동양 근해를 항행하는 미국 시민의 생명과 재산을 보호할 의무는 한시도 지체할 수 없다"는 내용이다.

138) Gorden, 앞의 책, 117면.

139) 이 조약은 소위 가나가와(神奈川)조약이라고 일컬어지는 것으로 모두 12개조로 구성되어 있다. 민두기, 앞의 책, 194면 참조.

을 적극 추진하기 어려운 형편에 처하게 되었다. 영국 또한 1839년부터 1842년까지 이어진 중국과의 아편전쟁을 수행하면서 상대적으로 이권이 큰 중국에 대하여 집중적으로 국력을 쏟아 부을 수밖에 없었다.

더구나 영국은 프랑스와 합세하여 크림반도에서 러시아와 전쟁을 치르는 등으로 국력이 분산되어 전통적으로 강세를 유지하였던 태평양 지역의 포경선의 숫자에서도 미국에 추월당하게 되었다. 미국은 주지하는 바와 같이 본격적으로 서부개척에 나서 1848년에는 캘리포니아에 진출하면서 인근의 금광개발과 같은 이른바, 골드러시가 이어졌고 이를 계기로 중국 등 아시아에서 다수의 노동자들이 유입되면서 태평양서안으로의 세력 확대와 함께 중국과의 직접 무역을 계획하는 한편, 일본을 무역 및 포경업의 중계기지로 활용하려는 의도를 노골화하면서 막부와 통상교섭에 적극적으로 임하게 되었다.

나아가 미국은 장기적으로는 태평양을 사이에 두고 영국과 경쟁할 수밖에 없음을 잘 알고 있었고 영국이 이에 적극적으로 나설 수 없는 국제정세를 활용하여 일본과의 통상교섭에서 선수를 잡아야 한다는 생각을 하게 되었다[140]. 심지어 미국은 내심 일본 연해를 미국 해운 항로에 포함시키는 태평양 횡단 항로를 개척하여 중국까지 대륙횡단철도를 연결하려는 의도를 가지고 있었고 이에 따라 석탄 공급기지로의 일본의 역할이 중요하게 대두되었다. 이러한 국제정세 속에서 당시 미국의 Fillmore 대통령은 페리제독을 파견하였고 이로 인하여 미국은 일본과의 교섭에서 선두주자로 나설 수 있었던 것으로 판단되고, 이러한 서구 열강들의 이해관계가 결국에는 조선의 운명에도 영향을 미친 것은 말할 필요가 없다.

Beasley 교수의 저서에 인용된 당시 스코틀랜드 '에딘버러 리뷰'의 기사를 본다. 이 기사에서는 "일본인의 강제적 쇄국은 그들 자신에게뿐 아니라 문명 세계에서도 하나의 과오이다. …… 일본인들이 자기들 영토에 대해 배타적인 소유권을 갖는다는 것은 의심할 여지가 없다. 그러나 그들은 다른 모든 국가들이 일본의 부와 덕에 참여하는 것을 금할 정도까지 그 권한을 남용해서는 안 된다"[141]고 지적하고 있다. 타국의 이권에 참여하는 것을 마치 당연시하듯이 하고 있는 것 같은 이 기사는 당시 미국의 페

140) 구현숙, 「일본 근대화의 길」, 어문학사, 2008, 38면 이하에서는 미국이 중국과 그 중계지로서의 일본에 대한 영향력 확장을 위해 영국과 내심 경쟁을 하는 가운데, 해상로 확보와 교역량 증대를 목표로 영국이 다른 지역에 노력이 분산되는 가운데 일본교역의 선수를 잡게 된 것이라고 지적하고 있다.

141) Beasley, 앞의 책, 57면.

리내침을 비롯하여 서구 선진국들에게 보편화된 제국주의 경향을 단적으로 보여주는 하나의 예라고 할 수 있다.

(3) 구미와의 조약 체결

어쨌든 이 사건을 계기로 일본의 지사들과 지식인들, 일부 대명들은 막부 중심의 체제를 유지하는 것에 의문을 품기 시작하였고 나아가 본격적으로 일본의 정치체제의 변화를 요구하는 움직임으로 진전하기에 이른다. 물론 이러한 일부 선각자, 지식인들의 변화의 움직임은 단 한 차례 페리제독의 일본 내침으로 처음 분출된 것은 아니다. 위에서 자세히 언급한 바와 마찬가지로 일본은 이미 1500년대부터 서구문화의 물질적 발전과 정치적, 사회적 발전상을 접하면서 이를 유입하거나 모방하여 왔고 그 이후에도 많은 기회에 서구와의 교류를 통하여 이들의 앞선 경제, 사회, 문화적인 능력, 특히 신무기를 앞세운 군사력을 이미 잘 알고 있었고 이들은 고전적인 형태의 왕조 또는 막부 중심의 정치적, 경제적 체제를 유지하면서 이를 바탕으로 군사적으로 대항한다는 것이 도저히 불가능하다는 점을 충분히 인식하고 있었던 만큼 변화에의 요구는 이미 대규모로 잠복하여 있었고 페리 제독의 내침 사건은 이러한 잠재적 분출요구에 격발의 역할을 한 것뿐이라고 봄이 상당하다. 그렇기 때문에 1853년의 내침사건을 토대로 짧은 시기에 서구 체제로의 국가적 변신을 실천에 옮긴 것이라고 할 수 있다.

어쨌든 이 사건을 계기로 막부는 1854년 미국과 화친조약을, 1858년에는 통상조약을 체결하였고[142], 이어 네덜란드, 러시아, 영국, 프랑스 등과 같은 취지의, 소위 불평등조약을 체결하였다. 불평등의 내용은 모두 외국인의 거주 및 이들에 대한 치외법권과 영사재판권을 인정하는 한편 관세자주권을 허용하는 것으로 이는 일본 내부로부터 적잖은 비판에 직면하게 되었다. 해외의 세력에 굴복한 막부에 대하여 일부 지식인들과 대명들은 정치체제와 국가개조를 강력히 요구하였고 막부는 이러한 지식인들과 대

142) 구태훈, 앞의 책(주 11), 346면에 자세한 과정이 인용되어 있으므로 이를 본다. 1854년 1월 페리 제독이 7척의 군함을 이끌고 일본에 다시 돌아와 요구한 조약 체결에 막부는 3월에 응할 수 밖에 없었다. 그 내용은 일본이 미국의 함정에 대하여 식품과 연료 등을 공급하고 시모다와 하코다테 항을 개항하고 미국 영사가 일본에 주재하며, 미국에게 일방적으로 최혜국대우를 하는 것 등을 내용으로 하고 있었다. 이에 따라 1856년 미국의 해리스(T. Harris)가 총영사의 자격으로 시모다에 도착하여 이번에는 통상조약의 체결을 요구하였고 1858년 천황의 칙허를 얻지도 못한 채 조약을 체결하였는데 이러한 과정은 일본의 막부가 매우 당황해하고 있었다는 것을 상징적으로 나타내주는 것으로 결국 막부의 침몰이라는 결과로 이어진다.

명들의 요구를 들어 주고 체제를 변화시킬 경우 자신들의 권한과 지위를 상실할 수밖에 없었던 만큼 이러한 움직임을 일시 차단하고 억압하려는 시도에 나섰다.

이러한 양 세력의 충돌로 인하여 일본 내부가 일시 전란에 휩싸이는 등 혼란을 겪었으나 점차 막부의 입장을 지지하던 대명들마저 등을 돌리는 상황이 확산되었고 게다가 일본 국민들마저 아편전쟁의 예에서 보듯 당시 막부중심의 체제로는 일본 전체가 외부의 위협으로부터 보호받을 수 없다는 점을 인식하기 시작하였고 막부의 위신과 권한에 도전하는 상황이 증가함에 따라, 결국 10여 년간의 진통을 겪은 뒤 왕정복고라는 형태로 도꾸가와 막부는 교토의 천황 가에 통치권을 넘기고, 약 250년에 걸친 집권의 종언을 고하게 된다.

나. 명치유신의 성립과 평가

(1) 명치유신의 과정

명치유신이 성립하기까지의 일본의 정치적 혼란상과 그 구체적 과정은 매우 많은 우여곡절이 있었던 만큼 복잡할 뿐 아니라 그 시기와 내용들에 대해서도 많은 견해들이 제출되어 있다[143]. 본서가 일본의 역사를 직접 다루고자 하는 것이 아닌 만큼 이를 자세하게 언급하는 것은 약하고 다만 본서에서 다루자 한고 일본의 서구 근대화 과정을 평가하는데 필요한 정도에서 간략하게 이를 정리하고자 한다. 막부가 외부의 침입에 대응하기에는 지나치게 유약하고 불완전하다는 지적은 지식인, 선각자로부터 시작된 것이지만 실제 정치적으로도 가고시마, 야마구치 등 지역의 유력대명들이 이에 호응하면서 여러 차례 막부와의 전투와 대립을 겪은 끝에 새로운 정치체제의 확립이 논의되었다. 중요 지역의 대명들은 그 동안 막부가 계속하여 온 정책을 포기하고 새로운 정책을 시현할 것과 이에 천황이 직접 나서야 한다는 청원서를 천황에게 제출하기에 이르렀다[144].

---

143) 김영작, 앞의 책, 298-299면. 저자는 명치유신이 언제부터 언제까지이며 어떤 사실과 현실을 지적하는 것인가에 대해서 명백한 합의가 이루어지지 못하고 있다고 지적하면서, 연구자들의 관심과 내용에 따라서 대상 시기가 다양하며, 다만 저자는 명치유신을 봉건지배의 붕괴, 입헌제도의 도입, 의회정치의 발전으로 시기를 구분하고 있다.

144) 청원서에서는 우물 안 개구리 식으로 세계를 보는 태도를 포기하고, 외국인들에게서 그들의 장점을 배우고 일본의 단점을 보완하여야 한다는 개혁적 조치를 강력하게 주장하였다. Beasley, 앞의 책, 102면 참조.

이는 궁극적으로 1868년 4월 6일 신정부의 '5개조서약문'의 공포로 공식화되었다. 새로운 정부는 신분의 높고 낮음을 불문하고 모든 일본인들의 이익을 고려하여 반드시 폭넓은 협의를 거친 후에 정책을 결정할 것과, 구 시대의 고루한 관습들을 타파하며, 국력을 추구하기 위해 지식을 세계에서 구한다고 확약하였다. 내용에서 보듯 그 골자는 정책결정에 있어서 다양한 계층이 참여하는 공론제와 대외개방정책의 채택이었다. 정부는 다시 이를 구체화한 '정체서(政體書)'를 발표하였는데 이는 미국헌법을 모방한 3권 분립과 의회제도, 공직자에 대한 선거제도 등을 아울러 반영한 것이었으나 임시적인 것으로 평가되었다[145]. 종래 교토에 상징적인 의미에서만 국가의 최고 권력자로 여겨져 왔던 메이지 천황이 도쿄로 옮겨 오고, 연호를 따라 소위 '일세일원제(一世一元制)'를 채택함으로써, 국가운영의 체제를 이른바, 왕정복고라는 형식으로 변모시켰다.

이러한 왕정복고는 명치유신의 핵심으로 지칭되어 온 것이나 이러한 변혁이 성공한 데에는 몇 가지 요인이 존재한다. 우선 전통적으로 일본은 종래 황실과 막부라는 상징적인 국가의 최고통치자와 실질적인 권한 행사자로 나누어져 있었고, 비록 형식적이기는 하나 모든 국민의 국왕에 대한 절대적 충성심이 강조되어 왔었으며, 서양으로부터의 위협에 위기를 느끼고 단합된 대응이 필요한 시점에 주변 아시아 국가와 달리 지방분권적 체제를 유지하여 오던 막부로서는 이러한 대처에 부적절하다는 유력 다이묘와 지식인들의 비판을 억누르기에 역부족이었던 점 등으로 인하여 즉각적인 정치체제의 변화가 비교적 용이하게 이루어질 수 있었다고 할 수 있다. 결국 이러한 정치적, 사회적 전통과 정치체제, 그리고 서구 제국의 움직임에 대한 정확한 정보 등이 합하여져 일본은 중국 등 다른 국가와 달리 비교적 단기간에 유혈충돌을 최소화하면서 성공적으로 정치체제를 변화시켰다고 할 수 있다.

(2) 명치유신의 성격

한편 이러한 변화의 내면을 들여다보면 특이한 점이 존재한다. 메이지 유신을 통하여 형식적으로 왕정복고를 표방하면서 천황의 친정체제를 구축한 것은 사실이다. 그러나 그 내실은 260여개로 나누어져 있었던 막부와 번 체제의 무사들의 권력쟁탈전적

145) 권석봉, "일본의 근대화운동", 동양사학회, 앞의 책, 299면. 당시 일본이 서구의 정치제도를 답습하려 한 것은 놀라운 것이나 곧 내란이 종식되고 1869년 판적(版籍, 영토와 영민)의 봉환이 이루어지면서 행정관 중심의 역시 임시적 체제로 전환되었다.

성격의 내란을 겪은 끝에 막부를 밀어내고 천황을 권력의 중심에 세우기는 하였으나 천황 스스로 이러한 변화의 중심에 서지 못하였으므로 절대적 왕정체제를 확립한 것이라고는 할 수 없었으며, 서구에서 보편적으로 추구하고 있었던 정치적인 의미에서의 민주주의, 경제적인 의미에서의 시장경제의 추구라는 근대화와도 거리가 있었던 것이 사실이다.

결국 이러한 정치적, 경제적 혁파를 목표로 하고 이를 완성하였다기보다는 외부의 밀려드는 압력에 어쩔 수 없이 굴복하고 불평등조약을 체결하였던 만큼 이에 대항하고 나아가 조약을 개정하는 등 서구 열강과의 대등한 관계로의 발전을 위한 데 목적을 두고 있었다고 볼 수 있다. 이로써 일본이 제도적 근대화의 첫걸음을 시작하기는 하였으나 본격적인 근대화를 위해서는 이후의 과정 즉 무가와 평민 등으로 나누어진 계급제도를 타파하고 전국단위의 정치체제를 구성하는 한편 상품의 유통을 원활히 하는 등 경제적, 사회적인 근대화의 과정이 필요하게 되었음은 더 말할 필요가 없으며, 이러한 과정은 그 뒤를 이어 '폐번치현(廢藩置縣)', 무가계급의 폐지, 헌법제정과 전국통일의 입법안 마련 등으로 이어진다[146].

이러한 과정을 통하여 정치적으로 천황은 국가의 최고원수의 지위를 인정받는 한편 관료를 임명하는 등 국가통치의 수반으로서의 형식적 지위를 가지게 되었으나 내실을 보면, 메이지 유신을 성공시킨 일부대명과 지사 그룹들이 사실상 새로운 국가의 제도나 체제를 정착시켜 간 것인 만큼 그들의 지위가 강화되었고 이들이 합법적인 정치조직에 흡수되고 중요한 권력상의 지위를 차지하면서 천황의 역할은 상대적으로 제한적일 수밖에 없었다. 이런 과점체제 속에서 명치유신 이후 왕정복고의 구체적 실천 및 국가와 사회 전반에 걸친 근대화과정이 진행되는 가운데 이들은 새로운 국가의 구조나 체제, 그리고 이 책에서 본래적으로 다루고자 하는 헌법 등 법제의 기틀을 만드는 주역으로서 역할을 하기에 이르렀다. 그 중 대표적인 인물이 명치유신 3걸로 일컬어지는 이와쿠라 도모미(岩倉具視, 1825-1883), 오오꾸보 도시미치(大久保利道, 1830-1878), 그리고 그 뒤를 이은 이토오 히로부미(伊藤博文, 1841-1909) 등이었다.

일본의 명치유신은 세계적인 관심의 대상이었고 그 성격에 대해서는 다양한 견해와

146) 가와구치 요시히꼬(川口 由彦), 「일본현대법제사」 제2판, 신세사, 2014, 122면. 근대화에 대해서는 여러 가지의 이해가 가능하나 통상 서구산업화를 칭하는 것으로 그 본질은 민주적 정치체제의 확립과 자본주의 경제의 도입에 있다고 지적한다.

접근법이 존재하는 것이 사실이다. 이를 정리한 김용덕 교수의, 근대화론적 입장에서 하나의 정치투쟁이라고 보는 입장, 사회구조의 변화의 관점에서 접근하는 강좌(講座)파와 노농(勞農)파의 입장들이 그러하다.[147] 많은 점에서 일본 뿐 아니라 주변 아시아 국가들의 변화를 이끌어 내고 국가 간 갈등과 반목을 현재까지도 초래하는 단초가 된 이 세계사적 사건에 대한 자세한 논의는 이 책의 주된 테마가 아니기에 약하거니와 이로 인하여 서구와 일본은 물론 서구와 조선, 중국, 나아가 아시아국가 등까지에도 정치, 경제, 사회 등 제반의 영역에서 근대화라는 관점에서 다대한 변화를 초래한 것이라는 점에는 의심이 없다.

그 외에 일본의 명치유신이 가지는 문화사적 의미를 간략히 정리하면, 이전에는 중국 중심의 문화권으로부터 서서히 이탈하면서 서구의 문화를 일본의 독자적 문화에 변형, 접목시켜 왔다면, 이를 통하여 본격적으로, 또한 국가와 전 국민이 참여하는 공식적인 과정에 의하여 서구 문화권으로의 편입을 시도하기 시작하였다는 점을 들 수 있다[148]. 이러한 취지를 정리한 견해를 본다. 이와무라 히또시 교수는 명치 이전의 일본인들은 신분제를 주축으로 막부와 각 번이 봉건적인 공존관계를 유지하여 오던 정치제도를 유지하면서 자급자족의 경제를 기본으로 소박한 삶을 영위하는 한편 도시를 중심으로 상품경제가 진전되고 있었지만 그 영향이 다소 제한적인 데 비하여, 명치유신은 동양적, 일본적인 사회, 문화, 경제의 틀 위에 서양적인 제 요소들이 급속하게 혼입되면서 동양적 가치와 서양적 가치가 상극, 경쟁하면서 발전해 나가기 시작한 기점이었다고 평가하고 있다. 나아가 동 교수는 유신의 성공과 이를 통한 서구근대화 과정의 일본에의 안착은 일본의 지도자들이 중국에서 이루어진 바와 같은 일본의 서구식민지에의 편입을 막기 위해서 적극적으로 노력함으로써 이루어진 것이라는 의견을 덧붙이고 있다[149].

(3) 명치유신의 배경과 이에 대한 평가

일본에서 명치유신이 성공하고 이어서 본격적인 근대화로의 진전이 이루어진 데 대

147) 김용덕, 앞의 책, 68면 이하
148) 권오기/와까미야 요시부미(若宮 啓文), 「한국과 일본국」, 샘터, 2005, 7-9면에서는 명치유신의 의미에 대하여, 이로 인하여 일본은 아예 가치관을 바꾸어 버렸다고 강조하고 있다.
149) 이와무라 히또시(岩村 等), 「入門 日本近代法制史」, 中西屋出版, 2003, 3-4면에서는 이러한 전통적 가치와 서양적 가치의 충돌 속에서 사람들은 희비가 교차하는 상황이 이어졌다고 기록하고 있다.

하여 우리가 결코 간과해서는 안 될 그 배경과 원인을 여기에서 정리할 필요가 있다고 생각된다. 우선 이러한 결정적 변화에 있어서 서구와 그 동안 이어져 온 일본의 교류가 얼마나 큰 영향을 끼쳤는가를 몇 가지 예를 통하여 살펴본다. 위에서 본 바와 같이 일본에 대한 서구의 관심과 침입이 증대된 것은 페리제독이 내침하기 전인 18세기 말부터 19세기 초반까지로 러시아, 영국 등을 위시한 여러 국가가 일본의 개항을 요구한 바 있다. 여기에서 결정적으로 일본의 국가체제와 정책방향의 전환에 대하여 조언한 것은 네덜란드였다. 네덜란드는 1600년경부터 도꾸가와 막부와 공식, 비공식적인 교류를 이어왔고 무역을 통한 자국의 경제적 이익이 우선시되기는 하였으나 이러한 호혜적 관계를 계속 유지하기 위해 우호적인 입장에서 서구의 내침을 적절히 활용하여 국익에 도움이 되도록 적극적으로 조언하였고 이는 큰 영향을 끼쳤다[150].

예를 들어 미국의 페리 제독이 일본을 침범하여 개항을 요구한 것과 관련해서도 네덜란드 측은 교류선박을 통해 당시 막부에 아편전쟁 이후의 해외정세에 관한 보고서인 「별단풍설서(別段風說書)」를 교부하였고 네덜란드 국왕 윌리엄 2세 또한 개국권고서신 등을 통해 세계정세와 막부의 대응 등에 관하여 조언하기를 마다하지 않았다. 물론 일본도 추정하고는 있었으나 네덜란드의 국왕이 선박을 통해 나가사끼를 경유하여 막부에 보낸 권고서신에서는 막강한 군사력을 가진 서구에 대항할 경우 중국에서의 아편전쟁이나 애로우호 전쟁과 같이 처절한 피해를 볼 수 있다는 점을 상기시키고 미국의 페리의 내침에 대하여도 그 요구사항과 어떻게 대응할 것인지에 대하여 조언하는 것을 아끼지 않았다[151].

막부는 네덜란드의 조언에 감사하면서도 즉각적인 개항에는 소극적인 입장을 견지하였으나 이러한 과정을 통해 막부 또한 아편전쟁, 크림반도에서의 전쟁, 나폴레옹 전쟁 후 빈 체제 등 세계의 정세 등을 충분히 이해하고 있었고, 결국 이와 같이 조속한

150) Gorden, 앞의 책, 114-5면. 네덜란드 국왕의 의견서는 이미 세계가 변하였고 지구 전역으로 확대하고 있는 서구의 통상망과 외교질서에 관련되지 않은 채 일본이 무사태평으로 있는 것은 불가능하다고 권고하였고 그 예로 아편전쟁의 결과 중국이 당한 피해를 역설하는 것이었다. 일단 막부는 이에 대하여 정중하게 거부하는 입장을 취하기는 하였으나 이에 대한 제반 논의가 결국 막부의 정책변화를 이끈 원동력의 하나가 되었고 막부는 1842년 외국선박에 대하여 이유 없이 포격을 가하여야 한다는 1825년의 외국선박추방령을 완화하는 등의 정책을 취하였다.

151) Hall, 앞의 책, 282면. 저자는 이러한 네덜란드 국왕의 외교적 호혜와 조언을 담은 친서는 수시로 일본 막부에 전달되었는데 1844년 아편전쟁 이후 일본의 대외정책에 대하여, 나아가 1852년 미국의 태평양 정책에 대하여 상세한 대응방안을 전달함으로써 일본의 적극적 대응에 큰 도움이 되었다고 평가하고 있다.

세계 주도 세력에로의 편입과 개방, 교역을 결정할 수 있었던 것으로 보인다[152]. 서구 각국이 정치, 외교, 군사적으로 복잡한 국제정세 속에서 각축하는 가운데 오래전부터 친분을 유지하여 온 서구의 한 국가가 동양의 오랜 교역국에 대하여 이와 같이 자세한 조언을 한 배경에는 물론 네덜란드 스스로가 무역회사(약칭 NHM)를 바탕으로 여러 번과 밀무역을 통하여 경제적 이익을 획득하는 등으로 깊은 이해관계를 가지고 있었고 따라서 일본이라는 우호적 세력의 상실을 우려한 이익계산이 바탕이 되었을 것이며 위와 같이 일본이 이를 전적으로 받아들인 것도 아니었으나 이러한 조언이 대외관계에서의 판단에 도움이 된 것은 명백하다[153].

이는 우리의 경우 조선조 말 어떤 국가로부터도 이러한 도움이나 조언을 받지 못하고 국제적 정세를 전혀 이해하지 못하는 가운데 서구열강과 일본의 이해타산 속에서 우리의 운명이 타율적으로 결정될 수밖에 없었던 당시의 참담한 사정을 상기하면 이러한 서구국가와의 오랜 교류와 결정적 조언이 얼마나 중요한 것이었는지는 두말할 필요도 없다. 뿐만 아니라 일본은 페리의 내침 즉시 네덜란드를 통해 당시로서는 최신예 군함을 발주하였고[154] 네덜란드 또한 나가사끼에 교관을 파견하여 해군전습소(海軍傳習所) 및 동경의 근대식 군사훈련소인 강무장(講武場)의 설립을 지원하는 등으로 일본의 군사력을 근대식으로 증강하는데 큰 역할을 하였다[155].

또 하나 일본의 이러한 변화를 어떻게 평가하여야 할 것인가도 중요한 관점이며 이에 대하여 제출된 다양한 견해들이 있다. 특히 일본의 오랜 서구와의 접촉과 그로 인한 발전 등에 주목하고 이러한 점을 강조하는 견해들을 본다. 예컨대, John W. Hall 교수의 견해는 일본이 1853년의 미국함대의 내침을 계기로 근대화를 완성한 속도는 세계를 놀라게 하였는데 일본의 지리적 위치나 크기, 페리 내항의 시기가 적절했다는 것, 또한 무엇보다 서양의 도전이 특수한 조건 위에 이루어졌다는 등을 요인으로 들

---

152) 이노우에 가쯔오(井上勝生), "국민국가로의 길", 아사오 나오히로(朝尾直弘), 앞의 책, 356면. 이러한 세계정세의 흐름 속에서 당시 일본의 국력으로서는 최선의 방책이 일단 불평등조약을 체결해서라도 시간을 벌고 신속하게 서구의 군국화로 변모하는 것이라는 결단을 내리게 된 것으로 보인다.

153) 네덜란드 무역회사는 1799년 네덜란드 동인도회사(약칭 VOC)가 해산된 이후 부진한 무역의 진흥을 위해 1825년 설립된 국책회사 성격의 대규모 무역회사로, 인도네시아를 비롯한 동양 전체를 상대의 무역 등으로 많은 경제적 부를 창출한 귀중한 존재였다. 김광옥, 앞의 책, 58면

154) 이러한 노력의 일환으로 일본은 네덜란드에서 건조된 군함 칸린마루(咸臨丸)호를 인도받았고, 일본인 함장과 선원들은 이 선박을 운항하여 1860년 막부의 80명 시찰단을 샌프란시스코까지 호송하였다. Hall, 앞의 책, 315면.

155) Hall, 위 책, 287면.

고 있다[156]. 한편 일본 측의 견해로는 일본사회의 열린 구조와 타국에 멸시당하지 않겠다는 오래된 전통적 무사 특유의 정신이 결합되었고 이를 토대로 서구와 적어도 동등한 정도의 정치적, 경제적, 사회적 구조변화를 이룰 수 있게 되었다는 주장도 있다[157].

서구화, 산업화의 성공을 지나치게 자국의 시각에서 미화하는 것은 별로 호감이 가는 이론이라고 할 수는 없으나 다양한 관점 중 일부를 지적한 것이라고 할 수 있다. 자국의 내부적인 요인만으로 이러한 변화가 가능하였다는 것이 객관적이지 못한 것과 마찬가지로, 일본 근대의 출발점을 알리는 1853년의 사건이 일본을 자극하여 이후 짧은 시간에 당시로서는 정치, 경제, 문화의 선두를 달리던 서구국가들을 추격하여 그들과 유사하거나 대등한 정도로 국가의 제반 구조를 갑자기 변모시켰다고 보는 것 또한 위에서 본 수 백 년 간의 일본 내에서의 변화의 흐름을 의도적으로 배제하는 것이어서 객관적이지 못한 것이라고 할 수 있다.

이러한 자국 중심의 주관적 견해와 달리 보다 중립적인 견해를 본다. 하바드 대학의 앤드류 고든(Andrew Gorden) 교수는 페리 제독의 내침이 없었다면, 일본의 막부체제가 1860년 이후에도 수십 년은 더 지속되었을 것이라고 진단하면서도, 그 이전에 문화적인 영역과 사회 경제영역에서 서서히 다양한 변화가 진행되고 있었고 막부 말기에는 개혁의 요구가 한층 높아지고 있었던 상황을 들면서 이 두 가지가 화학반응을 일으켜 명치유신과 서구식의 근대화가 가능했을 것이라고 주장하는바[158], 이는 매우 설득력이 있는 견해라고 보인다. 구현숙 박사의 견해도 이와 유사하다. 박사는 일본이 이전부터 높은 교육수준을 가지고 있었으나 그것만으로는 산업화에 부족하였을 것이나, 나가사끼라는 바늘 구멍만한 통로를 이용하여 유럽문명을 계속 받아들인 것이 근대화의 성공에 기여하였다고 설명하고 있다[159].

생각건대, 이러한 일본의 변화는 단순히 수동적으로 일본이 단발적인 사건을 계기로 외세에 의하여 서구화되어 버린 것이 아니라 이미 오래전부터 스스로 근대적 발전을 실천할 만한 내적 준비가 되어 있는 차제에, 미국의 내침이라는 기폭제가 그 동안

156) Hall, 위 책, 276-7면.
157) 니토베 이나조(新渡戸稲造), 「일본의 무사도」, 양경미/권만규 역, 생각의 나무, 2005, 187면 이하.
158) Gorden, 앞의 책, 61면 이하. 외부의 촉매와 국내의 요소가 강력하게 서로 반응한 결과 일어난 일이었다고 지적한다.
159) 구현숙, 앞의 책, 122-123면.

축적되어 온 폭발성 가득한 경제적, 사회적, 문화적 환경을 점화시켜 그 에너지로 인하여 적극적, 창조적으로 나름대로의 주체성을 유지한 채 서구 근대화로의 길을 재촉해 나갔다고 봄이 상당하다. 결국 16세기 이후 수백 년간 서구의 정세와 정치, 사회, 문화적 변화와 정세들을 좁은 통로로나마 받아들이고 내부적으로 이를 긍정적으로 변화시켜 오면서 축적된 국가적 에너지가 있었기에 이러한 사건 등을 통해 이를 체계화하고 구조적으로 집결시켜 서구 근대화의 과정을 급속히 성공시킨 것이라고 봄이 타당하다.

{제2장}

명치 유신 이후 일본의 조선 병탄

1. 일본의 정치, 경제, 사회적 체제 변화
2. 당시의 세계 정치상황과 일본의 변화
3. 일본의 조선병탄을 위한 시도와 조선의 대응
4. 조선병탄의 마지막 과정
5. 일본의 근대화에 대한 다양한 평가

제2장 명치 유신 이후 일본의 조선 병탄

1 일본의 정치, 경제, 사회적 체제 변화

가. 유신 이후 근대화의 진행

앞 장에서는 일본이 16세기 이후 서구와 접촉한 이후 점진적으로 서구와 문화적 교류를 이어오다가 미국의 강요에 의하여 명치유신이라는 정치, 사회체제의 변화에 이르기까지의 과정을 중심으로 서술하였다. 이 장에서는 일본이 명치유신 이후 본격적으로 세계정치 질서 속에 편입되면서 서구와의 경쟁을 통하여 조선을 병탄하고 그로 인하여 법제를 이식하는 과정을 기술하고자 한다. 일본은 자국 역사의 시대구분과 관련하여 이 시기를 근대라고 보편적으로 칭한다. 이러한 시대구분은 자국 중심의 역사적 관점이 강하게 배어 있는 것이라고 여겨지거니와 굳이 이를 비판적으로 거부할 필요는 없다고 여겨지므로 일본 근대화의 역사라고 잠정적으로 규정하여도 무방하다고 생각된다.

다만 앞 장에서 본 바와 같이 근대화의 의미는 매우 다양하게 사용되고 있고 심지어 학자들 중에는 지난 과거와 대비되는 현재의 변화를 지칭하는 의미에서의 근대화는 지금도 진행형이라는 식으로 규정하는 경우도 있는 만큼 이를 정리할 필요가 있다. 보편적으로 일본이 해석하는 근대화란 16세기 이후 서구에서 진행되어 온 정치적, 경제적, 사회적, 문화적 변화를 칭하는 것이고 이런 의미에서 명치유신 이후 일본이 근대화과정을 급격하게 밀어붙인 것이라는데 특별히 이의는 없다. 그러나 근대화의 과정을 이와 같이 정리한다면, 이는 1500년대부터 명치유신을 거치면서 진행되어 온 수백 년간의 과정을 포괄한다고 할 수 있다. 곧 점진적으로 서구의 정세와 문화적 변화의 과정을 수집하고 이를 모방하여 점차 산업화의 과정을 진행하여 오다가 그 축적된 에너지를 1868년 명치유신을 통하여 폭발시키고 이로써 근대화를 완성하기 위한 과정을 밟아간 것이라고 할 수 있다.

명치유신 이후 일본은 그 이전부터 서구사회를 모방하면서 축적되어 온 에너지를 바탕으로 빠른 속도로 정치, 경제, 사회, 문화, 군사 등 모든 면에서 서구화를 추진하였고 이는 대부분 실현되었다. 그 변화의 과정은 유럽인들이 보기에도 현저하게 급속도로 이루어진 것이어서 경탄을 금하지 못하였다는 기록이 존재한다. 한 영국인은 일본의 변화에 대하여 "불과 4년 전에 중세에 살고 있었으나 바로 19세기로 돌입하였다. 시의 세계로부터 평이하고 사용하기 쉬운 산문의 세계로 돌입하였다"고 놀라움을 표시하기도 하였다[1].

물론 이러한 변화는 위에서 본 바와 같이 16세기 이후부터 축적되어 온 서구화, 산업화의 에너지가 바탕이 되었기 때문에 가능한 것이라고 할 수 있다. 명치유신을 전후한 일본의 제반 부문의 변화는 이 책에서 중점을 두고 검토하기로 한 법제의 변화 및 그 문화적 배경과 간접적으로는 관련이 있을지 모르나 직접적으로 연관이 있다고 보기 어려울 뿐 아니라 한국이나 일본, 그 외에 관련 국가에서 역사적으로 이미 많은 연구가 이루어졌고 그에 대한 평가 또한 오랜 기간 있어 왔던 만큼 일반적인 역사적 변화에 관한 자세한 언급은 가급적 생략하되, 간략히 필요한 부분만으로 한정하여 그 요지만을 아래에서 보는 바와 같이 정리하기로 한다.

나. 서구식 군대로의 전환

(1) 군비의 확충

우선 일본의 급격한 변화 중 군사적 변화를 먼저 정리한다. 특히 여기에서 군사력의 발전에 주목하는 것은 당시 군사력은 국제정세 속에서 국력의 바로미터라고도 할 수 있는 것으로 이를 통하여 결국 조선과 인접 국가들에 대한 침략으로 이어졌기 때문이다. 일본은 서구와의 접촉을 통해 군사력의 중요성을 일찍 깨닫고 이에 국력의 상당 부분을 집중하였다. 특히 중국에서의 아편전쟁 등을 통하여 군사력이 뒷받침되지 아니한 국가는 패망할 수밖에 없음을 간파한 일본은 명치유신 이전부터 중국과 같은 처지에 처하지 않기 위해서는 서구의 군사기술과 전술을 획득하기 위한 노력을 다각도로 전개하였으며 각 번도 나름대로 이러한 국제정세 속에서 자신들의 입지 강화

1) 앤드류 고든(Andrew Gorden), 문현숙/김우영 역, 「현대일본의 역사 1」, 이산, 2015, 145면. 이는 일본이 명치유신 이후 막번 중심의 체제를 3년 만에 개편한 것을 평가한 것이다.

에 노력하였다. 명치유신 이전의 움직임에 대해서는 앞 장에서 이미 살펴본 바 있으며 유신 이후에는 그에 대한 대응이 훨씬 가속화되었다. 유신 전후의 사정들을 간략히 본다.

막부는 이미 1855년 나가사끼에 '해운전습소(海運傳習所)'를 설치하고 1857년에는 네덜란드 해군장교인 반 카텐디케(Van Katendijke)[2]를 고용하여 해군학을 강습하였다. 뒤에는 동경에 군함조련소와 포제조를 위한 공장을 설치하였으며, 프랑스의 공작기계와 기사를 들여와 제철, 조선소를 설립하였는데 이것이 후에 일본 해군의 본거지인 요꼬스까 해군 조선소로 발전하게 된다. 또한 각지의 탄광도 군수용으로 활용하기 위해 모두 관영으로 개발하였다. 한편 각 번의 활동을 보면, 큐슈에서 네덜란드의 서적에서 얻은 지식으로 반사로를 설치하여 제철작업과 총포 생산작업을 시작하였고, 특히 사쓰마번(현재 가고시마)에서는 네덜란드의 공작기계를 수입하여 제련소와 기계제조소를 설치하였으며 영국의 방적기계를 들여온 후 영국인 기사의 지도를 받아 방적공장을 가동하기도 하였다[3].

페리 제독의 내침 이전부터 군비강화 움직임을 지속적으로 해 옴으로써 이미 철강업, 선박제조업, 총포제조업, 심지어 방적업 등에 이르기까지 공업과 제조업에 관한 기본적 기술과 생산시설을 갖추고 있었던 일본의 경우, 이제 이를 서구에 근접한 정도로 발전시키기 위하여 제도적인 측면에서 군사제도의 도입과 기술적으로 섬세한 제조기법을 보충하는 것만이 중요한 과제였고 이도 계속되는 서구화 과정에서 급속도로 보완되었다. 이러한 서구화를 위해 일본은 각국의 기술자, 전문가 그룹들을 초빙하여 그들로부터 정보와 기술을 획득하는 외에 각 번 또한 나름대로 해외로 탐색을 위한 전문 인력을 파견하기도 하였는데 이는 물론 막부정권이 존재하던 당시에는 적어도 공식적으로는 금지된 사항이었다. 1863년 조슈 번에서는 5명이 영국으로, 1865년에는 사쓰마 번에서 20명의 학자와 전문가들이 영국으로 건너가 선진기술을 습득하고

2) 막부의 요청으로 일본에 온 그는 나가사끼에서 본격적으로 일본 해군에 전술을 교육하였고 2년 후에는 네덜란드로 귀국하여 해군상이 된 대표적인 친일 인물이다. 그가 저술한 「나가사끼 해군 교습소의 날들」은 일본어로도 번역되었고(동양문고, 1964), 이는 일본 근대사 이해의 필수적인 저술로 꼽히고 있다. 이상은 도날드 킨/시바 료따로, 「세계 속의 일본, 일본 속의 세계」, 고려원, 1994, 92면.

3) 민두기, 「일본의 역사」, 지식탐구사, 1998, 199면. 이 중에는 개항 이전부터 진행되어 온 것도 적지 않다. 그만큼 일본의 각 번은 나름대로 서구의 내침에 대비하고 번의 입지를 강화하는 활동을 경쟁적으로 한 것으로 보인다. 예컨대, 제철과 총포의 제조 등은 이미 페리 제독의 내침 이전부터 진행되어 온 것들이었다.

돌아오는 등 이러한 경향은 계속 이어졌다[4].

한편 뒤에서 언급하는 바와 같이 미국 등 서구 열강과의 개항 이후 정부 차원의 공식적 움직임은 더욱 강화되었다. 예컨대, 야마가타 아리토모(山縣有朋, 1838-1922)와 사이고 쓰구미치(西鄕從道, 1843-1902)는 1869년부터 1년간 유럽으로 건너가 독일과 프랑스의 군사제도를 연구하고 귀국한 후 병무성의 관리가 되어 이를 실천에 옮기기 시작하였다. 그러나 가장 큰 규모로는 뒤에서 보는 바와 같은 1871년 소위 이와꾸라 사절단 등을 필두로 한 대규모의 해외시찰이었다. 이와 같이 여러 경로로 일본은 해외에 정치인과 지식인, 기술자들을 파견하면서 해외의 군사적 발전상을 탐지하고 이를 모방하기 위해 애썼다. 특히 이와꾸라 사절단은 이와꾸라를 비롯하여 오오꾸보 도시미치, 이또오 히로부미 등 신 정부의 요인들이 총 망라된 59명으로 이루어졌는데 여기에는 9세인 소녀를 비롯하여 여자도 5명이 포함되어 있었다.

이들은 4,500톤인 아메리카 호를 타고 태평양을 건너 미국에 도착한 후 기차 편으로 워싱턴에 가서 당시 미국의 그랜트 대통령을 접견하고 다시 해로로 영국, 프랑스, 독일 등 유럽을 도는 강행군을 이어갔다. 주목할 만한 것은 1873년 이들이 신흥 강국으로 등장한 독일의 재상 비스마르크와 황제 빌헬름과의 만남이었다. 비스마르크는 국제규범보다는 군사력이 국가의 위상에 가장 중요한 것임을 거듭 강조하는 연설을 하였다고 전해지는데, 이들은 이전까지는 강국이라고 할 수 없었던 독일이 유럽에서 가장 강한 국가로 변모한 것에 큰 감명을 받았고, 비슷한 처지의 일본 또한 새로운 국가를 건설함에 있어서 독일식의 발전전략을 채택하는 것이 가장 바람직하다는 공감대를 형성한 계기로 이후에까지 매우 중요한 의미를 갖는다[5][6].

이들은 출발할 당시만 하더라도 일본이 성공적으로 명치유신과 '폐번치현(廢藩置

---

4) 민두기, 위 책, 200면. 이들 중 상당수는 후에 일본의 장관 등 행정전문가가 되거나 교수 등 학자로 서구 문물의 전달자로 활동하기에 이른다.

5) 소위 '이와꾸라 사절단'은 미국을 방문하여 그랜트 대통령에게 국서를 봉정하고, 영국으로 건너가 빅토리아 여황을 알현하고 영국의 산업혁명의 실상을 목도하기에 이르렀다. 그리고 철과 석탄이 이러한 산업화의 기초임을 재삼 확인하였고 프랑스로 건너가서는 공화정의 무질서함을 체험한 후 이어 네덜란드와 벨기에를 거쳐 독일, 러시아, 덴마크, 스웨덴, 이탈리아 등지를 순방하고 귀국하였으며 국가건설의 기본방향을 설정하는데 중요한 기여를 한 것으로 평가된다. 이상은 구태훈, 「일본역사탐구」, 태학사, 2002, 398-400면 참조.

6) 하라다 게이이치(原田敬一), 「청일 러일 전쟁」, 최석완 역, 어문학사, 2012, 6-7면에서는 이들은 소위 '견외(遣外)사절단'으로 형식은 구미의 문화탐방이었을지 모르나 실질은 부국강병책을 찾기 위한 것으로 영국의 암스트롱사, 독일의 크루프사 등의 방문이 가장 중요한 일정이었다고 지적하고 있다.

縣)'이라는 새로운 정치체제를 성립시킨 만큼 이를 토대로 서구 열강들과 불평등조약 등의 개정에도 나설 수 있을 것으로 기대하였으나 서구의 발전상과 군사, 문화적, 경제적 실상을 경험한 이후 크게 낙심할 수밖에 없었다. 이들은 서구의 열강들은 최소한 30년 일본보다 기술적, 문화적으로 앞서 있다고 판단하였고, 이를 따라잡기 위해서는 내부적인 개혁과 기술, 문화적 발전이 시급하다는 점을 크게 깨닫고 귀국 후 이에 국가의 힘을 모으게 된다[7]. 이러한 군비확장계획은 서구 군사력의 청에 대한 지속적인 침범과 일본 내부의 조선정벌의 야욕 등이 어우러져 더욱 가속화되기에 이르렀다. 예로써, 일본은 1873년 당시 육군의 경우 평시 4만 명의 정예부대를 유지하고 해군은 매년 3척씩 군함을 건조하기로 하여 철제 군함 등 17척을 보유하였으나, 뒤에서 보는 바와 같이 조선을 지배하기 위해 청과 대립할 것을 예상하고 육군의 병력을 7만 명으로 증원하기로 하는 등 계속 그 목표를 늘려나갔다.

(2) 군제의 개편

군비의 확충과 함께 군제의 개편과 병력의 증강도 도모되었다. 유신 이후 천황의 친정체제를 뒷받침한 것은 유신을 성공시킨 3개의 번이 중심이 된 수만 명의 병력이었으나 1860년 새로운 징병규칙을 공포하여 무사나 평민을 불문하고 일정한 규모의 병력을 차출하는 것으로 변경하였다. 이에 따라 계급 등의 신분적 병제가 폐지되고 '폐번치현'의 과정을 거치면서 전국적인 징병을 위한 태정관의 명령이 시달되었다. 그 다음해에는 전 국민을 상대로 '징병령'이 공포되고 징병제가 시행되어 야마가타 아리토모 육군대보(大輔)의 지도하에 근대적인 군제가 시행되기에 이르렀으며, 이는 국민개병에 의한 국민군이라는 형식으로 변모한 것으로 평가되었다[8]. 초기에는 이러한 정부의 정책에 반기를 들고 징병에 기피하는 평민들도 다수 있었으나 점차 안정되었고 종전의 무사들은 사관의 지위를 대체적으로 차지하였다.

새 군제는 뒤에서 보는 바와 같이 명치유신 이후 정무의 통할기관이던 태정관(太政

---

7) 다까하시 히데나오(高橋秀直), "메이지 유신", 아사오 나오히로(朝尾直弘) 등, 「새로 쓴 일본사」, 이계황 등 역, 창비, 2007, 380면. 일본 정치인 및 지도자들의 이러한 현실자각은 물론 해외탐방을 통하여 얻게 된 것이지만, 그렇지 않다 하더라도 내부적으로 일본의 국력을 더 신장시켜야 한다는 논의는 계속 이어지고 있었으며 이것이 후에 정한의 논쟁과 분열, 전쟁으로 이어지게 되는데, 궁극적으로 우리에게는 통한의 일이지만 이는 성공한 것으로 판단하고 있다.

8) 권석봉, "일본의 근대화운동", 동양사학회, 「개관 동양사」, 지식산업사, 1990, 299-300면. 이는 종전의 무사의 특권을 박탈하였다는데 큰 의의가 있을 뿐 아니라 근대적이고 효율적인 군대를 육성하고자 함에 있어 사민평등을 내걸어 국민의 교화도구로서도 기능하였다고 분석하고 있다.

官) 아래의 6성 중 병무성이 담당하였으나 1872년 이를 육군성과 해군성으로 나누어 관할하는 체제로 변경하게 된다. 유신 이후의 군대의 역할은 주로 유신에 불만을 품은 지방의 무사계급을 진압하는 역할에 집중되었고 이는 1877년 소위 '세이난(西南)전쟁'에서 상당수의 무사를 진압하는 데 그 위력을 발휘하였다. 초기에 군대는 프랑스식의 제도를 모델로 하였으나 1878년 8월 23일에 발생한 '다께바시(竹橋)사건'[9]을 계기로 군정과 군령을 분리하여야 한다는 의견이 강해졌고 이에 따라 1878년에는 육군성으로부터 독립한 참모본부가 군령을 총괄하였고 초대 육군성의 책임자, 즉 대보(大輔)였던 야마가타 아리토모는 역시 초대 참모본부장이 되었다. 참모본부장은 내각으로부터 독립하여 천황의 명령에 따라 군사작전을 지휘하는 직할기구였으며 그 이후인 1893년에는 해군 또한 해군 군령부를 설치하여 군정과 군령을 분리하였다.

이러한 변화는 프랑스식의 일원주의를 배척하고 독일식으로 군령, 군정을 분할하는 소위 이원주의로의 전환이며, 위에서와 같은 반란사건이 촉발한 것이지만 뒤에서 보는 바와 같이 독일의 승전을 계기로 급속하게 독일화를 지향한 측면을 부정할 수 없다. 군제에서의 독일화는 가쓰다 다로(桂 太郞, 1847-1913), 가와까미 소로꾸(川上操六, 1848-1899) 등이 수년간 독일의 병제를 연구하고 돌아와 실현한 것으로 궁극적으로 군부의 전쟁에 관한 명령은 행정기구와 결별하여 직접 천황으로부터 시달, 시행하는 것으로 변화되었고 이는 다음 장에서 보는 바와 같이 헌법상의 천황통수권을 뒷받침하는 제도적 변화라고도 할 수 있다.

(3) 군사력의 증강

육군은 보병, 기병, 포병 등 5병제, 해군은 동경, 오오사까 등 6곳의 진으로 나누어 편제를 이루었는데, 새롭게 구성된 군대는 빠른 시간 내에 서구 군대와 같은 체제로 전환되었다. 이러한 천황중심의 군제는 군사력의 증강과 함께 천황에 충성하는 사상교육을 통해 국가우선주의를 국민들에게 교육하는 효율적인 수단으로도 활용되었다[10]. 육군의 편성과 장비는 위에서 본 바와 같이 초기에는 내부치안의 확립에 중점이 있었던 만큼 이는 방위형, 국내치안대책형의 진태(鎭台)병제이었고 장비도 그에 맞

9) 이 사건은 동경의 다께바시에 병영이 있었던 병사들이 서남전쟁의 논공행상에 불만을 품고 반란을 일으킨 사건이었다. 이와무라 히또시(岩村 等), 「입문 일본근대법제사」, 나까니시야(中西屋) 출판, 2003, 31면 참조.

10) 민두기, 앞의 책, 220-1면.

추어져 있었다. 그러나 1877년의 '세미난전쟁'을 계기로 이러한 병제에도 빠른 속도로 변화가 이루어졌다.

곧 군사력의 확충과 함께 국제적 관계에서 조선 등 타국으로의 진출이 국가적 과제로 대두되고 이를 뒷받침하기 위한 군대의 역할이 강조되면서, 그 핵심인 군제에 있어서도 변화가 급격하게 이루어져 육군은 종래 방어형에서 해외로의 진출을 위한 사단병제로 증강되고 확대되기에 이르렀다. 결국 1894년에는 진태병제가 완전 폐지되고 사단형으로 변경되면서 전시와 평시를 불문하고 사단이 상시 배치되는 것으로 변경되었다[11]. 다만 해군은 창설 이래 '진수부(鎭守府)'체제가 상당 기간 계속되었으나 위와 같은 이유로 보유선수가 계속 증가되고 함선이 대형화되는 등 해군력 또한 강화되었으며 일정 기간이 지난 뒤에는 서구에 버금가는 강력한 세력으로 변모하기에 이르렀다.

일본에서 군사력의 증강을 주도한 세력들을 보면, 육군의 경우 일본의 혼슈 서쪽 현재의 야마구치현(구 조슈번)의 정치인, 무사들이 중심이 되었다. 이들은 위와 같이 초기에는 프랑스식의 군제를 염두에 두었고 하급 수준의 훈련 또한 프랑스를 모방하였으나 참모업무와 지휘체계는 독일을 주로 참고하였다. 이들은 특히 1870년 독·불전쟁에서 강한 군사력으로 예상 밖으로 프랑스를 쉽게 제압한 독일 육군을 모방하여 군사적 체제를 정비하고 포와 총 등 병기를 구입하는 등 서구화하는데 성공하였다. 특히 독일식 군사 제도의 교육은 일본으로 초청받아 온 맥켈(Klemens Wilhelm Jakob Meckel, 1842-1906)이 참모대학의 강의와 자문을 위해 소좌로 임명된 후 주로 실시되었다. 이로써 비스마르크 등의 영향을 강하게 받은 독일식 군국화의 완성에 다가갔다고 할 수 있다.

해군의 경우 큐슈 남단의 사쓰마 번 출신들이 중심이 되어 위에서 본 바와 같이 명치유신 전후 군함 건조를 시작하였고 특히 해군이 강한 영국을 모방하여 일본 해군의 체제를 갖추어 나갔다. 유신 초기에 해군은 육군에 비하여 크게 정부의 뒷받침을 받지 못하였는데 일본의 조약과 관련하여 보면 해양방어가 그리 치명적인 문제가 아니었고 외화의 부족으로 많은 군비가 소요되는 전함의 건설이 후순위로 밀리는 형편이었으며 이로 인하여 1891년에야 해군참모본부가 설치되었으나 해군강화에 필요한 조

11) 이와무라 히또시, 앞의 책, 31-2면. 이는 결국 종래 태정관 지휘의 통제원리를 변경하여 독일과 같은 식으로 황제 직속의 신속한 명령체계를 확립함으로써 자국 수비형이 아닌 침략형 군제로의 변경을 의미한다고 할 수 있다.

선설비는 이미 충분히 갖추어져 있었다[12]. 선 육군, 후 해군의 전략적 선택은 초기에는 서구 열강의 침입에 대비하기 위하여 일본의 육지를 방어하는데 총력을 경주하였다고 볼 수 있고 이것이 어느 정도 정리되었다고 판단되자 이제는 해외진출과 식민지 획득이라는 목표 하에 공격적 군사력으로서의 해군력을 강화한 것으로 일본 정부의 제국주의화의 길을 이 점에 있어서도 추지할 수 있다. 이러한 강력한 군사력은 그 이후 중국의 청나라와 러시아를 제압하고 조선을 병탄한 후 만주, 중국침략을 뒷받침하는 일응의 성공으로 보이기도 하였으나 결국은 일본패망의 길이 되는 미국공격이라는 헛된 자신감으로 이어진다.

우선, 군사 면에서의 서구화를 보면 앞에서 본 네덜란드의 조언을 따라 설립된 몇 가지 사례 등 이외에도 일본은 가장 시급하다고 여겨지는 군사력의 증강과 근대화에 돌입하게 되는데 예컨대, 군사학교의 설립과 군수공장의 확대, 그리고 명치유신 이후 3년 뒤인 1871년에는 위에서 본 야마가따 아리또모가 주창한 바를 따라 프랑스 식 군제를 우선 채택하고 해군은 영국식 제도를 모범으로 삼았다. 그러나 야마가타는 뒤에 독일의 예를 본떠 육군사관학교 등 엘리트장교 육성을 위한 기관을 설치하는 한편, 천황 직속의 참모막료제도도 설치함으로써 군령의 지휘는 내각과 장관으로부터 독립성을 보장받기에 이르렀다.

한편 종래의 무사 계급제를 폐지하는 대신 계급제와 관계없이 징병군제를 실시하는 등 군국화의 빠른 길을 선택하여 추진하기 시작하였다. 1883년의 개정된 '징병령에서'는 3년간의 복무와 9년간의 예비역을 규정하고 평시에 73,000명, 전시에 20만명의 병력으로 확충하는 것으로 정리하였다. 이러한 군사력 확대는 경제적인 발전이 없으면 불가능한 일이었다. 군대의 유지와 군함의 건조 등 어느 한 곳도 경제력이 뒷받침되어야 할 일이기 때문이다. 앞에서 본 바와 같이 일본은 명치유신 이전부터 자본주의의 초기단계를 넘어서 상당한 정도로 산업구조가 근대화되어 있었는데 명치유신으로 인하여 정치적 상황이 안정되면서 경제도 급속도로 발전하는 상황으로 이어진다.

12) W. G. Beasley, 「일본 근현대사」 개정 3판, 장인성 역, 을유문화사, 2004, 117면. 이에 의하면 함대는 효율성 중심으로 구성되었으나 유럽기준으로 보면 현대식 선박은 총 5만7,000톤 28척에 불과하였다고 한다.

다. 군국화를 위한 정치, 경제, 사회적 지원

(1) 새로운 경제정책의 실현

명치유신과 함께 막번체제가 해체되고[13] 1868년에는 판적봉환까지 이루어졌다. 이어 천황 직속의 2직제를 중심으로 한 중앙관제 또한 정립되면서 어느 정도 정치적 안정이 이루어졌다. 이후 서구에 비하여 낙후된 경제를 근대화하기 위한 본격적인 노력도 이어졌다. 이와무라(岩村) 교수는 명치유신 이후 1880년까지를 경제사적으로 '원시자본축적기'라고 정리한바 있거니와 이 시기에는 농촌경제가 잔존하는 가운데 정부주도형의 자본의 축적, 서구의 주식회사 등 경제제도가 도입되면서 여러 차례의 경제적 시행착오가 거듭되고 혼란스런 상황이 이어졌으나 그 이후에는 본격적으로 서구형의 대기업, 금융시스템 등 자본주의 제도 등이 정착되면서 군국화를 위한 재정적, 경제 제도적 뒷받침 또한 본격적으로 이루어진다[14].

이를 보다 구체적으로 본다. 1872년 조세개혁이 논의되는 가운데 미국 모델의 민간은행을 허용하는 규정이 발표되었으나 이는 모든 수표에 대한 금(金) 상환의 의무가 부여되었기 때문에 채용되지 아니하였고 1876년 이 제한이 완화되자 은행과 수표의 이용이 확대되기에 이르렀다[15]. 이어서 정부는 1877년 '국립은행조례'를 발표하였는데 이는 종래의 특권계층이 전담한 환전상의 자본을 근대적 은행제도로 흡수하기 위한 것이었으며 이는 일본은행으로 명명되었다. 이러한 개혁을 주도한 사람은 정부 내의 대장경에 취임한 마쓰다까 마사요시(松方正義, 1835-1924)이었다. 그는 불환지폐를 회수하는 한편, 외환 통제를 위하여 요코하마 정금은행을 개편하기도 하였다.

또한 그는 공공부문이 보유한 공장들을 민간에 매각하는 계획을 발표하여 민간부문의 성장을 가속화하였고 이어 서구식의 태환은행권을 1886년 발행하기에 이르렀다. 그가 주장한 바에 의하면, 국가의 진정한 관심은 무역과 산업에 있는 것이 아니라 교육, 군사, 경찰에 있다는 것이었고 그의 경제정책이 군국화를 위한 것임을 쉽게 추지할 수 있다[16]. 여하튼 이러한 일본 정부의 노력으로 인하여 민간 기업가와 민간자본

13) 이와무라 히또시(岩村 等), 앞의 책, 16면. 막번체제의 붕괴는 1867년 11월 9일 공의정체파에 의한 태정봉환에 의하여 개시되었지만 1868년 1월 3일의 왕정복고를 무력으로 실현한 도막파에 의하여 최종적으로 시행되었다.
14) 이와무라 히또시(岩村 等), 위 책, 8면.
15) Beasley, 앞의 책, 181면.
16) Beasley, 위 책, 183면. 시장경제의 효율성을 꿰뚫고 있었던 그는 민첩성과 선견지명 그리고 사

의 역할이 크게 강조되어 설비투자가 이어지고 회사설립이 증가하는 등 외형적으로도 성장의 발판이 확대되었다. 또한 방적업과 철도업이 호황을 누리면서 해외수출도 급증하기에 이르렀다.

(2) 해외자금의 유치

정책이 성공을 거두면서 호황이 계속 이어졌고 이에 따라 자금수요가 증가하고 금리가 상승하면서 1890년에는 일본 최초의 자본주의형 공황이 발행하는 등 본격적으로 자본주의 경제의 궤도에 진입한 것으로 평가되었다[17]. 여기에서 간략히 일본정부의 예산과 외채도입의 과정을 간략히 본다. 정부의 서구화, 산업화, 군수산업의 근대화를 추진하기 위해서는 막대한 예산이 필요하고 소요자금이 국가의 재정으로 지원되지 아니할 경우 그 어느 것 하나도 제대로 추진하기 어려운 것은 명백하다. 유신 이후 상당한 정도로 국내경제가 활성화되어 있었고 서구화를 위한 소프트웨어적인 지식과 정보 또한 축적되어 있었으나 막상 일본 정부는 새로운 정책을 수행하기 위해 필요한 자금을 조달하기 위한 방안을 강구할 필요가 절실하였다.

이러한 일본의 노력과 변화에 대하여, 김광옥 교수는 "근대 일본형성기 외국자본에 대한 연구"라는 논문을 통하여 이 부분에 대한 자세한 설명을 덧붙이고 있다. 간략하게 언급하면, 1868년 명치유신 이후 일본정부는 영국과 프랑스의 금융회사로부터 차관을 도입하기 위해 여러 차례 의사를 타진하였으나 실패하였는데, 이들 국가의 입장에서는 명치유신 이후 일본의 정치, 사회적 상황이 어떤 방향으로 전개될 지에 대한 우려가 분명 작용한 것으로 보이거니와 그 이후 정치적, 사회적 안정이 급속도로 이루어지자 본격적으로 차관을 제공하게 되었다고 지적한다.[18],

곧 1870년 영국이 최초로 100만 파운드를 9%의 연리로, 1873년에는 240만 파운드를 7%의 이자로 제공하기에 이르는데, 이 자금들을 활용하여 일본 정부는 산업화의 속도를 증가시킬 수 있었다. 영국은 러시아 등의 남하를 저지하여야 하는 정세 속에

업에 있어서 사리(私利)의 직접적 동기에 따라 행동하는 사람들에게 국가가 결코 경쟁할 수 없다는 지론을 주장하였다.

17) 다카하시 히데나오(高橋秀直), 앞의 논문, 408-9면. 방적업의 경우 1890년에 이르러 면사생산량이 수입량을 웃도는 성장을 계속하였고, 철도의 경우 국철이 1889년 개통하였으나 그 이후 민영철도가 증가하면서 국철을 능가하는 등의 발전이 이어졌다고 지적하고 있다.

18) 김광옥, 「변혁기의 일본과 조선」, 인문사, 2011, 193-4면. 이러한 차관은 주로 일본의 기간산업의 확충에 사용되었는데 이로 인하여 일본의 철도부설 등은 급속도로 이루어지기에 이른다.

서 이들 국가의 봉쇄를 저지할 대리 역으로 일본을 활용하려는 전략을 일찍부터 가지고 있었던 것으로 보인다. 일본이 이러한 서구열강으로부터 도입된 자금을 활용하여 산업화를 완성하고 나아가 군사력을 강화한 사례는 아래에서 보는 바와 같이 중국이나 조선의 지도자들이 그렇지 않아도 근대화를 추진하기에 부족한 국가의 자금을 불요불급한 용도 또는 사적으로 활용함으로써 국력의 증가에 실패한 안타까운 경우와 뚜렷이 대비된다.

(3) 기타 타 부분의 개혁

그 외에도 일본의 명치정부는 사회 각 분야에서의 변화를 급속히 추진하기 시작하였는데 이미 서구 견문 등으로 서구의 발전상을 잘 알고 있던 지도자, 지식인들은 정부 정책적 측면에서의 추진방향을 구체화함에 있어서 각계 전문분야의 외국인들을 초청하여 일본에 대한 조언과 교육을 의뢰하는 등으로 발 빠르게 움직였다. 이미 유신 전부터 막부와 일부 번에서 이러한 일들은 작은 규모로 진행하여 왔으나 유신 이후에는 이러한 변화를 새로운 정부에서 광범위하게 급속도로 추진함으로써 그 양상은 훨씬 대규모로 진행되었다. 일본 스스로 해외에 파견한 사절단, 또는 시찰단만 하더라도 1860년 이후 수백 명이 참여하였고 수십 차례에 걸쳐 미국, 유럽 등지를 순회하면서 각국의 정보와 발전상을 수집하고 일본에 필요한 자료와 행정적 절차 등을 연구하고 돌아와 이를 반영하였던 터에, 유신 이후 1880년까지 약 3천 명 가량의 외국 전문가가 유신 정부의 고문역으로 초청되어 각 분야에서 일본에 지식을 전수하고 교육하는 프로그램에 참여하였다.

일본 정부는 신속하게 이러한 지식을 바탕으로 서구의 제도들을 모방하는 형식으로 사회 전반의 개혁에 나섰다. 예컨대, 철도는 영국식으로, 대학교는 미국식으로 등이었다[19]. 외국인들의 초치도 이어져 독일학자 루드비히 라이스(Ludwig Riess)는 동경대학의 역사학과를 창설하였고 미국의 데이비드 머레이(David Murray)는 초등학교 교육제도를 설립하였다. 에라스무스 스미스(Erasmus Smith)는 일본의 서구외교에 관한 절차와 노하우를 전수하였으며, 이외에도 영국의 해리 파크스 경(Sir Harry Parkes)등은 일본의 정치인들에게 국제정치질서에 대하여 다양한 조언을 아끼지 않았다. 이외에도 각 분야에 외국인들의 방문과 교육이 이어졌는데 심지어 이탈리아의

19) 마틴 자크(Martin Jacques), 「중국이 세계를 지배하면」, 안세민 역,, 부키출판, 2010, 79면.

화가가 초빙되어 서양의 미술기법을 전수하기도 하였다[20]. 그러나 Hall 교수가 지적하는 바와 같이 일본이 이들로부터 받아들이는 지식과 의견은 철저히 일본인의 감독 아래 이루어져 일본이 독자성을 그대로 유지할 수 있었다는 점과 이들로부터 일정한 지식과 기술의 전수가 이루어져 일본이 독자적으로 이를 향상시킬 단계에 이르렀다고 판단되면 이들은 귀국하도록 조치하였던 점을 눈여겨 볼 필요가 있다[21].

라. 전쟁논리의 확산과 조선병탄의 합리화

(1) 교육제도와 내용의 변화

마지막으로 일본의 이러한 서구화, 근대화 과정에서 국민들의 사상적, 이데올로기의 변화를 위한 교육을 살펴본다. 정치지도자들이 국가와 국민을 그들이 정한 목표대로 이끌고 나가기 위해서 국민들에게 특정한 사상을 주입하고 교육하는 과정을 반드시 거치는 것을 우리는 동서고금을 통해서 흔히 볼 수 있다. 이 시기의 일본 또한 그러하였음은 말할 필요가 없다. 일본이 독일식의 성장모델을 답습하는 과정에서 독일식의 국가우선주의, 단일민족을 토대로 한 민족우월주의, 주변국과의 과도한 긴장을 초래하는 외교적 측면에서의 강경주의 등이 속속 등장하였다. 유신 이후의 정부는 이러한 사상적 가치를 토대로 국민들의 단결과 정신무장을 강조하면서 국가의 목표달성을 위해 국민들을 내몰았던 것으로 보인다.

제도적으로도 이를 뒷받침하기 위한 여러 가지 절차가 시행되었다. 이를 구체적으로 보면, 1872년 정부는 사상교육을 위한 학제를 공표하고 사민평등의 의무교육을 실시하기로 하였다. 이는 기본적으로 미국의 교육과정과 프랑스의 학제를 바탕으로 한 것이었다[22]. 이에 따라 전국에 8개의 대학구를 설치하고 대학구마다 32개의 중학구와 각 중학구마다 210개의 소학구를 설치하는 등 이를 제도적으로 뒷받침하였다[23]. 아울러 1879년에는 교육령을 제정, 공포하였는데 이는 중앙집권적 교육행정을 다소 완화하여 교육을 지방의 자치로 전환하는 성격을 변화였다.

---

20) John Whitney Hall, 「선사부터 현대까지 일본사」, 박영재 역, 역민사, 2003, 316면.
21) John Whitney Hall, 위 책, 같은 면.
22) 권석봉, 앞의 논문, 300면. 이 또한 임시적인 것으로 후에는 독일식의 권위적 교육시스템으로 변경된 것은 주지하는 바와 같다.
23) 이께다 료지(井け田 良治) 등, 「일본근대법사」, 법률문화사, 1999, 40면. 이에 따라 동경제국대학은 여러 개의 학교를 종합하여 1877년에 설립되었다.

이러한 과정을 통하여 1892년에는 아동의 취학율이 52%로 확대되는 등 양적 면에서의 확대가 이루어졌고 이러한 제도와 형식의 틀에서 국민들에게 주입하는 교육의 방향과 내용을 담는 작업도 아울러 진행되었다. 이러한 과정에서 종래의 인의충효와 유교윤리를 강조하는 오가다 모도사네(元田永孚, 1818-1891)의 반대도 없지는 않았으나 이러한 유교주의에 반대하고 강력한 국가건설을 위한 실학적 교육을 강조하는 이또오 히로부미 등의 개혁파가 대립하였고, 결국은 이들의 주장대로 군국화의 내용을 강하게 국민들에게 각인하는 식으로 교육내용에서의 질적인 변화가 이루어졌다[24].

이는 물론 뒤에서 다시 보는 바와 같이 이또오 히로부미 등이 사상적으로 크게 영향을 받은 독일의 비스마르크나 오스트리아의 스타인과 같은 국가우선주의가 일본의 지도자나 학자들의 공공연한 신념으로 확대된 결과이기도 하였다. 심지어 가또 히로유끼(加藤弘之, 1836-1916)와 같은 학자는 루소나 몽테스키외의 인권사상을 일본에 소개한 사람이었으나 국가우선주의의 사상에 영향을 받아 소위 국가유기체설을 주장하면서 적자생존과 자연도태는 국제간의 원리이므로 강한 나라는 발전하고 약한 나라는 멸망한다고 하면서 국권강화를 역설하였는데[25], 이러한 흐름은 소위 '국가신도체제(國家神道體制)'라는 종교적 이념의 정리와 함께 이후 일본의 제국주의화의 길과 그에 따른 패망의 사상적 배경을 적나라하게 드러낸 것으로 보인다.

(2) 군국화를 위한 국민교육

뒤에서도 다시 언급하고자 하거니와 이러한 흐름의 일환으로 1890년에 입안된 교육칙어를 들지 않을 수 없다. 이는 천황의 유학시강(詩講)이었던 모도다 에이후(元田永孚, 1818-1891)의 영향을 받은 것으로 충효의 미덕을 강조하였고 특히 천황의 신격화라는 헌법체제와 국가구성이 완성된 이후에는 천황의 지위에 대한 절대주의적 해석과 맹목적 복종이 덧붙여진 국가주의적 교의를 학교에서의 교육과정에서 철저히 학습시킴으로써 군국화를 사상적으로 뒷받침하였다. 나아가서는 천황에 대한 충성이 부

24) 이께다 료지(井け田 良治) 등, 위 책, 41면. 이러한 논쟁은 결국 자유민권운동의 교육사상과도 일관되는데 일본 정부는 교육 또한 중앙집권적이고 관료 중심으로 전환하는 것으로 변경하기에 이른다.

25) 구태훈, 「일본근세, 근현대사」. 저팬리서치 21, 2008, 284면. 이와 함께 일본의 대표적 근대 사상가로 여겨지는 후꾸자와 유끼치(福澤諭吉)도 민권사상을 국가의 힘을 약화시킨다고 비판하면서 대외경쟁에서 가장 중요한 군비확충을 역설하였다.

모에 대한 효보다 중요하다는 등의 해석을 보편화함으로써 종래의 유교적 정신과는 전혀 다른 경향을 보이게 되었고 천황의 초상화와 교육칙어의 사본들이 각급 학교에 비치되고 의례적 숭배의 대상으로까지 발전되었다[26].

과거의 역사적 경험에서 보듯 더러 이러한 방식은 국가지도자들이 무리하게 국민들을 마치 최면상태로 몰아가는 형태가 되기도 하며 궁극적으로 그 폐해가 국가와 국민들에게 돌아가는 경우도 적지 않다. 그럼에도 불구하고 굳이 일본이 스스로 자국중심의 사상과 국민교화에 집중한 것은 뒤에서 다시 보는 바와 같이 바로 이웃 조선이나 중국에 진출하여 제국주의로의 진입을 노린 지도자들의 의도가 깔려 있기 때문이다. 예를 들면, 위에서 언급한 바와 같이 당시 일본 지도자들의 언행과 관변 언론의 주요 논조는 조선은 이미 임진년의 왜란 이후에 일본에 종속된 국가라는 인식을 당연시하였고 심지어 일본에 비하여 문화적으로 열등하다는 등의 주장도 적지 않았다.

이런 과정에서 임진왜란을 일으킨 풍신수길에 대하여도 새로운 평가가 이루어지는데 예컨대, 조선정복을 위해 청과의 전쟁을 앞두고 있는 상황에서는 풍신수길의 조선전쟁이야말로 가장 용감한 해외정벌이었으며, 그로 인하여 수백 년 간 일본에 평화가 찾아왔다는 식으로 풍신수길을 영웅화하는 등의 역사적 분식을 통하여 타국에 대한 침략전쟁을 정당화하는 식으로, 국민 정서를 군국화로 몰고 가는 집단적 움직임을 보인 것이 대표적이라고 할 수 있다[27].

이러한 조선에 대한 정복의 의지는 최초에는 명치유신 이후 무사집단의 불만을 외부로 표출시키기 위하여 사쓰마 번의 사이고 다카모리(西鄉隆盛, 1828-1877) 등이 조직적으로 표명하였고 정부 내에서도 강력한 주장을 펼쳤으나 일단 시기상조론에 밀려 세를 잃고 사이코는 실각하기에 이르렀다. 그러나 이후에 청과의 국력 경쟁에서 속도를 내면서 힘을 얻게 되었고 이를 실행하기 위한 몇 가지 논리를 개발하면서 조선정벌을 국내적으로뿐 아니라 국제적으로도 설득하는 작업을 이어가게 된다. 위에서 본 역사적 왜곡을 통한 '조선의 일본 종속국론'이나 '일본 중심의 중화론' 등이 그러하

---

26) Beasley, 앞의 책, 143면. 물론 일부 대학교수나 학문적 이론가들은 이러한 인식에 동의하지 않고 합리적인 해석을 하고자 하였으나 정부의 의지를 꺾지는 못하였다.

27) 김광옥, "근대 일본의 풍신수길, 임진왜란에 대한 인식", 앞의 책(주 17), 477면. 지금도 일본의 검인정교과서의 역사왜곡 문제가 한일 간 중요한 쟁점으로 존재하는 상황에서, 1886년 역사교과서가 검인정으로 바뀌면서 일본은 편찬내용의 준거를 제시했는데 국가이데올로기를 강조하는 시기에 풍신수길의 대외침략을 강조하는 교육이 소학생의 교육에 등장하는 등 보편적 정의보다는 군국화의 길을 강조하는 경향이 현저하게 나타나기 시작하였다고 보인다.

고 또한 현실적으로 조선을 정벌하지 않으면 일본이 위험해진다는 '과잉방위론' 등이 그러하다.

일본의 주장에 대하여 이를 긍정적으로 평가하는 서구의 학자들도 있다. 예컨대, 런던 대학의 Beasley 교수의 견해를 보면, 이전에 유신 정부의 지도자 중 조선정벌을 시기상조로 파악하였던 야마가타 아리토모나 이또오 히로부미 등이 청과의 전쟁을 불가피한 것으로 생각한 근거로, 조선에 대하여 일본 육군이 일본방위에 필요한 잠재적인 요소로 보게 되었다는 점과 중국과의 전쟁에서 생길 수 있는 손실을 승리할 경우 얻게 될 정치적, 경제적 이득으로 충분히 보상받을 수 있다는 현실적 이해관계를 지적하는바[28], 일본 측이 제기한 전쟁합리화, 즉 전쟁은 당시의 국제관계에서 불가피하고 일본의 이익을 위하여 필요한 것이었다는 논리의 연장선상에 있다고 할 수 있다.

2 당시의 세계 정치상황과 일본의 변화

가. 일본의 세계정세에 대한 대응

일본의 서구산업화, 근대화는 사회 각 분야에서 급속도로 진행되었는바, 법제적 측면에서도 마찬가지였다. 우선 급한 대로 서구의 법제를 모방하여 입헌군주제 형식의 헌법을 입안하고 이를 바탕으로 한 정치체제를 마련하는가 하면, 민법, 형법 등의 기본법을 제정하였는데, 그 과정은 다음 장에서 자세히 살펴보고자 한다. 이 장에서는 특히 일본이 어떻게 하여 영국, 프랑스, 독일 등 서구 선진국들과의 격차를 좁혀 나가며 그들과 대등한 관계를 형성하기 시작하였는가, 나아가 일본이 어떻게 조선 병탄 및 중국공격에까지 성공하게 되었는가의 과정을 세계의 정치질서 속에서 구체적으로 살펴보고자 한다. 다만, 이 책은 역사적 과정을 탐구하는 역사서가 아닐 뿐 아니라 일본을 통한 우리의 서구법 계수 과정을 그 이면을 따라 추적해 나가는 것에 중점을 두고 있는 만큼 일본의 조선 병탄까지의 과정을 중심으로 그와 관련된 범위에 한정하여 당시 국제적 질서와 정세의 흐름을 정리하고자 한다.

---

28) Beasley, 앞의 책, 242면. 이에 의하면 일본 우익의 행동가들과 폭발 직전의 일본 대중들은 조선 정복을 국가의 영예가 걸린 문제로 신중한 태도를 취할 수만은 없다고 주장하였다.

일본은 초기에 미국 등과 조약을 체결함에 있어서 치외법권과 영사재판권, 관세자주권을 허용하는 등 이른바 불평등 조항을 둘 수밖에 없었고 이로 인하여 상당히 많은 부문에서 불이익을 감수하여야 하였다. 그러나 명치유신 이후에 그 동안의 축적된 내재적 에너지를 급속도로 서구화, 산업화에 집중하면서 정치적, 군사적, 사회적, 심지어 외교적 측면에서도 영국, 프랑스, 독일, 러시아 등에 필적할 정도로 체계를 갖추어 나갔고 그로 인하여 과거의 불평등 조약을 개정하여야 한다는 움직임이 강하게 일어났다. 이러한 움직임은 이웃 중국이나 조선과는 비교가 안 될 정도로 강하고 빠르게 진행되었으며 그 저변에는 1600년 이후부터 서구의 정보를 입수하고 이를 나름대로 변화시켜 활용하면서 이루어낸 역사적 경험과 이로 인한 자신감 등이 뒷받침되어 왔던 것이 깔려 있음은 물론이다.

어느 정도 국력이 성장하자 유럽 국가들 또한 일본에 대한 시각을 달리하기 시작하였다. 처음에는 동양의 한 변방국가로만 여겨왔으나 점차 이러한 시각을 버리고 동양의 국가 중 유럽에 필적할 만한 정도는 아니라고 하더라도 나름대로 정치적, 외교적 파트너로 대우할 정도의 실력을 유럽도 인정하기까지에 이른 것이다. 이 또한 그전부터 네덜란드 등을 중심으로 일본과의 경제적, 사회적, 문화적 교류의 경험 및 이를 통한 일본의 실체에 대한 인식이 바탕이 되었기 때문이다. 이러한 일본의 성장세와 일본에 대한 서구의 태도변화는 매우 급속도로 이루어져서 정치, 외교적으로 유럽의 각국과 대등한 입장에서 조약을 개정하고 외교관계를 형성하기에 이르렀고 군사적으로 군함건조, 육군의 근대화 등을 통해 이를 뒷받침할 수 있는 국력을 비축해나가기 시작하였다. 그리고 마침내 일본은 서구 강국들의 상충된 이해관계로 인한 국제 질서의 혼란과 분열을 틈타 1894년에 영사재판권을 폐지하고, 1911년에는 관세자주권을 회복함으로써 불평등조약을 시정하는 성과를 거두기에 이른다.

나. 국제 질서 속에서 일본의 역할

(1) 당시 서구열강들의 상황

일본의 명치유신과 그 후의 자주권 노력이 성공하게 된 데에는 여러 가지 요인이 있으나 당시 서구를 중심으로 한 국제 관계의 흐름과 이를 적절히 활용한 일본의 정책적 판단이 주효한 것으로 보인다. 이를 간략하게 정리한다. 당시 영국은 해양대국으로 전 세계에 식민지를 확보하고 이를 바탕으로 경제적, 군사적으로 다른 국가보다

한 걸음 앞선 최강국으로서의 위치를 확고히 하고 있었던 반면, 이에 필적할 만한 서구의 강국 프랑스는 나폴레옹의 유럽침공 및 실패, 1879년 혁명 이후 여러 차례의 정변 등의 우여곡절 끝에 상당할 정도로 국력에 손상이 있었으며 특히 1870년의 프러시아와의 전쟁에서 예상과 달리 대패함으로써 국제적으로 위신이 추락하고 전비보상 등의 어려운 환경에 처하여 있었다.

그러나 프랑스는 오랜 기간 이어진 역사적 전통과 국민들의 단결된 노력에 힘입어 패전에도 불구하고 여전히 무시할 수 없을 정도의 강국의 면모를 어렵사리 유지하고 있었다. 반면 독일은 30년 전쟁 등으로 황폐화된 분단 상태를 정리하면서 35개국의 군주국과 4개의 자유시로 연방을 구성하고 빌헬름 1세와 비스마르크의 주도 하에 이른바 철혈정책을 밀어붙여 통일에 장애가 되었던 오스트리아(1866), 프랑스(1870)를 전쟁에서 굴복시킨 후 통일을 달성하는데 성공하였다. 독일은 프로이센을 중심으로 다른 제후국들이 가입하는 형식으로 25개국의 연방제 제국을 구성하면서 적어도 프랑스와 대등하거나 프랑스를 능가하는 새로운 강국으로 발돋움하고 있었다.

우리가 주목할 것은 러시아로, 러시아는 전통적으로 서구의 강국에 비하여 다소 낙후된 농업 중심의 후진적 전제국가로 평가되어 왔다. 그러나 피터 대제, 에카트리나 여제의 서구화 노력에 힘입어 다소 늦기는 하였으나 산업화의 길에 동참하기 시작하였고, 특히 알렉산드로 1세, 니콜라이 1세의 강력한 지도력으로 나폴레옹의 침공을 격퇴함으로써 유럽 사회에서 새로운 강국으로 발돋움하기 시작하였다. 이런 러시아의 노력이 상징적으로 표출된 것은 흑해 방면 등 외부 대양으로의 진출과 부동항의 획득 의지 및 노력이었다. 한편 흑해와 크림반도를 중심으로 한 진출시도는 크림전쟁(1853-1856)의 패배로 무위로 돌아갔으나, 그 이후 즉위한 알렉산드로 2세는 근대화에 장애로 여겨져 왔던 내정을 개혁하는 일방, 꾸준히 북해를 대상으로 한 진출과 아시아로의 동진정책을 추진하였다.

러시아의 동방진출의 과정을 간략히 보면, 17세기 말에 청과 분쟁을 일으켰으나 당시 강희제의 강력한 제지로 실패한 후 1689년의 네르친스크 조약으로 일단 물러설 수 밖에 없었다. 그러나 동진에 대한 꾸준한 노력으로 18세기 초까지 쿠릴열도와 알래스카를 획득하는 데 성공하였다. 이어 청이 내부적 혼란과 서구의 집중적인 공략으로 몰락하기 시작하면서 19세기 중엽에는 아이훈 조약(1858)을 통하여 헤이룽 강 북쪽을 차지하는 한편, 1860년에는 베이징 조약으로 연해주를 얻었고 그 과정에서 블라디보스톡이라는 부동항을 획득하기에 이르렀다. 그 후 1867년에 잘못된 정책적 판단으로 미국에 알라스카를 뼈아프게 매각하였으나 중앙아시아로 진출을 시도하는 등 곳곳에서 세력 확장을 시도하고 있었다. 이러한 러시아의 세력 확대 움직임에 대해 영국과 프랑스를 비롯한 서구의 강국들, 특히 영국은 긴장하는 가운데 러시아의 확장정책을 저지하기 위하여 수차례 군사적 충돌을 일으키는 등 긴장이 고조되고 있었던 것이 당시 서구 강국들의 움직임이었다.

(2) 미국의 입장과 일본의 대응

한편 여기에서 유럽과는 떨어져 있으면서 일본을 최초로 개항에 이르게 한 미국의 당시 사정과 역할도 잠깐 살펴볼 필요가 있다. 미국은 영국으로부터 독립한 이후 유럽과 일정 규모의 교류와 외교적 관계를 유지하는 데 그칠 뿐, 유럽의 국제적, 정치적 문제에 대해서는 가급적 개입하지 않는다는 이른바, 먼로(James Monroe, 1758-1831) 대통령의 '고립주의'의 원칙을 유지해 왔다[29]. 그러나 유럽 전체의 영토를 능가하는 광대한 국토와 무한한 자원 등을 발판으로 미국은 세계 질서 속에서 상당한 정도로 국력이 성장되었으며, 남북전쟁 등을 성공적으로 마무리하면서 국제질서에 관한 고립에서 벗어나 일정 부분 국력을 해외로 확장하려는 시도를 이어가게 되었고 이는 결국 서유럽 국가들이 선점한 동양각국에 대한 관여와 개입으로 이어졌다.

당시 유럽이 세계 각국에 산재해 있던 식민지를 토대로 막대한 부를 축적해온 것을 모방하여 미국은 자국과 가장 근접한 태평양을 향하여 일부 지역에 식민지를 구축하는 등 지속적인 확대노력을 시작하였고[30], 이제는 태평양을 건너 중국, 일본에까지 이권획득을 위한 개입에 나서게 되었다. 일본은 이러한 국제정세의 흐름을 잘 읽고 있었고 당시로서는 가장 선진화된 국가들을 빠른 속도로 따라잡는 과정에서 필요한 외교적 역량을 총동원하여 적절한 대응을 강구하고 있었다. 서구 국가들이 벌이는 동양권에서의 이권쟁탈전과 상호 대립 상황을 지켜보면서 일본의 가능한 선택은 여러 가지가 존재하였다. 미국이나 영국, 아니면 다소 중립적인 프랑스나 심지어 영국과 대립하면서 남하를 강력하게 추진하는 러시아 등이 일본과 전략적 동반관계를 형성할 수 있는 국가들이었다. 영국이나 프랑스, 러시아 등은 아시아에서 새로운 강국으로 발돋움하는 일본을 자기들에게 유리한 세력으로 포섭, 활용하기 위해 다각도로 접근을

29) 이보형, 「미국사 개설」, 일조각, 2016, 101면 이하.

30) 이보형, 위 책, 212면 등. 대표적으로 하와이를 합중국에 편입시키고, 스페인과의 전쟁을 통해 필리핀을 확보한 것 등이 그러하다.

시도하는 등 국제정세는 매우 복잡한 양상으로 흘러가고 있었고 이 점은 일본으로서 매우 유리한 조건이었다. 다만 어느 일방을 파트너로 선택할 경우 반대편에 있는 국가들과 반목의 결과를 초래하게 될 것은 당연한 일이었고 이에 외교적 역량과 냉철한 판단이 절실히 필요한 시기였다.

3 일본의 조선병탄을 위한 시도와 조선의 대응

가. 일본의 침략

(1) 제국주의 국가로의 진입 시도

일본이 메이지 유신을 시작으로 폭발적인 에너지를 쏟아 부으면서 근대화로 치닫는 과정에서 이미 전 세계적으로 광풍이 휘몰아치고 있던 서구의 제국주의 대열에 합류하려는 시도가 일어나기 시작하였다. 이미 서구의 강국들은 군사력을 바탕으로 후진 사회의 국권과 국토를 유린하고 이를 식민지화한 후 이를 통하여 막대한 부를 벌어들이는 이른바, 제국주의의 경쟁적 시도를 곳곳에서 벌이고 있었고 일부 지역에서는 그들끼리의 분쟁으로 이어지기도 하였으나 영국, 프랑스, 스페인, 독일 등은 나름대로 이미 확보한 자신들의 영역에 대한 기득권을 서로 인정하면서 이러한 부의 획득에 진력하여 왔다.

이러한 서구의 제국주의 세력이 극동으로 밀려오는 것을 보고 메이지 유신 직후에는 서양의 근대화된 세력과 체결한 불평등조약 등에 불만을 품고 일본도 중국이나 조선과 연합하여 서양의 세력에 대항하여야 한다는 주장, 이른바 '흥아론(興亞論)', 또는 '전(全)아시아 연대론'이 제기되기도 하였다[31]. 심지어는 일본 내부에서는 구미세력들에 대하여 자국문화우월주의의 입장에서 타도의 대상이라는 시각도 존재하였다. 이들은 구미는 정치적 소란을 일으키는 원천일 뿐 아니라 사회질서를 어지럽히는 잠재적인 원천으로 비판하기도 하였다[32].

---

31) 민석홍/나종일/윤세철, 「세계문화사」 제2판, 서울대학교출판문화원, 2015, 461면. 1871년 무렵 소위 이와꾸라 도모미 등이 중심이 되어 주장한 아시아연합방위에 관한 구상이 그것이다.

32) Gorden, 앞의 책, 167면. 이 책에서는 막부말기와 메이지 초기에 구미를 여행하고 온 일본인의 일기 등에서 남녀가 격의 없이 처신하는 일이나 불쾌할 정도로 여성이 대담한 것을 비판하는 등의

그러나 이러한 주장들은 세를 얻지 못하였고 대부분의 사상가나 지도자들은 일본이야말로 아시아의 다른 국가와 비견할 수 없을 정도로 우수할 뿐 아니라 서구에 버금가는 문화적 전통을 가지고 있는 만큼 중국이나 조선과는 달리 아시아의 맹주를 향하여 나가야 한다는 식의 사상을 주도적으로 확립하였다. 이어 유신 이후 군사력과 경제력을 서서히 비축해 가면서부터는 구미 열강이 기왕에 동양의 국가들에 행했던 것처럼 제국주의 대열에 참여하려는 움직임을 노골화하기 시작하였다. 국력이 뒤떨어지는 영토를 개척하여 식민지로 만들고 이를 토대로 부를 축적한 후 세계의 열강들과 어깨를 나란히 할 정도로 강국으로 발돋움하기 위한 일본의 의욕은 유신정권이 어느 정도 자리를 잡자 이미 현실론으로 논의되기 시작하였다.

그러나 상당부분은 이미 서구의 국가들이 잠식하고 있었던 만큼, 가장 먼저 눈에 띈 것은 일본과 지근거리에 위치해 있고 왕조 시대의 유교적 문화에 집착하여 서구화, 산업화와는 거리가 멀 뿐 아니라 구시대적 농업사회에 젖어 있던 조선과 인근의 중국, 그리고 변방의 아시아국가 중 아직 서구열강의 세력권 외에 있었던 지역이었음은 당연한 일이었다. 중국은 그 체제가 봉건적이고 낙후된 농업사회였으나 인구나 국토 등 규모의 면에서 일본이 전면적으로 이에 진출하기가 쉽지 않은 터에 이미 아편전쟁 등을 통해 구미 열강의 세력쟁탈전의 장으로 화한 지 오래이어서[33], 새로이 일본이 이에 뛰어들어 서구의 열강과 식민지쟁탈에 나서는 것이 쉬운 일이 아니었던 만큼 이에 부분적으로나 합세하여 이익을 취하는 방법이 현실적으로 가능한 일이라고 판단되었던 반면, 가장 가깝고 국력에서 현저히 뒤떨어지는 것으로 보여 자신들의 군사력으로 제압하기에 적절한 만큼 일본은 조선을 목표로 하되, 언제 어떤 방식으로 이를 식민지로 편입하고 제국주의를 향하여 전진할 것인가라는 시기와 방식의 문제만 남아 있을 뿐이었다.

(2) 조선정벌, 그 이면의 일본의 시각

메이지 유신 이후 일본 정부는 이러한 조선에 대한 야욕을 서서히 구체화하기 시작하였는데 그 이전에는 쓰시마 번 위주로 이루어진 왜관운영과 조선과의 교류를 중앙

기술을 통해 구미문화에 대한 경계를 나타내 보이고 있다.

33) 중국은 이미 알려진 대로 1840년의 아편전쟁과 1842년의 남경조약으로 인하여 개국을 강요당하고 홍콩을 영국에 할양하는 등 열강의 쟁탈전이 된 터에 1850년부터 태평천국의 난으로 약 15년간 내부로부터의 동요까지 겹치는 등으로 국력은 이미 소진되어 있었다.

정부가 접수하고 조선에 대하여 유신 이후 성립한 천황제 정부에 복속할 것을 우선 요구하였다. 이는 조선이 받아들이지 않을 것임을 사전에 충분히 예견하면서 이루어진 일종의 계책이었는데[34]. 일반적으로 알려진 소위 '서계(書契)사건'이었다[35]. 곧 일본정부는 조선에 천황, 조칙 등의 용어를 사용하여 공식적인 외교문서를 작성, 송부하면서 굴욕적 승인을 강요하였고 조선의 조정은 종속적인 관계의 상징인 이러한 용어에 반발하면서 메이지 정부의 외교 문서의 접수를 거부하고 이를 정부로 승인하지 않으려는 입장을 전달하였다.

이러한 과정을 통해 일본은 조선이 명치정부의 위신과 국민의 자존심을 짓밟았으므로 응징이 필요하다고 국론을 모아가면서 일단 조선 침략의 구실과 명분을 만들어 내는데 성공하였다. 여기에서 일본이 이러한 상황을 의도적으로 조작하게 된 배경을 간략히 짚어보고자 한다. 우선 일본이 이전부터 가지고 있었던 자국문화 중심의 사고에 기초하여 극동국가, 특히 조선에 대한 평가와 이해가 그 바탕으로 작용하였다. 일본의 대표적 지식인으로 알려졌던 하야시 라잔(林 羅山, 1563-1657)의 경우, 조선은 일본의 '번' 또는 '제후국'이라는 시각을 여러 차례 피력하였는데 이러한 입장은 앞 장에서도 보았듯이 두 차례의 왜란과 그 이후 조선통신사들의 교류 과정에서 상당한 정도로 확산되어 있었다. 더 나아가 일본 민족의 우월감은 문명의 모국인 중국을 넘어 세계의 모든 민족에 대하여 "이적(夷狄)'이라고 표현하는 등으로 극단적으로 발전되기까지 하였다[36]. 결국 이러한 자국 중심의 경향은 명치유신 이후 일본의 서구산업화가 속도를 더해 가면서 조선 정복을 뒷받침하고 국민들을 전쟁으로 몰아가는 명분으로 구체화된다.

이러한 인식이 정치지도자들이나 일본의 지식인에 강력하게 각인되어 있었음을 알 수 있는 또 하나의 예를 본다. 일본의 대표적인 지식인 중 한 사람으로, 명치유신을

---

34) 요시노 마꼬토(吉野 誠), 「동아시아속의 한일 2천년사」, 한철호 역, 책과 함께, 2005, 245면. 이에 의하면, 일본정부와 쓰시마 번 사이에 조선에 대한 외교문서의 작성을 면밀하게 논의한 후 일부러 관직을 높여 보내는 등 일련의 계획 하에 이러한 일들이 발생하였다. 일본은 서계 이전에 일본의 천황이 아닌 막부에 조선의 조정이 대등한 외교를 벌인 것 자체가 무례한 것이라고 이미 여기고 있었다.

35) 서계란 통교의 목적을 적은 서신으로 주로 사송왜인이 지참해야 하는 일종의 외교문서였다. 조선의 조정은 영주들이 함부로 사신을 파견해 오자 반드시 그 목적과 용무 등을 서신의 형식으로 휴대하도록 하고 있었다. 손승철, 「조선시대 한일관계사 연구」, 경인문화사, 2006, 69면 참조

36) Beasley, 앞의 책, 38면. 저자는 이러한 문화적 우월감과 함께 농업의 이상화는 일본인의 가치체계에서 항구적인 요소라고 지적하고 있다.

성공시킨 주역이었던 사까모도 료마(坂本 龍馬, 1835-1867) 등 이른바, 지사들에게 사상적 기반을 제공한 것으로 평가되는 요시다 쇼인(吉田松陰, 1830-1859)의 '정한론'이 그러하다. 그는 야마구치(山口) 현 출신의 청년교사이자 무사였던 사람으로 사꾸마 쇼잔(佐久間 象山, 1811-1864)의 문하에서 수학하였고 일본 방위에 필요한 지식을 얻기 위해 밀항을 시도하다가 젊은 나이에 사형에 처하여졌는데, 혁명을 통한 독립국가 건설을 주장하는 등 명치유신의 사상적 기초를 제공하고 많은 지사를 교육한 사람으로 알려져 있다.

그는 페리의 내침 이후 막부가 미국과의 교역을 논의하던 시기에 옥중에서 작성한 편지를 통해 "조선은 과거 일본의 신하였으나 지금은 거만해졌으니 다시 수복하여야 한다. 러시아, 미국과의 강화는 추진하되 그 사이에 국력을 길러 조선, 만주, 중국을 정복하고 교역으로 잃어버린 바는 조선과 만주에서 토지로 보상받아야 한다"고 주장하고 "이를 위해서는 군함을 증강하여야 하되 이 일은 천하만세(天下萬世)에까지 이어져야 할 일이다"고 강조하고 있다[37]. 이러한 인식을 바탕으로 1890년의 제1회 제국의회에서 야마가타 아리토모 당시 수상은 뒤에서 보는 바와 같이 일본의 군사적 대응은 '주권선' 뿐 아니라 '이익선'까지 확대되어야 한다고 조선정벌을 합리화하기까지 하였다[38].

(3) 일본 내부의 사정과 정한논쟁

또 한 가지 지적하고자 하는 것은 일본의 의도된 조서를 통한 의도된 긴장의 조성은 많은 국가 간의 예에서 흔하게 보듯 내부적인 문제해결이라는 상황이 존재한다는 점이다. 조선정벌이라는 목표가 정해진 것은 일본 내에서 체제 변화 속에서 소위 무사계급의 불만을 해외침략으로 전환시키려는 의도도 다분히 숨어져 있었다. 이전의 체제에서 소위 사무라이계급으로 사회의 주류를 이루었던 사람들이 몰락하면서 이들의 불만은 상당하였는데 1873년 당시 일본의 인구는 대략 3,500만 명이었고 이들의 수는 약 60만 정도로 이들은 조선정벌을 위한 전쟁을 내심 원하고 있었다[39]. 그 밖에

37) 요시노 마꼬토(吉野 誠), 앞의 책, 237-240면. 저자는 당시의 이러한 정한론은 천황 중심의 국체론과 맞물려 정한은 신성의 도에 합치하고 황도를 분명히 한다는 인식의 확산으로까지 이어졌다고 설명하고 있다.

38) 여기에서의 '이익선'은 조선을 칭하는 것이었으나 일본의 국력이 강화되면서 '이익선'은 만주를 넘어 중국으로, 급기야 남태평양까지 이어지는 등 해외침략을 당연시하는 명분론으로 계속되어 왔다. 권석봉, 앞의 논문, 302면 참조.

내부적인 요인으로 지적되는 것은 명치유신 이후 경제와 정치적 변화가 급격히 이루어진 가운데 경제적인 어려움이 산업혁명과 함께 이어진 점을 지적할 수 있다.

유신 이후 2-30년 경제적 발전이 지속되면서 청일 전쟁의 직전에는 일본식 수공업이 기계 산업의 확장으로 축소되면서 실업자가 급등하고 농업부문에서의 몰락이 쌀값 폭등과 함께 농민들의 불만으로 비등하게 되었다. 또한 그 무렵 미국의 경제위기[40]로 인하여 미국에 절반 이상을 수출하여 오던 생사산업이 위기에 봉착하는 등의 사회불안이 가중되어 갔다. 이에 따라 일본은 급격히 조선과 중국에의 진출을 시도하게 되었고 이는 일본이 '이익선'으로 내건 조선이 나아가 '생명선'으로까지 고양되는 등 전쟁을 가속화하는 요인으로 작용하게 되었다[41]. 이에 일본에서는 많은 논의가 진행되었다. 이른바 정한논쟁으로 일컬어지는 정치지도자들 사이의 논쟁이었다. 이 논쟁은 일본의 해외 진출이 중요한 쟁점이었으나 이면에는 오꾸보 도시미치의 전제적 정책결정에 대한 자유민권파와 사족반대파의 대립이라는 내부의 갈등도 존재하였다[42].

일본이 하루빨리 신흥강국으로 발돋움하기 위해서는 조선으로의 진출이 시급하다는 주장은 주지하는 바와 같이, 명치유신 성공의 지사그룹에 속한 사쓰마 번의 지도자 사이코 다카모리(西鄕隆盛, 1828-1877)가 대표적 인물이었다. 이에 대해 신중론자들도 있었다. 당시 일본 정국을 주도하고 있던 오오쿠보 도시미치나 이와꾸라 도모미 등은 장기적으로 조선을 정벌하여야 하나 아직 일본의 국력신장에 더 힘을 모아야 한다는 신중론, 이른바 '심려원모(深慮遠謨)론'으로 대립되었다[43]. 그 외에 베트남 문제로 청나라와 프랑스 사이에 갈등이 심화되자 일부에서는 프랑스와 연합하여야 한다는 주장이 고개를 들기도 하였다[44]. 그러나 이러한 주장들은 이미 일본의 정책적 방

---

39) 이들 60만 명의 무사와 가족들을 합하면 대략 300만 명으로 당시 봉건적 특권을 상실한 무사계급은 상당한 불만을 가지고 있었고 이에 정부는 이들의 불만을 외부로 방출시키기 위해 대외전쟁을 획책하였는바, 1차적 대상은 당연히 조선이었다. 그리고 이는 정한논자들의 시기논쟁을 거쳐 1876년 치밀하게 계획한 운양호 사건으로 구체화되었다. 구태훈, 앞의 책(주 5), 410-401면 등 참조.

40) 이보형, 앞의 책, 151, 222면. 미국은 자본주의의 발전과 함께 19세기 중반부터 후반기까지 여러 차례 공황을 경험하고 이를 타개하기 위한 방편으로 적극적인 해외 진출을 시도하였다.

41) 신승하, "일본의 대륙침략", 동양사학회, 앞의 책, 324-5면.

42) 권석봉, 앞의 논문, 301면.

43) 요시노 마꼬토(吉野 誠), 앞의 책, 254면. 이에 의하면 심려원보를 주장한 오오쿠보의 주장은 다음과 같다. "무릇 국가를 통치하고 국토와 백성을 보살피고 지키는 데에는 심려원모가 없어서는 안 된다. 그러므로 나아감과 물러섬은 반드시 낌새를 보고 판단하며, 그 불가함을 보고 멈춘다" "조선정벌도 군비를 증강하고 열강과의 관계를 조정해 목표를 세운 다음에 착수하여야 한다."

44) 신승하, 앞의 논문, 323면.

향이 조선침략에 있었던 만큼 시기를 둘러싼 논쟁일 뿐 침략 자체에 대해서는 거의 반대의견을 찾아볼 수 없었다고 보아 틀림없다[45].

이들의 주장은 소위 구미사절단들이 목도한 서일본과도 많은 차이를 보인 서구의 산업적 발전상을 본 이후 조금 더 기다려야 한다는 주장으로 발전하였다. 이들은 청과의 충돌이 예견되는데 국가 재정이나 군사력 측면에서 아직 준비가 덜 되었음을 자인하고 이는 일본에 손해가 될 뿐 아니라 서구의 열강들에게 어부지리를 허용할 것이라고 판단하였다[46]. 이러한 양 주장은 결국 명치 천황이 소집한 어전회의에서 극명하게 서로를 비판하는 양상으로 전개되었고 명치 천황은 신중론에 손을 들어 주게 되었다. 이로써 사이코 다카모리는 실각하고 그는 고향인 사쓰마에 돌아와 자신을 따르던 무사 집단과 함께 조정에 반기를 드는 전쟁에 돌입하게 되었으며 이것이 1867년에 시작되어 사이코 다카모리가 구마모또의 결전에서 크게 패하고 마지막으로 고향 사쓰마의 동굴에서 자결함으로써 막을 내린 소위 '세이난(西南) 전쟁'이었다[47].

(4) 조선정벌을 위한 준비와 구체적 시행과정

이 전쟁 후 조선정벌은 다소 시기가 미루어졌으나 오히려 그 동안 힘을 비축하기에 열을 올린 일본은 산업화에 더욱 박차를 가하여 경제적으로나 군사적으로 대국의 모습을 갖추어 나가게 되었다. 일본의 독자적 함대를 주창한 가쓰 가이슈(勝 海舟, 1828-1899)[48]의 이론에 따라 군함을 건조하여 선단화하고 육군에 새로운 포대와 무기를 제조하여 공급하는 등 일본의 산업화는 신속히 진행되었으며 조선병탄을 위한 시기와 방법을 결정하는 일만이 남아 있었다고 할 수 있으며, 1876년 강화도에 일본의 배가 출몰하여 조선 조정에 개항을 협박하고 월등한 무력으로 시위를 한 소위 운양호 사건을 계기로 결국 강화도 조약을 통하여 일본이 조선 반도에 진출할 기회를 획득함으로써 시작되었다. 명목상으로는 개항과 교역을 목표로 한 것임을 표방하였으

---

45) 강덕상, "한일역사마찰의 배경", 현대송, 「한국과 일본의 역사인식」, 나남, 2014, 262-3면.
46) Beasley, 앞의 책, 236면.
47) 1877년 일본 서남부의 사쓰마번(현재의 가고시마 현)의 사이고 다카모리를 주동으로 무사계급이 일으킨 반정부 내란으로 구마모도 등을 돌면서 정부에 저항하였으나 결국 정부군에 의하여 진압되기에 이르렀다.
48) 위 사람은 시국에 대한 의견 공모전에서 '무역을 통한 이익 창출로 국방비를 충당하자'고 주장한 「해방의견서」를 제출하여 막부에 중용되는 등 개혁적인 주장을 강하게 내건 인물로, 해군건설과 막부타도 등에 있어서 이론적인 주장 뿐 아니라 실제 진행까지 관여한 대표적인 인물로 평가받고 있다.

나 이는 조선을 청으로부터 지배관계를 끊어내기 위한 것임을 이미 국제사회는 파악하고 있었다. 그리고 이는 일본이 페리제독의 우라가 만의 1853년 군함 시위로 개항을 시작한 방식과 그대로였다.

또한 일본은 위에서 본 바와 같이 전쟁의 정당성을 홍보하고 국민들의 동참과 정신적 단결을 도모하는 사상 교육에도 노력을 경주하였다. 예컨대, 청국 등 주변국과의 전쟁은 그동안 약한 조선이나 일본을 조공국으로 취급하면서 괴롭혀 온 강국에 대항하는 정의로운 것이며, 특히 청으로부터 조선의 독립을 회복하고 일본의 근대화를 전해 주는 역할을 다하려는 일본에 대해 청이 선제공격을 할 것으로 예상되므로 부득이 일으키는 전쟁이라는 논조, 나아가 '러시아와의 전쟁은 제국주의 서구의 세력에 맞서 그 동안 피해를 당하여 온 동양의 국가가 당당히 이들과 맞서 동양의 평화를 지키려는 의로운 전쟁'이라는 식의 선전을 통하여 국민들에게 전쟁의 불가피성과 정당성을 홍보하는 등으로 군국화에 열을 올렸다[49].

이러한 시각이 현재까지도 이어지고 있음은 일본과의 침략사과 등 문제를 둘러싼 외교적 갈등을 통하여 충분히 알 수 있다. 이께다 료지(井け田 良治) 등의 「일본근대법사」에서는 이들 조선 병탄과 중국에의 진출 등의 과정을 '아시아맹주로 향한 길'이라는 제목으로 서술하고 있다. 일본의 완전독립은 구미 제 열강들의 모순과 갈등을 이용하면서, 서구의 열강들이 아시아에서 행한 정책들을 모방하여 다른 아시아 지역에 대한 지배자로 됨으로써 달성되었다고 기술하고 있다[50]. 매우 모순된 시각임은 더 말할 나위가 없다. 어떻게 하여 자기 국가의 독립이 타 국가의 침략과 식민지 획득으로 완성된 것인지는 논리적으로도 국제법적으로도 맞지 않는 침략의 정당화를 위한 궤변에 불과하다고 판단된다. 스스로 영국이나 미국 등으로부터 불평등조약을 개정함으로써 독립은 완성될 것이었고 이를 저자 등은 '평화적 소국주의'라고 지칭하는바, 이를 넘어서 타국을 침략함으로써 자국의 독립이 완성되었다는 학자들의 시각이 지금도 존재하는 것은 중대한 문제라고 하지 아니할 수 없다.

---

49) 김용덕, 「일본근대사를 보는 눈」, 지식산업사, 2005, 50면에서는 일본의 군국주의 체제를 파시즘과 동일시하는 일본의 일부 시각에 대하여, 국민들의 동의를 얻어 독재정치에 이른 다른 국가와 달리 일본은 명치헌법체제 안에서 천황대권 등의 규정으로 군국화를 이룬 만큼 매우 독특한 제체라고 정리하고 있는바, 그 취지는 매우 타당하다.

50) 이께다 료지(井け田 良治) 등, 앞의 책, 5-6면. 한편 후꾸자와 기이찌는 이를 탈아(脫亞)의 길이라고 표현하기도 하였는데, 위 책에서는 이러한 아시아에의 식민지 획득을 통해 일본이 완전한 독립을 달성하였다는 표현도 아울러 첨가하고 있다.

나. 조선의 사정과 대응(샌즈의 기록을 중심으로)

(1) 샌즈의 역할과 조선 조정의 대응

명치 유신이후 일본의 근대화가 급격하게 이루어지고 결국 조선이 일본의 제물이 되기까지 조선 내부의 이에 대한 대응에 대해서는 자세히 다룰 필요를 느끼지 않는다. 이는 우리의 역사가들이나 역사서에서 자세히 취급하고 있을 뿐 아니라 본서에서 다루고자 하는 취지와도 다소 거리가 있기 때문이다. 다만 한 가지 여기에서 소개하고자 하는 것은 당시 이러한 국가의 위난 상황에 대처하는 조선의 조정과 관리들, 그리고 국민들의 처참한 상황 등을 한 외국인이 지켜보고 기록한 내용이 있어 간략하게 소개하고자 한다. 미국인 W. F. Sands(1874-1927)[51]는 조선의 제반 문제에 대한 자문을 위하여 '고종의 자문관'이라는 직책으로 조선에서 상당 시간을 근무하다가 귀국한 후 「조선의 마지막 날」이라는 책을 집필하였다. 그는 다양한 국제경험과 시각을 바탕으로 비교적 객관적인 시각으로 당시 국난에 처한 조선 왕조와 관리들의 모습, 그리고 당시 조선의 실정을 비교적 자세하게 묘사하고 있다.

먼저 국정의 최고책임자인 고종에 대한 기록을 본다. 철종의 뒤를 이어 즉위한 고종은 매우 인자하고 온화한 성품을 가지고 있어 샌즈 자신이 이에 매료되었다고 토로하고 있다. 그러나 고종에 대하여는 필요한 의지력이 없고 주변 세계에서 일어나는 일을 전혀 파악할 능력이 없는 사람으로 당시 조선의 외교가에 알려져 있었다고 평하고 있다. 나아가 고종은 평화기에는 매우 현명한 군주로 국가를 이끌었을지 모르나 기질적으로나 체질적으로 국난의 상황에서, 격변하는 시대조류를 감당해야 하는 복잡하고 어려운 자리에 적합하지 않은 인물이었다는 점을 덧붙이면서 그의 결단력 및 상황대처 능력의 부족, 그리고 일을 미루거나 적극성이 없는 태도 등을 자세히 묘사하

---

51) 그의 기록은 이 책 뿐 아니라 조선말 상황을 다룬 문헌에서 자주 인용되는 만큼 그에 관하여 간략한 설명을 덧붙인다. 비록 동양의 다른 나라에 대하여 관심을 덜 끌었지만, 구미와 외교관계를 연 이후 서양인들이 선교나 무역 등을 위해 조선을 다수 방문하기도 하였는데 그들이 남긴 기록들도 존재한다. 그 중 미국 외교관 출신인 윌리엄 프랭클린 샌즈(William Franklin Sands)의 「극동회상사기極東回想私記, Undiplomatic Memories : The Far East 1896-1904」는 1930년 미국 뉴욕에서 처음 출간된 후 1999년 「조선비망록」이라는 제목으로 국내에도 소개되었으며 그 밖에 다른 이름으로 간행되기도 하였다. 그는 1974년 미국에서 태어나 오스트리아에서 유학하였으며 이후 미국 조지타운 법대를 졸업하고 미국 국무부에 들어가 주일미국공사관에서 1896년부터 2년간 2등 서기관으로 근무하였으며, 그 이후 바로 조선으로 옮겨 미국공사관 1등 서기관으로 근무하면서 1899년부터 1904년까지 고종의 고문을 역임하였다.

고 있다[52]. 심지어 샌즈는 이런 유약한 황제의 성품을 잘 아는 서구의 외교관들은 그들에게 부여된 특전을 적극 활용하여 황제를 만나 다투어 조선으로부터 이권을 챙기기에 바빴다면서 그러한 과정을 또한 자세히 묘사하고 있다.

외교관들은 가능하면 오랜 시간 황제를 만나 시간을 질질 끌면서 협박, 감언, 매수 등의 방법으로 필요한 요구를 하였고 한 국가가 이권을 얻어내면 다른 국가들이 모두 달려들어 우호국(최혜국) 조항 같은 것을 근거로 너도나도 이권을 요구하여 가져갔다는 내용도 기록되어 있다. 이와 같은 상황 속에서 이탈리아 인들을 제외한 각국 공사관 직원들과 영사관 직원들은 자기 나라가 보유한 힘의 정도에 따라 목적하는 바를 얻어 갔다면서 처참한 조선말기 우리의 현실을 그대로 묘사하고 있기도 하다[53]. 그와 동시에, 저자는 조선이 이러한 상황에 내몰린 것은 극동 여러 나라 중 가장 약소국이고 국내적으로 취약할 뿐 아니라 서구 열강 가운데 동맹국이나 공식적인 후원국을 갖지 못했기 때문이라면서, 전환기 조선의 열악한 외교적 특징을 가장 잘 보여 주는 예라고 그 상황을 동정하고 있다[54].

(2) 샌즈가 본 당시 관료들의 부패

한편 위와 같이 무기력한 고종을 보좌하여 제외국의 만행에 대처하고 이를 수습하여야 할 관료들의 무책임한 자세에 대한 샌즈의 비판도 이어지고 있다. 당시 조선에는 대중 교육이 존재하지 아니하였고 중국식의 낡은 과거제도가 존재하여 관리임용에는 학식이 요구되었던 점을 지적하면서, 관리들은 매년 치러지는 경쟁시험을 통해 선발되었는데 시험제는 당대의 상황과 전혀 맞지 않는 고전과 문예에 치우쳐 있었고, 친분관계와 뇌물수수가 선발을 좌우하였다고 조선의 오랜 병폐인 관직 매수현상을 적나라하게 지적하고 있다[55].

---

52) W. F. Sands, 「조선의 마지막 날」, 미완, 1998, 53, 69면. 그는 고종의 탄생과 국왕이 되기까지의 과정 등을 자세히 설명하면서, 고종이 아주 어린 시절부터 자신이 이해할 수 없고 통제할 수도 없었으며 심지어 거역하기까지 한 어떤 힘들에 쫓기며 살아왔으며, 이것이 불행한 대처능력의 부족원인이라고 지적하고 있다.

53) Sands, 위 책, 59면. 그는 이러한 사태는 전혀 가망이 없는 조선에 대하여 서구의 외교관들이 강탈하다시피해서 특전을 요구한 것을 근거로 하여 이루어진 것으로, 일부 조선의 장관들은 무능하였으며, 일부 성실하고 애국적인 장관들도 존재하였으나 역부족이었다는 안타까움을 같이 기술하고 있다.

54) Sands, 위 책, 같은 면.

55) Sands, 위 책, 154면.

더 나아가 샌즈는 그러한 관리 선발제도 조차 형편없는 수준으로 전락하여 조선에는 시험제도가 존재하지 않는 것과 마찬가지이었으며 양반들은 소위 '한탕 해먹기'를 위해서 관리가 되려 하였고, 행정부의 자리를 얻으려면 연줄이 있거나 많은 돈을 상납해야 하였다고 관직진출의 부정을 지적하고 있다. 또한 이로 인하여 '세금'이란 명목으로 자기가 상납한 돈을 백성들로부터 짜내야 할 필요가 생기는 것으로 이와 같이 멋대로 거두는 '세금'이야말로 조선국내의 혼란을 야기한 주된 원인이라고 당시 관리들의 고질적인 부패와 힘없는 백성에 대한 수탈의 실상을 비판하고 있다[56].

기록에 의하면, 지금과 마찬가지로 당시에도 사채 대부업을 영위하는 일본의 고리대금업자들이 조선에 다수 들어와 성업 중이었다고 한다. 샌즈는 관리임용과 관련된 뇌물수수체제가 너무나 완벽해서 일본인 돈놀이꾼까지 이를 생업의 원천으로 삼을 정도였다고 지적하면서 매관매직의 풍토가 성행하여 관직을 얻기 위해 이른바 거금을 투자한 관료들은 이를 회수하기 위해 지방의 수령이나 중요관직을 차지하여 수탈을 일삼았다고 한다. 당시 관직을 매수하기 위한 돈을 일본의 고리대금업자들로부터 월 12%라는 고율의 이자로 빌리는 경우가 허다했으며, 새로 감사나 현령이 된 이들의 우선적인 관심은 자신이 뇌물로 쓴 돈에 이자를 가산한 액수를 백성들로부터 뜯어내는 데 있었다고 외국인의 시각에서 본 조선의 관리들의 부패현상을 낱낱이 열거하고 있다[57].

한편 샌즈는 관리들 모두가 이러한 부패한 집단은 아니라면서, 민영환(閔泳煥, 1861-1905)과 같은 훌륭한 애국자들에 대하여 긍정적으로 평가하고 있기도 하다. 그러나 대부분의 조선 관료들에 대하여는 조선, 중국, 러시아의 관료들 중 부정부패에 있어서 으뜸가는 쪽을 고르라 하면 누구나 선뜻 대답하기 어려울 정도였다고 혹독한 평가를 내리고 있다[58]. 조선말 국정을 책임진 군주나 그 휘하의 관료들을 지켜본 샌즈의 기록을 위와 같이 비교적 자세히 언급한 것은 그가 가진 생각이나 방향의 여하와 무관하게 그가 조선인도 일본인도 아닌 외국인이었고, 당시의 상황을 비교적 객관적으로 관찰한 것으로 평가할 수 있기 때문이다.

국가가 누란의 위기에 처해 있음에도 이를 지켜내야 할 군주나 관료들의 무책임한 태도 등을 외국인인 샌즈는 우리의 입장도 아니고, 일본의 입장도 아닌, 객관적인 입

56) Sands, 위 책, 154면.
57) Sands, 위 책, 154-5면.
58) Sands, 위 책, 63면.

장에서 차분히 그려내고 있다. 샌즈는 한국에 체류하던 5년간 이러한 공직사회의 부조리를 추방하려 나름대로 노력했지만 성공하지 못하였음을 토로하고 있다[59]. 참으로 안타깝게도 조선의 왕조는 외국인의 시각으로도 외부 뿐 아니라 내부에서부터 철저히 무너져 있었음을 추지할 수 있다. 그리하여 샌즈는 러·일전쟁이 있을 무렵 조선에게 중립을 지킬 것을 권하는 이외에 아무런 대책을 세워줄 수 없었다고 진술하고 있다.

일본을 비롯하여 해외로부터 물밀 듯이 밀려오는 침략세력에 대하여 조정이 세운 대책이란 우리 조선은 침략해보아야 가져갈 것이 아무 것도 없으니 이방인들을 실망시키기 위해 해안에 있는 나무 등을 벌목하여 벌거숭이산처럼 보이게 허허벌판으로 만들라는 지시를 하는 것이 고작이었다는 내용과 함께 호랑이를 막기 위해 내륙의 산림을 불태워 버리는 등으로 국토가 황폐하였다고 하는 등 샌즈는 당시 목격한 조선의 자연환경을 그대로 기술하고 있다. 비록 전부는 아니었을지 몰라도 국난에 대응해야 할 조선의 조정과 책임 있는 지도자, 관리들의 행태를 짐작케 한다[60].

(3) 고단한 백성들의 삶과 기타의 기록

샌즈는 당시 조선의 백성들에 대하여도 몇 가지 느낀 소회를 담담하게 기술하고 있다. 다른 외국인들은 그들에 대하여 겁쟁이라고 여겼으나 여러 세기 동안 나라밖 사람들에게 억눌러 살아왔기에 권위에 움츠러들었을 것이라고 이해하는 한편, 조선 군인들이 화승총과 구식 대포로 프랑스 군인이나 미국 군인에게 맞서 병인양요(1866), 신미양요(1871)와 같이 용감한 전투를 벌였고 조선 농민에게는 훌륭한 인격자가 될 수 있는 요소들이 내재해 있어 샌즈는 그들의 발전을 지켜보고 싶다는 바램을 가졌다고 토로하고 있다[61]. 또한 조선인들은 너무 심한 학대를 받아와 자포자기가 되지 않는 한 온화하고 순해서 지상에서 그들보다 더 쉽게 다스릴 수 있는 민족은 없다는 생각을 가졌다고 회상하였다.[62]

나아가 조선의 백성들은 일반적으로 외국인들을 기피하고 의심한다고 알려졌지만 샌즈의 생각으로는 항시 남을 신뢰하고 이야기에 나오는 아라비아 사람들처럼 손님을

---

59) Sands, 위 책, 309면.
60) Sands, 위 책, 24면.
61) Sands, 위 책, 191면.
62) Sands, 위 책, 199면.

환대하였다는 기록을 남기기도 하였다[63]. 조선에서는 중국이나 일본에서 다반사로 발생한 것과 달리 시골을 여행할 때도 갑자기 뒤에서 공격해 오는 등의 위험한 일은 발생하지 않았다고 하며, 그들은 지극히 고통을 받은 후 숙명론자가 되어 버려 '어떻게 해 볼 도리가 없다'거나 '당연히 그렇게 될 게 뻔하다'는 식으로, 당시의 어려운 국가적 여건에 자포자기하고 있었다고 백성들의 체념을 안타깝게 여겼다는 소회도 기록하였다[64].

이와 같이 한 외국인의 눈에 비친 당시의 조정과 관료, 국민들의 모습은 우리의 마음을 매우 무겁게 만드는 당시 조선의 객관적인 상황이었을 것이다. 외세가 물밀 듯이 밀려오고 일본의 계속된 승전으로 국가의 운명이 백척간두에 걸려 있는 상황 속에서도 무력하기만 하였던 조정, 그 와중에서도 자신들의 탐욕을 위해 매관매직과 수탈을 일삼았던 관료들, 그러한 상황에서 그들의 생명과 재산에 대하여 닥쳐올 엄청난 불행을 어쩔 수 없이 받아들일 수밖에는 다른 선택의 여지가 없었던 가엾은 백성들, 이것이 외국인 샌즈의 눈에 비친, 국가 몰락 직전의 조선의 있는 그대로의 모습이었다.

한편 샌즈는 러시아와 일본의 전쟁의 기운이 감도는 가운데 강국인 프랑스까지 러시아에 가세한 상황에서, 영국함대와 일본이 이에 맞서 승리할 수 있을 것인가에 대하여 외교가에서 주목하였다고 상황을 전하면서, 일부 국가들이 러시아가 패할 것이라고 전망하는 가운데 특히 미국은 일본의 승리를 확신하였고, 샌즈 자신도 일본이 승리할 것으로 예상하였다고 적고 있다. 그 근거로 그는 특히 당시 러시아의 극동함대가 일본의 나가사키 항에서 함선의 보수와 수리 등을 하였는데, 러시아의 해군관리들의 부패가 워낙 심하여 허위, 과장된 수리 등을 통하여 개인적으로 공금을 빼돌리는 것을 샌즈 자신도 잘 알고 있었을 뿐 아니라 일본의 정보원들도 이러한 러시아 해군의 부패상을 직접 확인하고 있었다고 기록하고 있다.

이러한 조직적인 부정은 해외의 모든 러시아 함정이 머무는 조선소에서 일상적으로 일어나고 있었고 이는 성 페테르부르크의 해군성과 재무성이 묵인하지 않으면 불가능한 일로 러시아인들이 아무리 용맹하고 우수하다고 하더라도 이러한 부패가 공식화된 군대가 전쟁에서 버틸 수 없다는 것을 일본인들이 바로 나가사끼에서의 러시아군의 행태로 알고 있었던 반면[65], 일본이 근대화 기간에 일관되게 추구해 온 정책은 힘에

63) Sands, 위 책, 251면.
64) Sands, 위 책, 269면.

는 힘으로 맞서야 한다는 것으로 이러한 명백한 국가정책을 가지고 한 치의 빈틈도 없이 이를 꼼꼼히 수행하는 면에서 일본인들은 지상에서 유일한 민족이었다고 다소 과장되게나마 긍정적으로 평가하고 있으며 결국 샌즈의 예상은 적중하였다[66].

(4) 그 외 다른 사람들의 평가

여기에 덧붙여, 네덜란드 태생으로 일본과 동아시아 국가의 관계 전문가인 마리우스 잰슨 (Marius Berthus Jansen, 1922-2000)교수의 당시 조선의 국제관계에 대한 이해와 대응에 관한 지적을 본다. 동 교수는 「일본과 동아시아 이웃나라들」이라는 저서에서, 일본이 급속도로 변화하고 있는 데 대하여 조선은 전혀 반응을 보이지 않았다고 기술하면서 조선의 이러한 소극적 대응에 대하여 비판적인 분석을 덧붙이고 있다. 우리의 입장에서는 일부 받아들여야 할 부분도 있는 반면 지나치게 비판적인 견해로 보이기도 하나, 외국인의 시각에서 본, 당시 조선의 대응에 대한 평가라는 점에서 일정 부분 객관성을 담보한다는 취지를 부정할 수 없는 만큼 이를 그대로 인용하고자 한다.

교수는 '타국에 대한 인식'의 관점에서 볼 때 일본은 과거를 벗어버리려고 하였으나 조선은 과거에 오히려 강하게 집착하였다고 지적하면서, 구체적으로 조선왕조는 국민의 존경을 받지 못하였을 뿐 아니라 국가세입의 관리조차도 제대로 하지 못했으며 시기와 음모, 폭력이 난무하였고 조화와 신분에 관한 유교적 관념이 위선에 불과하다는 것이 분명해졌다고 당시 조선의 상황을 묘사하고 있다. 또한 고종은 국난을 극복할 만한 재원이나 권위를 가지고 있지 못하였을 뿐 아니라 그가 택한 마지막 정책으로 다른 나라에 기대는 것을 택하였으나 이 또한 결과적으로는 허사였다고 기록하고 있다[67].

마지막으로 당시 조선의 선각자였던 윤치호(尹致昊, 1866-1945)가 조선의 국제적 정세에 대한 대응에 관하여 평가한 내용을 본다. 일본 등에 유학함으로써 해외사정에 밝았던 윤치호에 대하여는 여러 가지 평가가 병존하나 이에 대한 판단은 유보하고 그가 남긴 기록에 의하면, 조선이 러일전쟁으로 가장 피해를 볼 것이라고 예상하면서

65) Sands, 위 책, 63면.
66) Sands, 위 책, 93면.
67) 마리우스 잰슨 (Marius Berthus Jansen) 「일본과 동아시아 이웃나라들」, 지명관 역, 소화, 2002, 5면 이하.

조선 왕조와 집권세력의 무능, 부패, 압제를 문제로 지적하고 견제 받지 않는 전제정치가 나라를 파멸시켰다고 주장하였다. 그러면서 윤치호는 황제에게서도 또한 비굴하고 부패한 대신들에게도, 조선의 장래에 대한 아무런 희망을 발견할 수 없다고 당시 무너져 가는 조선을 구할 방법이 없음을 매우 안타깝게 여기고 있다[68]. 이러한 일부 지식인들의 비판은 당시 조선의 상황과 그 대처의 무능함을 객관적으로 지적한 것이나 이러한 비판은 오래 전 아니 적어도 아편전쟁이나 명치유신 즈음에는 강력하게 제기되었어야 하고 조선의 왕조나 실권자들이 이를 또한 기탄없이 받아들이고 대책을 수립했어야 하나 이미 대세는 돌이킬 수 없을 정도로 기울어져 있었다.

4 조선병탄의 마지막 과정

가. 청 · 일 간의 전쟁에 대한 시각과 배경

(1) 전쟁의 성격에 대한 평가

이제 일본이 조선을 병탄한 마지막 과정을 정리해 보고자 한다. 처음 이 글을 시작하게 된 것은 서두에서 밝힌 바와 같이 우리가 일본법, 그리고 그 원류인 유럽대륙의 독일법을 지금까지 거의 그대로 원용하게 된 역사적, 문화적 배경을 찾아가는 여정이었는바, 피상적으로는 우리가 일본에 강점당함으로써 법문화적 식민관계 내지는 계수관계를 형성하게 되었다는 것이나 왜 그런 상황에 이르게까지 되었는가를 되짚어 분석하는 것이 이 글을 쓴 배경이고 이 글의 대부분이 이를 확인해가는 심층적 추적과정이었는바, 위에서는 고대로부터 중세, 그리고 일본의 명치유신과 그 이후의 일본의 급속한 서구근대화와 산업화 과정을 대체적으로 정리하였고, 또 일본의 변화에 대한 조선 조정과 지도자들의 평가와 대응의 상황을 또한 간략하게 살펴보았다.

이제 그 최후의 과정이라고도 할 수 있을 뿐 아니라 일본이 최종적으로 조선 병탄에 성공하게 된, 청·일 전쟁과 러·일 전쟁의 진행과정과 그 배경이라고도 할 수 있는

68) 유영렬, 「한일관계의 새로운 이해」, 경인문화사, 2006, 36면. 윤치호의 일기 중에서 황제는 국민을 수탈하는데 관심이 있고 대신들 또한 국민을 억압하기 위해 타국에 의지하고자 한 것을 강하게 지적하고 있다.

서구 등 국가들의 정치적, 외교적 상황 등을 정리하고자 한다. 이 두 전쟁은 모두 일본이 조선병합을 위해 벌인 침략전쟁이라는 데 이론(異論)이 있을 수 없다. 그러나 일본 측의 입장에서는 이를 합리화하려는 시각도 상당히 존재한다. 예컨대, 유영렬 박사는 일본 새 역사교과서의 검정본을 그 중 하나로 지적하면서 다음과 같이 내용을 소개하고 있다.

즉, "일본을 향하여 대륙으로부터 하나의 팔뚝처럼 조선반도가 돌출해 있다. 조선반도가 일본에 적대적인 대국의 지배하에 들어가면 일본을 공격할 좋은 기지가 되고 후배지를 갖지 않은 섬나라 일본은 자국의 방어가 곤란하게 된다", "조선은 청·일전쟁 당시까지 자주국이 아니고 청의 지배를 받는 종속국이었는데 청·일전쟁으로 인하여 독립국이 되었다", "근대국가의 역사가 짧은 유색인종 일본이 세계 최대의 육군대국인 러시아에 승리한 것은 당시 세계의 억압받는 민족에게 독립에의 한없는 희망을 주었다"[69]는 취지로 되어 있다. 주변국에 대한 침략을 정당화하는 일본의 역사왜곡과 같은 맥락의 것이며, 일고의 가치도 없는 주장이므로 논평을 생략한다.

한편 이러한 일본의 조선반도 획득을 위한 계획된 전쟁이라는 많은 견해에 대하여, 청·일전쟁이 발발하기 전까지의 일본의 대외정책을 청·일간의 협조, 조선의 중립국화 구상, 동양평화의 유지에 중점을 둔 비 침략적, 비 팽창적인 것이라고 주장하면서 오히려 청이 일본에 무력시위를 하였다는 일본 측의 주장도 있다[70]. 그러나 이 또한 조선과 중국에 대한 침략전쟁을 합리화하기 위한 명분 만들기 시도로 밖에 볼 수 없고 이전의 일본의 정한논쟁 등에서 본 바와 같이 일본의 내심은 주변국의 무력복속에 있었음이 명백하여 논할 가치가 없어 보인다. 그 외에 위와 같이 국제질서가 재편되는 환경 속에서 청은 나름대로 종래 유지하였던 조공국들과의 화이, 연대를 통해 이를 해결하려 한 반면 일본은 전통적 중화 화이질서의 와해를 촉진시키려 시도하였고 이러한 정책의 차이가 청일의 갈등을 초래하고 이러한 충돌로 인하여 발발한 것이 청·일간의 전쟁이었다는 이해도 있다[71].

---

69) 유영렬, 「한일관계의 새로운 이해」, 경인문화사, 2006, 129-130면. 침략 의도를 은폐하고 전쟁을 정당화한 주장은 논평할 가치조차 없으나 이런 왜곡의 경향은 오래 전부터 있어 왔다는 점을 눈여겨 볼 필요가 있다.

70) 최석완, "청일전쟁과 일본의 조선침략", 한일관계사연구논집 편찬위원회, 「일본의 한국침략과 주권침탈」, 경인문화사, 2005, 206면

71) 요시노 마꼬토(吉野 誠), 앞의 책, 259면. 저자는 개항 이후 조선이 청과 결탁하여 대항하려 하였으나 일본은 강화도 조약 제1조의 자주국 조항을 근거로 조선의 독립국 지위를 주장하며 청과의 연결을 끊으려 함으로써 갈등이 고조되었다고 지적한다.

일본의 저명한 역사 소설가이자 비교적 한국에 우호적인 인사로 알려져 온 시바 료타로는 "청·일전쟁의 발발의 원인은 조선에 있다 하더라도 한국이나 한국인에게 죄가 있는 것이 아니며, 죄가 있다면, 한반도라는 지리적 위치를 탓해야 할 것이다. 본래 반도 국가는 유지하기가 어려운 것이다"라고 기록하였다[72]. 세계가 주지하는 바와 같이, 그 전쟁들은 당시 세계를 휩쓸었던 제국주의의 광풍에 편승하고자 하였던 일본이 조선을 병탄하기 위하여 야기한 것이라는 사실은 역사적으로 명백한 것임에도 시바가 전쟁의 원인이 조선에 있다거나 한반도라는 지리적 위치를 탓해야 한다는 등의 주장을 한 것은, 그나마 양심적으로 여겨져 왔던 일본 지식인의 전쟁에 대한 일본의 책임을 희석시키려는 2중적 시각을 보여 준 것이라는 점 이외에 논평할 가치조차 없다고 생각된다.

그러나 한편 어느 일본의 양심적인 학자가 두 전쟁의 주된 목적이 조선을 병탄하기 위한 목적에서 시작되었을 뿐 아니라 그 전장 또한 조선반도였다는 이유에서 솔직히 제1차 조선전쟁, 제2차 조선전쟁이라고 정리한 경우도 있어 소개한다[73]. 물론 타당한 지적이라고 판단된다. 우리의 시각에서는 그 명칭과 관계없이 당연히 이는 조선반도라는 식민지를 획득하고 만주에서의 이권을 챙기기 위하여 제국주의 대열에 합류한 일본이 일으킨 것이며, 조금 더 시각을 넓히면 제국주의 국가들 등 영국을 중심으로 일본이 가담한 한 축과 러시아, 독일을 주축으로 한 또 다른 축 간의 다툼에서 벌어진 것이라고 정리하는 것이 타당하다.

그 밖에 전쟁 당시의 한국 민중의 역할에 주목하면서 이는 일본과 러시아의 전쟁으로 정리할 수 있을 뿐 아니라 한국 민중과의 전쟁으로 볼 수도 있다는 우리 학자의 견해도 있다[74]. 이 또한 일면 타당하나 민중적 대응이 정부에 의해 조직적으로 뒷받침

---

72) 이 글은 시바 료타로가 러일 전쟁을 무대로 1968년부터 1972년까지 산께이 신문에 연재한 글을 7권으로 간행한 역사소설(「언덕 위의 구름」) 중 2권의 45쪽에 나오는 글로 필자도 전권을 읽은 적이 있다. 이상은 하라 아끼라(原 郎), 「청일·러일전쟁 어떻게 볼 것인가」, 김연옥 역, 살림, 2015, 44면에서 인용

73) 예컨대, 위 하라 아끼라(原 朗) 동경대 명예교수는 두 전쟁을 이렇게 부르는 것이 적절하다는 입장을 그 저서에서 표현하고 있다. 그는 서문에서 "일본은 이웃나라와 평화를 유지하기 위해 자신들이 과거에 벌인 전쟁에 대해 정확히 알 필요가 있다. 일본은 침략전쟁과 식민지 지배를 반성하고 사죄해야 한다"고 기록하고 있으며, 또한 시바 료따로가 위 소설에서 청과 러시아를 상대로 전쟁에서 승리한 시대를 '밝은 메이지 시대', 2차 대전에서 패배한 시대를 '어두운 쇼와 시대'라고 칭하는 것도 일본인에게 혼란스런 역사 감각을 불러올 수 있다고 지적하고 있다. 하라 아끼라(原 郎), 위 책, 15면

74) 정창렬, "러일전쟁의 한일관계", 한일관계사연구논집 편찬위원회, 「일본의 한국침략과 주권침탈」, 경인문화사, 2005, 255면; 민두기, 앞의 책, 276-7면 등. 이에 의하면 기본적으로 민중에 의

되지 못한 상태에서, 안타깝게도 당시 조선의 대부분 민중은 전쟁의 피해자일 뿐 전쟁의 당사자로서의 형태와 외관, 조직을 갖추지도 못하였음은 객관적인 역사가 증명해 주는 바와 같다. 당시 조선 내부의 사정과 전쟁에 대한 대응 등은 역사서에 잘 정리되어 있어 이는 필자가 새삼 평가할 필요를 전혀 느끼지 못할 뿐 아니라 필자가 목적한 이 글의 방향 또한 아니므로, 당시의 역사적 사실과 공식적인 국내의 기록 등을 부연하거나 평가하는 등의 기술은 제외함을 다시 한 번 밝히고자 한다.

(2) 청의 당시 사정

청은 강희제, 옹정제를 거치면서 러시아, 몽골, 타타르족과의 전쟁을 승리고 이끌었다. 원래의 중국은 현재보다 훨씬 적은 규모였으나 아이러니컬하게도 만주족 왕조인 청이 주변세력들을 포섭함으로 인하여 중국은 현재와 같은 광대한 국경을 확정지을 수 있었고 지금에 이르기까지 강국으로 치달을 수 있었다. 한편 청은 뒤를 이은 건륭제 이후 관료들의 부패상황이 극에 달한 반면, 해외에서의 침탈 움직임에 대하여는 소극적이고 무기력한 대응으로 일관하면서 여러 번의 외세의 침탈을 받고 급속히 국력이 쇠진되었다.

아편전쟁, 애로우호 사건 등으로 대표되는 영국 등 서구 열강과의 전쟁에서 청은 무력하게 패퇴하였고 이로 인하여 민심이 이반되고 곳곳에서 내란에 가까운 반란사건 등이 이어졌다. 왕초아가 중심이 된 백련교도의 사건[75]이나 1850년 홍수전이 일으킨 태평천국의 난[76] 등은 그 대표적인 예라고 할 수 있거니와 가까스로 내부의 난을 평정하기는 하였으나 이로 인하여 청조의 위신은 크게 실추되고 국력은 피폐해졌다. 이러한 청의 쇠락의 징조는 이미 건륭제 이후 나타났는데 화신 등 고위관료들의 부패와 무능이 직접적인 원인이 되었다고 여겨지거니와 청의 쇠퇴는 청에 기대어 국

한 민족운동을 일본제국주의가 억압하는 것을 한국정부가 묵인한 점이 외세를 효과적으로 물리치지 못한 근본적인 원인이 되었다고 주장하나 당시 조정이 이에 개입할 능력과 의지를 갖추지 못하였다는 것이 바른 이해라고 본다.

75) 1796년에서 1804년까지 청의 가경제 집권기에 백련교도의 난(白蓮敎徒)를 표방하여 발발한 국난으로 이들은 교묘한 게릴라전으로 청조를 곤경에 몰아넣었고 결국 청조는 진압에 막대한 전비와 10년의 세월을 소비함으로써 심각한 재정 위기를 초래하기에 이르렀다.

76) 1850년부터 1864년까지 발발한 청조의 최대 규모의 내란이었다. 반란군은 기독교국가(太平天國)를 표방하면서 중국전역을 장악하였고 이에 맞서 청조는 국력을 총동원하면서 사망자 수천만 명의 인명피해와 심각한 재정고갈, 민심이반 등으로 청조 몰락의 결정적 계기가 된 것으로 평가된다.

가를 지탱하고자 한 조선의 운명 또한 풍전등화와 같은 결정적 위기에 내물렸음을 의미한다.

(3) 일본의 청과의 승전 과정과 배경

일본은 제국주의 진입 후 가장 우선적 과제이었던 조선 병탄을 위해서는 반드시 청과 대결하여야 할 것을 잘 알고 있었던 터에 청의 무기력한 모습과 국력의 피폐는 절호의 기회로 여겨졌었고 더 나아가서는 광대한 중국대륙까지 엿볼 수 있을 것으로 판단하고 있었다. 일본의 치밀한 계획은 앞에서 본 바와 같이 1868년 조선이 수리를 거부할 것을 예견하고도 일본의 왕정복고의 조서에서 일본이 황(皇), 칙(勅)이라는 중국의 황제와 같은 문장을 사용하여 조선에 대한 응징의 명분을 만든, 소위 서계사건[77]을 야기한 데서도 충분히 알 수 있다[78]. 일본은 이를 국내외적으로 활용하면서 조선 출병의 분위기를 고조시켜 나가는 일방, 이미 피폐할 대로 피폐해진 청과는 1871년 대등한 입장에서 수호조약을 체결함으로써 조선에 대한 청의 종속적 관계를 청산하고 일본이 청과 같은 위치에서 조선과 상대할 수 있는 근거마련에도 성공하였다.

이후 미국이 일본에 취한 것과 같은 방식으로, 1875년 소위 운양호 사건을 야기한 일본은 다음 해 미국과 체결한 것과 같은 불평등조약을 조선에 강요하여 이를 관철하였으며, 청의 조선에 대한 보호국의 관계와 그 연결고리를 마지막으로 끊어 버리기 위해 청과의 일전을 준비하였다.

최초 청의 군사력은 일본을 능가하는 것으로 평가되었다. 1890년 청의 해군력은 동양 최고라고 여겨졌고 일본은 열세라고 판단되었으나 앞에서도 본 바와 같이 급속도로 이루어진 군비확장의 결과 1893년 무렵에는 거의 청을 육박하는 수준에까지 이르렀고 영국 등 서구의 열강은 거의 중립적인 입장에서 전쟁의 추이를 지켜보고 있었으나 내심 러시아에 대항할 국가로 일본의 승리를 기원하는 가운데 1894년의 청과

77) 현명철, "통신사 단절과 서계 문제", 한일관계사연구논집 편찬위원회, 「통신사·왜관과 한일관계」, 경인문화사, 2005, 252면 이하에서는 이와 같은 서계사건을 통한 일본의 의도와 이후의 정황을 자세히 소개하고 있거니와 이를 통하여도 일본이 조선병탄의 의도를 일찍부터 실천하려고 계획한 점을 알 수 있다.

78) 한편, 김영작, 「근대 한일관계의 명과 암」, 백산서당, 2006, 192면에서는 이 '서계사건'을 일본이 정한론의 근거로 보는 데 대하여, 이전부터 기도(水戶)의, "사절을 조선에 파견하고 그들의 무례를 묻고, 불복 시에는 그 땅을 공격하여 크게 신주의 위세를 신장시켜야 한다"는 취지의 언동이 있었던 데서 보듯이 일본의 조선정벌 움직임은 오래 전에 시작되었다고 주장하는바, 타당한 논리라고 판단된다.

의 전쟁은 서구 열강이나 일본 스스로의 예상보다 훨씬 쉽게 일본의 승리로 귀결되었다.

돌이켜 보면 청 또한 군사력의 증강, 산업화의 중요성을 자각하고는 있었고 일본과의 전쟁징후를 인지하고 있었으나 이것이 청의 조정이나 지도자들의 구체적인 실천적 정책추진으로 이어지지 않은 것이 중요한 문제였다. 영국에서 유학한 일본의 대표적 근대문학가 나쓰메 소세끼(夏目漱石, 1867-1916)는 이러한 청의 태도에 대하여, 아편전쟁 등에서의 혹독한 시련을 겪은 후에도 중화의 이념과 자신감에 자리 잡고 꿈쩍 않고 변하지 않았음을 지적하면서 그 이후 닥쳐올 시련에 대비하지 못하였음이 문제였다고 지적한 바 있다[79]. 심지어 청의 지도자들 중에는 일본이 감히 조선에서 청을 상대로 전쟁을 일으킬 것이라고는 확신하지 못하고 있었다는 기록조차 있어 국제적 정세의 판단에 매우 소홀하였음을 알 수 있고[80], 그 대비 또한 충실치 못하였던 것으로 보인다.

예컨대, 청조 말기의 서태후는 군함건조의 예산으로 쓰여야 할 국비를 '이화원(頤和園)'이라는 인공호수와 별장을 건조하는데 전환하는 등으로 국가의 기강은 현저히 문란해져 있었고 이는 위에서 본 조선의 경우와 거의 다르지 않았다. 또한 일본은 무기개발에도 박차를 가하여 당시 청·일 전쟁에서 당시로서는 최신형인 '무라다(村田)' 총이나 독일 식의 '크루프' 대포를 동원하였는데 이 또한 청의 무기를 압도한 것으로 평가되었다. 그 위에 일본이 강력하게 추진하여 온 국민의 결전의지와 군대의 정신적 응집력 등도 기여하였는데 이러한 요인들이 합하여져 일본은 청에 일방적인 승리를 거두기에 이르렀다[81].

우리의 경우도 고종즉위 이후 섭정을 담당한 대원군은 이러한 국제정세에 대비하는 것보다 경복궁 중건에 집중하면서 오히려 국가적 혼란을 초래하였다. 오래전 북벌을 위해 마련해 두었던 국가의 비상금이었던 이른바 '호조금'을 인출하여 경복궁 중건 등에 사용한 것을 비롯하여, 종묘의 은궤를 사용하려다 며느리인 민비로부터 강한 핍박

79) 히야마 히사오(檜山 久雄), 「동양적 근대의 창출」, 정선태 역, 소망, 2016, 34면.

80) 김광옥, 앞의 책, 306면. 당시 이홍장은 일본의 침략성을 지적하면서도 일본의 국고가 텅 빈 상태이므로 전쟁을 일으키지 않으리라고 예상했다고 한다.

81) 니토베 이나조(新渡戸稲造), 「일본의 무사도」, 생각의 나무, 2005, 205면. 저자는 이러한 요인들이 일본의 승리요인이었다는 주장에 대하여, 무기의 우수함은 극히 일부의 요인이라면서 나폴레옹은 '미트레이유' 기관총으로도 프러시아 군에 패배하였으며, '모젤' 총으로 무장한 스페인 군이 구식 '레밍턴' 총을 가진 필리핀을 멸망시키지 못한 사례 등을 들어 일본의 정신적 무장이 가장 중요한 요인이었음을 강조하고 있다.

을 받아 권력의 위세가 급격히 실추되었다[82]. 그 외에도 건축자금이 계속 필요하자 당백전을 발행하고 원납전 등 강제기부와 백성들에게 별도의 세를 거두는 등으로 그렇지 않아도 피폐해져 있었던 재정을 고갈시키고 매관매직이 성행하는 등 부패가 성행했다. 백척간두의 위기에 처해 있었던 조선으로서는 외세의 침략에 대비하여야 한다는 국가의 최우선 목표가 후순위로 밀리고, 이른바 전시행정의 예라고 볼 수밖에 없는 궁궐중수에 국고와 국력을 낭비하는 등 국정을 담당한 조정과 관리들이 국정운영의 방향을 바로잡지 못하고 백성들에게 부담을 강요하는 등 무리한 행태를 계속해 옴으로써 참담한 결과를 불러올 것은 충분히 예견되었다고 하지 아니할 수 없다.

이에 비하여 일본은 위에서 본 바와 같이 청과의 군사적 충돌을 불가피한 것으로 상정하고 군사력을 착실히 강화하여 왔다. 1883년에는 해군, 1884년에는 육군의 확충이 시작되었고 군사비도 예산 대비 20%에서 30%로 증대되었다. 그 외에도 국민들의 정신적 단합에도 힘을 기울여 일본의 대표적 지식인이었던 후꾸자와 유끼치(福澤諭吉, 1835-1901) 등은 저널리즘을 통해, "우리에게는 아시아 국가들의 개명을 기다려 공동으로 아시아를 번영시킬 만한 시간이 없다. 이제 우리는 아시아를 벗어나 서양의 문명국과 진퇴를 같이 해야 한다. 중국과 조선이 우리 이웃나라라는 이유만으로 특별히 취급할 필요는 없다. 우리는 서구 국가들이 이 두 나라에 접촉하는 방식을 그대로 따라가면 된다. 나쁜 친구와 친하면 악명을 면하기 어렵다. 우리는 아시아의 나쁜 친구들을 사절해야 할 것이다"[83], "조선에 문명을 통해 스스로 자립할 수 있도록 해 주려고 하나 중국이 문명, 개화를 반대하고 병력을 통해 우리에게 대항할 뜻을 표하므로 어쩔 수 없이 청과의 전쟁에 나설 수밖에 없다"는 취지로 전쟁을 선동하는 글을 연이어 발표하였고, '충군애국'의 명분을 강조하는 속에 전쟁에 대비하여 국민들의 정신적 무장을 강력하게 추진하는 등 준비에 박차를 가하였다. 이러한 노력이 합하여져 개전 전에는 청을 충분히 물리칠 준비를 마쳤다고 스스로 평가하기에 이르렀다[84].

---

82) 이 비상재원들은 국가의 위급상황에 대비하기 위한 것으로, 여러 국왕을 거치면서도 일체 사용치 않고 전란 등 긴급 시에 사용하기 위해서 국왕과 호조판서, 선혜청 당상관이외에는 인출할 수 없도록 되어 있었으나 대원군이 섭정 시에 함부로 이를 인출, 궁궐중수에 사용하여 이를 반대하는 민비와 대립하는 등 왕조내부의 모순과 암투를 그대로 드러냈다.

83) 마틴 자크(Martin Jacques), 앞의 책, 94면에서 인용.

84) 요시노 마꼬토(吉野 誠), 앞의 책, 269면. 이에 따라 청이 군사적 역량을 강화하기 이전에 일격을 가하여야 한다고 군부에서는 결단을 촉구하기에 이른다.

일본은 1894년 사전 예고 없이 황해에서 청을 공격하여, 5척의 함정을 침몰시킨 후 당시로서는 대형군함인 청의 최대함정인 진원(鎭遠)호, 정원(定遠)호를 발해 만에서 격침시켜 해상을 장악하고[85], 육군은 안성, 성환 등에서 청의 육군을 쉽게 섬멸함으로써 조선반도에서의 청과의 전쟁을 승리로 이끌었다[86]. 이후 체결된 시모노세끼 조약 제1조에서 청이 오래전부터 보유하여 온 조선에 대한 소위 보호자적, 후견인적 지위를 끊어 버리는데 성공하였다. 이제 스스로를 보호할 능력이 전무한 조선은 홀로 일본군의 거센 파도를 앉아서 맞이해야 하는 상황에 처하게 되었으며, 민비 중심의 조정의 중심세력은 주지하는 바와 같이 러시아 등 열강의 도움으로 눈앞에 닥친 일본의 침략을 방어하기 위한 여러 차례의 시도에 들어가게 되나 이 또한 당연히 실패에 그칠 수밖에 없었다.

나. 러시아의 남하시도와 러 · 일 전쟁

(1) 청 · 일 전쟁 이후의 국제정세

일본의 청 격퇴는 서구 열강 등에게도 다소 놀라운 사건으로 이제는 동양에서 일본의 실력을 인정하지 않을 수 없는 상황이었음이 명백해졌다. 일본은 강화조약 제6조 제4항을 통하여 소위 자본수출권을 획득하였고 최혜국조항에 의거 영국 등 구미 열강 또한 동등한 자격을 얻게 됨으로써 일본의 승리를 반기는 분위기였다[87]. 그러나 일본이 1895년 대만을 공격하고, 청과의 전쟁에서 승리한 후 요동반도와 만주에서의 이권을 과도하게 넘보는 조약을 성립시키자 일본을 견제하려는 움직임이 일부 국가들 사이에서 일기 시작하였고, 이는 결국 러시아, 독일, 프랑스의 소위 삼국간섭으로 현실

85) 간략히 정리하면, 청의 북양함대의 주축인 두 군함은 거함중포 전략에 따라 7,000 톤에 주포, 부포, 어뢰발사기 등을 장착한 최신예 거함인 데 비하여 일본의 주력함인 요시노 호 등은 5,000톤에 주포 등에서 위 군함에 훨씬 못 미쳤으나, 빠른 기동성과 포의 명중률 등에서 중국을 압도하였고 전술면에서도 중국은 일본에 밀려 크게 패하는 결과로 이어졌다.

86) 육상에서는 1984년 9월 조선의 전 지역을 장악한 일본군의 야마가타가 지휘하는 2개 사단이 남만주를 횡단하였고, 오야마 이와오가 지휘하는 3개 사단은 요동반도를 거쳐 여순 항을 점령하여 육로와 해로 양측에서 북경으로 진격할 태세를 취함에 따라 중국의 항복을 손쉽게 이끌어낼 수 있었다.

87) 그동안 중국으로부터 자본수출권을 획득하지 못한 서구 열강은 일본의 승리를 통해 이를 획득할 수 있었고 이에 따라 일본은 영국 등 열강에게 커다란 선물보따리를 안겨 준 것과 같은 것으로 평가되었으며 일부 일본의 언론은 이를 구미제국에 일본이 제공한 경제적 뇌물이라며 비판하기도 하였다. 자세한 것은 (하라 아끼라(原 郞), 앞의 책, 82면 참조.

화되기에 이르렀다. 일본의 조정은 유럽의 3대 강국이 일본의 중국에 대한 과도한 영토점령과 이권획득을 우려한 나머지 청과의 조약을 수정하라는 사실상의 압박을 가해 오자, 정부의 각료들을 소집하여 이 문제를 논의하게 되었다.

대략 3가지의 안이 제시되었는데 우선 3국의 간섭을 단호히 물리치고 이에 저항하자는 안, 3국과 대립하는 것은 당시 일본으로서는 무리이므로 그들의 수정안을 그대로 받아들이자는 안, 3국의 안을 받아들이되 새로운 조건을 제시하자는 안을 두고 참석한 각료들은 열띤 토론에 들어갔다. 이 중 3국의 간섭에 저항하자는 안에 대하여는 3국의 어느 하나도 일본이 상대하기에 버거운 터에 연합하여 압력을 가하는 3국에 대항하는 것은 당시 일본으로서는 불가하다는 견해가 대체적이어서 일찍 논의에서 제외되었다. 그렇다고 3국의 안을 그대로 받아들이는 것은 일본으로서는 지나치게 굴욕적인 모습을 보이는 것이어서 흔쾌히 수용하기에 부적절하다는 의견이 강하여 3국의 안을 받아들이되 다른 조건을 붙이기로 하는 중립적인 제3의 안을 집중적으로 논의하게 되었다.

1895년 5월 4일 대외관계에서 가장 정통한 식견을 가지고 있던 당시 외무대신 무쓰 무네미쓰(陸奧宗光, 1844-1897)는 병중에 있었으나 사안의 중대성을 감안하여 의견을 개진하였다. 회의(소위 교토회의)에서는 당시 일본의 국력이 이왕 3국의 안을 받아들일 수밖에 없다면 일단 아무런 조건 없이 이를 수용하는 것이 향후 일본의 입지를 강화하고 새로운 기회를 엿볼 수 있다는 것이 무쓰의 제안이었고 이것이 그대로 받아들여져[88] 3국이 요구하는 대로 만주 등에서의 이권을 포기하는 대신 청으로부터 보상금조로 고평은 3,000만 냥을 받기로 합의하였으며, 이어서 1895년 열강들의 묵인하에 대만을 점령하여 버린다. 이는 당시 일본이 국제정세의 분석과 외교전문가들의 판단에 있어서 서구 열강들과 전혀 손색이 없을 정도의 수준에 올라 있음을 보여주는 단적인 사례로 일본으로서는 명분을 포기하되 충분한 실리를 챙긴 것으로 보인다.

(2) 일본의 대 러시아 전략과 준비

이러한 우여곡절을 겪어 일단 일본이 외형상 삼국의 간섭에 굴복하는 것으로 보이

---

88) 무쓰 무네미쓰는 당시 3국 간섭을 받아들일 수밖에 없었던 상황에 대해 "마침내 우리는 진출해야 할 땅에 진출했으며, 멈추지 않을 수 없는 시점에 멈춘 것이다. …… 이것 외에 다른 대책은 없었노라고 믿기를 바랄 뿐이다"고 심정을 회고하고 있다. 자세한 것은 하라 아끼라(原 郞), 앞의 책, 85면 참조.

기는 하였으나 이를 제외하고도 대만을 식민지로 획득하는 등 상당한 해외의 영토를 챙겼을 뿐 아니라 그 외에 막대한 배상금 등을 토대로 제반의 산업을 확대하는 등 세력을 키워나갔으며 이는 일본의 군국화에 중요한 밑거름으로 기능하기에 이르렀다. 또한 청과의 승전에서 정치적으로도 일본의 '이익선'은 북쪽으로는 조선반도, 남쪽으로는 대만의 중국측 대안인 '복건성'이라고 공공연히 주장할 정도로 기세를 올리고 있었다[89]. 이를 뒷받침하기 위하여 일본은 종래의 은본위제에서 구미와 같이 금본위제로 개편하는 한편, 청과의 전쟁에서 얻은 이권을 활용하여 일본 전국에 흩어져 있던 광산에서 생산된 석탄 등을 토대로 철강 산업을 일으키고, 철도, 석탄, 비료, 해운 등 전 산업의 영역에서 괄목할 만한 성장세를 보이게 되었다. 특히 1897년에 설립된 '야하타(八幡)' 제철소는 일본의 무기 산업이 본격적인 자립화에 이르는 견인차 역할을 하였을 뿐 아니라 장차 중공업산업의 발판으로 작용하게 되었다[90].

이 무렵의 경제적 성장세를 수치로 보면, 청일전쟁이 발발한 1894년에 비하여 1901년에 면사생산은 2.3배, 기선보유량은 3.4배, 철도노선은 1.9배로 증가하는 등 획기적인 성장세를 보이게 된다. 은행업의 이익률 또한 전쟁 전 1893년에 27%였으나 전쟁 이후인 1896년에는 46%로 증가하였고 이를 기반으로 상공업이 급속도로 발전하였다. 특히 군수산업은 미쓰비시, 미쓰이, 스미또모 등 대기업집단을 중심으로 강한 성장세를 나타내었다. 일본의 대표적 기업인 미쓰비시는 해운, 선박, 탄광업 등에서, 미쓰이는 탄광, 무연, 운송업 등에서 독점적 지위를 가지고 확장되어 재벌의 효시를 이루는데, 이를 흔히 제1차 산업혁명의 완성이라고 칭한다[91]. 궁극적으로 이는 함선, 포대 등 군사력의 증강으로 이어졌고 러일 전쟁이 발발할 무렵에는 당시 세계 제일의 육군을 보유하였다고 일컬어지던 러시아와 일전을 결심할 정도로 강한 육군과 해군을 보유하기에 이르렀다.

또한 앞에서 본 서구의 무기를 나름대로 개량한 최신의 무기를 군인들에게 보급하고 전력을 강화하였는데 독일이 자랑하던 최신예 크루프 포를 개량한 대포, 종래의

89) 하라다 게이이치(原田敬一), 「청일 러일 전쟁」, 최석완 역, 어문학사, 2012, 79면.
90) 권석봉, "일본의 근대화운동", 동양사학회, 앞의 책, 302면. 이 제철소는 1906년 러일전쟁의 승리로 제1차 확장이 이루어졌고 이를 토대로 태평양전쟁에 필요한 군수공업은 비약적으로 발전하게 된다.
91) 청일전쟁의 승리로 배상금을 받게 된 일본은 이를 토대로 기업의 설립과 생산시설의 확장이 이루어졌으며 예산도 대폭 증액되었는데 상당 부분은 군비확장에 편중되었다. 야마모또 시로오(山本四郎), "청·일, 러·일 전쟁", 아사오 나오히로(朝尾直弘) 등, 앞의 책, 430면.

흑색화약 대신 '피크린산'을 토대로 만들어 화력에서 당시로서는 세계제일로 평가된 '시모세(下瀨)' 화약(일명, '황색약'(黃色藥))을 보유한 것을 예로 들 수 있다. 일본은 이를 토대로 실제로 러시아와의 화력전쟁에서 우위에 설 수 있었다는 지적도 있다. 그 이외에 일본의 대 러시아 전략에 있어서, 뒤에서도 언급하는 바와 같이 일본이 가진 러시아에 대한 정신적, 심리적 상황을 지적하지 않을 수 없다. 일본은 러시아의 남하에 대하여 적극적으로 이를 저지하여야 한다는 자국 이익을 표면적으로 내세웠으나 그 이면에는 앞의 3국 간섭으로 청과의 전쟁에서 얻은 이권을 포기하는 등으로 러시아에 대하여 많은 적개심을 가졌을 뿐 아니라 일부 서구의 압력에 대하여 열등감을 가지고 있었고 이러한 국민적 감정이 러시아에 대하여 강력한 대처를 정책방향으로 설정하고 밀고 나가는 하나의 동력이 되기도 하였다[92].

(3) 조선을 둘러싼 러 · 일의 협상과 개전

러시아는 앞에서 본 바와 같이 춥고 불편한 유럽의 변방에서 벗어나 어떻게든 서부, 남부 등으로 진출하고 부동항을 획득하기 위한 시도를 여러 차례 하였으나 이는 당연히 영국과 프랑스 등 기존세력과의 충돌을 불러왔다. 러시아의 시도는 크림반도의 전쟁 등으로 일시 좌절되었으나 그 남하정책의 한 축이었던 극동으로의 진출은 당시 세가 현저히 약화된 청, 그리고 만만치는 않으나 서구와 비교하여 국력이 떨어지는 것으로 평가하였던 일본의 견제를 뚫고 블라디보스톡 등으로 진출하는데 성공하였다. 러시아는 삼국간섭을 통하여 일본의 영토 확장을 억제하는데 성공하였고 이어 조선반도와 만주로의 세력 확대를 계획하였고 이를 당연히 자신들의 세력권에 편입하려는 일본과의 마찰은 불가피하였다.

3국 간섭에 참여한 러시아는 어차피 일본과 조선반도 등 극동의 이권을 두고 극적으로 타협하지 않는 한, 어떤 형태로든 분쟁을 피할 수 없다는 것을 이미 계산에 넣고 있었을 것이고, 이 지역에서의 일본의 영향력을 약화시키기 위하여 프랑스, 독일을 끌어들여 의도적인 간섭에 나섰던 것도 사실이다. 일본의 계속된 압력에 그나마 방패막이 역할을 할 것으로 기대해왔던 청의 패퇴로 막다른 위기에 처한 조선은 불가피하게 러시아와 외교적으로 접근하여 정권의 연명을 도모하기에 이르렀고 이를 간파한 일본이 민비의 시해하는 극적인 만행을 저지름으로써 조선이 국제적인 분쟁의 장소로 화

92) 유용태/박진우/박태균, 「함께 읽는 동아시아 근현대사」, 창비, 2012, 243면 이하.

한 것은 이미 역사서에 자세히 서술된 것이거니와 이러한 알려진 역사적 사실과는 별도로 이 책에서는 일본의 입장에서 또 당시 구미의 입장에서 조선의 운명이 우리의 의도와는 전혀 무관하게 정리되어가는, 우리에게는 처절하도록 쓰라린 당시의 과정을 되짚어 보고자 한다.

우선 러시아와 일본은 막상 당사자인 조선이 완전히 배제된 가운데 조선의 운명을 결정할 여러 가지 방안을 은밀히 협의하였는데, 그 중 하나는 조선반도의 중립화방안이었다. 처음에 이를 러시아에 제안한 것은 일본의 야마가따 아리또모(山縣有朋, 1838-1922) 당시 육군상이였으나 러시아의 거부로 무산되었으며, 이후 1901년에는 오히려 러시아가 조선반도의 중립화를 역으로 일본에 제의하기도 하였으나 역시 성사되지 못하였다[93]. 이는 실제로 서로의 의중을 탐색하고 후일에 치를 결전의 명분을 축적하기 위한 전술에 불과한 것으로 평가되었고, 영국 등 서구 열강들의 이해관계가 얽히면서 이에 대한 동의를 끌어내기도 어려운 상황이어서 실제 교섭으로까지 이루어지지 않았다[94].

정작 러시아의 남하를 우려한 일본에서는 연일 러시아의 태도를 주시하면서 이에 대한 적극적 대응방안을 진행시키고 있었다. 1901년 일본의 외무성은 여러 가지 방안을 제시하고 내각회의를 개최하였다. 러시아와 전쟁에 돌입한다. 러시아의 협상제안을 무시하고 조선반도를 점령한다. 후일을 기다려 임시조치를 취한다는 3가지의 안이 제시되었는데 직접적으로 전쟁에 돌입하는 안은 취하기 어려운 것으로 판단되었고, 크게는 러시아와 계속 접촉을 하되 두 가지 방향을 두고 논의가 이루어졌다. 그 중 하나는 이또오 히로부미, 이노우에 가오루(井上 馨, 1836-1915), 사이온지 긴모찌(西園寺公望, 1849-1940) 등이 주장한 소위 만주와 한반도의 교환론이고 다른 하나는 야마가따 아리또모, 가쓰라 다로오(桂 太郎, 1848-1913) 등이 주장한 영일 동맹론이었다고 알려지고 있다.

그 중 만한(滿韓)교환론을 보면, 당시 러시아의 군사력은 서구의 국가들이 인정하는 바와 마찬가지로 최강일 뿐 아니라, 특히 일본이 전쟁에 돌입할 경우 극동에 진출하

---

93) 한중일 삼국 공동역사편찬위원회, 「한중일이 함께 쓴 동아시아 근현대사 1」, 휴머니스트, 2012, 110-111면. 사실상 여러 차례 이러한 중립화론과 함께 양국 사이에 교섭이 이어졌으나 사실은 어느 쪽도 이러한 방식으로 조선에 대한 포기를 원치 않았다.

94) 예컨대, 야마가타 등은 러시아가 1891년 7,400킬로미터에 달하는 시베리아 횡단 철도에 착공하자, 「외교정략론」등에서 일본의 이익선인 조선이 붕괴될 수 있으며, 이는 일본에 큰 위협이라고 주장하는 글을 계속 발표하기도 하였다. 하라다 게이이치(原田敬一), 앞의 책, 36-7면 참조.

고 있는 러시아의 육군과 여순, 대련에 주둔하고 있는 러시아의 함대가 막강한 세력을 유지하고 있어 일본이 이에 대적하는데 큰 어려움이 예상되는 만큼 러시아와 비밀리에 협상을 하자는 주장이었다. 구체적으로는 러시아의 요구에 따라 극동지역의 일정부분에 러시아의 세력 확장을 인정하여 주는 대신, 일본은 나머지 지역에서 러시아로부터 편입을 양해 받는 것이었다. 예컨대, 만주의 철도경영권을 러시아가 갖는 것을 일본이 용인하는 대신 러시아는 조선반도를 일본이 자신의 세력권에 포섭하는 것을 양해하는 식으로, 교환협상에 나서자는 것이었다.

무릇 국가 간 외교가 그러하듯 일본은 다양한 카드를 손에 숨긴 채 이러한 주장을 바탕으로 러시아와의 협상을 추진하였는데 예컨대, 1896년 4월의 '웨버 각서', 같은 해 6월의 '로마노프 의정서', 1898년 4월의 '로젠 협정' 등이 이러한 논의 속에서 이루어진 양 국가 사이의 결과물이었다. 그러나 결정적 합의는 여전히 불투명하였고 러시아 내부의 의견도 다양하게 제기되었다. 러시아 또한 전쟁에 대한 찬반의 논의가 분분한 가운데 극동의 신흥국 일본이 비록 청을 제압하였다고 하나 아직 러시아의 국력으로 전쟁에서 충분히 승산이 있으며 다만 영국이 일본에 가세할 경우만을 경계하는 강경론이 대세를 이루었다. 우리 국가와 국민을 두고 이어진, 우리에게는 참담하기만 한 두 국가사이의 협상은 결국 결렬되었고 전쟁으로 귀결되는데 위와 같은 러시아의 교환 제안에 대하여 일본은 아래에서 보는 바와 같이 만주에서의 러시아의 배타적 권익을 일본이 인정한다고 하여 조선에 대한 일본의 배타적 우월권을 인정받기 어렵다는 등의 이유를 붙이면서 상호 협상은 중단되기에 이르렀다[95].

또 한 가지의 주장인 영일동맹론은 러시아와 협상을 하지 않고 정면대결을 하여야 한다는 것이었다. 그 논거는 어차피 일부지역을 나누는 식의 협상을 한다 한들 다시 러시아와 충돌할 가능성이 큰 만큼 언젠가 한번은 러시아와 승부를 벌여야한다는 것과 영국 등 다른 국가들이 러시아와 적대적 관계에 있으므로 이를 외교적으로 활용하여 특히 영국과 동맹을 맺어 러시아를 고립시키고 러시아와 일전을 결하더라도 결코 불리하지 않으며, 일본이 내밀하게 파악한 바로는 당시 러시아는 황제의 절대적 권력에 도전하는 불만세력의 확산으로 국내 사정이 불안정하므로 이를 이용하면 러시아와

95) 러시아가 제시한 조건은 만주는 당연히 러시아가 철도부설과 경영권을 갖되 조선반도에서의 일본의 배타적 지배권을 보장할 수 없고 러시아가 이를 군사적으로 이용할 수 있도록 일본이 허용해 달라는 것으로 결국 양국은 서로 양보할 수 없는 조건임을 이미 간파하고 있었고 전쟁 개시의 명분과 시기만을 내심 조율하는 식일 수밖에 없었던 것이 당시의 상황이었다. 이상은 하라 아끼라(原 郞), 앞의 책, 115면 참조.

의 전쟁에서 유리한 고지를 점할 수도 있다는 등의 논거가 제시되었다.

이러한 두 가지 주장이 팽팽한 가운데 결국 1903년 12월 16일 황실에서 열린 내각, 원로회의에서는 러시아와의 협상을 중단하고 일전을 불사하더라도 러시아의 남하를 저지하여야 한다는 입장이 채택되었고 이를 위하여 군비를 확장하고 군수물자를 비축하는 등의 준비 작업이 아울러 진행되었다. 1904년 2월 6일 외교단절 이후 8일에는 여순항과 인천항에서의 기습공격으로 조선반도를 장악하기 위한 일본의 제2차 전쟁은 시작되었고 결국 일본은 러시아를 패퇴시키기에 이르렀다.

(4) 러 · 일의 갈등과 영국, 미국의 입장

여기에 영향을 미친 몇 가지 요인들을 살펴본다. 우선 일본은 청과의 전쟁에서 승리함으로써 국제적으로 위상이 제고되었고 국내적으로도 상당한 자신감을 가지게 되었으며, 청과의 전투에서 획득한 이권을 바탕으로 군사력 확대 등에 있어서 상당한 내실을 기하고 있었다. 또 한 가지 1900년의 의화단사건을 계기로 극동지역에서의 제국주의 국가 간 갈등과 세력분할이 새로운 양상으로 전개되었는데 러시아, 독일, 프랑스를 한 축으로 하고, 영국과 미국이 이에 맞서 공동보조를 취하면서 상호 대립하는 양상이 전개되었고, 제국주의를 선도한 영국과 새로운 강국 미국 등이 외교적으로 일본을 자신의 편으로 끌어들이려는 시도를 계속하는 등 국제정세가 일본에게 유리하게 작용한 점을 중요한 원인의 하나로 들 수 있다[96].

보다 구체적으로 보면, 영일동맹 이전인 1899-1900년 이른바, '의화단의 난'[97]이 중국에서 발발하였고 이를 진압하기 위해 서구의 8개국 연합군이 편성되었는데 일본은 이미 그 군사력을 검증받아 서구의 일원으로 의화단 진압군에 편성되었고, 지리적으로 가장 가까운 데다가 극동에서의 이권획득에 가장 열성적이었던 만큼 진압군의 핵심전력을 이루었으며 이는 2년 뒤인 영일동맹의 중요한 하나의 계기로 작용하게 된다. 당시의 제국주의 국가의 최강국 영국 또한 일본이 러시아와의 관계에서 위와 같이 두 가지 입장을 두고 고민하는 것을 잘 알고 있었다, 영국은 이미 러시아의 남하를 저지하기 위해서 여러 지역에서 국지적 대치를 이어갔으며 1885년에는 아프가니스탄

---

96) 정창렬, "러일전쟁의 한일관계", 한일관계사연구논집 편찬위원회, 앞의 책, 255면.

97) 무술변법이 실패로 돌아간 이후 중국민중은 의화단을 중심으로 정부와 외세에 대항하는 조직적인 반란을 1899년 야기하였고 1900년에는 북경까지 점령하는 등으로 세를 떨쳤으나, 일본이 주축이 된 서구 진압군 2만 명의 공격 하에 진압당하고 말았다.

문제로 러시아와 긴장관계에 들어간 적이 있었다. 이런 상황에서 일본이 러시아와 화친할 경우 러시아의 세력이 강화되고 동양에서 영국의 입지가 약화되어 소위 'Pax Britanica'의 위기를 초래할 것을 우려하여 일본이 어떻게든 러시아와 협정에 이르는 것을 저지하는 한편 영국을 대신하여 일본으로 하여금 러시아의 남하를 막는 첨병의 역할을 부여하는 의도를 노골화하여 일본을 적극 지원하겠다는 입장을 계속 일본에 전달하였으며 이는 결국 1902년 영일동맹으로 구체화되었다.

영일동맹의 내용은 이미 알려진 대로 여러 가지가 있으나 그 중 가장 핵심적인 사항은 일본이 제3국과 교전상태에 들어갈 경우 영국이 일본을 전폭적으로 지지한다는 것으로 이는 러시아를 대상으로 한 것임을 국제사회는 이미 잘 알고 있었다. 그리고 이는 영국이라는 세계에서 가장 강력한 제국이 동양의 한 나라와 동등한 자격에서 체결한 유일한 조약이라는 점에서 국제사회는 일본을 이미 제국주의 집단의 한 일원으로 승인한 것으로도 평가되었다. 영국이 극동의 작은 국가에 불과하였던 것으로 여겨졌던 일본을 파트너로 선정한 것은 남아프리카에서 일어난 1, 2차 보어 전쟁(1880, 1899)에 영국이 발목이 잡혀 있었다는 점도 지적되어 왔으나, 그보다는 러시아를 상대하기 위해서는 이른바, 다른 나라의 힘으로 또 다른 적대적 국가를 견제케 한다는, 영국의 오래 전 부터의 대외정책의 일환으로 보아야 하고 결국 그 대상이 일본으로 지정된 것이라고 보는 것이 적절하다[98].

이에 비하여 러·일 전쟁에서 미국의 역할은 그 동안 상대적으로 비중 있게 취급되지 않았으나 미국의 당시 극동에서의 전략은 중국에서의 이권획득에 뒤늦게 뛰어든 만큼 만주를 둘러싼 이권다툼에 있어서만큼은 더 강하게 참여하려는 의지를 갖고 있었으나 러시아의 강력한 남하 정책으로 인하여 이러한 취지가 방해당하는 상황에서 영국과 마찬가지로 일본을 러시아를 견제하는 세력으로 활용하려는 의도를 가지고 있었다[99]. 하여간 영일동맹으로 영국은 일본을 극동지역에서 다른 열강, 특히 러시아의 남하를 저지할 세력으로 확보할 수 있었던 반면, 일본은 러시아와 정면승부를 택할 수 있는 든든한 지원세력을 얻게 된 것으로 일본은 전국적으로 이 동맹을 크게 환영하였다[100]. 한편 영국과 미국이 일본의 편에서 전쟁을 지원하게 된 데에는 제정러

98) 요시노 마꼬토(吉野 誠), 앞의 책, 284면. 영국의 관점에서 보면 이 전쟁은 일본을 대리로 하여 러시아와 영국간의 전쟁이라는 관점이 이와 같다.

99) 요시노 마꼬토(吉野 誠), 위 책, 같은 면

100) 당시 일본이 이 동맹을 반긴 내용을 소개한 책자를 본다. '메이지 다이쇼 견문사'에는 "영일동맹이 35년 체결되었다. 당시 기뻐하지 않는 사람이 없었다. 그 시절 일본과 영국 간의 동맹은 전혀 격이

시아 황실이 유대인들을 핍박한 것도 원인의 하나로 작용하였으며, 이에 대해서는 뒤에서 다시 자세히 언급하고자 한다.

다. 러 · 일 전쟁의 몇 가지 배경과 진행

(1) 당시 러시아의 상황

러시아가 오랫동안 다른 서구 강국에 비하여 민주화, 산업화가 뒤져 있었던 것은 주지의 사실이었다. 특히 1870년대 이후 민중들의 저항운동이 확대되었고 사회주의자들이 지하에서 활동하면서 '십자군 운동'이라고 명명될 정도로 거세게 러시아의 짜르 독재에 저항하였다. 1878년 '인민의 의지(people's will)' 등 테러리스트 집단이 일으킨 황제 알렉산드로 2세의 암살 미수사건이나 1880년의 동궁식당 폭탄투척 등이 이어지는 가운데 개혁에 다소 적극적인 입장을 취하였던 알렉산드로 2세는 1881년 3월 13일 결국 소피아 페로프스카야 등이 이끄는 지하세력에 의하여 암살당하고 말았다. 이를 이은 알렉산드로 3세는 선황제의 암살에 분노하고 반동체제를 강화하는 한편 혁명 운동가들을 혹독하게 진압하면서 저항세력과의 대결을 노골화하였으나, 자유주의 운동은 오히려 세력을 더해 갔고 레닌 등 공산주의 혁명가들의 활동도 지하에서 지속적으로 확대되어 갔다.

그 과정에서 새 황제는 사회변혁을 주장하는 한 축을 이루었던 유대인을 암살의 배후로 지목하고 그들에 대하여 재산몰수와 교육 등에서의 차별, 제한 구역 외의 거주금지라는 혹독한 박해를 시작하였다. 이는 뒤에서 보는 바와 같이 영국 등의 경제를 장악하고 있던 유대인 세력이 일본을 적극적으로 지원하는 결과로 이어져 러일전쟁에서 일본이 승리하는 한 원인이 되기도 하였다. 한편 알렉산드로 3세(재위 1881-1894) 또한 1894년 10월 사망하고 마지막 황제 니콜라이 2세(재위 1894-1917)가 황제의 지위를 승계하였다. 역사가들로부터 매우 평범한 인물로 평가받는 그는 국내에서 혁명의 기운이 거세지는 가운데 적절히 이에 대처할 만한 정치적 식견이나 강한 의지를 결한 채 관료들이 제시하는 정책을 추인하는데 급급하였고 황제의 부하들은 국내에서

맞지 않는 결합이었다. 이 동맹은 누가 봐도 볼품없는 집 사람이 명문가에 시집가는 것 같은 모양새였다"고 기재하고 있으며, 일본의 저명한 소설가 나쓰메 소세끼도 한 편지에서 "이 동맹사건 이후 본국에서는 상당히 소란하다고 한다. 그만한 일로 그렇게 요란을 떠는 것은 마치 가난한 자가 부잣집과 혼담을 맺었을 때 기쁨에 겨워 종과 북을 치며 온 동네를 돌고 다니는 것과 같지 않은가"라고 표현하기도 했다. 하라 아끼라(原 郞), 앞의 책, 110면 참조.

고조되는 혁명의 국면을 국제전을 활용하여 전환하려고 시도하는 가운데 결국 일본과의 전쟁이라는 선택을 고려하기에 이르렀다.

한편 러시아의 해외 진출과 관련한 상황을 보면, 남진정책과 부동항 획득을 최우선 과제로 내세웠던 러시아는 유럽에서는 영국 등과 수차례 충돌하면서 대부분 실패로 돌아갔으나 알렉산드로 2세의 치하에서 상당한 성과를 거두기도 하였다. 1858년 청과의 아이훈 조약을 통하여 흑룡강에서 우수리강에 이르는 태평양 해안지역을 획득하였을 뿐 아니라 블라디보스톡에 해군 기지를 건설함으로써 대양으로 진출하기 위한 발판을 마련하는데 성공하였다. 또한 1875년에는 일본에 쿠릴열도의 두 섬을 내 주는 대신 사할린을 획득하는 거래를 성사시키면서 극동지역에도 교두보를 확보하였다.

러시아는 이에 멈추지 않고 상대적으로 제국주의 강국의 견제가 약한 극동지역에 본격적으로 진출하려는 의도를 노골화하였고 그 대상은 만주, 조선반도가 우선적으로 고려되었다. 다만 이러한 목표를 달성하기 위해서는 새로 제국주의 반열에 편입되어 조선반도에 진출하려는 일본과의 직접적인 충돌이 예상되고, 나아가 러시아의 팽창을 저지하려는 영국 등 기존의 강국과도 마찰을 피할 수 없는 상황이었고 그 과정에서 러시아 또한 전쟁인가 아니면 일본과 적절히 타협할 것인가를 결정하여야 하는 선택의 기로에서 위와 같이 결국 전쟁을 선택하기에 이르렀다.

(2) 영국의 적극적인 일본 지원

일본을 지원하는 영국의 입장에서는 일단 일본을 러시아와 대적케 하고 일본이 승리한 후 동양에서 세력을 확장하더라도 이것이 자국에 큰 위협이 될 정도는 않을 것이라는 식으로, 다소 낙관적인 예상을 하였을 수도 있다. 결국 일본은 영국과 미국을 상대로 태평양 전쟁을 일으켜 그 예상을 빗나가게 했지만. 여하간 당시로서 영국은 러시아와 직접 충돌하지 않고도 일본이라는 대리인을 시켜 러시아를 저지하는 식으로, 소위 적을 이용하여 적을 대적하는 노련한 국제적 해결방안을 계획하였던 것으로 보인다. 영국은 이러한 정책을 구체적으로 집행하기 위해 일본에 여러 가지의 간접적인 지원책을 제공하게 되는데, 그 중 가장 중요한 것은 전쟁에 반드시 필요한 군수자금이었다.

러일전쟁에 투입된 일본의 전비는 대략 17억 엔으로, 이는 평시 일본 예산의 4배에 달하는 금액이었다고 한다. 이처럼 러시아와 전쟁에 돌입할 경우 막대한 전비가 투입되어야 하고 당시 일본의 입장에서는 이를 직접 마련하기가 어려운 사정에 있었던 만큼 일본은 영국, 나아가 미국과의 막후 협상을 통하여, 일본이 국채를 발행하면 영국 등이 이를 거의 매입하여 주는 등으로 전비마련에 적극적인 지원을 하는 식의 내면적 합의를 이미 이루었으며 실제 영국과 미국은 뒤에서 보는 바와 같이 유태계 은행과 금융인들을 중심으로 전비의 40%에 해당하는 일본 국채를 소화하여 전쟁에 중대한 지원을 하게 된다[101]. 반면, 프랑스와 독일은 1895년에 그랬던 바와 마찬가지로 영국에 대한 불만으로 러시아를 지원하는 입장을 취하고는 있었으나 그들은 영국 등이 일본을 지원하는 것과 비교하면 직, 간접적인 지원에 실제 나서지는 아니한 채 오히려 정세를 관망하는 자세를 취하고 있었고. 이와 같이 러·일 전쟁에 관한 서구열강의 입장은 각자의 이해관계에 따라 다른 길을 택하는 것으로 귀결되었다.

이로써 일본은 러시아와의 전쟁을 착실히 준비하고 결전의 시기만을 엿보다가 1904년 2월 8일과 9일 양일에 걸쳐서 여순의 러시아 함대를 기습 공격하여 3척을 격침하고 제물포항에 정박 중이던 러시아 함정 2척을 침몰시키는데 성공하였다. 2월 4일 공식 어전회의에서 개전을 결정하였고, 정식의 선전포고는 지난번 청과의 전쟁에서와 마찬가지로 이보다 늦은 2월 10일에 이루어졌다. 러·일 전쟁의 과정과 경과 그로 인한 결과 등은 이미 역사적으로 충분히 다루어졌고 학자들의 교과서적인 기술이나 연구업적도 다수 제출되어 온 만큼 본서에서 이를 자세히 다룰 필요를 느끼지는 않는다. 다만 그 과정 중에서 우리가 눈여겨 볼 사항만을 지적한다면, 우선 러시아의 패배와 관련한 내부의 불안한 정치적 상황, 그리고 영국과 미국이 일본을 지원하는데 배후에서 결정적 역할을 한 유태인들의 움직임이며, 이를 중심으로 몇 가지 사항만을 특히 살펴보고자 한다.

(3) 러시아군 내부의 문제

이 점은 뒤에서 다시 항목을 바꾸어 언급하고자 하거니와 당시 러시아 내부는 사회주의 운동이 점차 활발해지면서 1903년 지도자 레닌이 영국과 브뤼셀에서 볼세비키당을 조직한 후 혁명을 주도하면서 지하조직이 확대되었고 러시아 황제 니콜라이 2세의 대책은 계속 실패하면서 입지가 점차 약화되었다. 더욱이 물가가 치솟는 등 국내

101) 일본이 전비를 부담하기 어려운 사정을 고려하여 영국이 적극적으로 일본에 자금을 제공하고 일본이 발행한 국채를 소화해 준 것은 이러한 국제사회의 흐름을 반영한 것이었다. 당시 일본은 전비 17억 엔 중 8억 엔을 외채에 의존하고 나머지는 국채 및 증세로 조달하였으며, 승전할 경우 러시아를 상대로 많은 배상금을 얻어내고 일본이 다시 한 번 도약할 수 있을 것이라는 기대하에 전쟁에 국민들을 총력 동원하였다. 자세한 것은 구태훈, 앞의 책(주 5), 445면 참조.

경제가 어려운 상황으로 치달으면서 국민들의 불만이 고조되고 있었다. 다음 앞에서 본 바와 같이 러시아의 이러한 국내적 상황과 맞불려 통치력이 현저히 약화된 황제 하의 장군이나 고급관료들은 일부 애국적인 인물을 제외하고는 누구나 할 것 없이 전쟁에서의 승리보다 자신의 입지와 치부를 우선시하는 부패구조에 휩싸여 있었고 앞에서 본 군수물자의 횡령 이외에도 전선에 임하는 지휘관들 사이의 불협화음 등으로 인하여 형식적인 전력은 상당한 것으로 평가되었음에도 불구하고 실제 전투력에서 큰 문제를 안고 있었던 것이 사실이었다.

예를 들면, 1904년 12월 여순항을 공격한 오야마 장군, 노기 장군 휘하의 일본군에 대항하던 러시아의 스테셀 장군은 영웅적인 저항으로 필사적으로 여순 항을 방어하고 있었으나, 러시아군의 지휘부는 병사와 탄약 등이 충분함에도 불구하고 돌연 저항을 포기하고 일본에 여순항을 양도함으로써 후에 군법회의에서 사형에 처해지는 등 지휘관들의 지도력에 문제가 노출되었고 러시아와 일본의 최후의 일전이었던 소위 봉천회전에서도 일본군 20만 명과 대치하고 있던 러시아군 25만 명을 이끌던 러시아 장군들간의 내분으로 서로 손발이 맞지 않는 전술을 구사함으로써 거의 일본군을 위기의 상황까지 몰고 갔던 러시아 군이 오히려 패퇴하는 결과로 이어지는 등 전쟁에 임하는 러시아 지휘관들의 기강해이와 내분은 패전의 중요한 원인으로 작용하였다.

이에 대항한 일본 측의 육군 지휘관은 잘 알려진 대로 노기 마레스케(乃木希典, 1849-1912), 오야마 이와오(大山 巖, 1842-1916) 장군이었고 해군을 지휘한 최고책임자는 청일 전쟁에서 활약하기도 했던 도고 헤이하찌로(東鄕平八郎, 1848-1934) 제독이었다. 특히 도고 제독은 이순신 장군을 매우 존경한 인물로, 출전하기 전 이순신 장군에게 아사아의 평화를 위하여 일본군이 러시아에 승리할 수 있도록 기원하였다는 일화를 남기기도 하였으며, 1905년 5월 러시아의 발틱 함대가 장기간 대서양을 회항하여 쓰시마 해협에 이르렀을 때 이순신 장군의 학익진과 유사한 정자전법을 활용하여 러시아 해군을 궤멸시킨 것으로도 잘 알려져 있다. 도고의 위와 같은 신념과 전술이 러시아 해군을 격퇴하는데 결정적으로 기여한 것으로 보이지만 이로 인하여 일본이 한국의 주권을 침탈한 결정적 계기가 된 것은 역사의 아이러니로 여겨지기도 한다.

(4) 전쟁의 종식과 일본의 승전요인

일본의 육, 해군의 활약으로 러시아는 일단 더 이상 전쟁을 지속하기 어려운 상처를 입게 되었으며 그로 인하여 극동에서의 세력 확장을 일단 포기하기에 이른다. 일본 러시아와의 전쟁에서 승리한 요인에 대하여 일본의 저명한 역사소설가인 시바 료타로는「언덕 위의 구름」[102]이라는 저서에서, 당시의 국제적 상황과 러시아 군의 내부적 분열, 유럽에서 극동까지 엄청난 길이의 보급선, 나아가 일본이 개발에 성공한 강력한 시모세 화약 등 수많은 원인들을 열거하고 있다. 그는 이어서 일본의 승리는 참으로 우연한 요인들이 결합하여 이루어진 것으로 차후의 국제분쟁에서 이러한 행운들이 손짓할 것이라고 기대할 수 없다고 국가의 적극적 노력을 주문하였다. 소설가인 만큼 그가 지적한 것이 얼마나 역사적 근거가 있는지는 확인하기 어려우나 당시의 국제정세와 일본 내부의 철저한 대비, 자유주의 운동과 공산주의 혁명가들의 활동으로 인한 러시아 내부의 분열 등은 일본 승리의 요인으로 충분히 지적할 만하며, 지난 역사적 과정에서 우연성을 지나치게 강조하는 것은 적절하지 않다[103].

한편, 이 전쟁을 아래에서 보는 바와 같이 대부분 일본의 승리로 이해하나 역사학자 중에는 러시아, 일본 모두 승리한 것이 아니라 '무승부'라거나 서로 간 '상처투성이'로 결론짓는 분도 있다[104]. 또한 이 전쟁은 일본이 더 이상의 전쟁수행능력이 한계에 다다랐을 뿐 아니라 영국과 미국이 일본의 완전한 승리로 인한 자국이익의 침해를 우려하여 일본의 견제에 나선 측면도 분명히 존재하는 만큼 일본의 제한적 승리라는 주장[105]도 일면 타당하다. 러시아 측의 당시 입장도 이러한 견해를 뒷받침하고 있다. 더 이상 전쟁을 확대할 경우 내부의 혁명운동이 격화되는 상황에서 권력의 유지가 위험할 것으로 판단한 황제는 이미 실각한 위테를 소환하여 미국에 건너가 강화교섭에 임하도록 명하였다.

일본 정부 또한 이러한 러시아의 입장을 파악하고 고무라를 협상사절로 파견하였고 그는 루즈벨트 대통령을 만나 1905년 8월 뉴햄프셔 주의 포츠머드에서 합의에 들어

---

102) 1968년부터 1972년까지 산께이 신문에 연재된 것으로 우리 나라에서 같은 제목으로 출간되었고, 일본 NHK에서 2011년 드라마로 제작, 방영되기도 하였다.

103) 정재정, "한국과 일본의 러일전쟁관", 한일관계사학회,「한일양국의 상호인식」, 국학자료원, 1998, 187-191면에서는 시바 료타로의 위 책의 내용을 소개하고 있다. 저자는 이 전쟁이 우리의 입장에서는 일본의 침략전쟁에 다름 아니나, 시바를 포함한 일본의 민족주의자들이 러시아의 위협을 과장하면서 전쟁을 합리화하는 데 대하여 강하게 비판하고 있다.

104) 쓰시마에서 벌인 해전에서는 분명히 일본이 승리하였으나 대륙에서 벌인 육전에서는 일본이 러시아군을 섬멸하지 못하였고, 일본은 국력 상 더 이상 전쟁을 계속할 수 없는 한계를 드러내고 있었기에 해전에서 승리한 이후 즉시 미국에 강화교섭을 부탁할 수밖에 없었다. 하라 아끼라(原, 郞), 앞의 책, 16면.

105) 권석봉, 앞의 논문, 303면.

가 9월 5일 전쟁종결과 관련한 조약을 체결하게 된다. 조약에는 통상 있게 마련인 배상금에 관한 규정이 존재하지 않는 등 승전국과 패전국과의 합의라고 보기 어려운 점도 존재하나 어떻게 판단하건 러시아가 이로 인하여 극동에서의 세를 상실한 것은 분명하고 이런 점에서 전적인 또는 부분적인 일본의 승리라도 보아 무방하다고 판단된다. 조약에는 여러 가지 조항이 있으나 다른 부분은 우리와 관련 없는 것이어서 생략하거니와 해당 조약 중 조선은 일본의 주권 범위 내에 있다는 점이 우리의 의사와 무관하게 국제적으로 확인됨으로써 사실상 조선은 일본의 침탈대상으로 공인되는 처참한 결과에 이르게 되었다.

(5) 전쟁에 대한 국제사회의 평가

러시아와 일본의 전쟁에서 일본이 승전하고 극동으로의 세력 확산에 성공함으로써 조선의 운명은 그 의도와는 무관하게 일본의 병탄 대상으로 결정되었지만, 냉혹한 당시의 국제사회는 각각의 이해관계에 따라 득실을 계산하기에 여념이 없었다. 미리 이러한 구도를 기획하고 실천한 영국이나 미국의 경우 즉각 일본의 승리를 반기거나 당연한 결과라는 입장을 표명하였으나 패전국인 러시아를 제외한 다른 서구의 열강들은 내심 일본의 군사력에 놀라거나 또는 경계하는 입장을 취하였을 뿐 적극적인 입장을 밝힌 경우는 많지 않았다. 제국주의 세력에 동참하지 않는 민족이 이에 복속되는 것이 당연시되는 국제정세 속에서 서구의 열강 중 조선의 입장을 이해하고 일본의 식민지화를 우려하거나 동정하는 시각은 당시 국제사회에서 기대할 수 없었다.

여기에서 간략히 서구의 조선에 대한 이해와 평가를 쉽게 이해할 수 있는 잘 알려진 자료를 소개하고자 한다. 조선에 대한 서구의 평가를 주도한 인물 중 한 사람은 1880년 동경대 교수로 재직하면서 한국에 대하여 「은둔의 나라, 조선(Corea, the Hermit Nation)」이라는 저서를 펴낸 미국인 그리피스(William Eliot Griffis, 1843-1928)였다. 그는 조선인을 중국의 아류인 야만인으로 인식하면서 조선을 일본의 위협에 전전긍긍하는 영원한 약소후진국으로 표현하였다. 한편 일본인들에 대하여는 아시아 중 가장 우수한 문화민족으로 극찬하기도 하였다[106]. 놀라울 정도로 우리

106) Vladimir Tikhonov, "19세기 말 - 20세기 초 서구 선교사들의 한국 불교관". 한국국제교류재단, 「한국과 세계의 만남」, 지문당, 2002, 100면. 그는 아시아를 식민지로 계속 확장해 나가는 서구세력을 문명화의 전도사로 찬양하는 시각에서 출발하고 있고 일본의 주변국 침략 또한 이러한 시각에서 합리화하고 있으며 일본으로부터는 최고의 훈장을 수훈하였다.

에게는 모멸스런 이러한 이해가 전체 서구인의 보편적인 인식이라고 할 수는 없을지 모르나 이러한 이해가 당시 제국주의 사회에서 주류를 이루었던 만큼 조선침탈에 대하여 서구가 위와 같은 입장을 보인 것은 지극히 당연한 것이었다고 할 수 있다.

아시아의 경우도 그 반응은 다양하였는데 잘 알려진 바와 같이 국가에 따라 이를 반기거나 경계하는 입장을 표명하였다. 아랍을 여행하고 있던 중국의 국부 쑨원(孫文, 1866-1925)은 그를 일본인으로 오해한 아랍인으로부터 일본이 서구의 강국인 러시아를 패퇴시킨 것은 동양인으로서 매우 자랑스러울 뿐 아니라 고무적인 현상이라는 찬사를 들었다고 한다. 같은 식민국가의 입장에 있었던 인도의 네루(Pandit Nehru, 1889-1964) 수상은 딸인 아루자에게 보낸 편지에서 "일본의 승리는 아시아 모든 나라에 큰 영향을 주었다. 나는 소년시절에 이 사건에 크게 감격하였으며 아시아의 모든 사람들 역시 같은 감격을 누렸다"고 극찬하는 내용을 적기도 하였다[107]. 우리의 국권침탈이 눈앞에 닥친 상황에서 각국은 자신의 이해관계에 따라 긍정적인 평가를 내리거나 무관심하였을 뿐 우리에게 호의적인 경우를 찾기 어려웠다. 국제관계에 있어서 보편적인 공의보다 자국의 이해관계의 타산이 훨씬 더 중요하고 따라서 국제질서와 그 이해관계의 냉엄함은 지금도 이어지는 하나의 명백한 공리와 같다고도 할 수 있다.

라. 러 · 일 전쟁 이면의 국제 정세

(1) 유대인들에 대한 박해와 국제정세의 활용

러시아와 일본의 전쟁은 앞에서 본 바와 같이 러시아의 남하 및 세력 확대시도에 대한 영국과 프랑스 등 기존세력과 미국이라는 신흥세력의 저지 속에서 일본이 러시아 봉쇄의 대리인의 역할을 하도록 국제적으로 부추겨진 측면이 분명히 존재하며, 이는 일본이 조선과 대만, 중국 등 극동에서의 영향력 확대를 획책하면서 이들과 이해관계를 같이 함으로써 개전되었고 이들의 의도대로 러시아의 남하를 저지하는 대신 조선반도를 일본이 관리하도록 국제적으로 묵인한 것으로 보아 틀림이 없다. 그러나 국제적 관계는 피상적으로 알려진 이러한 각국의 이해 상충과 대립, 그 속에서의 편

107) 네루 수상이 옥중에 있는 동안 그의 딸에게 보낸 196편의 편지는 후에 「세계사 편력」- '아버지가 딸에게 들려주는 세계사 이야기'라는 제목으로 수개 국에서 번역, 출간되었다. 우리나라에서도 2004년 일빛 출판시에서 이를 출간한 바 있다.

가르기와 조정 이외에 숨겨진 역학관계가 존재하는 경우가 많고 조선의 운명을 결정지은 이러한 국제전의 이면에도 이러한 민족적, 국제적 이해관계가 복잡하게 얽혀 있었으며, 궁극적으로는 우리가 일본의 식민지로 오랜 기간 큰 고통을 겪게 되는 하나의 원인(遠因)이라고도 할 수 있다.

그 중 하나인 유대인들의 역할에 대하여 구체적으로 본다. 전쟁과 직접적으로 관련이 없는 유대인들에 주목하는 것은 그들이 B. C. 50세기이전 수메르문명부터 경제의 중심세력을 이루었고 근대자본주의의 토대를 구축하였을 뿐 아니라 그 역사는 세계의 경제사와 맥을 같이 한다고 할 정도로 근·현대사에 이르기까지 큰 영향력을 행사하여 왔기 때문이다[108]. 사실 잘 드러나 소개되지는 않았지만 일본이 서구 근대화에 성공하고 조선을 병탄하기까지의 과정에서 영국이나 러시아, 프랑스, 미국 등 서구 열강들의 갈등과 조정이 반복되는 가운데 그들의 정책결정의 이면에는 유대인들이 있었다고 하여도 과언이 아닐 정도로 그들의 영향력은 컸다.

유대인들의 역사는 다른 국가나 민족에 비하여 감추어진 경우가 많으나 일정부분은 기록으로도 확인되어 있다. 오래 전의 역사는 제외하고 이 책과 관련된 부분만을 간략히 본다. 4세기 무렵 로마시대에 기독교가 공인됨으로써 유대인들에 대한 핍박이 강화되었고 이들은 지중해 무역과 금융업에 종사하며 상당한 부를 축적하였으나 종교적인 죄인으로 간주되어 일정한 터전 없이 여기저기를 떠돌아다니는 생활을 이어왔다. 그 과정에서 유대인에 관대하였던 이슬람 세력이 강한 반면 기독교 세력이 상대적으로 약한 아라비아, 이베리아 반도 등을 중심으로 이주를 계속하면서 시련과 고통을 이겨왔다. 이들은 경우에 따라서는 스스로를 감추고 자기네들만이 알아볼 수 있는 표식을 통해 민족적 순수함을 유지하고 단합하는 힘을 토대로 끈질긴 생존경쟁을 계속해왔다.

대부분 국제무역과 금융업에 종사하던 유대인들은 11세기 십자군 전쟁에 반대하여 상당수가 학살되는 등 큰 시련을 겪었으며, 이를 피하기 위하여 유럽의 국왕들에게 돈과 선물을 보내어 보호를 요청하였고 국왕들은 이들의 부와 경제적 능력을 이용하기 위해 국가에 필요한 재정전문가, 세리, 금융업자로 발탁하기도 하였다. 한편 1215년 교황 이노센트 3세가 제4차 라테란 공회의(Lateran Council)에서 유대인들을 소위 '게토'라는 별도의 분리된 지역에서만 거주하도록 하고 상징적으로 노란색 표지를

108) 홍익희, 「유대인 이야기」, ㈜행성비, 2013, 369면.

붙이도록 강제하는 등[109] 유대인들을 극도로 핍박하는 종교 정책을 밀어붙이자 약 50만으로 추산되는 유대인들이 이베리아 반도를 중심으로 한 이슬람 세력의 한가운데에 모여 들었고 이들은 지중해를 중심으로 한 국제무역을 장악하여 왔다.

그러나 1490년 아라곤 왕국의 페르난도 국왕과 카스티야 왕국의 이사벨 여왕의 혼인으로 이베리아 반도에서 통일의 기운이 강해지고 이를 토대로 이베리아 반도에서 이슬람교도를 축출하는 소위 레콩키스타(Reconquista) 운동이 본격적으로 전개되었다. 마침내 기독교 통일국가는 1492년 이슬람세력의 마지막 근거지인 그라나다 지역을 함락시킴으로써 이슬람 세력을 아프리카로 축출하는 데 성공하고 이베리아 반도 전역을 기독교 세력에 편입시켰고 그 동안 이슬람에 협조적이었던 유대인들에게 압박을 가하기 시작하였다. 그 과정에서 유대인들은 개종이냐 떠날 것이냐의 선택을 강요받게 되었고 약 10만 명은 기독교로 개종을 하였으나 약 20만 명은 다시 이주를 결정하고 다시금 다른 지역으로의 방랑길에 오를 수밖에 없었다.

이들이 택한 새로운 거주 지역은 당시 자유로운 사상과 종교의 메카였던 브뤼헤 등 벨기에와 암스테르담 등 네덜란드 지역, 그리고 일부 동유럽과 러시아 등이었다. 이들 유대인들은 타고난 상업적 능력과 단합된 힘으로 다시 새로운 지역의 무역, 금융업, 보석매매·가공업, 소금매매업 등을 장악하면서 이들 경제의 중심세력으로 성장하였다. 일본에 진출한 네덜란드의 동인도회사 또한 유대인이 주축이 되어 설립한 것으로 이들이 1609년 일본의 히라도 지역에 상관을 개설하고 일본과의 무역을 독점한 것은 앞의 장에서 본 바와 같다[110]. 결국 일본의 대 서구 교역창구의 파트너는 공식적으로는 네덜란드 국이었으나 그 실질은 상업을 독점한 유대민족이었다고 할 수 있다.

주지하는 바와 같이 그들은 경제적인 측면에서는 많은 부를 축적하면서 중심세력을 형성하였으나 항상 그들의 정치적, 사회적 입지는 위태로웠으며, 박해를 피하기 위해 그들만의 단결된 힘과 노력으로 은밀하게 정치적 입지가 강한 왕조에 협력하는 등으로 생존을 도모하는 지혜를 발휘해 왔다. 이들은 국제정세에 매우 민감할 수밖에 없었고, 네덜란드와 프랑스 전쟁 등으로 다시금 위험에 노출되자, 네덜란드 등에 거주하던 유대인들은 이들에게 보다 관대하였던 크롬웰(Oliver Cromwell) 치하의 영국으로

---

109) 1179년 제3회 라테란 공의회에서 그리스도 교도와 유대교도와의 교류를 금지한 데서 시작되었으며, 그 이후 1215년 제4회 라테란 공의회의 논의를 시발로, 1280년 모로코에서 회교도들이 유대인을 분리된 지역으로 강제 이주시키면서 게토가 형성되기 시작하였다.

110) 홍익희, 앞의 책, 414면.

다수 이주하여 영국의 금융과 무역을 독점하게 되었다. 이와 같이 이들 유대인들은 알려진 대로, 또한 알려지지 않은 대로 오로지 자신들의 생존을 위해 국제 정보의 수집과 정세분석에 매우 뛰어난 능력을 발휘하였고 나름대로 영향력을 행사하고 개입하여 왔는데 유대인들은 러시아와 일본의 갈등과 및 전쟁에도 깊이 관여한 것으로 알려져 있다.

(2) 러 · 일 전쟁과 유대인의 역할

그 과정을 간략히 본다. 유대인들 중 러시아와 동유럽에 산개하여 거주하던 많은 사람들에게 위기가 닥친 것은 러시아의 정세와 관련이 있다. 러시아의 황제들은 서구화를 위해 노력하고는 있었으나 주로 농업중심의 경제적, 사회적 후진 체제를 오랜 기간 유지하여 온데다가 귀족이나 관료들의 부패로 이러한 개혁이 쉽게 이루어지지 않았다. 이러한 과정에서 개혁추진세력과 반대세력이 항상 대립하여 분쟁이 끊이지 않은 터에 결정적으로 앞에서 본 바와 같이 1870년 황제 알렉산드로 2세가 암살당하는 사건이 발생하게 된다. 뒤를 이어 즉위한 알렉산드로 3세는 개혁세력을 탄압하는 한편 암살집단에 대한 강력한 처벌을 시사하였고 그 배후로는 평소 러시아의 경제에 대한 독점적 지위를 누려오면서 러시아인들의 증오의 대상이었던 유대인들이 지목되었고 이들을 색출하여 처벌하는 과정이 이어졌다[111].

유대인들은 러시아의 황제와 그 추종세력의 강력한 탄압에 직면하자, 이를 피하여 일부는 러시아를 탈출하기도 하였으나 이들 중 상당수는 은밀하게 러시아의 황제체제를 붕괴 또는 전복시키기 위한 조직적인 대응을 시도하였다. 이런 과정에서 러시아가 동진정책을 펴면서 일본과 대립하고 나아가 전쟁직전의 상황에 처하게 되자 러시아의 유대인들은 자신들의 생존을 위하여 러시아의 승리보다 유대인들을 핍박하는 황제 체제의 약화 내지는 붕괴를 내심 원하게 되었다. 이러한 유대인들의 조직적인 반 러시아 움직임은 해외, 특히 미국과 영국의 유대인들과 연합하여 러·일 전쟁에서 일본에 대한 지원으로 이어지게 된다[112].

---

111) 이 사건을 계기로 제정 러시아는 여러 가지 정책으로 유대인 탄압을 본격화하였는데, 유대인들에 대하여 추방 또는 개종을 명령하였고, 남아 있는 유대인들도 이른바, 게토에 거주하도록 명령하는 등의 정책이 그것이었다. 다닐로프/코술리나(А. А. Данилов/Л. Г. Косулина), 「새로운 러시아 역사」, 문명식 역, 신아사, 2015, 494-5면 참조.

112) 강영수, 「유태인 오천년사」, 청년정신, 2003, 256-7면에서는 이들의 활동을 자세히 소개하고 있다. 간략히 보면, 미국 거주 유태인들은 1892년 뉴욕타임즈를 통하여 러시아에서의 유태인 탄

이와 관련하여, 영국에서의 유대인들의 움직임을 본다. 네덜란드, 벨기에 등에 자리 잡은 유대인들은 프랑스와 네덜란드의 전쟁으로 상당수가 탈출을 감행하였고 크롬웰 치하의 영국이 이들의 이주를 허용함에 따라 영국이 이들의 주요한 생활터전으로 자리 잡게 되었다. 이들은 곧 막대한 자금과 조직적인 유대감으로 영국 해외무역의 약 4분의 3을 장악하게 되고 이들은 이후 전개되는 산업혁명의 주도세력으로 등장하게 된다[113]. 영국의 경제적 발전을 이야기함에 있어 금융을 장악하였던 로스차일드(Rothschild) 가문을 빼놓을 수 없다.

로스차일드 가문은 대를 이어가면서 영국의 채권, 증권시장의 62%를 장악하였으며[114] 이후에도 국제 금융업에 막강한 영향을 이어갔다[115]. 또한 유대인들은 크롬웰 이후 영국 정치지도자들과 끈끈한 유대관계를 이어갔는데 마침내 유대인으로 4회에 걸쳐 영국의 수상을 지낸 걸출한 정치인 디즈레일리(Benjamin Dsraeli, 1809-1898)를 배출하는 등 정계, 재계에 막강한 세력을 형성하고 영국의 정책결정의 핵심적 세력으로 자리 잡게 되었다. 이들이 현재 세계금융의 중심지인 뉴욕 월가에서 핵심 세력을 형성하고 있으며, 기타 전 세계의 원자재, 소비재, 문화산업, 심지어 IT 시장까지를 장악하고 있음은 주지하는 바와 같다.

이들 유대인 세력의 조직적 지원 속에 영국은 러시아를 견제하기 위해 1902년 일본과 동맹을 체결하였다. 그리고 일본이 전쟁에 필요한 국채를 발행함에 있어서 영국, 미국의 자본시장에 큰 영향을 끼치고 있던 유대인들이 적극적으로 일본의 국채를 소화해 줌으로써 일본을 간접적으로 지원하기에 이르렀다. 이를 구체적으로 정리한 하라 아끼라 교수의 기록에 의하면, 전쟁에 필수적인 전비조달을 위해 당시 일본은행 부총재였던 다카하시 고레키요(高橋是淸, 1854-1936)가 나서 영국 Perth 은행의 A. Shand와 미국 유대인 은행가 Jacob Schiff의 도움을 얻어 국채를 소화할 수 있었다고 한다[116]

압을 취재한 특집기사를 내보도록 하는 등 동정여론을 조성하였고 뒤에서 보는 바와 같이 야콥 쉬프(Jacob Schiff) 등이 일본의 국채를 보증하여 일본의 전비마련에 결정적인 도움을 주었고 그로 인하여 일본 천황으로부터 작위를 받기도 하였다.

113) 홍익희, 앞의 책, 472면.

114) 홍익희, 위 책 475면. 이에 의하면 영국의 증권거래소는 유대인들의 주도로 1608년 출범하였다.

115) 원래 독일 게토 출신이었던 이 가문의 영향력과 그 활약에 대해서는 강영수, 앞의 책, 227면 이하 참조.

116) 위 아끼라 교수는 이러한 국제적 움직임을 정확하게 정리한 것으로 보인다. 당시 다카하시의 자서전에도 이러한 내용이 기록되어 있다고 한다(中公文庫, 1976, 213면). 하라 아끼라(原 郞), 앞의

한편 유대인들은 러시아의 차르 체제의 전복을 위해 당시 러시아 내부의 반체제세력인 레닌 등 공산주의 혁명세력과도 손을 잡고 유대인을 탄압하던 황제 중심의 정권에 대항하였다. 후에 혁명이 성공한 후에 스탈린과 노선 투쟁을 벌이다 실각하여 해외로 망명한 트로츠키(Leon Trotsky, 1879-1940)중심의 유대인 세력은 1907년 러시아 볼쉐비키 혁명이 성공할 무렵 공산정권의 정치국 위원 중 약 30%를 점할 정도로 깊이 혁명에 관여하였다고 전해지고 있다. 일본도 러시아 내의 이러한 움직임을 잘 알고 있었고 러시아와의 전쟁이 임박한 시점에 러시아 내에 소위 공작 인력을 파견하여 레닌 등 러시아의 체제전복세력과의 제휴를 모색하였다. 레닌은 이들로부터 자금 지원 등 차르체제의 붕괴에 협조하겠다는 것을 제의받았으나 혁명에 외국세력이 개입하는 것은 적절하지 않다고 거부한 것으로 알려지고 있다.

(3) 냉엄한 국제관계와 조선왕조의 종언

일본의 조선 침탈에 이처럼 영국, 러시아, 그리고 심지어 유대인들까지 각자의 정략적 이해관계에 따라 직, 간접적인 영향을 끼친 것은 앞에서 본 바와 같거니와 주지하는 바와 같이 미국 또한 이러한 국제적 상황을 이용하여 태평양에서의 세력 확대를 도모하였다. 즉 러시아와의 전쟁에서 일본은 간접 지원한 미국은 일본으로부터 러시아와의 강화조약 중개를 부탁받자 이에 적극 나섰다. 그리고 주지하는 바와 같이 포츠머스에서 강화조약이 시작되기 직전인 1905년 7월 29일에 당시 일본의 카스라 타로(桂太郞, 1848-1913) 수상과 미국의 특사 윌리엄 태프트(William Taft, 1857-1930, 후일 미국의 제27대 대통령으로 재임)와의 밀약을 통해 필리핀과 조선에서의 상호 지배를 묵인하기로 합의하기에 이르렀다. 이에 맞추어 영국 또한 영일동맹을 개정하면서까지 미국과 일본의 협약을 승인하였다. 우리의 운명이 철저히 우리의 의사와 이익이 무시되는 가운데 냉엄한 국제사회의 이해관계 속에서 참담하게 결정되었다.

포츠머드 조약 제2조는 일본의 배타적 조선지배에 러시아가 이의가 없음을 명기하였다. 도저히 거스를 수 없는 철저한 약육강식의 국제정세 속에서 서구의 강국들이 대부분 동의하는 가운데 이제 남은 것은 거의 아무런 군사적, 외교적 세력을 보유하지 못한 조선을 일본이 언제 어떤 식으로 병탄하는가라는 형식적 실천과 절차만 남아 있을 뿐이었고 우리가 이에 대응하거나 항거한다는 것은 실질적으로 불가능한 상황이

책, 117면에서 인용. 당시 조선은 전혀 짐작도 못하고 있는 상태에서 유대인들까지 일본의 조선 병탄에 관여할 정도로 조선의 운명은 국제적 관심과 세력다툼의 대상이 되어 있었다.

었다. 이런 만큼 실질적으로 우리가 국권을 침탈당한 것은 러시아와의 전쟁에서 일본이 승리하고 이를 국제적으로 확인한 1905년으로 거슬러 올라가야 한다는 주장도 경청할 만한 가치가 있다. 이 주장에 따르면 우리가 일본으로부터 국권을 침탈당하고 그 지배에 복속된 것은 36년이 아니라 약 40년에 이르는 셈이다[117].

한편 이러한 국제적 흐름은 마지막 남아 있던 형식적 절차인 1910년 일본의 조선에 대한 강탈협약체결에 대한 서구열강의 반응이 철저히 일본의 편에 서 있었음을 보더라도 쉽게 추지할 수 있다. 영국은 정부의 공식입장으로 일본의 조선병합에 아무런 반대할 이유가 없다는 호의적인 반응을 내놓았고 언론의 입장도 그와 다르지 않았다. 뿐만 아니라 미국, 독일, 프랑스, 심지어 전쟁에서 패한 러시아의 입장도 일본을 지지하는 쪽이거나 침묵하였을 뿐 조선을 동정적으로 이해한 경우는 찾아보기 힘들었다.

한편, 러시아와 전쟁을 통하여 이권을 획득한 일본은 이번에는 영국과 미국의 견제를 의식하지 않을 수 없게 된다. 두 국가는 러시아와 일본의 전쟁 중에는 자국의 이해관계를 우선시하여 일본을 지지하였으나 이후 일본이 아시아에서 더 이상 세력을 확대할 경우 자국의 이익을 침해할 수도 있음을 우려하여 견제하려는 움직임을 노골화하게 되었고 일본 또한 이를 충분히 의식하여 이번에는 몽골 등 북방을 둘러싼 영토분할에서 러시아와 비밀협정을 체결하고 이를 정리함으로써 영·미의 견제에 대응하는 태도를 취하게 된다. 국제사회에서 영원한 적이나 우방은 없다는 냉엄한 진리를 다시 한 번 보게 된다.

실질적으로는 1905년, 형식적으로는 1910년 일본의 조선 병탄과 함께 우리의 국권은 상실되었다. 법제적 측면에서 국권의 상실은 곧 우리 법과 제도가 우리 국토에서 완전히 소멸한 것을 의미한다. 이에 일본이 우리의 의사와는 전혀 관계없이 자신들의 법제와 법절차, 법조인들을 이용하여 우리 국민의 생명, 신체, 재산 등과 관련된 제반의 법률문제를 마음대로 처리하는 시대로 접어들게 되었다. 그리고 그 이후 우리는 당시 적용되다가 소멸된 우리의 법제를 다시는 되살리지 못했다. 뒤에서 다시 언급하고자 하거니와 물론 조선 말기의 법제가 왕조의 집권을 뒷받침하는 전 근대적인 것이어서 새로운 시대에 맞게 변경되어야 할 것임은 누구나 인정하는 바이나 법학자의 입

117) 이러한 주장은 강재언의 저서 「일본에 의한 조선지배 40년」에서의 주장이며, 일본의 사학자 하라 아끼라도 이러한 주장이 사실상 틀리지 않다고 정리하고 있다. 하라 아끼라(原 郞), 앞의 책, 172면 참조.

장에서 이를 우리 스스로가 주도적으로 우리의 역사와 문화, 그리고 국민들의 법 감정에 맞게 만들어내지 못했음은 매우 불행한 일이었다.

5 일본의 근대화에 대한 다양한 평가

가. 근대화의 관점에서 조선과 중국, 일본의 차이

(1) 조선, 중국과 일본의 비교

일본이 명치유신 이후 비교적 짧은 기간에 서구와 대등한 정도의 문화적, 사회적, 정치적 변화를 이루고 산업과 군사력이 뒷받침되는 강력한 국가로 성장하게 된 데 대하여는 세계가 경이롭게 생각하였고 이에 대한 원인과 배경을 찾는 노력도 계속 이어져 왔다. 특히, 같은 극동지역에 위치한 조선이나 중국과 비교할 경우 조선은 뒤늦게 1890년 이후 몇 가지 노력을 하였지만 실질적으로 근대화의 과정을 밟지 못함으로써 정치적, 경제적, 사회적, 문화적 변화를 거의 이루지 못하였다. 앞의 장에서 고종의 자문관 샌즈(William Franklin Sands)가 지적한 바에 의하면, 조선의 대외정책이라야 기껏 바다에 인접한 곳의 나무를 벌채함으로써 외국이 그저 버려둔 황무지의 땅으로 여겨 제국주의의 압력으로부터 벗어나기를 기대하였던 것이었을 정도였다[118]. 물론 일부 선각자들과 지식인들의 개화 노력, 조선의 마지막 왕들의 이미 침몰해 가는 국가를 되살리려는 최후의 몸부림이 우리 역사서에 기록된 바와 같이 없지는 않았으나 이미 국제정세와 국력의 차이를 극복하고 독립을 유지할 수 없었던 것이 위에서 본 바와 같이 객관적인 사실이었다. 이런 과정 속에서 조선은 일본이 미국으로부터 전수받은 무력시위의 방법으로 강제로 개방되고 제국주의의 해외침탈의 수법 역시 전수받은 일본에 의하여 식민지로 전락하고 말았다.

한편 중국은 일찍이 서구를 능가하거나 맞설 수 있는 강국으로 여겨졌고 조선이 유일하게 전적으로 의지하고 서구로부터 보호받을 수 있는 세력으로 기대하였으나 오래 전 서구 열강으로부터의 거듭된 개방 압력과 그로 인한 침탈이 이어져 왔다. 서구와의 아편 전쟁 등에서 연거푸 패하였으나 다만 국권만은 침탈당하지는 않은 채 국토의

118) 샌즈, 앞의 (주 48) 등 참조.

일부를 할양하고 중요한 이권을 넘겨주는 등으로 소위 반식민지 상태로 전락하였다. 이러한 국력의 피폐 상태에서 마침내는 일본으로부터 전면적 공격을 받은 끝에 국민들의 생명과 재산이 침탈되고 국가의 존립이 위태로운 상황에까지 이르게 되었다. 중국은 조선과 달리 오래 전부터 서구문화를 접하였고 더러 서구와 통교하기도 하였다. 그러나 산업화, 근대화의 관점에서는 일본과 현격한 차이를 보였을 뿐 아니라 이로 인하여 사실상 일본과 국력의 차이가 현격하게 벌어졌고 1894년의 일본과의 전쟁에서 패하고 만주사변, 중일 전쟁 등으로 급기야 일본으로부터 국토가 유린되는 참상으로 이어졌다.

페리 제독의 내침으로 당시 일본이 식민지로 전락할 위험이 객관적으로 존재하였는가에 대해서는 논쟁이 있는 부분이나 일본은 중국이 서구 제국들에 의하여 국토와 이익이 유린당하는 처참한 상황을 보면서 국내적으로 이러한 위기감이 상당히 컸다는 점은 대체적으로 인정되며 따라서 그 동안 축적된 민족적 에너지를 재빨리 서구산업화, 군국화로 전환시키는 데 성공하였다. 이러한 극동 3국이 서구 산업화, 근대화의 과정에서 큰 차이를 보인 배경과 연유가 무엇이었을까. 이를 둘러싸고 그 동안 역사학자들의 많은 논쟁이 있었고 일부 학자들은 여전히 그 해답이 명확하지 않다고 주장하기 까지 한다. 이 논쟁은 이른바 50년래의 쟁점이라고 불리어질 정도로 한국, 중국, 일본 뿐 아니라 구미 각국의 사학자들이 관심을 가진 논제이기도 하다. 이에 아래에서는 이와 관련된 몇 가지 견해를 정리한다.

(2) 근대화의 과정에 관한 일본 측의 견해들

이 논쟁에 대하여는 여러 가지 견해들이 발표되었거니와 이 중에는 이미 고사한 마르크시즘에 착안한 일본에서의 민중혁명이론도 있었다. 이 이론은 19세기 후반의 일본의 근대화 과정들을 마르크스의 이론에 입각하여 해석한 것으로 일본 사회가 봉건주의 사회로부터 부르조아 민주주의를 거쳐 사회주의로 이행하는 데 필요한 잠재적 토대를 만든 데 초점을 맞춘 것이었다[119]. 이러한 이론은 역사적으로 검증되지 않았을 뿐 아니라 객관성을 결한 부적절한 것이어서 논평할 가치가 없다고 생각한다. 한편 이러한 비합리적인 극단론을 제외하면, 이에 관한 견해들은 대체로 큰 틀에서 몇 가지로 대별할 수 있는바, 이 점에 관해서는 최상용, 고병익 교수 등이 잘 정리하고

119) Beasley, 앞의 책, 125면. 저자 역시 이러한 논리를 소개하면서도, 이러한 취지를 주장하는 사람들이 주목하는 계급적 이론을 원용할 필요는 없다고 일축하고 있다.

있다.

우선 일본 측의 논리를 본다. 주류는 일본 자체의 내재적 발전이나 지도층의 탁월한 대외인식 및 그 판단에서 그 원인을 찾는 견해로 이는 일본의 학자들의 통설적 견해로 되어 있으며 구미의 학자들 중에도 이를 지지하는 사람들이 적지 않다. 다시 말하면 일본이 중국이나 조선과 달리 근대화에 성공하고 국력을 신장시킬 수 있었던 것은 일본의 이전부터의 내재적 발전과 지도층의 외세에 대한 적절한 대응이 주된 요인으로 작용하였다는 것이다. 특히 일본 측의 주장은 중국과 조선, 일본에 시간적 간격은 있으나 서구의 세력이 무역선이나 선교사 등을 통하여 밀려들어왔을 때 어떻게 대응하느냐는 3국 국가 지도자들의 입장과 방식의 차이를 강조하고 있다. 이들은 페리제독의 내침이라는 인자가 격발의 역할을 한 것이 사실이며, 일본의 명치유신과 그 이후의 서구산업화, 군국화 등이 외발적 요인에 의하여 이루어진 것 또한 사실이나 이러한 것들이 국민들의 요구에 의해 비롯된 것이라기보다 지배계급과 정부의 주도로 완성되었는데[120]. 왜 일본에서는 이러한 것들이 가능하였던가 하는데 중점을 두고 그 원인과 동기를 분석하고자 하였다.

이 점에 관하여 지적한 오까꾸라 덴신(岡倉天心, 1862-1913)의 견해를 본다. 미술가이자 비평가였던 그는 일본이 과거 수세기에 걸쳐 다른 아시아 국가와 달리 다양한 문화를 흡수한 것을 일본 근대화의 원천으로 강조한다, 그 결과 일본은 인도와 중국이 알지 못하는 '자유와 정력'을 가지고 있었고, 채용이 바람직한 서양 문명의 요소들을 이웃 국가들보다 쉽게 이해하고 올바르게 인식할 수 있었다고 지적한다. 나아가 그는 일본은 자신의 전통을 잃지 않은 가운데 필요한 것들을 차용하여 왔으며, 전통의 일부를 근대적인 삶에 이식시키는데 성공하였다고 주장한다[121]. 그 외에 이를 뒷받침하는 몇 가지 일본 측의 논리를 본다. 그 중에는 일본의 대외의식과 외교구조의 특징을 일본식의 화이(華夷)의식, 즉 '일본은 신국이며 타국은 이에 복속하는 형식의 조공국이었다고 정리하면서 이러한 화이정신이 바탕이 되었다고 주장하는 견해가 있는가 하면[122], 심지어는 일본의 전통적인 사무라이 정신이 이러한 근대화 성

120) 이께다 료지(井け田 良治) 등, 앞의 책, 5면. 저자는 이러한 과정으로 인하여 일본의 자발적 정신이 억압되고 전통적 제 문화가 발전하지 못한 채 구미제국의 문화가 거의 강제적으로 접목되었다는 비판도 함께 하고 있다.

121) Beasley, 앞의 책, 172면. 저자는 바로 이러한 이유 때문에 일본은 자유주의와 개인주의로 상징되는 서구의 위험으로부터 스스로를 구할 수 있었다고 주장한다.

122) 요시노 마꼬토(吉野 誠), 앞의 책, 219면. 이는 아라노 야스노리(荒野泰典)가 주장한 것으로 일

공의 본질이었다는 주장도 있다. 이러한 주장들은 앞에서 본 바와 같은 소위 자국문화 중심론을 바탕으로 한 것으로 역사인식에 관한 객관성의 부족으로 받아들이기 어렵다.

한편 보다 객관적으로 이러한 변화의 차이를 다룬 주장들을 본다. 일본의 대표적인 근대 계몽 사상가이자 교육자인 후꾸자와 유끼치(福澤諭吉, 1835-1901)[123]는 예컨대, 기독교에 대하여 일본의 전통적 가치관에 해를 끼칠 수 있다는 주장을 폈다가 2주 후에 이를 철회하면서 종교 또한 서양식으로 따르지 않을 수 없다고 주장하였다. 그는 논거로 동물의 보호색 논리를 들면서 풍속이나 종교를 달리하면 이방인시 되는 현실에서는 문명의 색상으로 스스로를 가려서 보호할 수밖에 없다는 주장을 하기도 하였다[124]. 매우 현실적인 논리라고 보인다. 이러한 주장과 같은 선상에서 서구의 문명은 필요악이라고도 할 수 있지만 일본의 이익을 위하여 어쩔 수 없이 이를 근대화의 과정상 수용한 것이라는 구가 가쓰난(陸 羯男, 1857-1907)의 견해를 본다. 그는 "서양 문명의 선미를 알지 못하는 바는 아니다, 우리는 서양의 권리, 자유 및 평등의 설을 중시하고 서양의 철학과 도의의 이론을 존경하며, 서양의 풍속과 관습도 어떤 점은 사랑한다. 특히 철학, 경제, 실업은 가장 흠모하는 분야이다. 그러나 우리는 서양에 사물의 명(名)이 있다고 하여 무조건 채용해서는 안 되며, 오로지 일본의 이익과 행복에 기여하는 실(實)이 있을 때에만 그것을 받아들여야 한다"고 설명하였다. 그의 관점은 서양문화의 전적인 수용에 대해서는 회의적이나 일본의 이익을 위해 어쩔 수 없이 근대화의 길로 나설 수밖에 없다고 그 불가피성을 주장한 것으로 보인다[125].

또한 일본의 대표적 지성인이며 역사소설가인 시바 료타로(司馬遼太郎)는 도날드 킨(Donald Keene) 박사와의 대담의 기회에 이러한 일본의 근대화 성공의 배경을 사상적인 측면에서 설명하고 있다. 그의 평가에 의하면, 유교권 문화에 속하여 있었던

본을 정점에 두고 타국을 계층적으로 편성하려는 매우 황당한 논리로 저자 또한 이를 일방적이고 주관적인 판단으로 이해하면서도 조선 왕조에서도 스스로를 중화로 여기며 일본이나 중국을 왜 또는 오랑캐로 칭하는 국수주의적 경향이 있었고 이는 극동 3국의 보편적인 이해라고 설명한다.

123) 그의 사상에 대해서는 김영작, 앞의 책, 541면 이하에서 자세하게 다루고 있다. 저자는 그의 학설과 사상에 대해서는 시민자유주의자라는 입장에서부터 국권주의자라는 주장까지 크게 7가지의 이해가 있으나, 그의 저서 「통속국권론」(1878) 등에서 보는 바와 같이 마키아벨리즘적 동양정략론(방어적 국가주의)에서 팽창적 국가주의로 전환되었다고 평가한다.

124) 박환무, "천황제 내셔널리즘의 형성과 변용의 한 단면", 한일관계사연구논집 편찬위원회, 앞의 책, 401면.

125) Beasley, 앞의 책, 170면. 1889년 '일본'이라는 신문에 기고한 논설의 일부이다.

일본은 에도 시대 즉, 도꾸가와 막부의 중기에 유학은 이미 종말을 고하였으며, 노력하면 군자도 될 수 있다는 식의, 서구의 프로테스탄티즘 적 근면, 자립정신, 나아가 실용주의적 사고가 전역을 지배하였다는 것을 강조하였다. 그는 나아가, 국가로서는 유용한 것, 쓸모 있는 것을 중요시하고 국민들 속에는 근면하게 일하면 무언가 될 수 있다는 사고가 지배하였다는 점을 높이 평가하고 있다[126]. 또한 그는 구체적으로 조선에는 과거제도가 있어 특별한 지배계급의 사람만이 책을 읽고 이를 통해 사회적 입지를 세울 수 있었으나 일본은 과거라는 특정 영역에서의 학문만을 통하여 성공할 수 있는 제도가 존재하지 아니하였고 모든 사람이 책을 읽을 수 있었으며 또 그러함으로써 현실적으로 도움을 얻을 수 있다는 풍조가 성행하여 있음을 지적하고 있다[127].

이에 대하여 도날드 킨 박사 또한 동의하면서, 일본에서의 유학은 사상 자체로서는 일본에서 도꾸가와 막부 중기 이후에 이미 쇠퇴하고 죽은 사상이었다고 평가하고 그 대신에 그림이나 물건 하나마다 실용적인 것을 강조하는 경향이 강하였는데 조선에서는 '식사 중에 절대로 이야기를 해서는 안 된다'거나 '연장자 앞으로 나갈 때는 안경을 벗어야 한다'는 등의 예에서 보듯이 엄격한 주자학적 경향에 빠져 있음에 비하여 일본에서 실용적 문화와 사상의 풍조를 확대한 것이 근대화, 세계화를 가능하게 한 중요한 요소라고 정리하고 있다[128]. 이러한 류의 견해로는 크리스토퍼 벡위드(Christopher I. Beckwith, 1945~)의 주장이 있다. 교수 또한 일본에서의 근대화의 성공요인으로 근세 이후 일본의 곳곳까지 확장된 교육시설과 서민들까지 거의 글을 읽을 수 있었던, 낮은 문맹율을 들고 있는데[129] 명치유신이 성공할 수 있었던 것은 우리가 통상 알고 있는 바와 같이 몇 지도자그룹의 역할보다 일본국민들의 압력이 크게 영향을 끼쳤다는 취지의 주장과도 맥을 같이 한다.

우리의 경우에도 이런 주장을 한 분이 있다. 즉 일본은 타 문화권에서 이를 도입함에 있어서 과감하게 자신들의 것을 버리고 적절히 변화하는 경향이 있고 이것이 성공

126) 도날드 킨/시바 료따로, 앞의 책, 110면 등.
127) 도날드 킨/시바 료따로, 위 책, 124-5, 127면. 이러한 학문의 보편화 경향은 오오사카 지방을 중심으로 확산되었는데, 읽기, 쓰기, 주판을 가르치는 곳이 곳곳에 있었고 서당용 교과서 1만 종류가 발간되었다는 점을 소개하고 있기도 하다.
128) 도날드 킨/시바 료따로, 위 책, 114, 117, 119면.
129) 크리스토퍼 벡위드(Christopher Beckwith), 「중앙유라시아 세계사」, 이강한 등 역, 소와당, 2014, 444면.

을 거둔 것이라는 취지이다[130]. 근래 세계사의 흐름을 정리한 일본의 사이또 다까시(齋藤 隆) 교수는 '근대화'라는 관점에서 당시의 상황을 설명하면서 일본이 미국과 유럽의 문화를 강압적인 방법으로 접하면서 이에 대항하다 보니 그 침략방식을 배워 이웃에 심각한 피해를 가하였다면서 '근대화'라는 것은 이러한 딜레마를 가지고 있다고 강조하고 있다[131]. 일면 타당하나 이 역시 일본의 조선 등 주변국에의 침략을 제국주의적인 이익 추구보다는 서구 열강의 침략상황에 기대는 식으로 합리화하려는 측면은 우리로서는 받아들이기 어렵다.

한편 도꾸가와 막부의 시대에 이미 난학 등을 통하여 외부적으로는 서구의 발전된 산업화의 과실을 충분히 섭취하는 한편, 내부적으로는 참근교대(叅勤交代)등 막부와 각 번 사이의 권력분배와 조화로운 성장체제를 유지함으로써 상업, 수공업 등에서 상당한 발전이 이루어진 상황에서 미국의 개항요구에 대한 대처와 및 명치유신 이후의 발전의 가속화가 적절히 이루어질 수 있었다는 논리도 이와 같다[132]. 이러한 논리들은 스스로를 보호하기 위한 필요에서 일본이 자신들의 전통을 유지하는 가운데 서구와의 접근을 통해 받아들인 산업화에 참여할 수밖에 없었다는 매우 실용적인 것으로 이러한 논리는 16세기 이후의 일본 지도층이 서구 근대화에 접근해 간 사상적 바탕을 상징적으로 설명해 주고 있다.

(3) 한국, 중국의 견해들

한편 한국이나 중국 측의 견해는 역시 전쟁의 피해당사자국이라는 입장에서 일본의 소위 근대화를 스스로의 힘으로 이루었고 침략을 합리화하는 논리와는 사뭇 다르다. 그 일례로 일본 한 국가의 사정만을 본질로 보지 않고 조선과 중국, 일본의 3국을 한꺼번에 비교하면서 가장 중요한 것은 각 국가에 미친 외압의 정도이며 이로 인하여 3국이 각각 식민지, 반식민지, 제국주의 국가의 완성이라는 다른 길로 운명이 나뉘었다는 주장을 본다[133]. 이에 의하면, 중국이나 조선, 일본은 각각 나름대로의 근대화과정

---

130) 권오기/와까미야 요시부미(和歌宮 吉文), 「한국과 일본국」, 샘터, 2005, 272-3면 등.

131) 사이또 다까시, 「세계사를 움직이는 다섯 가지 힘」, 홍성민 역, 뜨인돌 출판사, 2009, 47-76, 79면. 교수는 근대화를 대표하는 '가속화'라는 문화적 경향이 유럽의 특징을 이루고 이것이 세계사를 이끌어왔다고 설명한다. 이는 일본 근대화로 인한 주변국의 피해를 합리화하는 견해로 보인다.

132) 민석홍/나종일/윤세철, 앞의 책, 459-460면.

133) 최상용, "일본의 근대화를 생각한다", 한일문화교류기금, 「되돌아 본 한일관계사」, 경인문화사, 2005, 245면. 1964년 일본의 시바하라 타쿠지(芝原拓自)가 30년래의 논쟁이라고 한데 대하여

을 밟고 있었으나 서구의 입장에서 조선은 오래전부터 서구와 예술, 문화적 교류가 있어 왔던 일본에 비해 변방이나 다름없었으며 따라서 서구의 강력한 압박이 작용하지 아니한 반면, 중국은 이와는 달리 서구로부터의 매우 강력한 압력이 작용하여 이 총체적인 압박을 견디다 못해 연거푸 전쟁에서 패하고 나아가서는 일본에까지 패하는 결과를 초래하였다는 것이다.

이와 유사한 관점에서 또 다른 견해를 보면, 중국과 조선 또한 일본과 같이 자본주의의 맹아가 이미 나타나고 근대화의 과정을 시작하였으나 그 외압의 정도와 이를 어떻게 견디느냐는 관점에서 중국은 일본과 전혀 달랐고 따라서 '양무운동(洋務運動, 1861-1894)'[134]을 통한 혁신정도 밖에 이루지 못하였으며, 이로 인하여 청일전쟁에서 패함으로써 중국은 반식민지화로 귀결되었고, 조선 또한 청국의 패망과 함께 외압의 정도가 국가를 파탄에 이르고 국권을 내줄 정도로 급증함으로써 식민지로 전락하였다는 논리이다[135]. 중국과 한국에 대하여 일본이 가한 압력이 근대화 중단 또는 지연의 원인이었다는 전쟁피해당사자국의 당연한 입장이라고 할 수 있다. 이 점에 관하여, 당시 국제정세 등을 근거로 서구의 열강이 중국에 가한 압력에 비하여 일본에 가한 압력이 매우 적었으며, 이는 영국을 위시한 열강 등이 자원의 양이나 소비시장 등에서 일본과 비교가 되지 아니할 정도의 중국을 두고 경쟁하면서 힘을 쏟고 있었던 터에 일본에까지 압력을 가할 여력이 없었으며, 이에 다행히도 제국주의의 길을 터는 방식에 있어서 영국 등과 다른 전략을 구사한 미국이 일본에 먼저 개항을 성공시킨 것이 결정적으로 일본이 중국, 조선과 다른 길을 갈 수 있었던 계기였다는 주장도 있다[136].

이러한 '압력론'은 일본이 서구로부터 받은 압력은 상대적으로 약하였으므로 빠르게 이를 극복하면서 근대화하는데 성공하였으나 조선은 뒤늦게나마 근대화를 시작하는 순간에 일본이라는 엄청난 세력의 압박이 가하여져 국권을 침탈당한 것이라는 주장으로 요약된다. 이러한 소위 압력론은 앞에서 본 사이또 교수의 저서에서도 등장하

저자는 1980년까지 해결되지 않은 점에서 50년래의 논쟁이라고 이를 칭하고 있다.

134) 청(淸) 나라 말기에 서구화를 목표로 진행된 자강(自强) 운동으로 동치중흥(同治中興), 동광신정(同光新政)이라는 이름으로 불리기도 하였으나 결과적으로 큰 성과를 거두지 못하고 일본에 침략을 허용하였다.

135) 최상용, 앞의 논문, 251면.

136) 구현숙, 「일본 근대화의 길」, 어문학사, 2008, 21-23면, 36-37면. 미국은 제국주의의 전략 중 영국 등이 택한 영토의 획득보다는 경제력, 정신, 문화를 장악하는 방식을 우선시하였고, 이러한 것이 일본에는 매우 유리하게 작용하였다고 지적하고 있다.

는 논리이다. 교수는 미국과 유럽의 압력은 감당하기 어려울 정도로 강하였고 특히 앵글로 색슨 족의 백인문화가 전 세계인에게 가하는 압력의 총량은 견디기 어려울 정도라면서 과거의 산업화의 압력의 강도는 오늘날 이산화탄소배출량규제의 압력을 보더라도 알 수 있다고 지적한다[137]. 나아가 교수는 현대는 마이크로소프트 등 IT 산업이나 금융시장 등과 같은 글로벌리즘으로 그럴듯하게 포장되어 있으며 그 수단이 무력이 아니라는 것일 뿐 과거의 제국주의에서와 같은 압력의 형태를 그대로 유지하고 있다고 지적하기도 한다[138].

이와 같이 근대화에 대한 압력을 강조하는 다양한 견해들 가운데 매우 중립적이고 객관적인 이론도 앞 장에서 소개한 바와 같이 존재한다. 하바드 대학의 앤드류 고든(Andrew Gorden) 교수는 위에서 지적하고 있는 소위 압력론에 대하여 '개혁의 압력이 어느 정도였을까'라는 물음에 대하여 19세기에 일본이 혁명에 나설 정도로 내부의 사회상황이 긴박했을 것인가에 대하여 아니라고 말해도 그다지 틀리지는 않는다면서, 내부의 변화가 서서히 일본에서 진행되고 있었던 것은 사실이나 밖에서 이루어진 촉매와 국내적 요소가 서로 강력하게 반응을 일으킨 것이라고 지적하였다[139].

대체로 한국 측의 시각은 근대화에의 실패와 국가멸망의 원인을 근대화과정에 들어선 조선에 대한 일본의 공격, 즉 일본의 책임으로 돌리는 경향이 있다. 이러한 한국 측의 논리는 객관적이며 전쟁의 과정을 통한 국권박탈의 책임이 전적으로 일본에 있다는 점에는 전혀 이의가 없다. 그러나 아래에서 지적하는 바와 같이 이 문제를 두고 필자는 일본의 책임론으로 이 문제를 정리하는데 그쳐서는 안 된다는 생각을 가지고 있다. 우리가 검토의 대상으로 삼아야 할 과제는 왜 일본은 제 외국의 압력을 예상하고 그 압력을 줄이거나 대응하는데 진력한 반면 중국이나 조선은 그 압력을 예상하고 이에 적절히 대응하지 못하였는가에 대한 분석이 더 필요하다. 이는 국권박탈과 강제적 법문화 이식에 대한 일본책임을 부정하는 것이 아니라 냉엄한 국제정세 속에서 우리에게 이와 같은 상황이 재발하지 않도록 우리가 적절한 교훈을 삼고자 함이다.

이와 관련하여 명치유신 전 한국의 선각자의 견해와 독일의 비교법학자의 근대화

137) 사이또 다까시, 앞의 책, 75-6면. 저자는 이들이 과거 이산화탄소를 가장 많이 배출하였음에도 불구하고 지금은 타국의 규제를 오히려 압박하고 있다고 비판을 가하고 있다.
138) 사이또 다까시, 위 책, 168면.
139) 앤드류 고든(Andrew Gorden), 앞의 책, 61면 이하.

과정에 대한 견해를 참고로 제시하고자 한다. 다산 정약용(丁若鏞, 1762-1836)은 일본에 유학하지는 않았으나 일본에 대해 상당한 관심을 갖고 있던 실학자였다. 최종고 교수는 다산의 일본에 대한 평가에 관하여 '일본론(日本論)'에서는, '일본인 학자들의 경전해석을 보니 모두 그 수준이 찬연하여 일본에 대하여 걱정을 할 필요가 없다는 것을 알게 되었다. 일본의 문화적 분위기가 성숙되어 있음에 틀림이 없다. 문화가 우세하면 군사적인 침략이나 경거망동을 하지 않는다'고 기록하였고, '시이아(示二兒)'라는 편지에서는 '일본에는 중국의 책을 사가지 않는 바가 없었다고 하는데 과거제도의 폐단이 없었으므로 지금에 와서는 그들의 학문이 우리나라를 능가하게 되었으니 심히 부끄러운 일이다'라고 기록하였다고 소개하고 있다[140]. 최종고 교수는 결론적으로 18세기 말까지 일본은 조선으로부터 많은 것을 전달해 받으면서 진지하게 열심히 배우려고 노력하였지만 조선은 일본으로부터 배우려는 자세를 갖지 못하였다고 지적하고 있다[141].

한편 비교법학자인 독일의 베른하르트(Bernhard Grossfeld) 교수는 "미지의 법문화에 대처하는 것이 우리에게 매우 중요하다. 이는 자국의 국경 밖에서 생기는 다양한 일들에 대하여 폐쇄적인 태도를 취하는 법질서는 국제규모에서의 발전할 기회를 잃어버리기 때문이다. 이와 같은 법질서는 경직적이어서 어떤 것도 생기게 하지 못하는 의미에서 불모의 것이다. 19세기 중국이나 20세기 동독의 예가 그러하다"고 강조하였다.[142] 비록 비교법적인 관점에서의 지적이나 법 또한 문화의 한 부분이라는 점에서 이러한 지적은 우리가 반드시 새겨야 할 평가라고 하지 아니할 수 없다.

(4) 제 3의 견해

또 다른 집단의 견해로 극동의 3국이 아닌 서양학자들의 이론을 본다. 런던 대학의 W. G. Beasley 교수는 일본의 근대화가 언제부터 시작되었는지에 관한 논쟁이 일어

140) 최종고, "근세 한일법률교류사", 한일문화교류기금, 「되돌아 본 한일관계사」, 경인문화사, 2005, 343면. 일본 문화의 유교적 측면의 발전상을 직접 목도하지 않고 파악한 다산의 직관적 능력을 높이 살 만하나 근대화, 산업화의 측면에서 그 실상을 파악하는 것에는 역시 한계가 있었고 그로 인한 조선침략 등에 대한 예상 등은 전혀 하지 못한 것으로 보인다.

141) 최종고, 위 논문, 354면.

142) Bernhard Grossfeld, 「비교법문화론」, 산내유개(山內惟介) 등 역, 중앙대학출판부, 2004, 1-2면. 저자는 이러한 문화적 교류가 가능하였던 원인으로 유럽의 중심부에 위치한 독일의 환경을 행운이라고 평가하고 있다. 이는 중국이나 우리의 지정학적 위치와도 충분히 관련시켜 볼 만한 논리라고도 할 수 있다.

난 것은 불가피한 일로서 대체적으로 어디서부터 시작해야 하는지에 대하여는 폭넓은 합의가 존재한다고 전제하면서 그것은 도꾸가와 막부(1600-1868) 시대로부터 시작한다고 하였다. 그는 이 시기에 이미 일본에서는 서구식 발전의 전제조건이 된 '배태기 자본주의(embryo capatalism)'가 발생하였다고 주장하고 있다[143]. 이러한 이해가 서구에서 일본의 근대화에 대한 보편적인 견해라고 생각된다. 예컨대, 앞에서 본 존 홀(John Hall)교수가 1960년대에 발표하였고 서구 학자들 일부가 동의하는 이론에 의하면, 극동 3국의 역사적 발전과정에서 일본인의 대응방식의 우수성을 정당화하고 나아가 일본의 침략적 행위 또한 당시 국제사회의 분위기에서는 어쩔 수 없는 것이었다는 논리로까지 이어지는 것으로 보인다.

또 한 가지 견해는 앞의 장에서 지적한 바와 같은 도날드 킨(Donald Keene) 박사의 이론으로, 일본의 근대화의 성공은 사상적, 종교적 자유로움과 일본인들의 강한 호기심, 지식욕이 주된 요인으로 작용하였는데, 일본은 비록 도꾸가와 막부 이후 공식적으로는 쇄국정책을 취함으로 인하여 10여명의 네덜란드인이 중심이 된 데지마(出島)라는 교역창구만을 운영하였음에도 불구하고 나름대로 유럽의 사정을 자세하게 지득하고 있었고 그로 인하여 '난학'이나 서구의 산업화, 근대화에의 길을 본받고 이를 자신의 것으로 개선하기 위한 노력을 끝없이 시도하여 왔다는 점을 강조하고 있다[144]. 이와는 다른 관점에서 마틴 자크(Martin Jacques) 교수는 정치 체제의 면에서 일본의 성공을 정리하고 있는데, 중국은 강력한 왕권체제 하에서 절대적인 권력을 누려 온 데 비하여 일본은 이름 뿐인 천황이 존재하였을 뿐 실질적인 권력이 장군이나 지방권력에 의해 분산되어 온 점에 주목하고 있다[145].

여기에 덧붙여 일본의 자발적 요인이 근대화의 성공을 가져왔다는 견해 중 정신적인 사조를 강조하는 견해를 본다. 예컨대, 타운센드(M. Townsend) 박사는 '우리는 늘 유럽이 일본에 큰 영향을 끼쳤음을 들어왔지만 일본의 변화가 자발적이었음을 잊고 있다. 유럽이 일본에게 가르쳐 준 것이 아니라 일본 스스로 유럽의 문무에 걸친 제도들을 배워 큰 성공을 거둔 것이다'라고 지적하고 있기도 하다[146]. 이러한 서구 학자

---

143) Beasley, 앞의 책, 18면. 이러한 이해가 서구의 주류를 이룬다고 보인다. 물론 저자가 기술하는 바와 같이 이 시기의 근대화는 사회적 안정과 억압 모두에 기여한 제도들이 형성된 것이어서 완전하게 서구의 근대화와 일치하는 것은 아니며, 따라서 근대화와 일본제도의 혼합이 이어진 시기라고 본다.

144) 도날드 킨/시바 료따로, 앞의 책, 50-52면.

145) 마틴 자크(Martin Jacques), 앞의 책, 73면 이하.

들의 이론은 나름대로 근거를 갖고 있으며 일면 경청할 가치가 있다고 보이나 이들의 이론은 결국 제국주의의 광풍이 몰아칠 때 일본 또한 자국의 이익을 위해 같은 제국주의의 길로 나갔고 이로 인하여 세계평화에 엄청난 피해를 가한 것을 일면 합리화하는 논리로 당시의 세계정세를 바탕으로 정리된 것이라는 느낌을 지울 수 없다.

나. 제 이론의 배경과 평가

역사연구는 이미 지나간 과거의 다양한 역사적 사실(facts)들을 현재의 시점에서 재구성하고 이를 통하여 그 의미를 확인한 후 결론을 도출하고 나아가 미래에 대한 전망과 대응까지를 목적으로 하는 것이며 객관적이고 냉정한 시각을 통해 과거 사실의 분석과 해석이 이루어져야 할 것이나 각국의 역사논쟁 등에서 잘 알 수 있듯이 각각의 시각과 이데올로기, 나아가 국익의 관점 등에서 서로 다른 다양한 결론이 도출될 수밖에 없다. 다까시 교수가 지적한 바와 같이 역사는 시대에 따라 해석되고 다시 현대적으로 재해석되는 것이 역사학의 필연이라고도 할 수 있을지 모른다[147]. 앞에서 본 바와 같이 일본의 근대화, 나아가 제국주의에의 편입과 주변국에 대한 침략에 대한 다양한 주장들은 한국과 일본, 중국이 각각의 입장에서 의도적으로 역사해석에 소위 분식을 한 것으로 보인다. 특히 한·일, 한·중, 중·일의 관계는 오랜 세월을 거치면서 침략과 공격, 그로 인한 피해의 연속으로 이루어져 온 만큼 한층 더 이러한 자국중심의 해석경향이 짙다. 특히 그 중에서도 일본의 주변국에 대한 침략적 행위가 가장 최근에 있었고 일본의 일부 정치세력이 이를 정당화하려는 노력을 계속하고 있으므로, 앞으로도 이러한 치열한 역사논쟁은 계속 이어질 것으로 전망된다.

이러한 역사해석에 있어서의 국익 및 국가의 체면을 우선시하는 경향을 굳이 비판하면서 반박할 의도는 없다. 자연과학과 달리 사회현상과 사실을 평가하는 범주의 학문은 자기나 집단의 이해관계에 따라 그 해석과 평가가 다른 것이 보편적이었음을 우리는 늘 보아왔기 때문이다. 역사나 문화사의 영역에서도 이러한 경향은 계속 그렇게 이어져 왔고 앞으로도 그럴 것이다. 또한 필자는 이러한 이론들을 정리하고 결론을

146) 니토베 이나조(新渡戶稻造), 「일본의 무사도」, 생각의 나무, 2005, 189면에서 재인용. 이어서 저자는 터키가 유럽에서 대포를 수입한 것처럼 일본은 유럽의 기계과학을 수입했으나 정확히 말하면 이는 일본에 영향을 준 것이 아니라고 하면서 중국이 영국에서 차를 수입했다고 해서 중국이 영국의 형향을 받은 것은 결코 아니라고 강조한다. 저자는 일본의 정식적 원동력을 예민하게 관찰하였다면, 이에는 무사도라는 근본적 정신태동이 존재하였다고 자찬하고 있다.

147) 사이또 다까시(齋藤 孝), 앞의 책, 290면.

도출할 만큼 역사학을 전공하고 연구에 몸을 담은 사람이 아닐 뿐 아니라 이러한 이론적 접근을 목표로 한 것이 아닌 만큼 그러한 논쟁을 정리하는 것 또한 적절하지 않다고 생각되며, 다만, 이 분야 비전문가로서 개인적인 생각을 첨언하고자 한다.

역사해석에서의 자국이기주의가 보편적임에도 불구하고 객관성을 상실하고 주관적인 관점에서 이루어지는 왜곡된 역사 해석은 학문적으로나 실천적으로 적절치 않다고 생각된다. 일본의 자기 우월적이고 주변국에 대한 피해를 합리화하는 해석의 경향은 이미 앞에서도 지적한 바와 같이 객관성을 현저히 잃은 것이며 이러한 경향은 지금까지도 이어져 오고 있는 만큼 우리의 입장에서는 수용할 수 없는 것임이 명백하다. 또한 우리나 중국의 역사인식에도 나름대로 문제가 없는 것은 아닌지 살펴볼 필요가 있다. 객관성과 냉정함을 잃고 우리의 입장에 치우쳐 사실(facts)들을 구성하고 해석하는 것 또한 우리가 과거를 돌아보고 현재를 이해하며 나아가 미래를 설계하는데 유익하지 못할 수 있기 때문이다.

{제3장}

서구법제의 도입과정

1. 법제와 법제사
2. 일본의 법제에 대한 이해
3. 명치유신 이전의 일본의 법제
4. 명치유신 이후의 서구법제의 도입
5. 전후 일본의 법제변화와 일본법의 제도적 특징
6. 우리의 근대 입법의 과정

제3장 서구법제의 도입과정

1 법제와 법제사

가. 세계의 법제

세계의 각국은 나름대로 특유한 법제를 가져 왔고 현재도 가지고 있다. 국가마다, 민족마다 각각의 역사와 문화, 국민들의 법 감정과 정신을 바탕으로 한 법률과 제도를 운영하고 있다. 그러나 대부분의 법학자들은 이들을 몇 개의 영역으로 분류하는데 동의하고 있다. 과거의 법계는 크게 동양법계와 서양법계로 나누어 볼 수 있고 동양법계는 중국법계를 중심으로 논하여져 왔으나 그 외에도 인도법계와 이슬람법계도 중요한 법역의 하나였다. 이러한 법역의 구분도 시대에 따라서 변하는 것인 만큼 그 동안 적잖은 변화를 겪어 왔다. 현대에 이르러서는 크게 앵글로 어메리칸 계, 유럽대륙계, 사회주의 국가의 법계, 이슬람권역의 법계 등으로 나누어 고찰하는 것이 통상이나 그 밖에 관습법계, 종교법계의 구분을 추가하는 견해도 있다[1].

막스 베버(Max Weber)는 법제 또는 법문화의 유형을 형식적인가, 실질적인가의 기준과 합리적인가 비합리적인가의 두 축을 기준으로 유형화하면서, 앞의 두 법계를 형식적이며 합리적인 법제의 유형으로 정리한바 있으나 과연 그 법제만이 형식적이고 합리적인가에 대해서는 다소 의문이 없지 않다. 다만 이들은 서구의 근대법계로 오늘날 많은 국가들이 자발적인 선택으로 또는 과거 이들의 식민지로 경험한 바에 따른 비자발적 계수의 과정으로 그 중 하나 또는 둘을 변형, 혼합한 법제를 택하고 있는 만

1) 예건대, 류승훈, 「법으로 풀어가는 역사기행」, 법률출판사, 2015, 454면에서는 법체계(법계)의 구분은 법원(法源), 인종, 법규범, 이데올로기 등이 기준이 될 수 있으나, 법원으로 이를 구분할 경우, 대륙법계와 영미법계 이외에, 관습법계(몽골, 스리랑카 등), 종교법계(이슬람권 국가, 바티칸 시국)이 추가될 수 있다고 한다.

큼 주된 법계라고도 할 수 있다. 두 법계는 원래 로마법, 게르만법의 전통을 바탕으로 한 유사한 법제로 운용되어 왔으며, 특히 이들은 기독교를 바탕으로 하고 있어서 종교 영역 뿐 아니라 절차법 등 많은 분야에서 거의 같은 제도를 유지하여 온 만큼 본래부터 오늘날과 같은 분화를 보인 것은 아니었다.

프랑스, 독일과 영국이 서로 다른 법제로 분화하는 과정을 겪게 된 것은 13세기를 기점으로 한다[2]. 영국의 법제는 17세기 미 대륙을 개척한 청교도들의 이주를 통하여 미국으로 전파되었고 미국은 영국과 거의 유사한 법제를 운용하였으나 독립전쟁과 그 이후의 자유민권사상의 강화를 통하여 법제 면에서 미국과 영국의 간격은 상당히 벌어지고 있는 반면 영국은 유럽대륙의 법제와 접근하는 경향을 보이고 있다[3][4]. 한편 동양의 법계 중 중국법은 중국 뿐 아니라 주위의 중화문화권 국가들 즉 우리나라나 일본, 베트남 등이 이를 자국의 상황을 반영하여 변형, 운영해 왔으나 그 이후에 일본은 독자적인 서구화의 길을 걸으면서 가장 먼저 서구의 법을 계수하였고 일본의 강점으로 인하여 역으로 우리 법에 큰 영향을 끼친 것은 주지하는 바와 같다.

아울러 인도의 법과 이슬람권역의 법도 나름대로 독자적인 발전을 거듭하여 왔으나 일부 국가에서는 근대 이후 영국의 식민지로 전락하면서 영국법의 영향을 적잖게 받은 것으로 보인다. 결론적으로 세계 각국의 다양한 법제를 유형화하는데 동의하는 것을 전제로 하면, 대략 서구의 법제 중 독일, 프랑스 중심의 대륙법계 국가, 영국, 미국을 중심으로 한 앵글로 어메리칸법 계, 그리고 이들 국가의 과거 식민지였거나 또는 세계대전 이후 독립한 국가, 전제적 통치체제를 종식하고 민주화된 국가 중 영미법계나 유럽 대륙법계를 수용한 국가, 그리고 여전히 이들과는 많은 거리가 있는 사회주

2) 영국은 중세초기까지 유럽대륙에 비하여 현저히 문화적 발전이 더뎠고 주로 대륙의 법제를 본받아 사용하여 왔다. 이러한 예는 1066년의 노르만디 공 윌리엄의 영국정복으로 더욱 현저하여졌으나 1215년 제4차 라테란 공회의에서의 교황 Innocent 3세의 선언으로 유럽대륙은 강력한 왕권을 중심으로 한 관료 중심의 중앙집권적 법제로, 영국은 귀족과 시민계층이 중심이 된 배심 등 시민자치의 법제로 분화하는 과정을 겪어 왔다. 이상은 표성수, 「영미 형사사법의 구조」, 육법사, 2004, 32면 이하.

3) 청교도들의 이주로 북미대륙에 최초로 성립된 법제는 영국계임이 틀림없으나, 이들은 영국법제의 문제를 직시하고 이후 헌법전의 성립, 검사제도의 채택 등에서 영국과 다른 독특한 제도를 발전시켜 왔고, 나아가 법관, 지방검사의 선거제, 배심제의 강화 등에서 영국보다 훨씬 더 시민사회의 법제 및 운영에서의 참여를 확대하는 경향을 보여 왔다. 이상은 표성수, 위 책, 66면 이하.

4) Bernhard 박사 또한 영국에서 채용된 법 개념이 미국에서는 채용되어 있지 않은 점, 미국의 법관은 정치적 판단에 의하여 영국의 법관과 달리 대담하게 전통적인 법의 원칙을 변경하는 등의 차이를 보이고 있다고 지적한다. 고또 마사또(後藤正人), 「근대일본의 법사회사」, 세계사상사, 2003, 6-7면에서 인용.

의 국가들의 법역, 그리고 중동과 동남아시아 등 이슬람권의 국가에서 택하고 있는 독자적 법역으로 구분하는 것이 상당하다.

나. 우리의 법제와 문화사

우리는 삼국 시대 이래 중국의 법제를 거의 그대로 또는 다소 변형된 형태로 도입, 사용하여 왔다. 이는 한반도가 중화문화권의 영향 하에 있었음을 반증하는 것이다. 형벌 체제는 중국의 영향으로 태장도류사의 기본 5형 이외에 묵형, 궁형, 멸비(滅鼻)형 등의 육형(肉刑)과 속형, 자살형, 노비형, 금고형, 연좌형 등 많은 부수적 형벌들이 시행되었다. 범죄의 구성을 위한 규정이 제대로 없는 가운데 형벌의 집행이 이루어져 이른바 죄형법정주의는 정립되어 있지 않았고 국왕의 은사제도가 존재한 것 등이 모두 중국대륙의 법제를 따른 것이었다. 한편 고려왕조에서 모범으로 삼았던 소위 고려율은 당율(唐律)을 모방한 것이라는 견해가 우세하나 일부 문종 조에 편찬한 것이라는 견해도 존재하며[5], 어떻든 중국의 왕조에서 시행하던 것을 다수 참조한 것은 틀림이 없다.

조선조에 이르러서는 이러한 경향이 더욱 두드러져 '경국대전(經國大典)', '속대전(續大典)', '대전통편(大全通編)', '대전회통(大典會通)' 등의 법전이 편찬되었으며 이에는 모두 형전(刑典)이 들어 있었는데 이는 '대명률(大明律)'을 기본으로 하고 있음을 명기하였다. 곧 과거 우리의 법제는 왕조가 변경되는 것과 무관하게 중국의 법제를 기본으로 하고 다만 우리의 특수한 사정을 고려하여 일부를 변형, 집행한 것으로 이해된다[6]. 뒤에서 다시 자세히 보거니와 이러한 법제는 일제의 강점기를 거쳐 독립을 이룬 뒤에도 제한된 사법자원 등의 영향으로 일본법을 거의 그대로 계수하여 운용하였고 결국 이는 일본법의 원천인 유럽 대륙의 법계, 그 중에서도 독일법계에 편입된 결과로 이어졌다. 다만 근래 부당한 법제운영에 대한 반성과 미국과의 문화적 교류가 활발한 가운데 미국법의 영향을 강하게 받고 있다고 할 수 있다.

---

5) 이정규, 「한국법제사」, 국학자료원, 1996, 471면. 정인지는 이에 대하여 '당율'에다가 고려의 특수사정을 참작하여 만들어진 것이라고 고려율에 대하여 설명하고 있다.

6) 이정규, 위 책, 476면에 의하면, 이러한 형식은 대명률이 일반법으로, 우리의 형전은 특별법으로 기능하였고 따라서 양자가 저촉될 경우 우리의 형전이 우선 적용되어 매우 효과적이었다고 평가하나 실제 우리의 특수한 사정을 들어 법제가 변형 적용된 경우는 흔하지 아니하였다.

이와 같은 영역은 학문적으로 법제사, 비교법의 영역에 속하는 분야로 역사학, 문화사 등과 매우 깊게 관련된 학문이다. 이는 법제를 중심으로 개개의 역사적 사실을 탐구하고 이를 통하여 상호관련성과 변화, 그 과정에서의 법칙성을 추구하는 것으로 우리의 경우에도 많은 학자들이 이를 탐구해 왔다. 타국의 법제유입과 법문화의 변화와 관련해서 베른하르트(Bernhard Grossfeld) 박사는 다음과 같이 말하고 있다. 즉, "미지의 법문화와 대치하는 것이 우리에게 중요하다. 이것은 자국의 국경 외에서 일어나고 있는 다양한 일들에 대해서 폐쇄적인 태도를 취하는 법질서는 국제적 규모에서서의 발전할 기회를 스스로 상실하기 때문이다. 이와 같은 법질서는 경직적인 것으로 무엇보다도 생기가 없는 의미에서 불모의 것이다. 그 전형적인 예는 19세기 중국이나 20세기 동독을 들 수 있다. …… 독일의 법도 외국으로부터 다양한 영향을 받았으며 그로 인하여 법문화를 풍부하게 했다. 게르만, 로마, 북이탈리아, 프랑스, 네덜란드, 영국, 그리고 미국으로부터 자극을 받았다."7) 박사의 이런 원론적 설명은 법제의 측면에서 해외로부터의 영향과 이에 대한 수용의 경향이 문화 전반, 나아가 국가 발전의 방향과도 직결되는 중요한 요소라는 취지를 강조한 것으로 보인다.

2 일본의 법제에 대한 이해

가. 일본 법제의 시대적 구분

여기에서는 일본의 법제가 어떻게 변화하여 왔는지를 간략히 정리하기로 한다. 앞에서도 밝힌 바와 같이 필자는 일본의 법제나 법제사를 본격적으로 연구할 의도를 전혀 가지고 있지 아니하며 이 장에서 다루는 내용 또한 이와 다소 거리가 있을 수 있다. 다만 이를 다루는 의도와 방향은 우리의 의도와 관계없이 우리가 일본을 통해 서구의 법제를 채택하고 시행하게 된 과정을 거슬러 확인하는 과정에서 일본의 법제가 어떻게 변화하게 되었는가를 살펴보는 데 중점이 있다. 원래 일본의 법제는 중국, 한반도로부터 전래된, 소위 중국법계의 한 부분으로 구분되어 왔으나 나름대로 많은 특

7) Bernhard Grossfeld, 「비교법문화론」, 야마우찌 이스께(山內惟介) 등 역, 중앙대학출판부, 2004, 1-2면. 박사는 이러한 교류가 가능한 한 원인으로 유럽의 중심에 위치한 독일의 지정학적 환경을 들면서 이는 행운이고 호기라고 평가한다.

징을 가지고 있으며 따라서 본래적인 중국법제나 한반도의 법제와도 다른 변화를 보여 왔다고 평가된다.

이러한 변화에 대하여 법사학자들은 일본의 지리적 특성을 가장 중요한 원인으로 지적한다. 즉, 극동 아시아의 가장 오른쪽에 위치하여 있고 해양국이라는 지정학적 특성으로 인하여 중국의 문화가 축적되고 오래 온존되는 경향을 보이는 반면, 해양으로부터 외래문화의 접근이 용이하고 가장 먼저 영향을 받는 만큼 서구의 문화, 법제에 대한 수용이 손쉽게 이루어진다는 특징을 가지고 있다고 여겨져 왔다[8]. 이런 점으로 인하여 일본의 법제는 중국법으로부터 큰 영향을 받은 시기로부터 근대 이후 동양권에서 서구의 법제를 가장 먼저 계수한 시기까지 다양한 변화의 과정을 겪어 왔다. 일본법사를 구분한 한 견해에 의하면, 고대의 문명기부터 646년까지의 '씨족법시대', 그로부터 1185년까지의 '율령법시대', 1185년부터 명치유신까지의 '무가(武家)법시대', 그리고 그 이후의 '구미법 계승시대'로 구분하기도 한다[9].

필자의 견해에 의하면, 일본의 법제는 고대로부터 중세까지의 법제, 일본이 내란을 극복하고 통일을 이룬 이후 근세의 법제, 나아가 명치유신 이후의 근대의 법제 등으로 구분하여 고찰하는 것이 타당하다고 생각되며 따라서 위와 같은 시대구분은 적절하다고 평가된다. 한편 본서에서 문제로 삼고자 하는 바는, 조선이 일본으로부터 부득이하게 서구의 법을 계수하게 된 배경이며, 그 원인(遠因)으로 일본의 서구법 계수의 과정을 살펴보는 데 있다. 이런 관점에서 일본의 고대 및 중세의 법제나 근세의 법제 등은 우리의 국권침탈과 직접적인 관련이 없을 뿐 아니라 서구 법제의 영향을 거의 받지 않은 만큼 본고의 저술 의도와 관련이 없다. 따라서 이 시기의 법제에 대해서는 아래에서와 같이 그 개요만을 간략하게 언급하고자 한다.

나. 명치유신 이후의 일본의 근대법 형성과 시대구분

보다 중요한 것은 명치유신 이후 서구의 법제를 모방한 일본 법제로 이시기의 변화의 특징과 법제의 시대적 구분에 관한 일본 학자들의 견해를 본다. 앞에서 본 바와 같이 이 시기의 법제에 대하여 일본의 학자들은 대개 일본의 근대법 시기라고 정리하거

8) 시마다 마사오(島田 正郞), 「아시아법사」, 임대희 등 역, 서경문화사, 2000, 198면. 이러한 위치적 특성으로 일본의 법문화는 오랜 시간 융합이나 종합의 과정을 거치면서 방계 중국문화를 형성하여 왔다고 지적한다.

9) 시마다 마사오(島田 正郞), 위 책, 같은 면.

니와 시기적으로는 1868년 즉, 명치유신이 성립한 때로부터 2차 대전에서 일본이 패망한 1945년까지의 법제로 역사적으로 이를 근대라고 칭하는 것에 따른 것으로 보인다. 근대법은 대체적으로 신분제를 골격으로 하는 전통적 법제로부터 서양의 자유와 평등, 인권과 정의 등 근대의 사상이 혼입되어 신분제 및 전제적 체제와 법 앞의 평등과 인권보호라는 법이념이 서로 충돌하면서 조화를 이루어 나가기 시작하였다고 할 수 있다[10].

다만 법제사적 측면에서 이 시기의 법제를 보다 세분하는 견해들도 적지 않다. 일부 학자는 명치유신으로부터 1879년까지를 '유신법기', 1880년부터 러일전쟁에서 일본이 승리한 1904년까지를 '근대법기', 1905년부터 1945년까지를 '현대법기'라고 구분하며, 이 근대법기도 법제의 변화과정을 따라 1880년부터 1884년까지를 제1기, 1885년부터 1895년까지를 제2기, 나머지 이후 기간을 제3기로, 현대법기도 1905년부터 1917년까지를 제1기, 1918년부터 1930년까지를 제2기, 1931년부터 1945년까지를 제3기로 구분한다[11]. 한편 이와는 달리 근대법의 시기를 형성기와 확립기로 나누고 형성기 중 명치유신부터 막번 체제가 붕괴된 1873년까지를 제1기로, 지조(地租) 개정이 이루어지는 1874년부터 1881년 경제적 자본주의가 진전되고 자유민권운동이 활발해지는 시기까지를 제2기로, 그로부터 경제적 산업자본주의가 확립되고 정치적으로 자유민권운동이 급진화하면서 이에 대항하여 일본근대국가의 기본방향이 수립되면서 명치헌법이 성립하는 시기, 즉 1889년까지를 제3기로 구분하기도 한다.

이 견해는 또한 이전에 형성된 근대법이 확립되어 나가는 확립기를 세분하여, 1889년부터 1899년 영국 등과 조약의 개정을 통하여 서구와의 불평등관계가 해소되는 한편 그 동안 사회적 문제로 대두되었던 경제구조의 모순 등을 민법 등의 제정을 통하여 확립해 나가는 과정까지를 제1기로, 그 이후 1904년 러일전쟁의 승리와 1910년 한국의 병탄 등을 통하여 본격적인 제국주의에의 길로 치달으면서 타국에 불평등조약을 강요하고 군국화와 침략전쟁을 법적으로 뒷받침하는 한편 법제적으로 독점자본주의의 형성을 강화한 시기를 제2기로 나누고 있다[12].

---

10) 이와무라 히또시(岩村 等), 「입문 일본근대법제사」, 나까니시야(中西屋) 출판, 2003, 4면. 저자는 이러한 법문화의 변화는 동양적 가치관과 서양적 가치관의 상극 속에서 타협이 이루어진 것으로 판단하고 있다.

11) 가와구치 요시히꼬(川口 由彦), 「일본현대법제사」 제2판, 신세사, 2014, 1면

12) 이와무라 히또시(岩村 等), 앞의 책, 9-10면, 이러한 시기적 구분은 다분히 학자들의 자체적 판단을 전제로 하는 점에서 다양성을 가지고 있으며, 특히 명치유신부터 헌법의 제정, 그리고 이후의

이러한 법제사적 구분은 일본의 명치유신의 성립과 그 이후의 가파른 서구화, 산업화의 과정 및 그 이후 두 차례의 전란을 통한 조선병탄, 중국에 대한 침략, 태평양 전쟁 도발 등 자신들의 정치적, 국제적 상황의 변화와 관련이 있다. 그 중 일본 근대법의 특징은 특히 정치적, 경제적 사회구조와 깊은 관련이 있다. 민권이 강화된 정치제도와 대량생간을 근간으로 자본주의가 활발해지고 이러한 활동을 뒷받침하고 최종적으로 담보해 주는 사회규범적 시스템을 근대법으로 정리하는 견해는 매우 타당하다[13]. 우리의 법제와 관련해서는 이러한 일본의 국제적 분쟁 야기와 정치적 상황이 최종적으로 우리에게 계수되기에 이른 일본 법제의 변화와 간접적으로 관련되어 있는 만큼 이를 관찰하는 정도에서 의의가 있을 뿐이다. 그런 만큼 국권침탈 이후 일본이 자의로 조선에 적용한 법제에 대해서는 중요한 몇 가지 이외에 자세한 언급을 피하고자 한다.

다. 서구 국가들의 상황과 일본의 법제형성

한편, 일본의 이와무라(岩村)교수는 명치유신 이후에 진행된 일본 근대법제의 발전에 관하여 2가지 요소를 그 객관적, 역사적 조건으로 지적한다. 하나는 도꾸가와 막부시대의 역사적 유산으로 이 시기의 법은 권리를 중시하는 것보다 사람의 신분에 따른 의무를 정하는데 주안점을 둔 것이어서 이를 통하여 세습되어 온 권력자들의 통치를 뒷받침하고 백성들의 생활과 법의식의 형성도 이어져 왔는데 서구의 법을 계수하는 과정에서도 이러한 요소들이 지속적으로 작용하여 왔다는 점이며, 또 다른 하나는 후발 국가로서 급속하게 전개될 수밖에 없었던 근대화의 성공을 위한 조건으로 자본주의 국가의 토대를 뒷받침하기 위한 법제적 개선의 필요에 따라 독일식의 부국강병을 우선시하는 근대법의 형성이 강권적으로 정부 주도로 이루어졌고 이로 인하여 국민의 부담을 강조하고 권리를 제한하는 법제가 자리를 잡게 되었다고 지적한다[14]. 이러한 견해는 일면 타당하다고 할 수 있다.

청일, 러일 전쟁까지의 군국화를 위한 입법적 변화의 과정 중 어떤 시점을 중요하게 평가하느냐 있어서 많은 차이를 보이고 있다.

13) 가와구치 요시히꼬(川口 由彦), 앞의 책, 2면

14) 이와무라 히또시(岩村 等), 앞의 책, 6-7면. 저자는 이러한 법 근대화 사업은 결국 일본이 선진자본주의 국가를 추격하기 위한 과정 속에서 이루어진 것이며, 국민들 또한 이에 크게 기여한 국가적 과제였다고 평가한다.

한편 구체적으로 당시의 서구 국가들의 상황을 살펴보면, 주지하는 바와 같이 산업화, 민주화의 진행에 있어서 가장 앞선 나라는 영국 등이었으며, 영국의 경우 여러 차례의 민주적 개혁과정을 통하여 국왕, 나아가 관료들의 권한을 대폭 제한하고 시민들의 권리와 자율적 의사결정을 확대한 국가적, 사회적 시스템을 가지고 있었다. 한편 산업화의 측면에서 비교적 출발이 늦었던 독일은 지방분권형 봉건제 국가에서 1871년 프로이센을 중심으로 어렵게 연방제 통일 국가를 성립시킨 후 국가의 발전을 우선시하고 사회와 시민의 활동을 강제하는 이른바 통제 시스템을 강하게 유지하면서 이를 통해 부국강병과 사회, 경제적 발전을 이루어내기 위한 체제를 지향하고 있었다. 이에 반하여 프랑스는 국가의 중앙집권적 통제를 중시하는 세력과 시민의 인권과 자율적 활동을 유지하려는 세력이 항상 충돌하면서 여러 차례의 혁명과 정치적 변화를 반복하는 다소의 혼란스런 상황이 이어졌으며, 이러한 유럽 국가들의 다양한 정치적, 사회적 환경은 일본의 법제에 있어서도 상당한 영향을 미칠 수밖에 없었다.

이 시기에 일본은 근대화, 산업화라는 명목으로 서구체제의 도입을 본격적으로 추진하면서 새로운 국가의 통치체제와 근간을 법으로 정비하는 과정을 밟아 나갔다. 당시 서구의 열강들은 대개 그 실질적 권한의 유무, 강약과 관계없이 군주제를 택하고 있었으므로 일본이 천황 중심의 제도를 확립하는 데는 큰 어려움이 없었다. 다만 천황의 지위와 권한을 어떻게 설정한 것인가를 두고 뒤에서 보는 바와 같이 다양한 입장이 제시되었고 여러 국가의 모델이 검토되었으나 서구의 열강 중에서 비교적 늦게 근대화에 뛰어 들었고 제국주의의 길을 뒤쫓아 갔지만 영국, 프랑스 등 앞서 간 국가들을 추격하기 위해 군국화의 길을 강하게 밟아 나갔고 이를 뒷받침하기 위한 법제 또한 국가우선주의, 사회통제의 경향을 강하게 추진하였던 독일, 특히 프로이센의 법제는 가파르게 군국화를 이루어내려는 일본에 분명히 매력적이었음에 틀림이 없다[15].

명치유신의 시작과 그 이후의 초기 과정에서 일본은 네덜란드의 영향을 강하게 받았고 정치적으로는 러시아와 대립한 영국과 동맹을 맺기도 하였으며 일부 법제의 형성과정에서는 프랑스 학자들의 도움을 받기도 하였다. 명치유신의 초기에 법제는 프랑스, 정치와 철학은 영국, 교육은 미국식의 제도가 가장 우선적으로 검토되었고 일부

15) 방광식, 「근대 일본의 국가체제 확립과정」, 혜안, 2008, 116면에 의하면, 1871년 독일통일 이후 독일은 독일제국헌법(비스마르크 헌법)이 공식화되었음에도 불구하고 이전의 프로이센 헌법에 주목한 정치가 등이 상당수 존재하였다.

시행에 나선 경우도 있었으나 점차 이러한 다양화는 변경되고 궁극적으로 국가중심의 전체주의적 법제인 독일법이 기본이 되었는데 이로 인하여 우리가 독일형의 법제를 지금도 강하게 유지하는 원인(遠因)이 되었다. 역사적으로 독일은 조급한 군국화와 이를 뒷받침하는 국가 중심의 법제를 강하에 유지함으로써 결국 두 차례의 세계대전을 야기한 후 패망의 결과를 맞게 되었고 그 법제를 본받은 일본 또한 같은 결과를 초래하였지만. 일본의 강점으로 우리는 불가피하게 그 영향을 받은 바 있기에 그 과정을 거슬러가는 일환으로 이하에서는 이러한 일본 법제의 형성과 변화의 과정을 간략히 정리하고자 한다.

3 명치유신 이전의 일본의 법제

가. 고대의 법제

우선 일본의 고대, 중세 등 명치유신 이전의 법제를 간략히 본다. 이는 중국의 법제를 기본으로 하였으며 우리와 큰 차이를 보이지 않았던 만큼 역사적으로 조명할 만한 가치가 크지 않을 뿐 아니라 본고에서 다루기로 한 서구법제의 도입과는 거의 무관하다. 고대의 법제 중 일본의 학자들은 성덕태자(聖德太子, 6세기?-622년)의 17조 헌법에 대하여 소위 '해가 뜨는 국가'의 이념을 담은 기본법일 뿐 아니라 일본자발형의 민주적 법제의 효시라고 과찬하는 경향이 없지 않으나[16] 성문법의 형식을 갖추기 이전의 문서화된 율령은 7세기 말 당의 '율령법(律令法)'을 본받아 국가의 제도의 기본으로 삼은 것이 처음이라고 보는 것이 타당하다[17]. 이러한 율령법은 중국의 진, 한 왕조 이래 긴 역사과정을 통하여 보완되었고, 수와 당 왕조에 완성된 성문법으로 우리의 고구려, 신라가 이를 토대로 하였고 일본은 이보다 늦은 시기에 이를 기본으로 중앙집권적 통일국가의 형성을 실현하였던 것으로 알려지고 있다[18].

16) 오다기리 시노부(小田桐 忍), "문화로서의 법의 프롤로그", 쯔까모도 기요시(塚本 潔) 등, 「법과 문화의 역사사회학」, 세계사상사, 2004, 4면.

17) 민석홍/나종일/윤세철, 「세계문화사」 제2판, 서울대학교출판문화원, 2015, 124면. 좀 더 자세히 보면, 이러한 율령의 제정은 소위 중국을 중심으로 한 동아시아문화권의 공통된 특징으로, 유교, 불교, 한자, 율령의 전파는 당의 문화적 유출의 전형적인 것이며, 이 시기에 일본은 다이까 개신을 통해 새로운 국가로의 출발을 이루게 된다.

한편 일본의 고대 법제 중 최초의 성문의 법으로 알려져 온 것은 나라(奈郞) 시대였던 701년 소위 다이까개신(大化改新)의 기회에 만들어진 '다이호(大宝)율령'으로 이는 당나라의 '영휘율령(永徽律令)'을 모방하여 율 6권, 영 11권으로 구성되었다고 하나 그 내용은 전부 전하여지지 않고 있다. 이후 718년 이를 수정한 '요로(養老)율령'이 주석서와 함께 전해져오고 있으나 이는 앞의 '다이호 율령'의 자구를 일부 수정한 이외 내용면에서의 큰 차이는 없었던 것으로 전해진다[19]. 위 두 가지가 일본 고대 법제의 중심으로 두 율령에는 형사법에 관한 규정이 있었다. 대개 왕조국가의 형벌이 그러하였듯이 이 율령에서의 형벌의 목적 또한 형식적으로는 범죄인의 징벌에 있다고 하였으나 실제로는 중앙집권적 통치 구조를 확립하는데 있었다. 이를 간략히 보면 아래와 같다.

우선 범죄인이 90세 이상이거나 7세 이하의 자인 경우에는 절대적 무능력자라는 개념을 도입하여 형사 처벌이 면제되었다. 범죄의 성립에는 통상 고의나 과실을 필요로 하였으나 과실범으로 벌하는 범죄를 명백히 규정하지 않는 경우가 많았다. 많은 범죄의 경우 처벌대상이 되는 범죄행위에 대하여 자세한 규정을 두고 있지 않았으며 정당방위는 인정하지 아니하였다. 형벌은 중국법의 영향으로 우리나라와 마찬가지로 태, 장, 도, 류, 사의 5형이 기본이었다. 태형은 10대로부터 시작하며 장은 60대로부터 시작하여 10대씩을 가하는 5등급으로 분류되는 등 우리나라의 경우와 같았으나 다만, 중국, 우리나라와 달리 태형, 장형과 같은 신체형은 자주 집행되지 않았고 가벼운 절도범도 사형에 처하여지는 등 형벌은 매우 강력하였다. 사형은 참형과 교수형으로 집행되는 등으로 구분되었다.

나. 중세의 법제

그 이후 소위 일본의 중세에는 중국의 법제와 다른 변화가 감지된다. 가마쿠라(鎌

18) 카마다 모토카즈(鎌田元一), "율령국가의 성립과 변모", 아사오 나오히로(朝尾直弘) 등, 「새로 쓴 일본사」, 이계황 등 역, 창비, 2007, 72면. 저자는 고구려가 4세기에, 신라는 이보다 늦은 5세기에 율령을 편찬하였고, 일본은 7세기에 이르러서야 비로소 당의 율령을 본받아 천황을 정점으로 하는 중앙집권적 국가를 설립하였다고 한다.

19) 율령에서의 '율'은 오늘날의 형법전에 해당하고 '령'은 행정법, 민법, 상법, 소송법 등 그 외의 법전을 망라한 것을 의미하는데 일본의 율령은 당시 당의 영향을 받아 제정된 것이나 그 이후 일본 스스로의 국가현실에 맞게 수정되었다. 이상은 구태훈, 「일본역사탐구」, 태학사, 2002, 68면 참조.

倉, 1192-1333), 무로마치(室町, 1336-1573) 막부체제나 전란의 시대를 이어가면서 위에서 본 당률을 기초로 하여 모방한 규정들을 일부 개정하여 사용하기는 하였으나 규정보다는 관습이 중요하게 작용한 경우가 적지 아니하였다[20]. 이 역시 근대적인 형법과는 현격한 차이가 있으며 일부 학자는 이를 일본고유의 형법이 만들어진 시기라고 말하기도 한다[21]. 그러나 일본의 법제가 중국과 현저히 멀어지게 된 것은 내전이 수습되고 통일을 이룬 도꾸가와 시대이후라고 봄이 타당하다. 이 시기에는 여러 가지 일본의 독특한 법제가 마련되었는데, 1615년 7월 계급적 분화를 따라 대명들에게 적용될 '무가제법도(武家諸法度)'가 제정되었고 이는 1635년 다시 19개조로 개정되어 참근교대(參勤交代) 등이 의무화되었다. 그 외에 다른 법제도 시행되었는데 예컨대, 천황 및 귀족에게는 1615년 17개조로 된 '금중병공가제법도(禁中並公家諸法度)'가 제정, 공포되었고 그 제1조에서 일왕은 오로지 전통적인 관례에 의하여 의례를 집행하는 것이 본분일 뿐이라고 하여 왕의 지위를 형식적인 것으로 제한하면서 정치에의 관여를 일체 금지하였다.

아울러 일반인에 대하여는 1642년 '향촌제법도(鄕村諸法度)'를 제정한 후 1649년 이를 개정하여 32개조의 '경안어촉서(慶安御触書)'를 발표하였고, 이어 불교사원에 대하여는 1665년 '제종제본산제법도(諸宗諸本山諸法度)'를 제정, 발표함으로써 이들의 자유로운 권리를 제한하는 한편 의무를 강화하였다[22]. 이는 수세기 동안 행하여져 온 관습에 주로 기초하고 있었으나 그 핵심은 막부 중심의 중앙집권체제를 수호하기 위해 여러 직급에 해당하는 사람들의 막부에 대한 충성과 의무를 강조하는 형식이었다. 이러한 도꾸가와 막부 초기의 법제는 오오다 타다스께(大岡忠相)라는 인물이 주동이 되어 1700년대 전기에 실시된 소위 교호(享保)개혁의 일환으로 새롭게 정비되었다. '공사방어정서(公事方御定書)'라는 이름으로 정리된 이 법제는 막부의 법령과 처벌에

---

20) 다나까 가오루(中田 薰), 「일본법제사강의」, 창문사, 1983, 147면.

21) 이와무라 히도시(岩村 等), 앞의 책, 61면. 저자에 의하면 최초의 이러한 고유의 형법은 1232년에 제정된 '어성패식목(御成敗式目)'이라고 설명하고 있다.

22) 일본의 도꾸가와 막부시대의 법을 간략히 보면, 위와 같이 천황이나 공경에 대한 '금중병공가중제법도', 무사계급에 대한 '무가제법도' 등이 있었고 이는 주로 이들의 권한을 막부가 통제하고 관여하며 이를 어긴 경우 형벌을 부과하는 강력한 것이었다. 예컨대, 사원은 종교적인 행사 이외에 일체의 정치관여와 세력 확장을 금지하였고 일반인들에게는 술과 차를 마시지 말고 담배나 두부를 제조하지 못하도록 하는 등의 세세한 규제도 들어 있었다. 자세한 것은 John Whitney Hall, 「선사부터 현대까지 일본사」, 박영재 역, 역민사, 2003, 183면; 구태훈, 「일본근세·근현대사」, 재팬리서치21, 2008, 50면에 자세하게 서술되어 있다.

관한 선례들을 모은 것으로 막부 중심의 정치체제를 뒷받침하기 위한 것이었다.

이는 2권 184조로 이루어져 있었는데 상권의 81개조는 사법기관. 경찰기관의 규정과 소송절차법을 중심으로 구성되었고 하권 103개조는 형벌이 규정되어 있었다. 그 내용 중에는 필자의 연구영역인 형사법규가 주로 규정되어 있으므로 이를 좀 더 살펴본다. 범죄 중 반란과 반역, 주인 살해, 부모 살해를 가장 무거운 죄로 처벌하는 한편 복수나 남편이 아내를 제재하는 것 등은 처벌에서 제외되었다. 형벌이 종전에 비하여 완화되었다고는 하나 10냥 이상의 절도범에 대하여 사형에 처하는 등 엄벌의 경향은 그대로 유지되었다. 마치 이 무렵 영국에서 절도가 이른바, 중죄(felony)에 해당하여 사형에 처할 수 있도록 운영되어 온 것과 마찬가지로 집권층의 피지배 계층에 대한 과도한 규제의도가 반영되어 있음을 알 수 있다[23]. 이러한 잔혹한 형벌의 집행은 일본 형벌의 특징 중 하나로 여러 차례의 내전을 거침으로 인하여 무사계급과 일반인의 기율을 확립하는데 기여한 것으로 보인다. 한편 그 외에도 위에서 본 바와 같이 형식화된 규정과 무관하게 그동안 운영된 사례(判例)의 집적이 일반 통칙으로 유추 적용된 것들도 적지 않다[24].

이 시기의 형벌은 일본식 봉건제도와 정치적, 사회적 구조를 적절히 반영한 것으로 보인다. 특히 일본 특유의 막부와 번, 번 내부의 주종관계를 최대한 중시한 점에서 중국, 조선 등 중화권 문화에서 군신관계를 특징적으로 강조한 것과 유사하나 이들 국가에서는 가족 간의 관계를 이와 마찬가지로 중시한데 대하여 일본의 경우 부자간의 가족관계 등은 이보다 사회질서에서 하위에 위치시킨 점에서 중화권 문화와는 다소 다른 성격을 가진 것으로 평가된다. 이 시기의 형사소송은 '단옥(斷獄)'으로, 민사소송은 '청송(聽訟)'으로 칭하여졌으며[25], 명치유신 이전의 일본의 사법작용은 조선과 마찬가지로 통치의 일부분으로 간주되어 각 행정기관이 이를 담당하였다. 종전 중세의 쟁송, 예컨대, 토지 분쟁에 있어서 널리 당사자주의시스템이 적용되어 당사자가 주장과 입증을 하고 관청의 담당자는 이를 판단하는 형식이었던 데 반하여, 도꾸가와 막부 시대의 소송은 막부나 번의 관리시스템이 강력하게 작동하여 이러한 당사자주의에 의한 대심구조는 거의 소멸되었다[26].

---

23) 구태훈, 위 책, 152면. 이러한 강력한 형사벌 체계는 동, 서양을 막론하고 근대적 형사체제가 등장하기 이전에 공통으로 시행되어 오던 것들이었다.

24) 이와무라 히도시(岩村 等), 앞의 책, 61면.

25) 이께다 료지(井け田 良治) 등, 「일본근대법사」, 법률문화사, 1999, 46면.

26) 가와구치 요시히꼬(川口 由彦), 앞의 책, 96면.

한편 봉행, 대관 등 행정담당관이 형사소송에서 기소관과 심판관의 역할을 겸하는 소위 규문주의적 시스템을 유지하였는데 이는 조선이나 중국, 혁명 이전의 독일, 프랑스의 경우와 같았다. 또한 형사절차에서 물적인 증거보다 자백에 의존하는 관행 역시 보편적인 중세 시대의 특징을 그대로 유지하고 있었다. 따라서 이 시기의 형사 사법절차는 그 담당자가 행정관이었을 뿐 아니라 근대 형사절차의 기본이라고 할 수 있는 죄형법정주의와 증거재판주의가 전혀 작동하지 않았던 만큼 행정처분에 유사하다고 할 수 있다. 이 시기에는 비록 막부가 국가의 정책과 행정시스템을 전적으로 담당하고 있었지만 형식적으로 사법권은 천황에 귀속되어 있었으며 천황은 특별히 사면의 은사를 내릴 수 있는 권한을 보유하고 있었다[27].

다. 일본법제의 중화권으로부터의 이탈

일본이 기본적으로 중국의 대명률을 기본으로 한 것은 우리나라나 베트남 등 중화문화권 국가와 거의 동일하나 이를 받아들인 정도와 방법에 있어서는 위에서 본 바와 같이 각국 나름대로의 사정을 반영한 특수성이 적지 않게 존재한다. 이를 정리한 조지만 교수의 견해를 간략히 소개한다. 교수는 조선이 가장 대명율의 원형에 가깝게 법제를 운영한 반면, 베트남은 비록 중국의 법제를 받아들이기는 하였으나 가장 독창적인 형률, 즉 '여조형률(黎朝刑律)'이라는 자신들의 독창적인 형법을 오랜 기간 유지하였고 형률 722개 중에서 당률에서 261개, 대명률에서 53개 규정을 계수하였으나 독창적인 규정이 407개조에 이른다고 한다[28]. 반면, 이 책에서 본격적으로 다루는 일본의 경우에는 당률이나 대명률을 받아들이기는 하였으나 자신들의 실정에 맞게 이를 변형하거나 신분관계를 중시한 독특한 형률을 시행함으로써 상당 부분에서 중국의 법제로부터 이탈하는 경향을 강하게 보였다. 특히 위에서 본 바와 같이 제8대 장군인 요시무네에 의하여 편찬된 1742년의 '공사방어정서(公事方御定書)'도 중국의 영향을 받은 것이나 조선이 직접적으로 중국법제를 모방한 데 비하여 그 영향은 매우 제한적이었다고 평가하고 있다[29].

---

27) 다나까 가오루(中田 薰), 앞의 책, 101면. 저자는 이러한 형법이 당율을 본받은 것으로 19세기 구미제국의 형법전에 비하여 손색이 없다고 긍정적으로 평가하나 많은 점에서 근대형법의 체계에 미치지 못할 뿐 아니라 인권 침해적 요소를 다수 가진 것으로 평가된다.

28) 조지만, 「조선시대의 형사법 -대명율과 국전-」, 경인문화사, 2007, 44-5면. 저자에 의하면 베트남의 여조형율은 불교사회에서 유교사회로 전환되는 여조(1428-1788)에 들어서서 유교이념을 강화하면서 유교이념이 투영된 것을 편찬한 것이라고 설명한다.

이러한 아시아 3국 법제에 있어서 중국의 영향의 차이는 문화사적으로도 상당한 흥미를 가지고 있는데, 교수는 베트남은 중국으로부터 끊임 없이 무력 침공을 받았으나 중국과의 관계가 한반도에 비하여 직접적이지 않았고 스스로 황제를 자칭하면서 중국과 대등한 태도를 취한 데 그 원인의 일단이 있다고 지적하고 있다. 한편 일본의 경우 천황이 존재하나 주로 장군이 정권을 장악하고 있었던 정치적 상황, 중앙의 집권이 약한 반면 지방분권적인 경향이 강하여 전국적인 통일법전의 필요가 상대적으로 적었던 점, 또한 무가의 예법이 중시되는 상황에서 유교의 영향이 상대적으로 작았던 점으로 인하여 이를 바탕으로 한 중국의 법제가 중앙집권적 왕조체제와 유교적 사상이 지배하였던 조선에서 그대로 시행된 것에 비하여 독자적인 체제와 법률제도를 유지하게 한 원인으로 지목하고 있다[30]. 특히 일본의 경우 위의 장에서도 여러 번 지적한 바와 같이 지방분권적 정치체제와 사상 면에서 유교에서의 이탈 경향은 비단 법률뿐 아니라 사회, 경제 전반에서 일본이 독자적인 변화를 이룰 수 있었던 가장 중요한 요인이었고 교수의 주장은 매우 타당한 견해라고 판단된다.

이 시기의 법의 운영, 소송 등은 굳이 이 책에서 다루고자 한 부분은 아니나 흥미로운 통계가 있어서 소개하고자 한다. 1700년대 일본에서 도시화가 진정되면서 상업이 발전하고 이로 인하여 금전거래, 부동산거래 등이 증가하였는데 이를 둘러싼 소송이 격증하여 큰 사회문제로 대두한 적이 있었다는 보고가 있다. 당시 이러한 금전거래와 관련된 소송을 '금공사(金公事)'라고 하였는데, 1718년 동경의 공무소에 접수된 총 소송건수 47,731건 중에서 33,037건이 담보 없는 이자 부 채권(借金銀)이나 매괘(買掛) 소송 등 이와 관련된 것이었다고 한다. 이 가운데 처리된 건수는 11,651건에 불과해서 소송 처리업무가 거의 마비되었으며, 그로 인하여 1719년 막부는 이러한 소송은 당사자들이 합의하여 해결하도록 하고 공적으로 소송처리를 하지 않는다는 명령을 하달했다고 하니 당시 일본 사회의 경제적 상황과 거래, 분쟁의 형태 및 처리행태를 일부나마 짐작할 수 있다[31].

---

29) 조지만, 위 책. 45-6면. 예컨대, '공사방어정서'에서는 신체형으로서 태장형, 입묵형, 과료 등이 있었고 이런 변형된 사례를 다수 볼 수 있다고 한다.

30) 조지만, 위 책, 46-7면. 한편 저자는 대명률의 체계적 우수성도 아울러 지적하고 있는데, 위에서 본 바와 같은 정치체제의 차이, 중국에 대한 의존도, 유교적 가치에 대한 평가의 정도가 오히려 중요한 원인으로 보인다.

31) 후지이 죠오지(藤井讓治), "근대사회의 성숙", 아사오 나오히로(朝尾直弘) 등, 앞의 책, 295면. 이러한 소송을 수리하지 않는다는 막부의 명령을 '상대제령(相對濟令)'이라고 한다. 이는 결과적으로 이러한 거래의 정체를 초래하여 사회적으로 문제를 야기하였기 때문에 10년 이후에 이를 폐지하

4 명치유신 이후의 서구법제의 도입

가. 명치유신 직후의 법제움직임

(1) 유신과 법제의 서구화

이하에서는 명치유신 이후 일본의 통치구조와 법제의 변화를 중심으로 그 상황의 전개를 정리하기로 한다. 우선 당시의 정치적 상황을 간략히 보면 위에서 본 바와 같이 왕정복고라는 형태로 국가 권력 구조의 중심에 천황을 둔 것은 막부체제를 타도하기 위한 것이었으며 이를 성공시킨 이들은 이어서 '판적봉환(板籍奉還)' 등의 후속조치를 취함으로써 막부와 번이 관리하던 행정적 기반을 천황 중심의 관료들에게 집중시키는 정치체제로의 전환을 성공시켰으나 이로써 이들이 추구하는 새로운 국가운영의 형태를 마무리한 것은 아니었다. 궁극적으로는 이를 발판으로 새로운 통치체제를 만들어야 할 상황이었고 이를 위한 다양한 노력이 절박한 시점이었으며 이후 이러한 노력은 현실적인 법제화의 과정과 절차로 이어진다.

우선 명치유신 초기의 임시 통치체제를 보면, 초기에는 1867년의 태정봉환과 1868년의 왕정복고의 '대호령(大号令)'을 거쳐 같은 해 4월 6일 천황이 5개조의 서문(誓文)[32]을 조종에 고하고 국민들에게 공포하였으며, 같은 해 6월 17일의 '정체서(政體書)'에 의하여 새로운 관료제도가 시작되었다. 이로써 천황이 제후들을 신하로 다스리는 형태로 천황중심의 정치체제로의 전환이 이루어졌고, 이를 위하여 과거에 존재하였던 태정관(太政官, 의정, 행정, 신기, 회계, 군무, 외국, 형법의 7관)제를 부활하였다. 초대 태정관으로는 산조 사네토미(三條實美,1838-1891)가 임명되었으나 실질적인 권력은 바로 하위직인 대납언(代納言)과 참의(參議)에게 주로 위임되어 있었다. 이어 천황이 즉위하고 연호를 명치로 바꾼 이후 '직원령', '관위상등표' 등을 발표함으로써 과거의 율령제적 태정관제를 뒷받침하는 제도적 보완도 아울러 도모하였다. 한편, 새로운 제도의 도입과 함께 위 '정체서'에서는 권력분립과 관리의 선거 등을 천명함으로써 일부 서구의 근대적 정치 제도의 형식을 갖추기는 하였으나 그 실질은 혁명을

였고 이와 관련된 '법전(公事方御定書)' 등을 정비하기에 이른다.

32) 이와무라 히또시(岩村 等), 앞의 책, 17면. 이 서문은 5개의 조문으로 대외적으로는 개국화친을 국시로 정하고, 대내적으로는 공의여론(公議與論)을 국시로 하는 것으로 되어 있었다.

성공시킨 지도세력간의 타협에 의하여 천황 중심의 형식적 통치 구조를 뒷받침하는 정도에 불과한 실정이었고[33] 권력분립 등 서구의 통치체제의 요소는 일단 축소, 제거되기에 이르렀다.

(2) 근대적 입법화의 시도와 그 배경

물론 이러한 최초의 제도적, 법제적 결정은 아직 안정되지 아니한 천황제를 임시적으로 운영하기 위한 정치적 타협물에 불과하였으며 이미 서구의 근대적인 정치체제에 대하여 구체적 정보들을 수집해 왔던 유신의 지도자들은 견해를 조금씩 달리하기는 하였으나 유럽의 다수 국가에서 채택하고 있는 바와 같이 군주가 존재하나 입헌적 제한을 가하는 국가의 체제를 염두에 두고 다양한 권력구조를 선택의 대상으로 고려하면서 점차 그 상황을 정리해 나가기 시작하였다. 물론 그 이전에 직접 자신이 국가의 권력을 장악하고 국가를 경영한 경험과 능력이 없이 아버지 고메이(孝明, 1831-1867) 천황이 천연두로 1866년 급사함으로써 지식인들과 지사들, 즉 혁명세력에 의하여 권력의 정점에 갑자기 서게 된 14세에 불과한 명치 천황으로서도 실제 국가의 모든 권력을 장악한다는 것은 스스로 삼가야 할 일이었던 만큼 지도자들의 향후 국가체제 구성을 지켜볼 수밖에 없었다[34].

실제 변혁을 주도한 세력들은 대개 로크나 루소와 같은 서양의 사상가들의 이념적 뒷받침 하에 구체화된 당시 서구의 권력구조나 정치적 사정 등을 직접 견학하거나 간접적으로 견문하는 등으로 충분히 지득하고 있었다. 구체적으로 미국의 권력분립제도나 영국의 의회중심주의, 프랑스를 위시한 서구국가의 인권보장제도, 자유주의, 개인주의, 심지어 진화론에 이르기까지 서구의 정치적, 사회적 이론들이 거의 예외 없이 일본에 소개되었고 일본의 지식인들에게는 보편화된 지식의 일부였다. 특히 1870년대에는 동경 등 대도시를 중심으로 다수의 신문이 발행되었는데 이 언론의 주류를 이룬 것은 천부인권론 등의 서구이론이었다. 이들은 이미 영국, 프랑스 등에서 국왕이 절대 권력을 누리던 것에서 탈피하여 서서히 국민주권의 이념과 대의제의 정치구조, 그리고 국왕의 제한적 권력행사라는 현실 정치체제를 일본의 경우에 적절히 수정하여

33) 이께다 료지(井け田 良治) 등, 앞의 책, 8-9면.

34) 권석봉, "일본의 근대화운동", 동양사학회, 「개관 동양사」, 1990, 298면. 당시 장군 도꾸가와 이에모치가 병사한 후 그 뒤를 계승한 것이 도꾸가와 요시노부로 프랑스의 원조를 얻어 반대세력에 대항하고자 하였다.

구조화할 계획을 가지고 있었으며 예컨대, 대의제와 삼권의 분립 등의 기본구조를 충분히 이해하고 이를 답습하려 시도하려는 의견들이 다수 존재하였다[35].

이러한 기본적 인식과 사상을 토대로 이후 권력 구조를 구체화하는 작업과 헌법제정의 작업이 진행되었는데 이에 대해서는 뒤에서 다시 보기로 하고 여기에서는 간략한 법제의 제정과정을 정리하기로 한다. 명치 유신 이후 왕정복고가 이루어지고 우여곡절 끝에 1871년 소위 번을 폐지하고 현을 설치하는 '폐번치현(廢蕃置縣)'의 중앙집권체제가 실시됨으로써 종전의 대명과 무사들이 힘을 상실한 이후 국가의 정체성을 둘러싼 다양한 논의가 이루어지면서 이와 관련하여 종래의 법제를 개편하려는 움직임도 구체화되었다. 이러한 법률의 제정과 법제의 정비는 일본의 근대화과정에서 새로운 정치체제와 사회제도를 뒷받침하기 위한 기초로써 필요한 것이기도 하였으나 또한 명치 초기에 급속한 현안으로 대두된 불평등 조약의 개정문제와도 연결되어 있었다.

일본은 불평등 조약의 개정을 계속 주장한 데 대하여 서구 열강들은 일본이 먼저 전근대적인 법제를 개선할 것을 강력히 요구하였으며 이에 따라 일본은 조속히 법안의 정비를 시도하게 되었다. 이러한 양 측의 요구가 서로 교차하는 가운데 급속하게 법제를 시도한 일본은 궁극적으로 다양한 서구의 법제를 취사선택하면서 구체적인 제도화에 나섰고 그 과정에서 일본의 전통적 법제를 유지하려는 측의 저항으로 마찰이 적지 않았으나 여러 차례의 시행착오 끝에 전통적 규범과 서구의 법제를 조화, 접합하는 선에서 법제 작업을 구체화하기에 이른다.

(3) 법제 근대화의 대략의 과정

이를 보다 구체적으로 본다. 명치유신 이후 천황의 친정이 복귀되면서 이를 뒷받침하기 위한 법제의 개혁이 반드시 필요한 가운데 다양한 논의가 이루어졌다. 통치제도를 담아낼 헌법, 기본법인 민법, 형법 뿐 아니라 소송에 필요한 각종 절차법과 사법관료들의 양성과 임용에 관한 규정의 제정 등 많은 과제가 쌓여 있었고 이를 제대로 정비하기 위해서는 많은 시간과 노력, 연구가 필요한 것은 당연한 것이었다. 이에 따라 새로운 정부는 고민을 거듭하였거니와 근대화를 위한 법제의 정비가 시급한 상황에서 시간을 무한정 끌 수 없는 것은 당연하였고 제한된 인력과 정보만으로 법제 작

35) John Whitney Hall, 앞의 책, 305면.

업에 속도를 낼 수밖에 없었다.

유신의 초기에는 정치의 우위현상이 유지되었고 행정집행 권력이 입법이나 사법과 분화되지 않았기에 통합적인 광대한 권력체제가 유지되었으며 법제의 측면에서는 공법과 사법, 실체법과 절차법의 구분도 없었으나 이를 점차 정비해 나가기 시작하였는데 우선 급한 대로 새로운 정부는 불완전한 상태에서 서둘러 법제를 정비해 나가는 과정을 겪게 되었는데 가장 먼저 입안된 것은 뒤에서 보는 바와 같이 형사처벌 관련 규정이었다. 이어 헌법과 민법 등 기본적 법제의 정비가 이루어졌고 비슷한 시기에 절차법과 부속법령을 계속 마련하는 등 신속히 법제의 근대화를 추진하는 한편 미진한 초안을 계속 수정하는 등의 작업을 병행하였다. 구체적인 법제의 정비과정에 관해서는 아래에서와 같이 헌법, 형법, 민법 등몇 가지 분야로 나누어 간략히 정리하기로 한다.

우선 몇 가지 입법을 하는 과정에서 예컨대, '가형율(假刑律)' 등 초기에는 막부에서 사용하던 법제를 이름만 변경하는 형태로 사용하기도 하였는데 이는 새로운 시대에 전혀 걸맞지 않을 뿐 아니라 서구화를 지향하는 일본으로서는 임시적이고 부적절한 것으로 여길 수밖에 없었고 조속히 이를 개정하는 작업에 착수하였다. 이에 따라 1871년 태정관[36]에 제도조사국이 설치되고 에또 신뻬이(江藤新平, 1834-1874)가 초대 장관으로 서양법제를 조사하는 책임을 맡았으며, 나쓰구리 린쇼우(箕作麟祥)에게는 프랑스의 6법을 번역하는 임무가 부여되었다. 이후 에또 신뻬이는 정한논쟁에 휘말려 효수형에 처해지면서 이 업무에 참여하지 못하였으나, 급한 대로 파리대학 교수로 재직하고 있던 프랑스의 구사따브 브와스나드(Gustave Emile Boissonade de Fontarabie, 1825-1910))를 초청하여 각종 법전의 기초 작업을 맡기기로 하였다. 보와스나드는 뒤에서 보는 바와 같이 일본이 근대화를 추진하는 과정에서 법제 분야에 가장 큰 영향력을 끼친 사람이었으나 그 외에도 일본의 강화도침범 이후 조선으로부터 배상을 받는 대신 조선이 청과의 속국관계를 정리하고 수호조약을 체결하도록 일본에 조언하였을 뿐 아니라 그 자신이 서양 제국주의에서 축적한 지식과 경험을 이용하여 외교문제에 대해서 개입하는 등 다방면으로 일본정부의 근대화에 기여한 대표적

36) 태정관(太政官)이란 일본의 고대 나라시대에 존재하였던 관직의 명칭이나, 1868년 명치유신 이후 앞에서 본 정체서라는 새로운 정치체제를 임시적으로 도입하면서 새로운 중앙정부기관으로서 그 이름이 그대로 부여되었으며 이들은 완전한 행정권을 부여받았다. John Whitney Hall, 앞의 책, 305면 참조.

인 인물로 알려져 있다[37].

이 시기를 법사학적 측면에서 일본의 '유신법기'라고 구분하는 점은 위에서 본 바와 같다. 명치유신이 1853년 페리제독의 내침이라는 외부의 충격으로 갑자기 시작되었던 것인 만큼 일본의 이에 대한 연구와 준비가 불충분한 가운데 법제화에 있어서도 적잖은 혼란을 겪었다. 유신 직후에 이루어진 법제 과정을 보면 지도자나 지식인들이 나름대로 지득한 서구의 법제나 사상을 토대로 다양한 의견들을 표출함으로써 혼선을 거듭하였다. 사상적으로는 복고파, 계몽파, 민주공화파가 혼재하였고 그에 따라 정치체제의 면에서도 복고적 군왕제 주장론자가 있는가 하면, 온건한 입헌론자에서 계몽주의적 자본주의 촉진론자까지 다양한 그룹들이 존재하였다[38].

이와 같은 사정에서 유신 직후 공포된 법령은 임시적인 성격을 가질 수밖에 없었고 더러 법령 사이의 모순이나 상하, 우월관계의 불명확성 등이 다수 존재하였다. 결국 이 시기의 법은 봉건법과 근대법이 혼재하는 이른바 혼란기라고 볼 수밖에 없었던 것으로 보인다. 그러나 직후에 국내외의 여러 가지 여건을 고려하여 근대법제 형성을 위한 본격적인 작업이 시작됨에 따라 새로운 전기를 맞게 되는바, 이를 근대법 형성의 제1기라고 칭하는 것은 위에서 본 바와 같다. 뒤의 형사법령의 부분에서 다시 검토하거니와 근대법 형성의 시발은 1880년으로 이 해에는 최초의 근대법이라고 할 수 있는 '형법(이른바, 구 형법)'이 제정, 공포되었으며 사법성을 졸업한 전문판사가 재판을 시작하였다. 또한 이 시기에는 변호인제도를 규정한 개정 '대언인(改正代言人)규칙'이 제정되었을 뿐 아니라 국가통치의 체제가 본격적으로 논의되면서 아래에서 보는 바와 같이 입헌군주제를 기본으로 하는 서구 통치체제의 본격적인 도입이 구체화되었으며, 사법(私法)분야에서도 사적소유의 보장을 통하여 산업기반의 토대를 뒷받침하기 시작한 시기이기도 하다[39].

---

37) 김광옥, 「변혁기의 일본과 조선」, 인문사, 2011, 305면. 당시 일본은 강화도 침범이후 조선과의 새로운 관계설정 등을 고민하였으며, 이에 일본 정부는 브와소나드의 조언을 수용하여 조선 행사절들에게 배상 보다는 무역확장과 수호조약의 체결을 지시하고 이를 관철시켰다.
38) 가와구치 요시히꼬(川口 由彦), 앞의 책, 4면.
39) 가와구치 요시히꼬(川口 由彦), 위 책, 5면. 저자는 이 시기를 근대법 형성이 시작된 초발기라고 칭한다.

나. 권력 구조의 개편과 헌법제정

(1) 권력구조에 관한 논의

유신 직후부터 일본의 정치인, 지식인들이 국가통치 및 정치체제에 관하여 여러 가지의 주장과 논쟁을 거쳤음은 위에서 본 바와 같다. 고전적인 의미를 담은 소위 부국, 강병, 사도(士道)의 '국시(國是) 삼론' 등의 주장도 존재하였으나 서구의 자유민권의 사상과 입헌정치를 실현해야 한다는 방향으로 국가의 체제를 구체화하자는 주장이 강하게 대두되었고, 1873년 이후에는 헌법제정과 의회의 개설을 주장하는 자유 민권운동으로 발전하기도 하였다. 한편 이에 반대하는 반민권적 사상도 적지 않았는데 예컨대, 부국강병을 주장하는 서구의 대표적 국가인 독일계를 중심으로 한 '국가우선주의'의 사상이 강한 세력을 형성하였고 기타 종래부터 존재하였던 국왕에 충성을 강조하는 유교적 사상, 기타 일본 특유의 천황에 대한 극단적인 충성론 등이 그것이었다. 이러한 세력 간의 논쟁 등 다소간의 혼란을 거친 끝에 대체적으로 명치유신을 성공시킨 혁명 실천가들의 입장이 대세를 형성하였고 이에 따라 정리된 결론은 국가권력의 정점에 천황을 두면서도 대의제의 근간인 의회 제도를 도입하는 한편 천황 하부의 권력이기는 하나 의회가 내각을 구성하고 내각은 의회에 대하여 책임을 지는 내각책임제를 채택하고 행정과 입법 등으로 권력을 분립하여 상호 견제와 균형을 이루는 것 등이 기본을 이루었다.

(2) 권력구조와 정부 기구의 구성

그리고 곧 이어 1881년 자유당과 입헌개진당 등 정당이 결성되었고 이들은 각기 나름대로의 다양한 입헌운동을 전개하였는데 그 배경에는 후꾸자와 유끼치(福澤諭吉, 1835-1901), 가또오 히로유끼(加騰弘之, 1836-1916) 등의 서구 헌법에 대한 이론과 천부인권론, 나아가 독일 류의 국가중심론 등이 주를 이루었다. 그들의 논쟁의 과정은 뒤에서 다시 구체적으로 보거니와 요컨대, 새로운 정치지도자들은 기본적으로 입헌군주제와 의회제도 등을 염두에 두고 이를 구체화하기 위한 과정에 돌입하였다. 위에서 본 바와 같이 명치유신 직후 중앙정부에서 최고정책 결정기관으로 등장한 것은 과거의 '태정관'이었다. 태정관은 정원, 좌원, 우원으로 구성되었고 그 가운데 정원(태정대신, 납언, 참의의 3직으로 구성되었다)이 의사결정에서 중추적인 역할을 담당하였다. 그리고 그 산하에 현재의 정부 각 부처에 해당하는 실무 담당의 6성을 두었는데, 예컨대, 대장성 등이 중앙행정의 실무를 담당하는 기관이었다.

이 기관을 중심으로 국가의 법 체제를 마련하기 위해 헌법 등의 제정을 계획하였으나 이는 뒤에서 보는 바와 같이 서구의 각국을 시찰하여 그 사정 등을 확인한 후 구체적인 작업에 나서기로 하고 1871년 이와꾸라를 책임자로 하는 해외시찰단을 파견하기에 이른 것은 앞의 장에서 본 바와 같다. 국가체제의 근간인 헌법 초안은 1876년 이후 원로원의 주도 하에 여러 차례에 걸쳐 정리, 수정을 과정을 반복하였다. 즉 1876년 9월에 헌법의 기초 작업에 관한 조칙이 발령되었고 이를 토대로 같은 해 10월에 제1차 초안이 1878년 11월에 제2차 초안이 마련되었으며 1880년 7월에 최종안이 성립되었다. 이안은 입법권을 선출직인 국회가 맡도록 하는 등의 민주적인 요소를 다수 가지고 있었으나 태정관은 이러한 원칙이 지나치게 진보적이라고 비판하기에 이르렀다.

더구나 당시 실권을 장악하고 있던 이와쿠라나 이또오 히로부미 또한 지나치게 자유주의적이라는 이유 등으로 초안에 부정적인 의견을 피력하면서 천황의 권한을 더 확대하여야 한다고 주장하는 등 논쟁 끝에 폐기되었다[40]. 이에 일본 정부는 1881년 새로운 헌법을 마련하겠다는 조칙을 공포하였고 그 실무책임자로 이또오 히로부미를 내정하였다. 그는 이미 프러시아의 헌법을 기초로 하여 민권을 축소하는 대신 천황의 권리를 강화하는 것을 골격으로 하고, 내각이 천황에 대하여만 책임을 지는 형태의 헌법안을 이미 상정하고 있었으나 앞에서 본 바와 같이 후꾸자와 유끼치 등 이와 달리 민권을 중시하는 의견들도 있어 이를 조정하는 과정을 거칠 수밖에 없었다[41].

(3) 서구 시찰단의 파견과 다양한 헌법론

명치유신으로 왕정복고가 이루어진 이후 가장 중요한 헌법과 통치제도를 법제화하기 위해 그 모델로 삼기 위한 서구법제에 대한 연구와 시행성과를 파악하는 것이 급선무였다. 일본의 지도자들과 지식인들은 대략적으로 유럽의 정세와 각국의 법제를 파악하고 있었으나 이를 구체적으로 확인하고 정리하기 위해 소위 시찰단을 편성, 파견하기에 이르렀다. 그 책임자로는 이토오 히로부미가 선정되었고 그는 학자, 정치인

---

40) 구태훈, 앞의 책(주 20), 323면. 당시 일본의 지도자들 즉 이와꾸라 도모미 등은 이미 독일 류의 헌법적 기초가 국가부흥의 지름길이라는 생각을 하고 있었으므로 새로운 작업을 시도하기에 이른다.

41) John Whitney Hall, 앞의 책, 324면.

등을 중심으로 연구시찰단을 조직하여 1882년 1년 6개월의 일정으로 유럽법제 탐방에 나섰다[42]. 이들은 오랜 기간 유럽에 체재하면서 각국의 법제와 정치제도 등을 직접 확인하는 한편 많은 학자들을 접촉하였는데 특히 이들이 주목한 것은 헌법학자인 독일의 베를린 대학 교수 루돌프 그나이스트(Heinrich Rudolf von Gneist, 1816-1895))[43]와 알버트 모세(Albert Mosse, 1846-1925)[44], 오스트리아 빈 대학의 로렌츠 폰 스타인(Lorenz von Stein, 1815-1890)[45]이었으며, 특히 그나이스트와 스타인이 제시한 독일의 법제와 관련이론은 이후 일본 법제의 형성에 중요한 역할을 하였다.

이 두 학자는 일본의 시찰단들에게 소상하게 유럽의 정세와 정치체제 그리고 헌법구조 등을 설명하였고 이들의 의견은 많은 부분에서 일본인들에게 받아들여졌다. 특히 영국, 프랑스, 독일 3국의 각축하는 가운데 이들이 독일 권에 속한 점도 영향을 미쳤겠지만, 영국의 경우 국왕의 지위가 지극히 상징적일 뿐 아니라 국가의 운영을 선출된 의회에서 지명한 수상 등 내각이 맡는다는 점에서 일본이 선뜻 받아들이기 어려운 점이 적지 않았고, 프랑스의 경우 여러 차례의 혁명을 거치면서 정치구조가 복잡하고 정정이 불안정하였던 점을 이들로서는 달갑지 않게 받아들인 것으로 보인다. 한편 독일의 경우 빌헬름 황제와 비스마르크를 주축으로 통일이후 국력이 욱일 성장하고 이로써 프랑스의 강력한 경쟁 상대로까지 발돋움하였을 뿐 아니라 1870년 프러시아와 프랑스와의 전쟁에서는 '세당' 전투에서 나폴레옹 3세를 포로로 잡는 등 혁혁한 전과를 거두며 압승함으로써 새로운 신흥강국으로 등장한 것을 시찰단의 구성원 또한 잘 알고 있었으며, 이러한 유럽의 정세가 이들이 독일식의 입헌군주제를 선호하는 데 큰 영향을 미쳤다고 할 수 있다[46].

---

42) 이들의 자세한 일정과 경과 등은 방광식, 앞의 책, 136면 이하에 소개되어 있다.

43) 독일의 법학자이자 정치가인 그는 영국의 헌법 및 행정법을 연구하고 프로이센의 입법, 특히 행정재판소 제도의 채택에 공헌하였고, 후에 독일제국의회 의원을 지내기도 한 인물로 국가우선주의를 기반으로 하는 이념적 성향으로 일본의 헌정체제에 가장 큰 영향을 끼친 학자로 손꼽히는 인물이다.

44) 원래 유대인인 모세는 독일의 판사와 상법을 연구한 대학교수이었으며 직접 일본을 방문하여 일본의 구헌법제정에 깊이 관여하였다.

45) 독일의 사회학자, 법학자로서 비엔나 대학 교수를 역임하였다. 헤겔(Hegel)의 국가론(國家論)에 영향을 받아 군주제를 옹호하고 독일 입헌체제의 확립을 위한 이론적 기초를 제공한 인물이다.

46) 김상용, 「한국법사와 법정책」, 피앤시미디어, 2014, 139면에서는 최초 일본의 지식인들이 천부인권과 자유주의 사상을 토대로 하는 프랑스 식 제도를 염두에 두었으나, 곧 혁명 주체세력과 지도자들은 계몽주의적 절대군주제를 바탕으로 하는 프러시아 중심의 독일체제로 그 방향을 선회하였다고 지적하고 있다.

하지만 일본에서 이러한 프러시아 식의 헌법구조를 선호한 사람들만이 존재하였던 것은 아니었다. 이또오 히로부미나 이와꾸라 도모미의 독일형 권력구조 주장에 반대하여 영국식 헌법구조를 선호한 오오꾸마 시게노부(大隈重信, 1838-1922)가 이러한 반대파의 대표적인 인물이었다. 그의 주장은 영국식 입헌군주제를 염두에 둔 것으로, 천황의 권력이 프러시아에 비하여 약하지만 정당제, 특히 양당제를 택하여 다수당이 된 정당에게 조각을 위임하면 적절한 국가의 인재가 등용되어 국정을 효율적으로 수행할 것이라는 것이 요지였다. 이러한 구조는 국민의 참정권이 훨씬 강한 대신 천황은 의회의 해산권과 관료의 임명권을 가지는 것이 되어, 영국에서 국왕은 국가의 수반으로 군림하나 통치하지 않는 식의 구조를 의미하는 것이었다. 그는 나아가 1881년 3월 선거에 의한 국회 구성과 정당제 등을 요구하는 각서를 제출하였고 이를 토대로 헌법을 제정한 후 1883년에 초대 선거를 치르자고 주장하였으나 그는 다수파인 이또오 등의 견제로 결국 파면되기에 이르렀으며 일본의 역사가들은 이를 '메이지 14년(1881년)의 정변'이라고 칭한다[47)48)49)].

또한 유럽의 강국인 프랑스의 제도도 물론 검토의 대상이 될 수 있었고 이를 바탕으로 한 민주적 헌법의 제정을 강조한 지식인들도 없지 않았다. 예컨대 구리모또 조우운(栗本鋤雲, 1822-1897)과 같은 사람은 프랑스 사회를 견문한 뒤 부르조아 혁명사상을 비판적으로 계승, 발전시킨 점에 착안하여 인권을 강조하는 민주헌법의 제정을 주장하였고 이를 따르는 사람들도 적지 않았다. 그러나 일본의 주류 세력은 1870년 프러시아와의 전쟁에서 패한 프랑스에 대하여 호감을 가질 수 없었고 더구나 프랑스는 혁명 이후 개인의 자유와 권리의식이 강하여 중앙의 정부와 대립하는 구조가 이어짐으로써 사회의 혼란이 적지 않았고 이러한 제도를 도입할 경우 급격한 군국화를 목표로 하는 일본에 부정적인 영향을 미칠 것을 우려하지 않을 수 없었다. 나아가 이러한 프랑스의 정치, 사회, 문화적 경향은 획일적, 수직적 문화에 젖은 일본인들에게 익숙하지 않은 것이기도 하였으며 결국 통치구조의 검토단계에서 배제될 수밖에

47) 특히, 이노우에 고와시 등은 뢰슬러 등의 지원을 받아 영국의 정치체제를 주장하는 사람들을 영국을 모방하려는 급진주의자들로 비판하였다. 방광식, 앞의 책, 112면 이하 참조.

48) 이러한 주장은 대중의 지지를 얻어 권력을 장악하고 당시에 잔존하여 있었던 일부 번의 명치유신 주도세력의 세를 꺾는데 유효할 것으로 생각하였으나, 결국 채택에 실패하고 말았다. 김광옥, 앞의 책, 250-251면.

49) W. G. Beasley, 「일본근현대사」 개정 3판, 장인성 역, 을유문화사, 2004, 11면. 이로 인하여 천황은 1881년 10월 칙유를 발표하였다. "만일 일부러 초조하게 서둘러 사건을 선동하고 국가의 안전을 해하는 자가 있다면, 국법으로 처벌해야만 한다"고 강력하게 경고하였다.

없었다.

그 이외에도 우에끼 에모리(植木枝盛, 1857-1892)와 같이 기본적 인권을 중시하는 자유주의 학자도 있었다. 그는 헌법초안에 약 40개조의 인권조항을 둘 것을 주장하였는데 예컨대, 건강에 대한 권리, 행복추구권과 망명권, 형사사건에 있어서의 배심재판권, 나아가 국민의 저항권과 혁명권을 헌법상의 인권으로 보장하고자 하였다[50]. 그러나 당시 일본의 정치를 주도하던 세력은 그의 이러한 주장을 혁명적일 뿐 아니라 새로이 구성된 천황에 대한 절대적 복종을 강조하는 일본의 시대정신을 해할 수도 있는 위험한 것으로 비판하면서 고려의 대상으로 조차 삼지 않았고 이런 가운데 독일식 입헌군주제를 원했던 지도자들에 의하여 완전히 배척되기에 이르렀다.

(4) 천황의 지위에 대한 논의과정과 결론

이와 같이 다양한 의견이 제시되는 가운데 궁극적으로는 주류 측의 입장대로 독일식의 국가중심주의의 체제를 헌법에 구현하는 것으로 정리되었다. 이 시기는 위에서 본 바와 같이 법제사적으로 '근대법 형성의 제2기'(1885-1895)에 해당한다. 주지하는 바와 같이 당시의 독일은 국가의 개입이 강력한 대신 사회나 개인의 자율성이 약할 뿐 아니라 어떤 측면에서는 국가와 사회의 구분 자체가 모호한 것이 중요한 특징이었고 이는 후발 자본주의 국가인 오스트리아, 러시아와 같은 국가의 법제에서도 볼 수 있는 특징적 요소이기도 하였다. 또한 독일의 경우 그 동안 크고 작은 공국의 난립이 서서히 프로이센을 중심으로 통일을 이루는 가운데 민족. 국가의 개념이 강하게 대두되고 정치적인 단합이 강조되는 상황에 있었던 만큼[51] 막부와 각 번의 권력 분점형 형태에서 통일적 중앙집권정부의 수립을 목표로 하던 일본의 정치적 상황과도 상당히 부합하는 측면이 존재하였고 이것이 일본의 지도자들에게 강하게 각인된 것으로 볼 수 있다.

여기에 일본의 정치지도자, 사상가들의 논의의 중심에 있었던 또 하나의 문제는 서구와 다른 일본 특유의 역사적 전통을 유지하여 온 천황의 지위와 권한을 통치구조 속에서 어떻게 정리하느냐. 즉 전통적 천황관을 새로운 시대에 어떻게 담아낼 것인가에 관한 것이었다.

---

50) 고또 마사또(後藤正人), 앞의 책, 9면.
51) 유용태/박진우/박태균, 「함께 읽는 동아시아 근현대사」, 창비, 2012, 186면 이하.

최초 천황 중심의 통치체제를 이념으로 막부를 붕괴한 지도자들 또한 어떻게 천황을 정치적, 법적으로 처우할 것인가에 대하여 구체적인 의견을 갖지 못하고 있었다. 게다가 국민들도 일부기간을 제외하고는 정치적인 실권을 거의 가진 적이 없었던 상징적인 천황에 대하여 어떻게 대우하여야 하는 지에 대한 인식이 거의 없었다[52]. 갑자기 명치유신을 통하여 형식상 최고의 지위에 오른 만큼 천황을 국가 통치체제에서 어떤 논리로 편입하느냐는 문제가 대두되었고 헌법 이론상으로는 '국가주권설'과 '천황주권설'이 미묘하게 나뉘는 현상을 보이기도 하였다. 게다가 천황이 주권을 가진다고 이해하면서도 통치권은 국가에 있으며 천황은 통치권을 행사하는 국가기관이라는 '천황 국가기관설'을 주장하는 견해도 있어 어수선한 상황이 이어졌다.

이를 보다 구체적으로 본다. 천황의 지위를 포함하여 일본의 통치구조를 다룰 헌법 논의가 활발한 가운데 수많은 주장이 제안되어 배 논의되건 배척되었으며 그 수는 약 60개에 이르렀다. 가장 민주적인 입장을 취한 것은 위에서 본 우에끼 에모리(植木枝盛)로 그가 초안한 일본국 헌법초안에서는 국민주권사상을 취하였으나 이는 소수의견에 불과하였다. 그 반대극점에 있었던 것은 천황주권의 사상을 천명한 헌법초안으로 이 또한 2-3개 정도의 소수에 불과하였으며 가장 다수를 차지한 것은 천황과 국민의 공동통치를 의미하는 소위 '국가주권설'이었으며 이 견해가 사법성 뿐 아니라 정부 내에서도 대세를 이루고 있었다. 이는 후꾸자와 유끼치 등 중요 사상가들의 계몽사상과 일본의 정치적 전통을 접합한 구상으로 다수 정치인들에 의하여 의미 있는 것으로 받아들여졌다[53].

결국 프러시아 식 헌정구조를 지지한 일본의 다수 정치인들의 의도를 보면, 일본이 서구화를 위한 구조적 변화를 막 시작하였고 이들 서구 국가를 조속히 따라잡을 필요가 절실하였던 터에 영국식은 강력한 중앙집권식의 국가운영에 적합하지 않으며 오히려 독일제국, 특히 가장 전제적이라고 평가되었던 프로이센의 국가체제를 바탕으로 국가의 성장과 발전을 추구하는 것이 최적이라고 여겼던 것임을 추지할 수 있다. 더불어 독일은 일본과 마찬가지로 오랜 기간 지방의 영주들이 분할 통치하여 오다가 통일을 이룬 점에서, 또한 지도자 중심의 리더십에 주민들이 잘 호응하고 순종하며 상

52) 앤드류 고든(Andrew Gorden), 「현대일본의 역사 1」, 문현숙/김우영 역, 이산, 2015, 157면. 저자는 혁명 초기에 나이 어린 천황이 의관속대를 걸치든 서양식 군복을 입든 경외심을 불러일으킬 존재는 결코 아니었다고 당시의 상황을 설명하고 있다.

53) 고또 마사또(後藤正人), 앞의 책, 8-9면. 이 동안의 헌법초안과 일본의 민권사상은 중요한 관련을 이루나 결국은 군국주의의 채택으로 빛을 보지 못하고 말았다.

하, 위계질서를 중시하는 측면에서, 이러한 정치체제가 일본의 오랜 역사적, 사회적, 문화적 구조 및 국민성과 부합한다는 점에서 이들이 이러한 구조를 선호한 요인으로 이해할 수 있다.

다만, 최초에 일본 헌법의 기초에 참여한 뢰슬러((Karl Friedrich Roes´ler, 1834-1894)[54]등은 모든 통치구조와 정치체제를 독일식으로 구상하였으나 천황의 지위에 관해서는 자신들이 모델로 삼은 독일식의 황제의 지위와 권한을 일본의 지도자들에게 제대로 설득하기 어려웠던 것으로 알려지고 있다. 뢰슬러의 초안에서는 “천황은 내각을 통할하고 내각의 건의를 결재한다”는 식으로 천황의 권한에 대한 의견을 제시하였으나 일본의 지도자들이 천황에 대하여 가진 생각은 이를 훨씬 뛰어넘는 것이었다[55]. 결국 이와꾸라, 이또오, 이노우에 등이 중심이 된 소위 명치 14년(1881년)의 쿠데타에 의하여 국민의 정서와 그 동안의 역사적 경험들을 바탕으로 법형식상으로 천황이 주권을 가지는 ‘천황주권제’를 채택하면서도, 실질적으로 천황은 이러한 헌법 구조를 넘어서 모든 관료와 국민들과 차별되는 신격화의 상징으로 자리를 잡게 되었다.

이는 독일 식 국가중심주의의 한 변형에 불과하다고 볼 수 있으며 그 실질은 교묘하게 법적 기술을 구사한 입헌군주제라고 주장하는 바도 없지 않으나[56] 이 문제, 즉 국체론의 중심에는 천황의 지위를 둘러싼 일본특유의 정신과 전통이 자리 잡고 있다. 이를 정치적으로 정리한 박환무 교수는 일본을 전쟁으로 내몰고 결국은 전쟁으로 인하여 몰락의 길로 빠져든, 천황제 내셔널리즘이라고 규정하고 있는바, 당시의 이러한 사상적 논의의 상황을 적절하게 지적한 것으로 보인다[57]. 물론 그 과정에서 나이 어린 천황에 대한 신격화라는 작업과 천황에 대한 절대적 충성이라는 국민적 교화를 통해 군국화를 완성하고 제국주의에의 길로 돌입하게 된다.

이를 상징적으로 보여주는 예를 본다. 이또오가 추밀원에서 행한 연설 중에는 천황의 기능은 통치하는 것이 아니며, 천황의 초(超)권위에 의하여 정부가 틀을 정하고 그

54) 독일의 법학자·경제학자로, 1878년 일본 외무성의 법률 고문으로 일본에 부임하여 이토 히로부미 등의 헌법 기초에 협력하였다.
55) W. G. Beasley, 앞의 책, 138면. 이에 의하면 천황이 결재한 문서에 대신들이 연서한다는 단서도 들어 있었다고 한다.
56) 가와구치 요시히꼬(川口 由彦), 앞의 책, 8면.
57) 박환무, “천황제 내셔널리즘의 형성과 변용의 한 단면”, 한일관계사연구논집 편찬위원회, 「일본의 한국침략과 주권침탈」, 경인문화사, 2005, 391면 이하.

존재를 보전하는 것이라고 하면서, "우리나라에서 기축으로 삼아야 하는 것은 황실뿐이다. 따라서 이 헌법 초안에서는 군권을 존중하고 …… 유럽의 주권분할의 정신에 의거하지 않았다. 본디 유럽 국가들의 군민공치(군민공치)제도와는 방식이 다르다"고 지적하기도 하였다[58]. 한편 이러한 이념과 사상을 다수의 학자들 또한 뒷받침하면서 힘을 보탰다. 동경제국 대학의 법학부 교수인 호즈미 야쓰까(穗積八束, 1860-1912)는 천황에 대한 복종과 가족국가의 수장에 대한 준 종교적 복종을 동일시하는 것을 동양적 사고의 한 특징으로 주장하면서, "현 천황은 천황의 선조들을 대신하여 황위에 앉아 있기 때문에 현 천황에 대한 복종은 그 선조들에 대한 복종이다"고 주장하기도 하였다[59]. 이러한 과정을 거쳐 최초 서구의 입헌군주제를 도입하려 시도하였던 뢰슬러 또한 독일식의 제도 도입을 접을 수밖에 없었고 결국 천손강림(天孫降臨), 신성불가침, 만세일계 등 시대의 흐름에 맞지 않는 신격화를 정당화하는 주장들이 헌법의 기본원리로 등장하게 된 것이다[60].

(5) 헌법제정의 구체적 과정

일본의 정부는 천황의 지위 등 통치체제에 관한 입장을 논의하면서 이또오 히로부미를 비롯한 해외시찰단들이 귀국 한 후 구체적으로 이에 대한 규정화 작업을 시작하였다. 1883년 이또오는 헌법연구기관으로 궁내성(宮內省) 내부에 제도조사국을 설치하고 스스로 궁내성 장관이 되어 이 작업을 총괄하였다. 1884년 7월에는 입헌체제를 구체화하기 위하여 화족(華族)제도의 개혁에 나서 종래의 화족 대신에 서구에서 보편화된 공, 후, 백, 자, 남 등 세습 귀족제를 채택하고 이들이 상원을 담당하도록 조치하였으며, 1885년 12월에는 종래의 태정관 제도를 폐지하고 내각제를 도입하였다. 내각의 구성원은 각 소속 성의 책임자로 국가의 중요한 정책을 심의하는 중요한 기능이 부여되었고 궁내성을 내각으로부터 분리함으로써 천황이 내각 위에 군림하는 체제를 뒷받침하였고 초대 총리대신으로는 이또오가 취임하였다.

---

58) W. G. Beasley, 앞의 책, 139면.

59) W. G. Beasley, 위 책, 141면 참조. 독일에서 수학한 호즈미 교수는 개인보다는 국가를, 자연권이나 사회계약 보다는 기본법을 우선시하는 19세기 말 독일 국가학의 영향을 받았다고 지적한다. 호즈미는 동경제국대학 법과대학장을 지냈으며, 이른바, 법전논쟁에서 '민법을 시행하면 충효사상은 망한다'는 취지의 글을 발표한 것은 널리 알려진 일로, '천황주권설'을 강력히 지지하였다.

60) W. G. Beasley, 위 책, 139-140면.

이어서 1888년 4월에는 추밀원(樞密院)이 설치되었는데 이는 내각의 권위를 유지하는 가운데 내각과 독립적인 원로들의 의견을 천황에게 건의하고 자문하는 역할을 담당하였다. 이러한 정치체제의 변화들은 일본이 종래 중국식의 모델을 나름대로 개조하여 운용하여 오다가 서구 모델로 완전히 전환한 것으로 동양권에서는 최초로 입안된 것이었다. 앞의 비즐리(Beasley) 교수는 이러한 일본의 변화는 두 가지 동기에서 비롯되었다고 지적하였다. 즉 서양 국가들에게 불평등조약을 개정하기 위한 체제를 갖추었음을 과시하는 측면과 서양식 조세, 군사, 경제, 산업 등의 운용은 이러한 서구식 정치체제를 바탕으로 하여야 한다는 뚜렷한 목표의식이 이미 존재하였고 당시 일본의 지도자들은 이러한 정치체제에 익숙하여 있었다는 것을 아울러 강조하고 있다[61].

이어서 일본 정부는 본격적인 법전 편찬 작업에 돌입하였는데 1886년 앞에서 본 독일법학자인 알프레드 모세(Alfred Mosse)와 헤르만 뢰슬러(Karl Friedrich Roes´ler)의 지도하에 이노우에 고와시(井上毅, 1844-1895) 등이 그 역할을 담당하였다. 이들은 유럽탐방에 참여한 인사들의 의견을 바탕으로 철저한 보안 속에 초안의 기초를 만들기 시작하였고 여러 번의 수정작업을 거친 뒤 1888년 4월에 초안을 완성하기에 이르렀다[62]. 이와 함께 천황가의 계승을 정한 '황실전범(皇室典範)'을 입안하였고 앞에서 본 바와 같이 추밀원이 설치한 뒤 이또오가 초대 추밀원장으로 취임하였다. 헌법의 초안은 추밀원의 심의를 거치는 과정에서 의회의 예산심의권을 제한하는 등의 수정이 있어 뢰슬러 조차 이에 반대의견을 낼 정도였으나 천황이 입회한 가운데 심의를 마치고, 1889년 2월 11일 천황이 단독으로 정한 이른바, 흠정헌법으로서 제정, 공포되었으며 이를 '메이지 헌법'이라고 칭하였다[63].

이 헌법은 흠정주의, 제위계승법의 분리, 점진주의, 천황주권주의, 2원제 의회 등을 기본으로 하고 있다. 이러한 일본의 근대적 법제 형성은 종전의 중화권 중심의 사회, 문화적 체제에서 탈피하여 서구화의 진입에 성공한 상징물이었으며 한편 이는 일본의

---

61) W. G. Beasley, 위 책, 121-2면. 저자는 서양 국가들에게 보여 줄 수 있었던 변화의 외관에는 법과 사법적 관행이 중심이 되었다고 강조하고 있다.

62) 이 헌법 초안은 국민의 청원수리권을 박탈하였을 뿐 아니라 뢰슬러의 반대에도 불구하고 의회의 예산심의권을 무력화하는 등 국민과 의회권한의 제한이 과도하였다는 특징을 가지고 있는데 이후 다시 수정을 거쳐 천황이 1889년 2월 11일 일본의 기원절에 헌법을 공포하고 실행에 들어가게 된다. 자세한 과정은 구태훈, 앞의 책(주 17), 421-2면.

63) 앤드류 고든(Andrew Gorden), 앞의 책, 204면. 당시 헌법의 제정과 공포는 그야말로 천황이 그의 신하인 총리와 국민에게 선물로서 하사하는 형식으로 진행되었다.

새로운 국가체제와 사회재편을 뒷받침하는 제도적 장치이기도 하였다. 법의 제정이 가지는 중요성으로 인하여 많은 시간을 요하는 것이 보편적임에도 불구하고 일본에서의 이러한 제정과정을 보면 비록 여러 차례의 시행착오를 거듭하기는 하였으나 가히 그 속도에 있어서 다른 국가에서 찾기 어려울 정도로 급속도로 이루어진 것이었다. 이를 토대로 일본은 아시아, 나아가 동양권에서 최초로 입헌군주제 헌법체제를 확립하였고 이를 통하여 서구자본주의의 도입과 발전에 있어서 이웃 조선이나 중국을 압도하기에 이르렀다[64].

다. 일본의 구 헌법

(1) 헌법의 개략

여기에서 간략히 이 무렵 제정된 일본의 구 헌법(일본인들의 표현으로는 '대일본제국헌법')의 대강을 본다. 이 헌법은 모두 7장 76조로 구성되어 있었다. 형식상 천황을 기점으로 하고 기본적 인권이 충분히 보장되어 있지 않았을 뿐 아니라 서구의 기본법이 권력분립과 의회주의, 인권보장 등을 표방한 점과는 많은 점에서 다른 점이 있으나 아시아에서는 최초로 형식과 절차를 갖추어 제정된 헌법이었다. 그 내용을 자세히 언급하는 것은 적절치 않다고 여겨 그 중 중요한 부분만을 간략히 본다. 우선 구 헌법은 전문격인 고문(告文), 헌법발포칙어(憲法發布勅語), 상유(上諭)라는 제목으로 국체의 원리를 표방하고 있는데, 일본은 건국 이래, "천황이 신칙(神勅)에 기초하여 대일본제국을 통치하고, 신민은 본래부터 이 천황의 통치에 복종하는 지위에 있다"는 점을 명백히 하였다.

그 중 헌법의 서두에 기록된, 소위 천황의 '상유(上諭)'라는 명칭의, 선언적 규정을 본다. 상유에서 천황은 "국가통치의 대권은 짐이 조종에게서 이어받아서 그것을 자손에게 전하는 것이다"고 그 권한이 천황에게 대대로 이어 전속하는 것임을 명백히 하였다. 나아가 "짐과 짐의 자손은 장래 이 헌법의 각 장에 따라 대권을 행사하는데 실수하지 않아야 한다"고 함으로써 향후 후대 천황들의 권한 행사에 대한 경계를 발

64) 이께다 료지(井け田 良治) 등, 앞의 책, 3면. 저자는 이러한 근대적 입법의 과정에 대하여, 서구 근대법의 계수에 의한 근대법체제의 확립에 성공한 것은 확실히 경이로운 것이라고 평가하고 있으나, 앞에서 지적한 바와 같이 일본의 서구화는 명치유신 이전의 다양한 세계적 교류의 영향을 받은 것임은 명백하다.

하는 취지도 아울러 적시되어 있다. 이는 명치유신 이후 천황의 지위에 대하여 다양한 논의가 있어 온 가운데 일본의 군국화를 위하여 천황의 지위와 권위를 신격화, 세습화라는 형식으로 법체계에서 보장하는 것을 전제로 헌법이 구성된 것임을 알 수 있다.

다음으로 제1장 천황의 지위와 권한에 관한 규정을 본다. 우선 제1조에서 일본제국은 "만세일계(萬世一系)의 천황이 이를 통치한다"고 규정함으로써 천황의 통치권을 선언함과 함께 이는 그 가계에서 승계되는 천부의 것이라는 취지를 명시하였다. 이는 형식상 천황에게 주권이 존재한다는 '천황주권설'을 채택한 것이며 국민들은 신민이라는 존재로만 자리매김하였다. 이어 제3조에서는 "천황은 신성하므로 침범될 수 없다"고 규정하여 천황의 신성한 존재와 그 권한 및 지위의 불가침성을 명확히 하였다. 다음으로 제4조에서 "천황은 통치권을 총람(總覽), 즉 일체의 국가권력을 일신에 집중하고 그것을 몸소 행사하는 것을 기본으로 한다"는 취지로 규정함으로써 구체적 통치권한의 주체임을 명시하고, 제5조에서 "천황은 제국의 협찬을 받아 입법권을 행사한다"고 규정하고, 제55조에서 "입법권, 사법권 이외의 천황의 대권은 국무각대신의 보필에 의하여 천황이 행사한다"고 규정하고, 제57조에서 "사법권은 천황의 이름을 가지고 재판소가 행사한다"고 규정함으로써 천황의 신성불가침한 통치권을 실천할 기관과 그 절차를 구체화하였다.

이를 정리하면, 실질적으로 천황이 주권을 가진 것으로 하되 구체적인 통치권한은 입법, 행정, 사법의 3권으로 분리하면서 이 또한 형식적으로는 천황에게 귀속되는 것인 만큼 각 기관은 천황에게 책임을 지고 헌법이 정하는 바에 따라 천황이 위임한 권한을 행사하는 구조라고 할 수 있다. 궁극적으로 일본의 국체와 통치제체는 오랜 전통을 가진 천황제와 독일식의 입헌군주제를 절충한 형태, 또는 군국 독일식의 체제를 일본의 천황제에 접목, 변형시킨 것이라고 정리할 수 있다. 여기에서 간과해서는 안 되는 부분은 천황의 주권은 신성불가침일 뿐 아니라 천황 자체를 신격화한 의미에서 서구제국의 황제관과는 전혀 다르다는 점을 들 수 있다. 이런 만큼 천황의 지위와 권한, 명령에는 모든 국민이 신민으로서 복종하여야 한다는 구조를 취하였고 이것이 결국 일본 군국화의 정신적 기조가 되었다. 이런 취지는 전쟁과 관련한 조항에서도 구현되었는바, 천황은 육해군을 통수하고(제11조), 육해군의 편제 및 상비병액을 정하며(제12조), 전쟁을 선포하고 강화하는 권한을 가짐으로써(제13조) 통수권과 전쟁선포, 중지 등의 제반의 권한을 독점적으로 보유하게 되었다.

다음 의회에 관한 규정을 간략히 보면, 제5조에서 의회는 천황의 입법권을 협찬한다고 규정하고, 제33조에서 의회는 귀족원과 중의원으로 구성하되 제34조에서 귀족원은 황족, 화족 및 칙임을 받은 의원으로 조직하는 것으로 규정함으로써 서구식의 양원제를 채택하였다. 한편 중의원은 선거에 의하여 구성하도록 하였는데, 귀족원과 중의원은 형식상 상원, 하원으로 칭하였으나 실질적으로는 대등한 권한을 갖는 것으로 규정되어 있었으며, 제7조에서 천황은 중의원을 해산할 수 있도록 하였다. 나아가 내각에 관한 규정으로는, 제55조에서 행정권은 천황에 속하며 내각은 국무 각 대신이 천황을 보필하고 각각 단독으로 천황에 대하여 책임을 부담하는 것을 기본원칙으로 하였다. 나아가 내각은 각 국무대신으로 구성하되 이들은 상호 평등한 권한을 가지며, 내각총리대신 또한 헌법상의 기관이 아니고 소위 선임대신에 불과한 것으로 이해되었다.

한편 사법에 관한 규정을 보면, 헌법 제5장 제57조에서 사법권 역시 천황에 속하고 재판소는 천황에 대신하여, 위임을 받아 사법권을 행사하는 것으로 규정하였으며 이러한 취지는 다른 통치권의 분야와 동일하다. 재판소의 법관들은 민사, 형사사건의 처리를 천황의 위임취지에 따라 담당하되 헌법 제60조에서 군법회의 등의 특별재판소 설치를 규정하고, 제61조에서 행정사건을 전담하는 행정재판소를 두는 등으로 그 기능을 분할하였다. 법제 분야에 관한 규정은 특히 본서에서 중점적으로 다룬 과제로 헌법의 규정을 보완할 구체적 절차법과 재판소의 설치, 사법 관료와 검사의 지위, 양성에 관한 규정들도 이 무렵 함께 제정, 공포되었는데 이에 대해서는 뒤에서 다시 언급하기로 한다.

헌법은 천황주권제와 천황 중심의 통치구조를 구체화하는 한편 인권의 보장에 있어서는 서구 각국의 인권조항을 카탈로그 식으로 망라하면서도 그 보장에는 한계를 두었는데 이는 일본의 군국화를 위한 인권의 제한을 전제한 것으로 이해할 수 있다[65]. 나아가 이러한 일본 정부는 헌법을 공포한 뒤 천황에의 충성과 이를 담은 헌법의 수호를 위하여 1890년 새 헌법에 의한 제국의회가 개회되기 이전 국민을 계도하기 위하여 소위 '교육칙어(教育勅語)'라는 것을 만들어 일반 국민에게 전파하였다. 이 교육칙어는 일본의 제국주의화에 기여한 매우 중요한 것으로 국가와 천황, 도덕의 근원을 일체화하고 국가가 정한 목표 하에 이념적 다양성을 배제하고 국민을 이에 정신적으

65) 가와구치 요시히꼬(川口 由彦), 앞의 책, 8면.

로 순치시키기 위한 것으로 결국 군국화, 제국화의 길을 본격적으로 내딛는 중요한 수단으로 기능하였다[66].

(2) 헌법에 대한 평가

이 헌법은 구헌법으로 통상 '메이지헌법'으로 불리어진다. 당시 헌법에 대한 일본에서의 몇 가지 평가를 본다. 헌법을 입안하는데 결정적으로 기여하였을 뿐 아니라 초기 총리대신을 역임한 이또오 히로부미는 자신의 명의로 간행된 관용해설서인「헌법의해(憲法義解)」에서 일본의 고역사서「고사기(古事記)」와「일본서기(日本書紀)」에 나오는 일본어 시라수('전부 알고 있다'는 의미)를 인용하면서, 천황의 통치로 특징지어진 헌법구조의 정통성을 '군주의 덕'으로 설명하고 있다. 또한 그는 헌법이 의식적으로 간략하게 제정되고 필요한 사항을 담지 않은 것에 대해서는 장래의 정치사상에 유연하게 대응하기 위한 배려에서였다고 토로하기도 하였다[67]. 한편 호즈미 아스까(穗積八束)교수는「제국헌법의 원리」라는 저서에서 "법리상 국가는 통어(通御)의 주체이며, 곧 천황은 국가이다"라고 하고, "천황의 권한에는 어떤 제약도 존재할 수 없다. 헌법은 천황과 신민의 권한을 규정한 것이 아니라 정부와 신민에 대한 천황의 명령이다"라고, 절대주의 왕권의 전제적 군주관과 그 명령의 정당성을 뒷받침하는 통치체제가 헌법이라는 입장을 밝히기도 하였다.

또한 당시의 학자 구가 가쓰난(陸 羯南, 1857-1907)은「근시헌법고(近時憲法考)」라는 저서에서 "서구와 달리 일본 천황의 권력은 신민에게는 무한하며 아무런 제한을 받지 아니하나 황조황종(皇祖皇宗)의 모훈(謨訓)에 대하여만 제약을 받는다"는 논리로 일본의 천황제 헌법을 긍정적으로 해석하고 이를 옹호하는 논리를 펴기도 하였다[68]. 당시 관료나 학자들은 이른바, 천황주권적 논리에 휩쓸려 이를 일방적으로 찬양하는 주장을 노골적으로 편 것으로 보이거니와 이와무라(岩村)교수는 이 헌법은 17, 8세기에 유럽을 지배하였던 계몽사상이나 자연권이론과 같은 것들은 의식적으로

---

66) 민두기,「일본의 역사」, 지식탐구사, 1998, 242면; 권석봉, "일본의 근대화운동", 동양사학회, 앞의 책, 302면에 의하면, 이 '교육칙어'는 천황에 대한 충성과 부모에 대한 효를 도덕의 근원으로 삼는 등 학교교육과 국민 정신생활의 최고의 규범으로 천황의 명령에 대한 절대 불복종과 대외 침략전쟁을 뒷받침하는 사상적 기반으로 널리 활용되었다.

67) 이와무라 히또시(岩村 等), 앞의 책, 26면.

68) 박환무, 앞의 논문, 403-408면. 이러한 논리들은 전통적인 천황의 신격화, 신민의 이에 대한 강력한 종속요구로 연결되나 이는 헌법과 천황제를 교묘하게 접목시켜 강력한 군국화의 정신적 수단으로 전락하고 말았다.

거부하였고 그 대신 선진자본주의 제국과 대등한 입장에서 형식적으로 헌법전을 만들었다는 점에서 일본이 외형상 입헌국가로 진입한 것은 사실이나 그 내용에 있어서는 일본 고유의 사상과 국가경영의 방향이 혼합된 것에서 보듯이 절반의 성공이라고 보아야 한다고 평가하고 있다[69].

한편 이에 대한 외국의 평가를 몇 가지 본다. 앞의 홀(Hall) 교수는 일본의 구 헌법은 서양의 정치기술과 일본의 전통적 사상이 결합된 훌륭한 것으로 평가하면서 일부 결함도 없지 않았으나 결국 이 헌법으로 일본이 서구와 같은 문명국의 반열에 들어가게 되었다는 점을 강조하고 있다. 그는 구체적으로, 오랜 기간 상징적으로나마 집권 막부를 초월한 절대적이고 신적 존재로 여겨졌던 천황을 주권의 원천으로 표기하는 한편 하부 조직에 있어서는 서구의 대의제와 권력분립의 원칙 등을 도입하여 정치질서의 조속한 확립을 도모하였다는 점을 긍정적으로 평가하면서도 천황 일신에 통치권을 전속적으로 귀속시킨 점과 신격화의 전설과 독단적 교의에 '신빙성'이라는 외투를 입힘으로 인하여 천황은 책임질 일 없는 국가원수라는 모호함이 결합되어 있었음을 문제라고 정확하게 지적하고 있다[70]. 한편 홀 교수는 일본의 헌법이 공포되자 세계적 석학들이 찬사를 보냈다는 점을 아울러 소개하고 있는데 대표적으로는 미국의 올리버 웬델 홈즈(Oliver Wendell Holmes, 1841-1935) 판사의 견해를 소개하고 있기도 하다[71].

위 헌법이 입헌제 군주국가로 변신한 일본 최초의 성문기본법이었으며, 그 외에도 그 전후로 다수 기본법의 제정이 이루어지게 되었으며 이는 뒤에서 다시 언급하기로 한다. 한편 일본정부는 헌법제정과 함께 정부통치기구의 가장 중요한 요소인 의회를 구성하기에 이르렀다. 물론 이외에도 상원격인 귀족원이 존재하였으나 1890년 7월 민의를 대의하는 최초의 기구인 중의원 선거가 실시되었고 같은 해 11월 의회가 발족되었다. 이는 제국의회라 칭하여진 것으로 중의원은 실질적으로는 당시 일본 인구의 불과 1%를 상회하는 유산자 계급의 대표 중심의 45만 명만이 선거에 참여한 것이어서 오늘날의 선거제와는 현격한 차이가 있었으나 점차 그 범위가 확대되고 입법자의 의도와는 달리 의회가 정부비판의 거점으로 변모하는 일도 적지 않았다[72]. 나아가 헌

69) 이와무라 히또시(岩村 等), 앞의 책, 27면. 그럼에도 불구하고 교수는 근대적인 얼굴을 가진 헌법이었고 그 후 헌정의 전개를 통하여 정당내각제까지 이어지는 시대로 들어서게 되었다고 긍정적으로 평가하고 있다.

70) John Whitney Hall, 앞의 책, 325-6면.

71) John Whitney Hall, 위 책, 326면.

법상 통치구조에 대한 구체화 작업의 일환으로 실질적인 국가권력의 배분과 운영, 이를 위한 하부조직의 구성, 즉 행정제도의 재편이 필요하게 되었는데 이를 뒷받침하기 위한 법률의 제정과 시행도 계속 이어졌으며 이것이 자리를 잡으면서 일본은 법제 면에서 서구 근대화의 길을 절반이나마 이루게 되었고 곧바로 조선침략이 이어짐으로써 우리가 그 법제를 그대로 사용할 수밖에 없는 상황으로 이어지게 되었다.

라. 기타 개별법의 제정

기본법인 헌법의 경우 독일과 오스트리아의 경우를 주로 참고한 것과 달리 개별법의 경우에는 유럽 다른 국가의 법을 참고한 경우를 다수 볼 수 있다. 앞에서 본 바와 같이 소위 법제의 근대화 과정에 있어서 가장 먼저 형법이 제정되었으며 이후 1885년 내각이 성립됨과 동시에 1890년 제국의회 개원에 앞서 법제를 완비할 것을 목표로 정부차원의 법전 편찬 작업이 본격적으로 시작되었다. 헌법, 민법, 상법 등이 이 시기에 본격적인 제정 작업에 들어가게 되었으며 이를 '근대법의 제2기'로 칭하는 것은 위에서 본 바와 같다. 법사적 측면에서는 형법을 가장 먼저 논하는 것이 적절하나 그 중요도에 따라 일본 구헌법의 제정과 내용을 위에서 먼저 살펴본 것이며 그 밖의 법제과정을 간략히 본다. 다만 여기에서 모든 법률의 제정과정과 내용을 검토하는 것은 적절치 아니하므로 대표적으로 기본법인 형법과 민법, 상법, 절차법 등을 순차로 살펴본다.

(1) 형법

형법의 경우, 천황에 권력을 이관하기로 한 직후 천황은 임시적으로 형법의 편찬시까지 우선 기존의 형사규정을 적용한다고 하여 막부에는 종전의 형사규정을, 각 번에는 나름대로의 형사법규를 적용하도록 하였으나 국내의 치안을 확보하기 위하여 유신 직후 서둘러 새로운 입법의 제정 작업에 나섰다. 그러나 정식의 입법에는 많은 시간이 소요될 것으로 예상되는 만큼 율령의 형식에 의한 대체형법을 서둘렀는데 이것이 소위 '가형율', '신률강령', '개정율례'라고 하는 3가지의 형율이었다. 위에서 본 바

72) 이와무라 히또시(岩村 等), 앞의 책, 28면. 이 제국의회의 중의원은 지주나 부르조아 등 경제적 지배계급의 의사를 표명하는 것과 동시에 그 중에 있는 모순을 반영하려고 하였으며 이런 의미에서 '지주의회'라고 저자는 그 성격을 규정한다.

와 같이 이 형율 등에 관하여는 일부의 자료만 보존되어 있을 뿐 전체적인 내용을 확인할 수 없다[73]. 그 과정을 구체적으로 보면, 메이지 원년인 1868년에 정부는 도꾸가와 막부의 '공사방어정서(公事方御定書)'에 의한다고 하였지만 형벌이 시민의 생명과 재산 등을 다루는 중요한 법이라는 인식 하에 종래의 양노율과 명, 청의 형사규정 등을 종합하여 소위 '가형율(假刑律, 이른바, 假律)'을 편찬하였다.

가형율은 공포의 과정을 거쳐 일반인에게 규범으로 작용하지는 않았고 관리들의 형사재판의 준칙으로만 사용되었다. 이는 종래의 '대종령(大宗令)'과 당, 명, 청나라의 법령 및 '양노율(養老律)'을 참조하였고 이를 작업한 부서가 일본 큐슈의 구마모도 번이었기에 구마모도번의 형률의 영향도 컸던 것으로 알려지고 있다. '가형율'은 총칙에 해당하는 명례(名例) 12율과 121조로 구성되어 있었는데, 태, 장, 도, 류, 사형을 중심으로 형벌을 구성한 점에서는 종전과 거의 다를 바 없었다. 게다가 화족과 사족에게는 환형을 인정하고 피해자의 신분에 따라 범죄인의 처벌을 달리하는 등 매우 비민주적인 법률이었으나 우선 급한 대로 '신률강령' 등으로 개정될 때까지 이를 시행할 수 밖에 없었다[74].

근대를 지향하는 일본의 신 정부로서는 당연히 이는 임시적인 것으로 판단하였고 더구나 형벌이 지나치게 가혹한 점 등 보완할 점이 적지 아니하여 문제를 보완하고 법령체제를 개편하는 취지에서 1869년에 가형율을 대치할 형사법령의 입안에 나섰고 명치 3년인 1870년 10월에 '신율강령(新律綱領)'을 공포하였으며 이는 즉시 시행되었다[75]. 이는 모두 6권으로 되어 있었고 이전에 비하면 체계적인 형식을 취하였으나 이 또한 재판의 준칙에 불과하였다. 다만 그 다음 해에 서점을 통하여 배포되어 일반인들이 이를 파악할 수 있었던 점은 긍정적으로 평가되었으나 신율강령은 형벌을 종래와 같이 태, 장, 도, 류, 사의 5형으로 하고, 신분에 의한 형벌의 차이 등이 존재하는 등 구시대적인 규정에 불과하였으며 이 또한 그 명칭에서 짐작할 수 있는 바와 같이 지칭하는 바와 같이 장차 수정될 것을 예상한 임시적인 법규였다[76].

---

73) 이와무라 히또시(岩村 等), 위 책, 62면. 가형율 등의 자세한 조문과 내용은 같은 책 64면 참조
74) 민두기, 앞의 책, 219면. 결국 이 법령은 봉건적 요소를 상당 부분 존치한 임시적인 것에 불과하였다고 평가하고 있다.
75) 가쓰미 노부히꼬(霞 信彦) 등, 「일본법제사 자료집」, 경응의숙대학출판회, 2003, 68면부터 82면까지에 자세한 내용이 수록되어 있다. 먼저 친족의 범위를 5등급으로 나누어 분류하고 형의 유형을 태, 장, 도, 류, 사로 정한 후, 범죄유형별로 형량을 정하는 내용으로 되어 있으며 기타 자수, 공범, 형의 가감에 관한 규정 등을 두고 있다.
76) 가와구치 요시히꼬(川口 由彦), 앞의 책, 98면.

그에 따라 1873년 6월에는 다시 신율강령의 미비점을 보완한 '개정율례(改正律例, 태정관 포고 206호)'가 제정되었다.[77] '개정율례'에서는 종래의 5형을 폐지하는 대신 사형, 징역형, 벌금형과 같은 근대적 형벌제도를 도입하고 기존법규의 자의(恣意)성을 폐지하는 등 상당부분이 개선되었다. 이는 같은 해 7월부터 시행되었으며 구형법이 제정되기까지 이 두 율령은 형사사건의 기본법으로 활용되었다. 개정율례는 명치유신 이래 최초로 정비된 법률이었으며, 서구의 법제를 본받아 위와 같이 종래의 태, 장, 도, 류의 형을 자유형인 징역형을 변경하고 자수감경을 허용하는 등 획기적인 변화를 가져왔으나, 여전히 아래에서 보는 바와 같이 전근대적 신분형법의 한계를 가진 것으로 평가되었다,

개정율례는 위에서 본 나쓰구리 린쇼우(箕作麟祥)의 프랑스 형법의 번역 작업과 맞물려 이루어진 것으로 나폴레옹 법전을 참조하여 만든 것이었다. 다른 율령과 마찬가지로 이 또한 재판준칙이라는 기본적 성격을 가지고 있었으나 서점에서의 시판이 허용되는 등 일반인에게도 널리 알려져 행위규범으로서의 성격도 가지게 되었다. 그러나 화족, 사족, 평민 등의 신분에 따라 형의 적용에 차별을 두는 등으로 적잖은 문제를 갖고 있었고 기본적으로는 율령 형식에 지나지 않았기에 당연히 이는 임시적인 규정일 수밖에 없었다[78]. 위에서 본 율령 형식의 여러 가지 형사규정은 전체적으로 형벌의 관대화와 신분에 따른 형벌의 차별을 완화하는 방향으로의 변화를 반영한 것이었으나 서구형법과 같은 본격적인 형벌제도의 기본법으로서는 부족한 것이라고 하지 않을 수 없었다[79].

이러한 여러 차례의 형율제정작업을 하는 도중에 사법경이었던 에또 신뻬이(江藤新平)는 이미 형법개정을 위한 준비 작업을 외국인 학자등과 함께 시작하고 있었고 이를 토대로 일본 정부는 근대적인 형법의 제정 작업에 나섰다. 그 과정을 보면 1873년 개정율령반포 직후 새로이 사법경으로 임명된 오오끼 다까도우(大木喬任)의 주도로 사법성 내에 형법편찬과를 설치하고 본격적인 작업에 착수하였는데 프랑스 형법, 이탈리아 형법, 벨기에 형법 이외에 독일 형법 등의 자료를 광범위하게 수집하였으나

77) 가쓰미 노부히꼬(霞 信彦) 등, 앞의 책, 82면 이하에 자세한 내용이 수록되어 있다. 우선 형의 유형에 있어서 종래 5형(태, 장, 도, 류, 사)이었으나 태, 장, 도, 류의 형을 징역, 금고형 등 자유형으로 변경하였고 징역은 종신형까지 가능하도록 규정하고 있으며, 나아가 자수, 공범 등에 관한 규정도 개정되어 있다.

78) 민두기, 앞의 책, 219면.

79) 이와무라 히또시(岩村 等), 앞의 책, 65면.

주로 프랑스 형법이 기초가 되었음은 주지하는 바와 같다. 그 결과 1875년에는 앞에서 본 프랑스 파리대학의 교수 브와스나드(Gustave Emile Boissonade)가 기초한 형법초안이 1877년에 완성되어 태정관에 제출되기에 이르렀다.

다음 단계로는 당시 총재였던 이또오 히로부미의 지시로, 태정관 내에 정부관계자들이 참여하는 형법초안 심사국을 설치하였고 위 형법초안을 1년간 검토 수정한 끝에 형법심사 수정안이 완성되었다. 마지막으로 이를 원로원의 심의에 부쳤는데 무수정 상태로 통과되어 1880년 7월 17일에 태정관 포고 제36호로 공포되었고 이것이 '구 형법'이라는 불리는 일본 최초의 서구화된 형법전이었으며 이는 1883년 1월 1일부터 시행되기에 이르렀다[80]. 이는 위에서 본 바와 같이 브와스나드가 중심이 되어 만든 것인 만큼 1810년의 프랑스 형법을 기초로 전문 430조에 해당하는 방대한 것이었다. 여기에서 간략히 구 형법을 이해하기 위하여 브와소나드의 형법철학을 본다. 그는 프랑스 형법사에 있어서 절충주의의 입장을 취한 것으로 평가되었는데 이는 칸트 등의 고전적, 결벽적인 응보형사상을 계몽적 공리주의와 목적주의의 입장에서 수정하여 결합한 것으로 이해되고 있으며 19세기 전반의 형법학을 지배한 통설적 지위를 가지고 있었다. 그러나 그 기조는 그 이후 20세기 전반까지 격렬하게 진행되었던 형법논쟁에서의 구파, 즉 고전학파와 크게 다르지 않았으며, 뒤에서 보는 바와 같이 독일이 신파의 이론을 대폭 도입함에 따라 일본이 형법을 다시 수정하는 계기로 작용하게 된다[81].

이를 간략히 보면, 1810년 프랑스 형법은 혁명 이후 자유와 평등의 이념을 바탕으로 제정된 것으로 일본의 구 형법 또한 이를 바탕으로 폭넓게 인권과 자유에 관한 조항을 두게 되었다. 구 형법은 제1편 총칙, 제2편 공익에 관한 중죄, 경죄, 제3편 신체, 재산에 대한 중죄, 경죄, 제4편 위경죄로 편제되어 있었다. 제1조에서 범죄를 중죄, 경죄, 위경죄로 구분하고, 제2조, 제3조에서 죄형법정주의와 형벌불소급의 원칙을 천명하는 한편, 제7조에서 범죄의 유형에 따른 형벌의 종류를 세분하여 규정하였다. 이후 범죄에 관한 구성요건 등을 상세히 규정하였고 종전의 형율 등에서 문제로 비판받았던 신분에 의한 형의 차별을 인정하지 않는 등 근대 서구형법의 기본을 대폭 수용하였다.

80) 구체적인 작업 과정 등은 이와무라 히또시(岩村 等), 위 책, 43-68면, 71면 참조.
81) 이와무라 히또시(岩村 等), 위 책, 71-74면에서는 그의 인권사상과 형벌에 관한 사상 등을 자세히 설파하고 있다.

이는 종래의 제 형률들이 민사, 행정적 제재까지를 망라함으로써 처벌의 폭이 지나치게 넓었을 뿐 아니라 나아가 범죄로 규정되지 아니한 사항까지를 처벌의 대상으로 함으로써 죄형법정주의 원칙이 지켜지지 아니한 데 비하면 획기적인 개선이었고 이를 법사학자들은 일본 근대법의 시발점으로 이해한다[82]. 한편 구 형법은 자유형 중심으로 형벌 체계를 구성하는 이외에 범죄의 유형을 중죄, 경죄, 위경죄로 구분하는 프랑스 형법의 중요한 특징을 그대로 수용하였고, 다른 서구의 법제에서는 보기 어려운 치밀한 정의규정을 둔 것 또한 프랑스의 형법과 유사하였다[83]. 한편 역시 프랑스 법을 모델로 하여 이와 동시에 공포된 '치죄법(治罪法)'[84]은 형사재판의 공개와 변호인 제도 등을 도입함으로써 일본은 일응 근대화된 형사절차도 갖추게 되었다[85].

이로써 일본은 당시 서구의 형법과 거의 유사한 체계를 갖춘 본격적인 근대형법의 개막을 열었다고 할 수 있다. 개인의 권리와 자유를 보장하는 한편 이념적으로는 객관주의적 형법체계를 채택하였다. 다만, 천황제 국가의 질서유지를 위해 프랑스 형법에서는 볼 수 없는 천황에 대한 다양한 범죄나 황릉불경죄 같은 죄들을 특별히 신설하는 등으로 일본의 전통적인 문화를 고려한 조문들을 규정한 점 등이 서구의 법과 다른 것으로 평가되었다[86]. 이어서 일본은 범죄와 형벌에 관한 기본적인 형법을 급하게 마련한 이외 국가 근대화를 뒷받침하기 위한 강력한 규제입법을 시행하기에 이르렀는데 예컨대, 뒤에서 보는 바와 같은 '신문지조례', '출판조례', '집회조례'를 1875년부터 1880년까지 잇달아 공포하고 강력한 처벌규정을 둠으로써 자유민권운동이나 청·일, 러·일 전쟁을 앞두고 일어났던 노동 운동, 정치적 결사, 집회, 언론 등을 탄압하는 수단으로 형사규정을 운용하였고 이는 기본법인 형법에서 인권을 강하게 보장한 취지와 달리 강력한 인권통제수단으로 기능하였다.

---

82) 가와구치 요시히꼬(川口 由彦), 앞의 책, 5면.

83) 가와구치 요시히꼬(川口 由彦), 앞의 책, 203면.

84) 제1편 총칙, 제2편 형사재판소의 구성 및 권한, 제3편 범죄의 수사, 기소 및 예심, 제4편 공판, 제6편 재판집행과 복권, 사면 등으로 편제되어 자세한 절차를 규정하고 있다. 자세한 것은 가쓰미 노부히꼬(霞 信彦) 등, 앞의 자료집, 122면 이하 참조.

85) 이께다 료지(井け田 良治) 등, 앞의 책, 50-51면. 이에 대하여 저자는 일본법의 근대화에 브와소나드가 매우 큰 역할을 하였으며 또한 그가 고문금지의견을 일본 정부에 건의하여 받아들이게 만들었다는 성과도 소개하고 있다.

86) 이 부분은 브와소나드와 일본인 입법자 사이에 상당한 이견이 있었는데 결국 일본인의 법 감정과 문화적 영향 등을 고려하여 천황, 즉 국체를 중심으로 하는 입장에 따라 이 부분 범죄를 단순한 살인 등 범죄와는 다르게 취급하는 것으로 결론이 났는데 이는 오히려 이탈리아, 벨기에 등의 형법과 궤를 같이 하는 것이었다. 가와구치 요시히꼬(川口 由彦), 앞의 책, 205면 참조.

(2) 민법과 상법

명치유신 이후 당분간 일본이 법제 면에서 혼란한 상황을 겪었음은 위에서 본 바와 같다. 특히 260여개의 막부와 번 체제로 나누어져 각각에 특유한 사법 제도를 운영하여 오다가 천황 중심의 통일 체제를 형성한 초기에 이들의 목적이 근대화, 즉 정치면에서의 민주주의와 경제면에서의 자본주의의 확립에 있었던 것은 아니었고 밀려드는 외세에 대응하기 위해 강력한 중앙집권적인 체제로의 전환과 효율적인 정부를 구성하는 것만이 우선적인 목표였다. 1868년 5개조의 서문으로 막·번의 봉건법제를 정리함으로써 법제 변화의 첫걸음을 떼기는 하였으나 각 번마다 다른 법령, 제도 뿐 아니라 실생활에서의 물자이동, 통행 장애 등이 여전히 잔존하고 있었다. 특히 번이 다른 사람들 사이의 분쟁에 있어서 이를 어떻게 처리할 것인가도 중요한 문제였다[87].

이에 일본은 전역에서 통일적으로 적용이 가능한 민사법제도를 준비하기 시작하였으며 이를 통하여 기업생산과 상품경제를 축으로 한 자본주의로의 본격적 도약을 시도하고자 하였다. 이 시기를 '유신법기'라고 하며 이는 근대사법의 준비기에 해당한다. 이에 따라 정비된 민법의 경우 위에서 본 바와 같이 프랑스 법을 참고한 전형적인 예이다. 민법 제정과 관련하여, 일본의 정치 지도자나 지식인들은 이미 나폴레옹 법전을 알고 있었고 이들은 이를 토대로 자본주의에로의 진입을 뒷받침한다는 목표를 달성하고자 하였다. 예컨대, 나쓰구리 린쇼우(箕作麟祥)에 의하여 헌법, 민법, 형법, 상법, 소송법, 치죄법 등의 「프랑스법률서」가 1875년에 완역되었는데 이는 법전편찬 작업의 기초를 제공하였다[88]. 일본 정부의 민법 전 편찬은 앞에서 본 바와 같이 서구와 체결한 불평등조약의 개정과 깊은 관련이 있었으며, 본격적인 작업은 1880년 원로원 내에 민법 편찬국이 설치되면서 시작되었으나 그 이후 편찬 작업은 사법성으로 이관되었다가 외무성으로 주관부서가 변경되었으며, 다시 1887년에는 사법성으로 환원되는 등 적잖은 변화를 겪었다.

---

87) 민사법의 제정과 관련해서도 시기를 구분하는 견해가 있다. 이는 1873년 내무성을 기반으로 한 오오꾸보 도시미치의 독재체제와 관련이 있어 그 전의 시기를 법제형성의 전기, 그 이후의 시기를 후기라고 구분하고자 한다. 가와구치 요시히꼬(川口 由彦), 위 책, 123면.

88) 이와무라 히또시(岩村 等), 앞의 책, 39-40면에서는 민법의 편찬 작업은 1870년부터 에또 신뻬이를 중심으로 시작되었으나 이 당시에 마련된 초안들은 학습적 성격이 강하고 본격적인 법전편찬 작업으로 보기에는 부족하다고 지적한다.

기본적으로 민법은 재산법 부분과 가족법 부분을 나누어 재산법은 앞의 프랑스 학자 브와소나드의 의견을 주로 참고하기로 하되 가족법 부분은 일본 고유의 사정을 고려하여 일본인 위원들이 담당하는 것으로 결정하고, 초안 제정 작업에 들어갔다[89]. 메이지 정부는 이러한 원칙하에 종래의 봉건제도를 철폐하고 사회의 근대화와 자본주의의 발전을 기하는 한편, 자유와 평등의 이념을 이 법에 구현한다는 목표로 작업에 박차를 가한 끝에, 1890년 프랑스 민법을 기본으로 하는 민법전, 소위 '구 민법'을 제정하고 상법과 함께 공포하기에 이르렀다. 구민법의 제정은 당시 일본이 미국 등과 체결한 소위 불평등조약의 개정과도 직결되어 있었던 만큼 다소 서둘러 이루어졌고 문제도 적잖게 지적되었으나 일본 정부의 입장은 즉시 민법의 시행에 들어가는 것이었다. 그러나 의외로 프랑스 민법 중 가족법 부분이 지나치게 부부중심으로 구성되어 있어 일본의 전통적 도덕관념인 충효사상과 도덕규범을 훼손할 수 있다는 비판이 강하게 제기되었고, 나아가 구 민법이 프랑스 민법을 그대로 옮겨왔다는 지적을 받아 논쟁이 격화됨으로써 정부의 조기 시행을 어렵게 만들었다.

이를 이른바, '법전논쟁'이라고 부른다. 이는 위 구 민법을 둘러싸고 일단 그대로 시행하자는 주장과 시행을 연기하자는 주장이 팽팽히 대립되는 가운데 격렬한 논쟁으로 비화된 당시의 상황을 의미한다. 논쟁의 결과 제정된 민법의 시행이 의회에서 연기됨으로써 일단 연기파의 주장이 승리를 거두었다. 그 경과를 간략히 본다. 민법 중 가장 문제가 된 것은 가족, 상속과 관련된 부분이었다. 프랑스 민법은 평등사상을 중심으로 구성되어 있었으며 일본 최초의 민법 안은 이러한 취지를 담고 있었다. 논쟁의 시작은 제국대학 법과대학의 졸업생 조직인 '법학사회'가 공포 1년 전인 1889년 5월의 정기총회에서 전원일치로 원안을 수정해야 한다는 의견서를 정부에 제출함으로써 비롯되었다. 이것이 도화선이 되어 공직자, 학자 등이 연기찬성론, 연기불가피론 등으로 나뉘어 의견을 개진하면서 팽팽하게 맞서는 가운데 의회 역시 이러한 상황 하에서 민법을 시행하는 것은 부적절하다는 판단 하에 1890년 12월 민법과 함께 공포된 상법까지를 포함하여 1893년까지 시행을 연기함으로써 일단 논쟁에 종지부를 찍었다.

양쪽의 주장을 간략히 본다. 연기를 주장하는 측인 호즈미 야쓰까(穗積八束, 1860-1912), 에끼 마꼬또(江木 忠, 1858-1920), 오꾸다 요시또(奥田義人,1860-1917) 등은 전통적

89) 재산법은 재산편, 재산취득편, 채권담보편, 증거편으로 나누어 프랑스 민법의 3부 편제와 달리 작업이 시작되었다. 이와무라 히또시(岩村 等), 위 책, 43-40면.

인 국민감정을 토대로 과거의 가장권이 침해된다는 점을 비롯하여, 민법 안은 전통적 윤리를 혼란하게 하고 국가사상을 결하고 있다는 등의 비판적 이론을 계속 발표함으로써 연기를 주장하였다. 이에 반하여 시행을 주장하는 측에서는 이들의 주장을 반박하는 논평을 계속 발표하였는데, 이러한 논쟁의 속에서 가장 주목을 받을 만한 사람은 평등주의자인 우에끼 에모리(植木枝盛)이었다. 그는 민법 초안이 전통적인 일본의 가족관을 해할 수 있다는 주장에 이의를 제기하는 한편 한걸음 더 나아가 호주제, 상속제도 등의 불평등제도를 반대하고 남편과 처의 평등, 서얼간의 평등, 분할상속제, 혼인과 이혼에 있어서의 남녀의 평등 등 진보적인 주장을 펴기까지 하였다[90].

논쟁은 치열하였지만 대세는 전통적 가족제도를 유지하려는 쪽으로 흘렀다. 이러한 논쟁을 정리한 글에 의하면, 이 논쟁은 진보주의적 법학자와 보수적 학자, 지도자들이 대립한 것이 주된 양상이었지만 진보적 학자 중에는 프랑스에서 유학한 사람이 많았던 반면, 보수적 연기파에는 영국 측 학자가 많았으며, 시행파 중에는 유독 사법성 관료가 많았던 반면, 반대파에는 이에 반대하는 학자 집단이 주를 이루었던 것으로 당시 일본이 법제의 서구화를 이루어 가는 과정 속에서 정부의 관료들과 국민들의 생각의 괴리를 엿볼 수 있는 것은 아닌가라는 의견을 제시하기도 하였다[91]. 결론적으로 학자들의 평등 중심의 주장은 배척당하였고 1892년 민법과 상법의 시행을 연기하는 의안이 의회를 통과함으로써 이미 한번 연기를 거친 상법과 함께 1896년까지 민법 시행을 연기하는 것으로 결정하기에 이르렀다[92].

그 이후의 절차를 간략히 본다. 연기를 결정한 다음 해인 1893년 법전조사회 규칙이 공포되었고, 이듬해 이또오 히로부미를 책임자로 하는 법전조사회가 발족되었으며, 위 호즈미 야쓰까(穗積八束) 등 동경대학 교수를 주축으로 실무 작업이 이루어졌다. 이들은 민법을 수정하는 것을 기본으로 정하고 구체적으로는 독일의 작센 주 민법의 체계를 모방한 안을 제출하였다. 이러한 과정을 거쳐 1894년에 조사위원회에서 전편의 심의를 마치고 1895년 우선 민법총칙, 물권법, 채권법의 3편이 의회에 제출되어 다음해 의결을 거쳐 법률 제89호로 공포되었다. 그러나 친족법, 상속법의 2편에 대해서는 심의가 더 필요하다는 이유로 다시 연기가 결정되었고 이는 1898년에 가서

90) 고또 마사또(後藤正人), 앞의 책, 10면. 그 사상의 근저에 있는 것은 현대에 있어서도 의의를 지니는 선구적인 민주주의적 이론이었다고 평가하고 있다.
91) 이께다 료지(井け田 良治) 등, 앞의 책, 162면.
92) 자세한 경위는 이께다 료지(井け田 良治) 등, 위 책, 161면 이하 참조.

야 비로소 의결, 공포되었고, 그와 더불어 민법시행법이 공포되어 같은 해 7월16일부터 공히 시행에 들어갔다[93]. 이와 같이 민법에 있어서 프랑스법계로부터 독일법계로의 변경은 물론 일본의 전통적 가족제도 등을 유지하려는 입장도 작용하였지만, 국제정세의 영향으로 당시 입안된 독일민법초안의 영향을 크게 받은 것으로 봄이 타당하다. 이러한 복잡한 논의과정을 거쳐 결국 일본은 독일 민법계, 특히 가족법 분야에 있어서 호주권을 강화하고 부자 중심으로 편성된 법 구조를 기본으로 하는 근대적인 민법을 시행하기에 이르렀다[94].

다음으로 상법 분야를 본다. 앞에서 본 바와 같이 상법은 민법과 같이 공포되었으나 민법에 앞서 연기가 결정되었는데 그 주된 이유는 제정된 상법 제31조가 상업 장부에 관한 획기적 규정이어서 당시 일본의 상업 현실과 잘 맞지 않는다는 일부의 반발 때문이었다. 이에 이해관계를 가진 각 지역의 상법회의소, '상공회'(후에 '상업회의소'로 변경)가 서로 대립하면서 연기와 시행을 주장하다가 1892년 연기하기로 방침을 정하기에 이르렀다. 이러한 논쟁과 대립의 이면에는 서구의 자유거래를 기본으로 하는 법제 시행으로 인한 약육강식을 우려하는 전통적 입장과 자본주의 경제의 발전을 뒷받침하기 위한 법제의 시행을 서두르는 개혁세력간의 갈등이 결정적으로 작용한 것이나 이후 문제된 조항 등을 일부 보완한 후 시행에 들어감으로써 경제 활동의 자유를 적절히 보장함과 아울러 독과점 등을 제한하는 상거래 법제를 정비하기에 이르렀다[95].

(3) 기타 법률의 제정

그 외에도 이 시기에 일본 정부는 많은 법률을 제정하기에 이르렀는데 중요한 과정을 본다. 우선 사법과 거래제도에 관한 법제 작업은 이미 명치유신과 더불어 진행되었는데 위에서 본 상법제정 이전인 1868년 이미 '상법대의(大意)' 등을 통해 독점을 금지하는 한편 금속수출을 자유화하고 선박의 소유를 허용하는 등의 제도적인 개혁이

---

93) 이께다 료지(井け田 良治) 등, 위 책, 164면.

94) 최초의 민법은 이와 같이 급하게 만들어진 것으로 거의 프랑스 민법을 번역하다시피 한 것으로 알려져 있다. 일본 정부는 우선 '잘못 번역하는 것이 있더라도'는 식으로 그 제정에 속도를 가한 것으로 알려져 있으나 위와 같이 여러 면에서 지적을 받아 결국 시행되지 못하고 후에 독일 식 민법을 수정하여 시행하기에 이르렀다. 민두기, 앞의 책, 219면.

95) 이러한 회의체는 지역마다 이해관계를 달리하였는데, 오오사까, 고베의 협회는 상법의 시행을, 도꾜와 나고야 등의 협회는 연기를 주장한 것으로 되어 있다. 이께다 료지(井け田 良治) 등, 앞의 책, 163면.

이루어졌고, 경제활동의 자유를 광범위하게 인정하기 위한 증서, 이자, 연대 및 보증채무, 채권양도, 파산 등의 제도가 1868년부터 1871년 사이에 확립되었다[96]. 나아가 지권(地券)제도를 바탕으로 한 토지소유권제의 확립과 담보제도도 1871년까지 개편되었는데 이는 이후에 1886년 프로이센의 '부동산등기조례'의 영향을 받은 등기법제정으로 이어졌고 이는 토지나 건물, 선박과 같은 중요한 재산을 관리하는 획기적인 입법으로 평가되었다.

한편 명치유신 이후 판적봉환과 함께 중앙정부가 인적사항을 관리하는 제도를 마련되었는데, 서구의 예를 참고하여 호적제도를 채용한 후 1871년 4월에 '호적법'을 공포하였고 전국적으로 호구조사를 실시한 후 약 31,000책의 '호적부'를 완성하였다. 그 이면에는 국민을 관리, 통제하기 위한 목적이 존재하였으나 중앙에 권력이 집중된 이상 이는 필수불가결한 것으로 이해되었다. 이러한 호적제도는 호(戶)를 단위로 하여 가족을 파악하는 전통개념을 유지하는 가운데 호를 구성하는 일원으로서 개인을 그에 종속시키는 한편[97], 호주가 그 가(家)에 속하는 구성원의 출생과 사망, 혼인과 이혼 등의 등록을 장악하여 사실상 호주의 책임과 권한을 강화한 것이었다. 이 호적제도는 운용을 하는 과정에서 가족의 이주 등에 따른 관리의 부정확성 등 여러 가지 문제점이 노정되었고 이를 계속 보완한 끝에 1898년에 '호적법'을 개정하였고, 아울러 1899년 위에서 본 '부동산등기법' 또한 개정함으로써 민사와 관련한 중요한 규제법규를 근대화하는 개혁을 완성하였고 이는 추후 우리의 '구 등기법'이나 '구 호적법'으로 계수되기에 이르렀다.

한편 절차법의 제정과정을 본다. 민, 상법의 논쟁이 결론이 나지 않았던 상황에서 이미 일본 정부는 1890년에 민사소송법, 형사소송법을 제정, 공포하는 등으로 소송절차에 관한 기본법을 확정하였고, 1893년에는 변호사법을 제정하였다. 나아가 1891년에는 도량형법을, 1897년에는 삼림법을 제정하는 등으로 기본법을 보완하는 기술적인 세부입법까지 제정을 끝냄으로써 서구의 법제를 모방하여 사회, 경제적 활동을 뒷받침하고 법치를 구체화하는 작업을 대략 마무리하기에 이르렀다. 이러한 법제들은 사실상 일본이 근대화를 마무리하는 과정에서 서구의 법제, 특히 독일법과 제도를 바탕으로 이루어진 것이다. 이로 인하여 안타깝게도 이 법제들이 일제 강점기에 우리의 실생활을 규율하였음은 물론 해방 이후에도 기본법은 물론 절차법이나 부속법인 등

96) 자세한 제도는 이와무라 히또시(岩村 等), 앞의 책, 36면 참조.
97) 이와무라 히또시(岩村 等), 앞의 책, 39면.

기, 호적법에 이르기까지 그대로 계수되어 상당기간 우리의 법으로 기능하였다.

그 외에도 제국주의로의 진입과 전쟁준비에 박차를 가하는 과정에서 반대론을 잠재우고 특히 민주적 제도와 집행을 주장하는 진보주의자들을 억압하기 위한 법령들이 잇달아 제정되었다. 앞에서 본 바와 같은 1875년부터의 언론 관련법규, 즉 '참방율(讒謗律)'과 '신문지 조례' 등이 그 예인데, 이는 당시 대다수 언론들이 반정부적이고 민주적인 주장들을 기사화한 것이 영향을 끼쳤기 때문이다. 그 이후 전쟁준비가 본격화하는 과정에서 이러한 통제경향은 더욱 강화되어 1877년과 1880년에 위 규정들을 개정하여 규제의 범위를 확대하였으며, 1887년 12월에는 '보안조례'를 공포하여 내란음모, 교사자나 치안방해의 우려가 있는 자에 대하여도 규제가 가능하도록 하는 조치를 취함으로써 전쟁 반대세력을 탄압하기도 하였는데 이러한 행정규제와 관련한 법령의 제정과정은 별표에서 보는 바와 같다.

마. 이후 법제의 변화

(1) 법제 변화의 동인(動因)

일본의 근대법 제정연표(헌법)98)

년도	법제 관련사항
1869	• 일본정부가 나쓰구리 린쇼오(箕作麟祥)에게 프랑스 법전의 번역 지시
1871	• 사법성을 설치, 폐번치현
1872	• 에또 신베이(江藤新平), 사법경에 취임 • 나쓰구리 린쇼오, 프랑스 법률서 발간
1873	• 오오끼 다까도우(大木喬任), 사법경에 취임, 브와소나드 일본 입국
1875	• 원로원직제장정, 대심원재판소직제장정
1876	• 프랑스법률학과 전문학교(사법성 법률학교)설치
1880	• 원로원, 일본국 국헌안 상주
1881	• 헌법발표의 칙유
1882	• 이또오 히로부미 등, 유럽으로 헌법조사차 출국
1883	• 이또오 히로부미 등, 귀국
1886	• 이또오, 이노우에 고와시(井上毅)에 헌법초안 기초를 위촉
1887	• 이노우에 초안(갑 · 을)완성, 제출

98) 이와무라 히또시(岩村 等), 앞의 책, 134면 이하 참조.

년도	법제 관련사항
	• 이또오 등, 헌법초안의 본격적 검토 개시 • 뢰슬러의 초안, 이또오에게 제출, 검토 개시
1888	• 이노우에, 비상권에 의거, 뢰슬러, 모세에 질의 • 이또오 등 4인의 격론 끝에, 초안의 수정 결정 • 구헌법(소위 대일본제국헌법)의 초안 완성, 천황에 송부 • 추밀원, 헌법의 제1차 회의
1889	• 추밀원 재심회의에서 헌법 수정안 확정 • 상유(上諭), 고문(告文), 칙어(勅語) 완성 • 구헌법 공포 • 헌법의해 출간
1890	• 제1회 중의원의원 총선거 • 교육칙어 공포

일본의 근대법 제정연표(민법, 형법)[99]

년도	법제 관련사항
1869	• 가형율(仮刑律) 시행
1870	• 태정관조사국에 민법회의 설치, 민법조사 개시 • 신율강령(新律綱領) 시행
1872	• 민법결의, 황국민법가규칙(皇国民法仮規則) 제정
1873	• 민법가규칙, 가독상속법(家督相続法)과 유증규칙(遺贈規則) 초안 작성 • 계정율례 공포
1874	• 브와소나드 사법성학교교사에 취임
1875	• 민법전 편찬사업, 사법성에 이관
1876	• 오오끼(大木喬任)사법상, 원로원에 형법개정 의견 상신 • 일본제국형법초안 완성 • 민법 중 제1편(인사), 제2편(재산), 사법성에 제출
1877	• 민법 중 제3편(재산소유권), 사법성에 제출 • 일본형법 초안, 태정관에 제출 • 태정관내에 형법심사국 설치
1878	• 브와소나드에 민법초안 기초 지시
1879	• 형법심사 수정안을 태정대신에게 제출
1880	• 형법심사 수정안에 대하여 원로원의 심의, 완료 • 원로원에 민법 편찬국 설치

99) 이와무라 히또시(岩村 等), 앞의 책, 135면 이하 참조.

년도	법제 관련사항
	• 형법(구형법), 치죄법과 함께 공포 • 브와소나드의 민법초안 완성
1881	• 태정관에 상법편찬위원회 설치
1884	• 뢰슬러의 상법초안 완성
1886	• 민법편찬국 폐지, 사법성으로 이관 • 민법 중 물권, 인권 등 내각에 제출 • 사법성에 민법초안 편찬위원회 설치
1887	• 법률조사위원회 총회 • 내각, 민법안과 상법편찬의 중지 결정
1888	• 민법 중 채권담보편, 신분법 완성 • 민법초안, 내각 총리대신에게 제출
1889	• 민법초안, 원로원의 의결, 추밀원에 송부
1890	• 민법 중 인사편 내각에 상정 • 재산취득편, 내각에 상정 • 내각, 인사편 및 재산취득편, 원로원의 심의 위해 송부 • 원로원, 의결 후 추밀원의 심의 위해 송부 • 민법(재산취득편, 인사편) 공포, 1893년부터 시행

이후 일본의 법제는 위에서 본 바와 같이 소위 '현대법기'로 들어간다. 이러한 시대 구분과 그 핵심은 러일 전쟁에서의 승리 이후를 기점으로 일본이 타국을 합병하는 소위 제국주의에로 본격적으로 진입하면서 이를 뒷받침하기 위한 법제의 개편이었다. 이는 승전에 따른 조선 등 식민지의 획득과 전리품으로 챙긴 배상금 등으로 인한 상품경제와 공업생산의 급격한 발전과 함께 중국 등 더 광대한 영토로의 진입을 기도하는 등으로 서구에 맞서는 강력한 제국주의국가로 국가적 에너지를 모으기 위한 법체계의 정비작업이었다. 이를 위해 일본은 자본주의의 원칙을 일부 수정하는 한편, 국가가 사회, 개인의 자율적 행동과 권리를 강력하게 규제하고 제한하는 방향으로의 변화를 시도한다. 예를 들면, 기업의 국가에 대한 의무를 강화하는 한편 군국화를 반대하는 것으로 의심이 되는 인물에 대한 사전보안처분이 허용되는 등 국가질서와 치안을 강화하는 각종 규제법안 등이 그러하다[100]. 이러한 일본의 대내외적 상황과 법제의 개편 내용을 보면 이를 현대법기라기보다 '제국주의법기'라는 칭하는 것이 더 정확할지도 모른다. 또 한 가지 간과할 수 없는 부분은 후발제국주의 국가인 일본이 독일과

100) 가와구치 요시히꼬(川口 由彦), 앞의 책, 11면.

접근하게 되고 이전에 일본의 근대화를 지원한 영국이나 미국이 서서히 일본을 견제하기 시작하는 등 국제적 관계의 변화가 끼친 영향이다. 일본과 독일의 접근과 정치적 역학관계의 변화는 일본에서 강력한 제국주의 법제로의 변화를 이끈 중요한 동인으로 작용하였다.

(2) 형법의 개정과정

당시의 모든 법률의 개정을 검토하는 것은 다소 부적절한 뿐 아니라 많은 지면을 필요로 하는 만큼 필자의 전공영역인 형법을 중심으로 그 변화의 과정을 간략히 본다. 앞 절에서 본 바와 같이 최초로 제정된 일본의 형법(구 형법)은 프랑스의 법을 중심으로 하면서 그 내용 중 일부를 조정하여 만들어진 것이었으나 일본의 근대화에의 요구를 충분히 반영치 못한 것이라는 비판이 늘 제기되었다. 특히 구 형법이 프랑스의 자유주의적인 경향을 지나치게 강조하고 있는 점에 대해서 국가우선주의를 지향하는 일본의 정치인, 지식인 등은 불만을 숨기지 않았고 주변국가와의 전쟁과 침략 등 강력한 군국화와 제국주의의 완성을 위해 통치권을 강화하고 이에 반발하는 움직임을 강력하게 응징하기 위해서는 지나치게 느슨한 것으로 여겨졌던 만큼 개정의 움직임은 매우 자연스럽게 시작되었다.

개정의 시도는 구 형법의 제정이후 간헐적으로 시도되어 왔으나 본격적인 작업은 사법성의 주도 하에 '법률조사위원회'가 중심이 되어 이루어졌다. 이미 참사원이 1883년 형법수정안을 제출하였고 프랑스 학자 브와소나드도 이런 사정을 감안하여 독자적인 개정안을 마련하여, 함께 명치 24년인 1891년 제1회 제국의회에 형법에 대한 개정안이 제출하였다. 그러나 새로운 제도로의 변화가 가져올 중요성을 감안하여 의회는 심의를 완료하지 못하여 폐기되었으며 다음해 다시 '형법개정심사위원회'가 설치되었고 이후 1893년부터 3년간 계속하여 심의안을 제출하였으나 역시 의결하지 못하고 있던 차에 1897년에 형법초안이 변호사회의 자문을 받아 일반에 공포되었으나 역시 시행되지 못하였다. 그 후 수년의 개정작업과 개정안의 의회상정과 및 토의를 거치던 중 명치 39년인 1906년에 새로운 법률조사위원회가 조직되었고 기존의 안을 일부 수정한 새로운 개정안을 다음 해인 1907년의 제23회 의회에 제출하였다. 이 수정안을 토대로 양원이 심의한 결과 일부 수정을 가한 후 마침내 같은 해 4월 법률 제45호로 가결되었으며 다음 해인 1908년 10월 1일에 시행되기에 이르렀다[101].

일본은 이와 같이 긴 시간에 걸쳐 마련된 새로운 형법의 기본 틀을 2차 대전 이후까지 계속 유지하여 왔으며, 따라서 이는 현행 일본형법과도 그 내용이 대부분 일치한다. 이 형법은 1871년 제정된 독일 형법을 기초로 하였으며, 기존의 형법이 340개조로 방대하고 구체적인 사항까지 자세하게 규정한 반면, 새로운 형법은 조문의 수가 264개로 축소되었으며, 독일에서 형법학의 새로운 경향으로 자리 잡은 범죄와 형벌의 실증주의, 주관주의 이론이 다수 반영되었다. 종래 형법은 프랑스에서와 같이 범죄를 중죄와 경죄, 위경죄로 구분하였으나 이는 폐기되고 위경죄는 우리의 경범죄에 해당하는 '경찰범처벌령'[102]에 위임하는 것으로 정리되었다. 또한 새로운 형법은 법정형의 종류를 축소하고 누범가중 조항, 작량감경 조항을 두는 등으로 형벌의 체제도 대폭 수정하였다.

(3) 형법 개정의 배경

그 배경을 간략히 본다. 개정의 동인(動因)은 크게 두 가지로 나누어 볼 수 있다. 우선 구 형법은 프랑스식의 자유주의 경향이 매우 농후하였던 반면, 제국주의의 기조 속에서 해외진출의 강화와 이를 내부적으로 뒷받침하기 위한 국가총동원과 및 국가우선주의의 강화를 도모하는 데는 여러 가지 한계가 있었던 점이 지적된다. 초기에 불평등조약의 개정의 움직임과 맞물려 서둘러 형법을 제정한 이후 일본에서는 여러 가지의 불만이 제기되었다. 일본이 제국주의를 지향함에 있어서 구 형법은 그에 필요한 범죄 진압수단으로서 효율성이 떨어진다는 지적이 이어져 왔고, 이런 측면에서 프랑스식의 자유주의에 따른 관용적 경향을 주류 세력은 받아들이기 어렵다고 판단하였다. 또한 구 형법은 범죄와 처벌의 범위를 지나치게 세분화함으로써 법관의 재량의 범위를 줄이고 판결을 구속하는 성격이 강한 것도 관료에 대한 의존경향이 강한 일본에서는 쉽게 받아들이기 어려운 부분이었다. 따라서 살인죄와 같은 중요한 범죄를 단순화하고 법관의 양형의 범위를 확대하는 등의 요구가 강하게 제기되어온 점을 새로운 형법에서 반영하고자 하였다[103].

여기에 당시 일본의 여러 가지 범죄현상도 형법의 개정을 부추기는 요인으로 작용

101) 개정안의 자세한 경과는 이와무라 히또시(岩村 等), 앞의 책, 77면.

102) '경찰범처벌령'은 일본의 명치 41년에 내무성령 제16호로 발령한 것이며, 이는 후에 일본에서 '경범죄처벌법'으로 변경되었고 우리도 이를 그대로 따라 '경범죄처벌법'을 두게 되었다. 그 핵심은 경찰서장이 직접 법원에 즉결심판을 청구하고 법원의 결정에 따라 구류나 과료 등 가벼운 처벌을 받게 되는 등으로 우리의 현행 제도도 이를 기본으로 하고 있다.

103) 이와무라 히또시(岩村 等), 앞의 책, 76-7면.

하였다. 자본주의의 발전에 따라, 또 민권운동이 활발해짐에 따라 일본에서는 1880년대에 범죄가 급증하여 이에 대한 대책이 절실하게 요구되었다. 또한 몇 가지 중대범죄의 발생, 즉 1908년의 적기(赤旗)사건[104]이나 1910년의 대역(大逆)사건[105]을 계기로 사회주의 계열의 반란이나 제국주의 노선에 반대하는 민주적 인사들을 강력하게 처벌하고 국론의 통일을 기하기 위한 개정의 필요가 강하게 제기되었다. 물론 이러한 범죄는 형법의 체계와 직접 관련이 있다기보다 제국주의화에 수반된 일시적 반발이라고 볼 수 있었으나 이를 계기로 군국화의 길을 서두르는 강경세력들은 아예 구 형법의 지나친 자유주의적 경향을 수정하고 관료에 의한 양형재량 등을 확대하는 독일식의 형법체계로의 변화를 적극적으로 도모하기에 이르렀다.

요약컨대, 종전의 프랑스 식 형법은 일본의 과거 전통과 당시에 처한 국가통제강화에 부적절하다는 것이 지도자들의 생각이었고 강력한 국가통제시스템을 구축하기 위하여 형법을 개정할 필요를 강하게 느껴 오던 차제에 독일식의 강력한 통제 모델은 일본에게 큰 매력으로 다가왔다. 이를 반영하여 개정 형법에서는 공무집행방해죄, 소요죄 등 국가의 정책결정과 이를 집행하는 공직자에 대항하는 범죄들을 강력하게 단속하는 규정을 마련하였고 덧붙여 행정규제를 강화하는 등으로 이른바, 광범위한 탄압체제를 확립하였고 이는 소위 탄압법의 시작이라고도 할 수 있다[106]. 또한 새 형법은 범죄에 대한 사후제재시스템에서 국가의 적극적인 국민교화라는 독일식의 사전적 예방시스템을 아울러 도입하여 국가가 사회와 개인에 대한 통제를 강화하는 근거를 마련하였다[107].

또 한 가지 동인은 순수한 이론적 측면에서의 변화를 반영한 것으로 이는 형법학에서 오랜 기간 문제영역으로 다루어져 왔던 범죄 및 형벌에 관한 새로운 이론의 등장에 따른 것이었다. 종전까지 범죄는 범죄인의 욕구충족을 위한 자유의사의 발현으로

---

104) 이 사건은 1908년에 발생한 사회주의자들에 대한 탄압사건으로 일명 '금휘관(金輝館) 사건'이라고도 불린다. 이 사건은 1906년 일본에서 사회당이 결성된 이후 그들의 일파가 1908년 6월 22일 동경의 영화관인 '금휘관'에서 석방환영 집회를 개최한 것을 계기로 경찰이 적기를 소지하고 강경한 입장을 취하여 온 사회주의 추종자들을 검거한 사건이다.

105) 이 사건은 1910년 일본 천황을 암살하려 했다는 혐의로 고토쿠 슈스이 등 26명의 사회주의자들이 사형당하거나 구속된 사건으로 일본 사회주의 운동은 반국가적인 이념으로 비판되어 1920년대까지 위축되었으며, 종교적인 사회운동인 기독교 사회주의로 대체되었으며 종전 후인 1963년 대역사건 관련자들에 의하여 재심이 청구되기도 하였다.

106) 가와구치 요시히꼬(川口 由彦), 앞의 책, 464면에서는 이러한 과정들을 결국 입법이념의 전환이라고 평가한다.

107) 가와구치 요시히꼬(川口 由彦), 위 책, 11면.

이에 대해서는 정의실현의 차원에서 정확하게 대칭되는 고통으로서의 형벌을 과하여야 한다는 이론이 지배적이었으나, 19세기 후반 롬브로조(Lombroso) 등 이탈리아 학파와 이를 체계화한 리스트(Franz von Liszt)를 중심으로 이러한 이론에 문제를 제기하는 학자들이 다수 등장하였다. 한편 당시 유럽사회는 자본주의 체제가 본격적으로 활성화되면서 신종범죄가 발생하고 소년범죄가 급증하는 한편 재범자가 증가하는 등 종전의 시각과 제도만으로는 범죄에 대한 대처에 부족하다는 인식이 확산되었다.

이러한 상황 속에서 범죄인은 병리학적 또는 심리적 기질 또는 사회적 환경 등의 영향으로 범죄를 저지르게 된 것인 만큼 이에 대하여 응징의 차원에서 형벌을 과하는 것은 부당하고 경우에 따라 사회로부터 격리하거나 교육 등의 방법으로 개선하여 사회복귀를 이루어야 한다는 신파이론이 등장하게 되었다. 범죄와 형벌에 관한 가치관을 달리하는 양 진영이 격론을 계속 이어나가는 가운데 새로운 이론은 1893년 스위스 통일형법초안에 반영되었고 독일의 경우에도 신파이론을 상당 부분 형법에 도입하여 범죄의 결과와 함께 범인의 성격이나 인격, 행상(行狀) 등 외부적 환경으로 형성된 부분을 아울러 고려하는 쪽으로의 입법이 이루어졌다. 나아가 이러한 이론적 대립을 지켜보던 일본의 법학 계에서도 일본의 자본주의화와 범죄 급증에 적절히 대처하기 위하여 독일 등의 신파이론을 도입하여야 한다는 주장이 고개를 들기 시작하였고 이에 따라 위에서 본 바와 같이 형법의 개정이 본격적으로 논의되고 마침내 1907년 결실을 보게 되었다.

일본은 이러한 신파이론을 일부 흡수한 독일의 형법을 본받아 범죄자에 대하여 탄력적으로 법을 운용하기 위한 여러 가지 제도적 장치들을 형법개정에 포함시켰다. 예를 들면 양형에 있어서 법관의 재량을 대폭 확대하고 형의 감경조항을 늘리는 한편, 범죄유형을 포괄적인 것으로 변경하였다. 그 이외에 정당방위규정을 총칙에 둔다거나 자유형의 정리, 형의 집행유예제도의 도입, 가석방의 요건 완화, 중지범 규정의 신설, 상상적 경합의 규정신설, 누범가중범위의 확대 등 독일형법의 입장을 상당 부분 반영하였다. 특히 종전 구 형법이 프랑스와 같이 지나치게 범죄유형을 세분하여 법관의 재량의 여지를 배제하였다는 문제의식에서 범죄유형을 포괄적으로 규정하였는데 예컨대, 살인죄의 경우 종전에는 다양한 유형별로 처벌을 달리하는 식으로 많은 규정을 두었으나 이를 포괄하는 하나의 살인죄조항을 두면서, 사형, 무기징역, 3년 이상의 징역에 처한다는 식으로 법관이 형의 양정에서 다양한 선택이 가능하도록 하는 등 재량을 확대하였는데 이는 동일한 죄명에 해당하더라도 범죄의 유형에 따라 다양한 처벌이 가능하도록 국가, 나아가 법관의 개입여지를 확대하는 측면에서 국가 중심의 형법으로의 변경이었고 이를 일부 학자는 조숙한 현대법의 실현으로 평가하기도 한다[108].

이런 과정을 거쳐, 종전 형법은 3편 11장 52절로 나누어져 있었으나 개정형법은 범죄에 관한 1편만을 두면서, 절은 폐기하는 식으로 체제를 완전히 정비하였으며, 규정 또한 종전의 424개조의 규정에서 264개조의 규정으로 단순화하는 것으로 개정을 마무리하였다. 요컨대, 국가정책의 가장 기본인 형법의 개정은 국가의 정책에 반대하는 세력을 억눌러 군국화를 뒷받침하는 한편 신파의 범죄론을 일부 흡수하되 국가, 사법관료의 개입과 재량의 여지를 확대하는 측면에서의 개정이었고 이와 함께 언론에 대한 규제 등 각종의 행정제재를 확대함으로써 전쟁돌입을 위한 입법적 장치를 완성하였다고 평가된다. 이로써 일본은 군사적으로 정치적으로 뿐 아니라 법제적 측면에서도 독일식으로의 전환을 완성하였으며, 이후 세계전략에서도 독일과 동맹관계를 형성하였다가 공히 패전국으로 전락하기에 이르렀는바, 우리의 의사와 전혀 무관하게 진행된 이러한 과정이 지금도 우리가 독일의 법제를 사용하고 있고 여전히 독일식의 이론을 교단에서 학생들에게 가르치고 있는 직접적 연유이다.

바. 사법제도의 구성과 정비

(1) 명치유신 직후의 사법제도

위에서는 명치유신 이후 일본의 헌법과 각종 법률의 제정, 개정을 주로 살펴보았으나 여기에서는 사법제도를 중심으로 그 변화의 과정을 정리하고자 한다. 명치유신 이전 일본의 사법시스템은 우리와 거의 같아서 위에서 본 바와 같이 행정과 사법의 분화가 없이 일반 행정청이 심판과정을 담당하였으나 유신 이후 정치체제의 변화에 따라가 서구의 예를 좇아 사법제도와 기관을 새로 구성하기에 이르렀다. 물론 유신의 직후에는 일응 과거와 같이 각 지방의 부, 번, 현의 행정기관이 재판사무를 맡되 중앙에는 새로 태정관의 산하에 형사재판을 관장하는 형부성(刑部省), 민사재판을 관장하는 대장성(大藏省)이 감독기관으로 설치되었으나, 대장성은 재판만을 담당하는 기관은 아니었으며 이 또한 임시적인 것에 불과하였다.

---

108) 가와구치 요시히꼬(川口 由彦), 위 책, 464면.

본격적인 사법제도의 개편은 '폐번치현(廢蕃置縣)'의 제도가 실시되고 난 이후 시작되었다. 곧 1871년 8월 24일 형부성이 폐지되면서 사법성이 설치되었고 이후 같은 해 9월 사법성은 민사소송을 감독하던 대장성의 업무를 인수함으로써 사법업무의 최고기관으로 자리 잡게 되었다. 사법성은 재판관의 임명권까지 보유함으로써 그 권한은 매우 강하였고 각 지방 행정기관에는 청송과(聽訟課)가 설치되어 소송사무를 담당하였다. 1872년 5월 31일 에또 신뻬이(江藤新平)가 사법성의 대신으로 임명되면서 사법업무의 개혁에 박차를 가하게 되었는데, 이후 사법성은 '사법직무정제(司法職務定制)' 22장을 정하였으며 여기에서 일본 재판기구의 골격이 만들어졌다. 이를 간략히 보면, 각 부, 현마다 소송을 처리하는 재판소를 설치하는 한편, 중앙에는 사법성 대신이 소장을 겸하는 중앙의 재판소를 두어 사법판단의 최종기관으로 기능하도록 제도를 정비하였다.

그 외에 지방에 사법성의 출장재판소를 두고, 형사사건에서 유형 이하의 형은 부, 현재판소에서 담당하는 한편, 태형 이하의 형사사건과 백량 이하의 민사사건은 각 국재판소에서 담당하도록 하는 등 사건의 경중에 따라 절차를 분리하였다. 또한 국사사범에 대하여는 임시재판소를 설치하는 등으로 사법업무를 종전의 행정 관료들의 업무로부터 분리하였으나 행정관들의 반발이 이어졌고, 이에 일시 지방의 관료들로 하여금 사법업무를 겸하도록 조치하기도 하였다[109]. 여기에서 특이할 점은 위 '사법직무정제'의 제7장에서 '검사장정(檢事章程)'을 두고 검사의 권한을 정하였는데 검사는 헌법과 국민의 권리를 보호할 뿐 아니라 재판의 당부를 감독하는 직책으로 정의하고 검사가 출정하지 아니하면 민사재판이 개정되지 않는 등 민사재판에까지 관여하도록 그 권한이 확장되어 있었다는 점이다[110]. 이는 결국 1874년 개정되어 민사재판에의 관여가 배제되었지만, 그 동안 중화권의 법역에서는 알지 못하던 서구, 특히 독일, 프랑스식의 검사 제도를 도입하고 그 권한을 규정하는 등의 조치는 일찌감치 서구의 제 문화적 요소, 법제 등에 대한 연구가 이전부터 상당 부분 진행된 것을 알 수 있게 해 준다. 특히 유럽대륙식의 법제를 이미 일본이 파악하고 도입한 것은 단지 서구화의 시발점을 명치유신으로 보는 것이 부적절함을 다시 한 번 확인할 수 있게 해 준다.

---

109) 이께다 료지(井け田 良治) 등, 앞의 책, 46면. 저자는 추후 이러한 과정을 거쳐 이루어진 사법독립의 과정을 획기적인 법원제도의 확립, 결정적으로 큰 의의를 가지는 사법권 독립이라고 평가하고 있다.

110) 이께다 료지(井け田 良治) 등, 앞의 책, 47면.

(2) 사법제도의 변화와 인력 양성

다시 사법제도로 돌아와 그 변화를 본다. 유신 직후 일본 정부는 프랑스 쪽의 사법제도에 관심을 가지고 이를 상당 부분 받아들였다. 이는 중앙집권적인 정부의 하에 획일적인 사법제도를 전국적으로 조직하는 데 모범적이라고 판단하였기 때문이다. 구체적인 절차를 보면 초기인 1875년 오오꾸보 등이 중심이 되어 사법성을 법원으로부터 독립시키는 '대심원제재판소직제장정(大審院諸裁判所職制章程)'을 공포하여, 법률쟁송의 최고심판기관으로서 대심원을 행정업무를 담당하는 사법성과 분리하는 조치를 취하였다. 그 하위의 심판기관으로 상등재판소(上等裁判所), 지방의 부, 현에 소재한 재판소를 두었으며, 이에 맞추어 사건의 관할도 새로 정하였다. 이후 위에서 본 바와 같이 1880년에는 '치죄법(治罪法)'의 공포와 함께 프랑스의 법원제도를 기본으로 하여, 항소심을 담당하는 '공소재판소(控訴裁判所)', 1심의 기능을 하는 재판소 중 중죄를 담당하는 '시심재판소(始審裁判所)', 위경죄를 담당하는 오늘날의 간이재판소에 해당하는 '치안재판소(治安裁判所)'를 두었고 경찰서장의 즉결심판청구도 인정하는 등 근대적인 사법제도를 완성하기에 이르렀다[111].

그러나 프랑스의 상사재판소, 노동재판소 등의 특별재판소의 구성이 중첩적일 뿐 아니라 정규의 법관이 아닌 치안판사가 담당하는 치안재판소 등의 제도는 획일적 관료조직을 중시하는 일본에 덜 매력적이라는 점이 제기되었고 정치적으로도 독일과 가까운 관계를 형성함으로 인하여 이러한 프랑스 제도의 전적인 도입은 수정될 수밖에 없었다. 이런 과정을 통하여 독일식의 사법제도는 일본제도의 핵심을 이루었고 이로 인하여 우리도 독일에서 시행하고 있는 것과 같은 제도를 많은 부분에서 현재 따르고 있다. 다만, 독일제도의 연방제적 성격을 가진 부분이나 민사소송에서 변호사강제주의와 같은 것은 일본에서 배제되었는데 이 또한 우리의 제도와 같을 수밖에 없었다[112].

일본의 병탄으로 일본이 완성한 법제의 모든 것들이 이제 한반도의 실생활에 적용되어야 하는 상황으로 접어들었고 이를 결정하는 것 또한 일본의 법률가들이었다. 일본이 프랑스식의 법제를 도입할 경우 우리에게도 프랑스식의 법제가, 독일식의 법제

111) 이께다 료지(井け田 良治) 등, 앞의 책, 48-9면. 위경죄에 대하여 경찰서에서의 간이재판이 허용된 것은 1881년이며 이에 대하여는 상소를 허용하지 아니하였다.

112) 이와무라 히또시(岩村 等), 앞의 책, 86-87면 참조. 당시 일본에서 변호사강제주의를 배제함으로 인하여 소송비용에서 변호사보수는 포함되지 않았다.

를 채용할 경우 독일식의 법제가, 아니면 영국식의 법제를 적용할 경우, 배심제를 비롯한 영국식의 사법제도와 절차가 우리에게 적용될 수밖에 없는 안타까운 상황이었다. 이후 국제사회의 질서는 제1차 세계대전과 그 이후의 일본이 야기한 만주사변 및 중일 전쟁, 그리고 나아가 2차 세계대전을 거치면서 일본이 영미, 프랑스와 완전히 결별하고 독일과 동맹하는 상황으로 이어졌고 이에 따라 일본의 법제 또한 남아 있던 프랑스, 영국의 잔재를 청산하고 철저히 독일식의 법제로 전환되었다.

사법관료의 양성과 관련한 사항을 보면, 근대적 법체계를 뒷받침할 인력이 필요하다는 인식에서 위에서 본 사법성 내부에 법학교를 두었고 여기에서 선발, 교육을 받은 인재가 1880년에는 재판소에서 사법업무를 시작하였으나 이는 사법수요를 충당하기에 턱없이 부족한 실정이었다. 이에 사립학교에도 법학교를 추가로 설치하는 등 사법관료의 확충이 서서히 이루어지게 되었고, 1880년에 시작된 변호사제도(이른바, '개정 대언인 규칙')를 통해 형사변호인이 필요하게 되었고 본격적인 사법관의 임용절차인 판사등용규칙이 1884년에 입안, 공포되어 사법수요를 충당하는 시스템과 함께 인적 자원에 관한 체계적인 관리가 가능하도록 제도화되기에 이르렀다[113]. 이와 같이 사법에 필요한 인적 자원의 수급을 체계화하는 과정에서 한 가지 주목할 것은 사법에 필요한 재조법조의 위상과 선발절차를 엄격하게 한 반면, 변호사법 등에서 마련한 소위 재야법조, 변호인의 위상 등은 이보다 낮아 한 때 일본의 변호사는 2류 법조인으로 취급되기도 한 점으로[114], 이는 사법 뿐 아니라 행정관료 위주로 국가를 운영하고자 한 독일 식의 제도와 매우 흡사하다는 점이다.

5 전후 일본의 법제변화와 일본법의 제도적 특징

가. 미군정 하에서 법제의 정비

(1) 새로운 헌법의 제정

일본이 패전하고 미군정이 시작된 이후 일본은 과거의 전제적이고 군국적이며 국가

113) 가와구치 요시히꼬(川口 由彦), 앞의 책, 6면.
114) 가와구치 요시히꼬(川口 由彦), 앞의 책, 10면.

를 최정점에 두고 민권을 탄압하는 형태의 법제로부터 민주적인 법제로의 변화가 불가피하게 되었음은 주지하는 바와 같다. 헌법의 경우 과거 천황주권의 특이한 형태의 구조로부터 미군정의 주도로 새로운 통치구조와 인권보장의 확대로 변화된 헌법이 제정되었으며 이는 11장 103개조의 본문으로 구성되었고 1947년 발효되었다. 이 헌법이 현행 일본국의 헌법으로 그 변화의 과정을 간략히 본다. 일본의 패전 후 맥아더를 중심으로 한 '미군정국(GHQ)'은 새로운 헌법의 원칙으로 입헌군주제로서의 천황제의 존속, 전쟁의 포기와 무장의 금지, 봉건제도의 포기와 영국식 예산제도 도입이라는 3가지 원칙을 제시하였다. 그러나 일본 측은 만세일계의 천황이 통치권자라는 기존의 국체를 유지하는 등, 기존의 명치헌법을 일부 수정하는 선에서 일부만을 개정하려고 시도하였다. 이에 맥아더는 독자적으로 군정의 민정국에 새로운 헌법초안의 마련을 지시하였으며 이 초안을 기초로 헌법을 제정, 공포하겠다고 일본 정부를 압박하였고, 이에 일본 정부는 부득이 미군정의 요구를 받아들여 전혀 새로운 형태의 헌법을 제정하기에 이르렀다[115].

헌법의 제정과 관련하여 미군정당국과 일본의 정부의 이견은 종전 후 일본의 전범처리 문제와 관련하여 가장 중요한 문제로 대두한 천황의 책임 문제와 직결되어 있었다. 연합국 측의 의견은 둘로 나누어졌는데 승전국인 소련과 호주, 영국은 천황의 책임을 강력하게 주장하였으며 그 중심에는 나중에 동경전범재판소의 재판장을 맡기도 한 호주의 William Flood Webb[116]이 있었다. 그러나 승전의 주역 미국은 전쟁 이후 국제질서의 재편과정을 염두에 두고 천황의 책임을 묻는 것에는 신중한 입장을 취하였다. 일본인의 지나친 천황신격화를 가리켜 일본인의 정신 연령을 12세 정도라고 노골적으로 비판하기도 하였던 맥아더는 천황제를 완전히 제거할 경우 일본인의 저항과 반발이 상당히 거셀 것으로 보이는 점, 권력을 제거한 명목상의 천황을 이용하는 편이 개혁에 용이할 것이라는 점을 근거로 천황제를 유지하되 그 권한을 엄격히 제한해 상징적 내지는 명목적(장식적) 기능만을 보유하게 하는 것이 향후 일본의 관리에 훨씬

---

115) 김광옥, "일본 근대사에 나타난 체제개편 구상", 김광옥, 「변혁기의 일본과 조선」, 인문사, 2011, 283-4. 287면. 이를 통하여 일본이 전쟁 전의 국체를 유지하면서 국민의 인권을 제한하는 체제에 집착하고 있음을 알 수 있고 더하여 국회의 심의과정에서도 전쟁포기를 규정한 제9조를 수정하려고 시도하다가 미군정의 군사대국화의 우려에 따른 개입으로 이를 명확히 하도록 요구받는 등 현재의 일본과 같이 과거로의 회귀를 계속 시도한 것으로 보인다.

116) 1946년 2월 18일, 연합국 최고사령관인 맥아더 원수에 의하여 동경전범재판소는 위 W. F. Webb(Sir William Flood Webb, 1887~1973) 재판장을 비롯한 10명의 재판관과 30여 명의 검찰관이 임명됨으로써 발족되었다.

유리하다고 정책적으로 판단한 것으로 보인다.

이에 따라 천황을 상징적으로만 존재하게 한 새 헌법의 초안의 작업을 원래 필리핀의 상해전문변호사였다가 당시 민정국장을 맡고 있었던 Courtney Whitney에게 맡겨 그는 단 7일 만에 초안을 만들었고 미군정국은 이를 외무대신 요시다 시게루(吉田茂) 등에게 교부하면서 받아들이도록 요구하였다. 당시 일본 측이 준비한 것으로는 소위 '마쓰모도(松本)안'이라는 것이 있었는데 이는 명치 헌법을 거의 그대로 두고 문구 정도를 손질해 천황이 통치권을 가짐을 그대로 유지하고자 아니하였으나 이를 군정당국이 받아들일 리는 만무하였다. 맥아더의 미군정국이 일본에 제시한 헌법의 초안 중 천황과 관련한 안은 "Art. 1. The Emperor shall be the symbol of the State and of the Unity of the People, deriving his position from the sovereign will of the People, and from no other source"이었으며[117], 현행 헌법 제1조는 그 취지를 쫓아 "천황은 일본국의 상징이자 통합의 상징이며 그의 지위는 주권을 가진 일본국민의 총의에 의한다"라고 하여 초안을 그대로 유지하고 있다.

새 헌법은 크게 3가지의 원칙을 특징적으로 선언하고 있다. 국민주권의 선언, 기본적 인권의 보장, 세계사적인 의의를 가진 전쟁포기와 전력보유금지가 그것이다. 이를 구체적으로 본다. 우선 전문에서 종전의 천황주권이 국민주권으로 변경되고 기본적 인권의 보장과 평화주의를 천명하였다. 나아가 제1장에서 천황은 일본국의 상징이고 국민통합의 상징일 뿐이고(제1조), 현신인이 아닌 인간으로 격하되었으며(소화 21년 원단 조칙), 전쟁 포기를 명문화하였다(제9조). 이어 의회의 지위와 권한(제4장), 내각의 지위와 권한(제5장), 재판소의 지위와 권한(제6장) 등이 새로 정리되었다. 그 내용 중 상당부분은 일본 학자들이 정리한 것을 바탕으로 하였지만 미군정당국의 동의를 받았어야 한 것은 말할 필요도 없다[118]. 새로운 헌법은 영국을 모델로 한 것으로 독일과의 법적 관련성도 패전과 더불어 사라졌으며 이로써 일본은 과거 제국주의와 군국, 전쟁을 뒷받침하던 기본 법제를 다른 서구의 민주국가와 마찬가지로 변경하였으며, 이어 기본법인 형법, 형사소송법 등도 민주적으로 개정하였다.

---

117) 현행 일본 헌법의 영문번역도 이와 거의 같다. 즉, "Art. 1. The Emperor shall be the symbol of the State and of the Unity of the People, deriving his position from the will of the People with whom resides sovereign power".

118) 당시 미군정의 맥아더는 새로운 헌법제정의 3원칙으로 입헌군주제로서의 천황제는 승인하되, 전쟁의 포기와 무장의 금지, 봉건제도의 폐지를 제시하였고 일본정부가 이를 받아들여 현행 헌법이 시행되기에 이르렀다. 자세한 것은 구태훈, 앞의 책(주 17), 425면 참조.

요약컨대, 새로운 헌법은 천황제를 유지하면서도 이를 상징적으로 국가와 국민통합의 주체로 인정하였다는 점에서 천황주권에서 국민주권으로 변경된 것과 함께 전쟁의 포기를 선언하였다는 점이 매우 중요하게 여겨져 왔다. 천황제의 유지에 대해서는 전쟁 승전국 사이에서도 논란이 많은 문제였음은 위에서 보는 바와 같다. 영국과 호주 등이 천황에게 전쟁의 책임을 물어야 한다는 입장이었던 데 비하여 일본은 내심으로 천황주권을 유지하면서 헌법의 일부조항을 민주적으로 개정하려고 하였으나, 가장 강력한 발언권을 가진 미국은 이러한 입장들을 모두 거부하고 위와 같이 상징적으로나마 천황제를 유지하는 것이 후일 일본과의 관계를 복원하고 아시아에서의 정세를 유리하게 끌고 가는데 도움이 될 것이라고 판단하였다. 전후 공산권과의 대결을 염두에 두고 일본을 그 첨병으로 활용하려 하였던 미국의 세계전략은 지금에 이르기까지 유효하게 작용하고 있다.

(2) 기타 법과 제도의 변화

헌법의 개정과 관련하여 많은 제도와 법제의 변화도 이루어졌으나 이를 모두 언급하는 것은 부적절하므로 간략히 중요한 부분만을 본다. 우선 종래의 화족제도가 폐지되었고 이와 유사한 제도도 금지되었으며, 전통적으로 오래 유지되어 왔던 호주제도 폐지되었다. 아울러 신헌법에서 개인의 존중과 남녀 등 모든 국민의 평등, 근로자의 권리 등을 선언하는 등 인권에 관한 규정을 대폭 손질함에 따라 남녀, 부부간의 평등을 기본으로 하는 민법, 형법 등의 개정도 뒤따랐다[119]. 이러한 새로운 법제의 실현은 가히 법제혁명이라고도 일컬어질 정도였으나 정작 일본인들의 실제 생활에서는 완전히 정착되지 못하였는데 이는 미군정당국의 강력한 요구에 따라 갑자기 전혀 다른 법제가 실현된 데 대하여 일본인들로서는 일종의 반감이 작용한 점과 일본인들의 법의식에 여전히 오랜 기간 젖어온 전근대적인 봉건적 구조, 특히 남녀사이의 차별이나 신분에 따른 권리의 차이 등이 잔존하였던데 기인하는 것으로 보인다. 결국 개선된 법제에도 불구하고 국민이 스스로 자신의 권리를 적극적으로 행사하지 못하는 상황이 제기되었고 이를 계기로 일본에서는 법과 국민의식 사이의 차이를 이해하고 극복하려는 소위 법문화론이 활발하게 전개되기도 하였다[120].

---

119) 구태훈, 앞의 책(주 20), 19면. 이러한 민사적 제도변화에 이어 상속권에 있어서 자녀들의 평등원칙과 결혼에 있어서 당사자의 의견을 존중하게 하는 등의 변화도 뒤따랐다.

120) 로꾸모도 가헤이(六本 佳平), 「일본의 법과 사회」, 유비각, 2004, 19면. 저자는 일본의 근대법의

나. 일본법제의 성격

이상에서 본 바와 같이 일본의 법제변경은 서구 근대화 과정에서 추진된 무리한 군국화 및 국가중심주의를 뒷받침하는 과정에서 이루어졌다. 원래 전통과 문화에 있어서 서구국가들과 다른 부분이 적잖게 존재하는 가운데 추진된 일본의 서구법제도입은 상당 기간 기존의 문화와 충돌하는 등의 과정을 겪을 수밖에 없었으나 일본은 이를 억누르거나 극복하는 과정을 통하여 서구, 특히 독일식의 근대화된 법제를 유지하여 왔다. 그러나 패전 후에는 다시 자유와 인권 중심의 법제를 기존 법제와 혼용하는 형식을 유지하여 오고 있으나 이 또한 자발적인 변화는 아니었기에 일본의 특유한 법문화, 국민들의 법 감정 등과 잘 맞지 않는 점이 적지 않고 이를 계수한 우리의 경우도 비슷한 문제를 가지고 있다. 여기에서 일본의 법문화와 그 제도를 비교법적으로 정리한 워싱턴 주립 대학의 Daniel H. Foote 교수와 동경대학의 로꾸모또(六本 佳平) 교수, 그리고 김상용 교수의 견해를 본다.

우선 Foote 교수는 일본에 체류하면서 일본 법제를 직접 연구한 후 발표한 논문에서 일본의 특유한 법문화에 주목하였다. 그는 일본의 법제를 '온정적 부권주의(benevolent paternalism)'라고 지적하면서, 서구의 법제를 계수한 일본은 나름대로의 법문화와 국민들의 법의식, 감정 등으로 인하여 이와는 달리 변모된 형태로 법제운영이 이루어지고 있으며 그로 인하여 매우 효율적으로 법의 목표가 달성되고 있다고 설명하였다[121]. 한편 로꾸모또 교수는 앞에서 본 바와 같이 막스 베버(Max Weber)의 견해를 따라 서구의 근대화된 법제를 형식적이면서 동시에 합리적인 재판제도를 가진 유형으로 분류한 바 있거니와 일본은 법문화적으로 이와 다소 맞지 않는 제도적 특징을 가지고 있다고 지적하고 있다.

나아가 그는 그 특징으로 서구근대형의 법 시스템을 채택한 역사가 비교적 짧을 뿐 아니라 그것을 국가의 독립(법적 자립성)을 잃지 아니한 채 채택한 점, 오랜 전통에 기초한 천황제 하에서 기본적인 인권을 규정한 헌법을 보유한 점, 대륙계의 사법제도에 영미법계의 여러 제도를 접목한 점, 법원이 위헌심사권한을 보유한 점을 들고 나아가 일본이 가진 경력제 법관제도, 일반인이 사법에 참여하는 민사와 형사에서의 조

역사적 특질에 대한 법사회학적 논의를 시발케 한 것은 바로 이 시점이라고 지적하고 있으며, 이를 통하여 일본의 법문화와 법의식, 법감정 등이 활발하게 논의되었다.

121) Daniel H. Foote, "The Benevolent Paternalism of Japanese Criminal Justice", 80 Cal. L. Review, 317(1992).

정제도, 검사의 기소재량제도와 협의이혼제도 또한 서구와 다를 뿐 아니라 법조인구가 서구에 비하여 현저히 적은 점도 특징의 하나로 지적하고 있다[122]. 이에 반하여, 김상용 교수는 이념과 체제의 면에서 일본의 근대법을 비판적으로 평가하고 있다. 교수는 일본의 근대법은 서양법의 정신과 그 기초인 기독교를 배제하고 그 소재만을 가져와 천황제통치체제에 수정, 적용한 것으로, 서양법과 기독교의 사랑, 희생, 자비, 박애의 정신이 누락되고 지배와 침략 수단으로서의 실증주의에 빠져 버린 점을 강조하고 있다[123].

6 우리의 근대 입법의 과정

가. 조선말기, 그리고 일제강점기의 사법

마지막으로 우리법제의 근대화과정을 간략히 본다. 이 책에서 다루고자 한 것은 우리가 어떤 연유로 일본을 통해 독일법제를 계수하게 된 것 인가였고 그 배경을 거슬러가는 과정에서 일본의 근대화와 조선의 강제 병탄, 그리고 그 과정에서 서구의 법제로의 변화의 과정을 대략 살펴보았다. 일면 일본의 근대화와 서구법제도입에 많은 부분이 할애된 것으로도 보이나 조선과 일본의 근대화과정에 대한 대응이 결국 우리가 서구법 중 독일법 중심으로 법제근대화를 할 수 밖에 없게 된 만큼 이를 살펴봄에 중심을 둘 수밖에 없었다. 원래 법제사의 측면에서는 삼국시대로부터 고려, 조선을 거쳐 그 이후 정부수립의 법제를 자세하게 살펴보는 것을 기본으로 하나[124] 이는 필자의 전공영역이 아닐 뿐 아니라 우리의 법제사를 시대별로 정리하려는 의도가 전혀 없었던 만큼 이에 대해서는 언급을 가급적 약한다.

우리의 근대법제 형성의 배경은 앞의 3장에서 거의 정리한 만큼 여기에서는 몇 가지 사항만을 여론(餘論) 삼아 살펴보고자 한다[125]. 주지하는 바와 같이 우리가 오랜

122) 로꾸모도 가헤이(六本 佳平), 앞의 책, 26면.
123) 김상용, 앞의 책, 138면.
124) 예컨대, 박병호, 「한국법제사」, 민속원, 2012, 21면 이하에서는 우리의 법제를 씨족법시대, 부족법시대, 율령법시대(전기, 후기), 통일법전시대(조선), 서구법계수시대(19세기 말에서 1945년까지), 현대법시대(1945년 이후)로 구분하기도 한다.
125) 법제사를 다루는 분들 중에는 한국의 근대법제에 관해서도 시대를 구분하여 논하는 견해들이 있

기간 왕조의 변화를 거치면서 순수한 독자적 법체계를 가진 경우는 매우 드물었다. 이는 법제 또한 문화의 한 영역으로 강력한 주변세력의 문화적 영향을 받을 수밖에 없기 때문이다. 조선조 말기까지 우리는 중화문화권에 편입되어 그 법제를 거의 그대로 들여와 일부 수정하는 형식으로 법제를 마련하고 운용하였으며 이는 우리가 결국 중화문화권의 영역을 벗어나지 못하였음을 반증해 주는 것이라고 하지 아니할 수 없다. 한편 이 책에서 다루고자 한 법제의 근대화에 관하여 보면 우리의 경우도 일제의 침략 이전에 짧은 시간이나마 이를 시도한 적이 있었다. 조선조 말기에 이른바 갑오개혁의 일환으로 근대적으로 수정한 일본의 법을 계수하여 일시 사용하였다.

이미 조선의 국운이 쇠하고 국가가 멸망의 길로 들어선 1894년 당시 대한제국은 신식법령이라는 명칭으로 법제도를 근대화하는 선언을 하였다. 같은 해에 발행된 '법규류편(法規類編, 건양원년)', 광무 11년에 발행된 '현행대한법규류찬(現行大韓法規類纂)', 융희 4년에 발행된 '현행한국법전' 등이 그것으로 이는 거의 모두 일본인 고문관의 협조를 받아 일본법령을 그대로 계수한 것이어서 우리의 법이라고 할 수는 없으나 근대법제로의 전환을 시도한 것이었다. 그러나 안타깝게도 이 시기 조선은 이미 중국이 보호자적 지위를 패전으로 상실하고 일본의 강제적 병탄과정이 진행되는 상황에 처하여 있었으므로 법제 또한 그와 같은 운명을 걸을 수밖에 없었다. 이를 간략히 보면, 갑오개혁 이후 실체법으로 민법, 형법의 규정과 사법절차를 위한 법률이 필요하게 되었고 이를 정리하기 위하여 몇 가지 규정이 채택되었다.

일제가 시행 중인 판, 검사의 제도를 본받아 1895년 3월 25일 '재판소구성법'과 '재판소처무규정통칙'이 공포되었고, 같은 해 '검사직제'도 공포되어 법률전문가를 양성한다는 계획을 수립하였으나 이미 기울어 버린 국가시스템 속에서 근대적 절차의 시행은 원천적으로 불가능하였고 관찰사, 군수 등이 사법업무를 관장하는 조선의 전통적 제도가 그대로 실시되었다[126]. 실체법으로는 1896년 민법분야에서 양자도입에 관한 규정과 남녀의 조혼제도, 과부의 재가에 관한 법령 등 가족법이 개정, 시행되었고, 형사법 분야에서 아편에 관한 금령과 강, 절도 등의 '적도(賊盜)처단례'가 같

다. 예컨대, 류승훈, 앞의 책, 483면에서는 한말근대법령시기, 통감부시기, 조선총독부시기, 군정시기, 대한민국정부수립이후로 구분하며, 1895년의 '재판소구성법'을 그 출발점으로 본다. 그러나 앞의 4시기는 우리의 의사와 관계없이 일시 외세에 의하여 계획, 시행되었다가 상실된 것이어서 큰 의의를 두기는 어렵지 않은가 생각된다.

126) 박남수 등, "개화기의 사법", 국가편찬위원회, 「한국근대사기초자료집」 6, 2014, 55면. 사법관 선발시험을 통해 이를 충원할 계획이었으나 한 번도 근대적 선발절차는 이루어지지 아니하였다.

은 해에 실시되었는데 이는 상당 부분 일본인 고문 노자와 게이치(野澤鷄一) 등의 자문으로 이루어진 것으로, 조선이 그나마 국가의 이름으로 제정한 근대법이라고 할 수 있다[127].

여기에서 간단히 조선왕조 침몰의 마지막 과정을 목도한 앞 장에서의 미국인 고문 샌즈(Sands)의 조선의 사법제도에 대한 경험담을 소개하고자 한다. 우리가 피상적으로 알고 있던 사법제도에 대하여, 샌즈는 상당히 구체적으로 당시의 사법운영상황을 적고 있다. 그에 의하면, 당시 조선은 증인을 심문할 때나 경미를 죄를 범한 사람을 처벌함에 있어서 가벼운 고문을 행하였는데, 훨씬 더 무서운 것은 중세 서양인들 모두가 사용한 바와 같은 종류의, 주리를 트는 고문이었으며, 그 밖에 몸의 민감한 부분에 압박을 가해 회복불가능하게 만드는 방법으로 손가락, 발가락을 자르는 등의 고문이나 압슬고문 등이 있었다고 한다. 그의 기록에는 사형은 주로 목에 밧줄을 걸고 막대기를 끼운 뒤 건장한 사람이 계속 비틀어 돌림으로써 집행하였다는 내용도 포함되어 있다[128].

덧붙여 샌즈는 당시 조선의 포도청 등에서 심한 고문을 하는 것을 목격한 미국의 선교사나 프랑스 신부 등이 많은 비판을 함으로써 이를 하지 못하게 된 지방의 관리들이 질서를 유지하는 데 곤란을 겼었고, "백성들이 무서워하지 않는 방법을 쓰지 않고 그들을 어떻게 다스리라는 것이냐"고 하소연하면서 그 대책을 알려 달라고 매달리기도 하였다고 한다[129]. 마침 집단 패싸움을 목격한 샌즈가 직접 새로운 방식을 시도하기 위해 과거 곤장 때리기 식의 고문조사를 하려는 포도청 관리를 제지하고 서구에서와 같은 신문 중심의 조사를 행하고자 하였는데, 연루된 사람 모두가 구타한 사실은 없고 피해자라는 등의 자신에게 유리한 주장만을 펴는 바람에 시간만 계속 진행될 뿐 도저히 진상규명이 안 되는 난관에 처하게 되었고, 마침내 이를 지켜본 포도청의 판관이 샌즈에게 "서양식 재판절차를 무시하고 싶지 않으나 지금까지 사용하여 왔던 원시적인 방법 중 가장 가벼운 것을 사용하기만 하더라도 좀 더 나은 결과를 얻을 수 있지 않겠는가"라면서 곤장을 때리겠다고 위협만을 하겠다고 제안하였고 이에 샌즈가 동의하자 판관은 곤장과 형틀을 준비한 후 연루자들에게 이실직고할 것을 강력히 경

127) 박남수 등, 위 논문, 11면. 이외에도 1896년 '호구조사규칙'이나 '전보사항범죄인처단례' 등이 발표되었는데, 대부분 과거의 대명률, 대전회통을 인용하는 등 구 제도를 답습한 형식이었던 것으로 보인다.
128) W. F. Sands, 「조선의 마지막 날」, 미완, 1998, 198면.
129) W. F. Sands, 위 책, 199면.

고하면서 형틀에 매달자 자신들의 범행을 술술 자백하는 것을 보고 서구의 사법제도가 조선에는 아직 시기상조임을 확인하였다는 씁쓸한 기록도 있다[130]. 그는 이 책에서 조선인들의 생활상이나 철도의 부설 등 개화 상황에 대하여도 많은 것들을 기록하고 있으나 이 책의 집필방향과 무관하므로 생략한다.

다음 일제가 조선을 병탄함으로써 식민지로 전락한 후 한반도에 적용된 법제를 간략히 본다[131]. 일제는 1911년 법률 제30호 '조선에 시행할 법령에 관한 법률'을 공포, 시행하였는데 이는 1945년 해방될 때까지 유지되었다. 이에 의하면 한반도에서 법률을 요하는 사항은 조선총독의 명령으로 대신 하도록 하였는데, 이 명령을 '제령(制令)'이라고 하였고 제령의 개정에는 내각총리대신을 거쳐 천황의 재가를 얻어야 하였다. 제령은 일제 식민통치의 핵심적 수단으로 중요한 사항은 제령에 의한 것이 압도적으로 많았는데 예컨대, 민, 형사의 기본인 '조선민사령', '조선형사령' 등은 대체로 일본의 민법과 형법을 의용하는 형식이었다. 그 외에도 특히 조선에 시행할 목적으로 제정된 법률 및 칙령, 칙령이 있었고 규정의 내용상 당연히 조선에 그 효력을 미친 법률 및 칙령 등이 존재하였으며 이외에도 다수의 입법사항과 행정명령이 조선의 백성들에게 적용되었다[132].

앞에서 본 바와 같이 조선조 말기 왕조는 잠시 우리 고유의 사법관료 선발시스템을 정비하고자 시도하였으나 이는 국제정세에 따라 무산되었다. 대신 러일전쟁에서 일본이 승리한 직후인 1905년에 일본인 변호사들이 조선에 들어와 민, 형사사건을 대리하면서 변호사제도가 실시되었고, 1907년에는 '재판소구성법'이 일본의 주도로 새로 만들어지면서 일본인 판, 검사가 조선에서 사법업무를 담당하였다[133]. 곧 이어 일제의 강점기에 조선총독은 입법권, 행정권과 함께 사법권을 장악하여, 재판소의 설치나 폐지, 관할 구역의 조정 등의 권한을 행사하였을 뿐 아니라 판사 등 사법 관리의 임면 등의 권한도 총독에게 부여되어 있었을 뿐 우리 스스로의 법제형성은 불가능하였으며

130) W. F. Sands, 위 책, 244-5면.

131) 이승일, 「조선총독부 법제정책」, 역사비평사, 2008, 40면에 의하면, 1905년 이또 히로부미가 통감으로 임명된 후 제1차 시정개선협의회에서 조선의 사법제도, 감옥제도를 개혁할 것을 의결하고 일본인 법률가를 초빙하는 등 사실상 이때부터 우리의 사법주권은 무력화되었으나 이 시기의 구체적 법제에 대한 언급은 약한다.

132) 이재삼, 「법의 철학과 우리의 법제」, 대진, 2006, 261면. 이 밖에 하위법령으로는 '총독부령', '경무부령' 등이 있어 규제수단으로 활용되었다.

133) 박남수 등, 위 논문, 179면 이하. 예컨대, 1898년의 '주판임관시험' 및 '임명규칙'이 우리의 사법관료 채용시험에 관한 규정이나 제대로 시행도 되기 이전에 사실상 일제에 의하여 폐기되었다.

결국 우리의 근대적 법체계는 존재하지 않는 것이나 마찬가지였다[134]. 드물게 한국인이 판사나 검사로 임용된 경우가 있었으나 이는 극소수에 불과하였고 이들의 관할은 조선인이 원, 피고인 민사사건, 조선인이 피고인인 형사사건으로 그 업무가 지극히 제한되었으며 사실상 조선인 법률전문가는 찾아보기 어려운 형편이었다[135][136].

나. 해방 이후, 그리고 현재 대한민국의 사법

이런 가운데 해방과 함께 한국은 스스로 법제를 형성하고 사법시스템을 구축하여야 할 과업에 나서게 되었으나 일제 강점기를 거치면서 이에 필요한 사법관련 인적, 물적 자원을 전혀 갖추지 못함으로 인하여 일시적으로 법제와 사법의 공백상태가 초래되었고 곧이어 미군정이 개입함으로써 그 방향마저 우리 스스로 결정하기 어려운 상황을 맞게 되었다. 시간이 급하다고 하여 기본적으로 과거 왕조 시대에 시행되었던 우리 고유의 법제를 되돌려 사용한다는 것은 상상할 수 없는 시대역행적인 것이었고 그 밖에 새로운 민주적 시대에 맞는 우리의 법제를 가져본 적이 없는 한국으로서는 매우 난감한 형편에 처할 수밖에 없었다. 법제에 있어서 36년간의 일제의 강점, 그리고 그 종결이 우리의 의사와 무관하게 이루어진 뒤에 남은 것은 일제가 채택하여 왔던 독일식 사법시스템의 잔류물인 일본의 법전들과 이를 시행하는데 활용되었던 조선의 일부 하급 사법 관료들, 그리고 대학의 학자 몇 분이 전부였고 이러한 자원만으로 새로운 독립정부의 출범과 함께 우리에게 필요한 사법시스템을 마련하고 시행한다는 것은 결코 용이한 일이 아니었다.

게다가 우리의 경우도 하지 중장이 주도하는 미군정의 영향으로 독자적인 법제 정비에 제약이 있었던 것은 당연한 일이었다. 이런 혼란 상태에서 정치 지도자들은 미군정과 협의하면서 해방 전까지 일본의 사법관리가 시행하여 왔던 독일식의 법제와 사법시스템을 거의 그대로 적용하는 것 이외에 달리 방안이 없었으며, 그 과정에서 일부 한국의 관리가 예외적으로 사법시스템에 합류할 수 있었을 뿐 우리가 사법제도

134) 박병호, 앞의 책, 22면에서는 이러한 취지에서 우리의 서구법 계수는 일본에 의하여 각색된 근대법을 타율적으로 계수한 것이라고 평가하고 있다.

135) 이승일, 앞의 책, 65면에 의하면, 일본이 조선의 사법제도를 장악한 1909년 조선에서 사법업무를 담당한 판사는 일본인이 192명, 조선인이 87명, 검사는 일본인이 57명, 조선인이 7명으로 일찍부터 일본인 법률가가 조선에서 사법업무를 관장하였다.

136) 김상용, 앞의 책, 210면에서도 이러한 소수의 한국인 법률가들이 존재하였으나, 이들은 대개 일본제국주의에 협력한 의미에서 거의 친일 성향을 가지고 있었다고 비판하고 있다.

형성의 주체가 되는 것도 어려운 일이었다. 결국 법제의 정비는 해방 전 일제강점기에 적용되었던 일본의 법제를 기본으로 하되 과거 일본의 군국적 잔재를 일부 청산하는 것일 수밖에 없었다. 그 외에 우리에게 특유한 전통과 법의식을 반영한 몇 가지 조항을 삽입하거나 변경하는 것 이외에는 일본법제로부터 변화한 것이 없는 상태에서 자주국가로서의 법제를 운영하기 시작하였다. 돌이켜 보면 우리가 자주적으로 법제를 형성하거나 논의할 만한 인적, 물적 자원이나 능력, 그리고 군정 하에서 이를 형성할 사실상의 힘이 없었음으로 인하여 비롯된 안타까운 현실이었다.

새로이 선거에 의하여 정부를 구성한 이후 헌법이 제정되고 그에 따라 기본법인 민법, 형법, 상법 등과 수많은 행정입법 등을 입안함에 있어서도 이에 필요한 능력과 학문적 소양이 거의 없었던 상황은 마찬가지였다. 결국 우리 정부와 법조, 법학계는 30여 년간 적용되어 왔던 일본의 법제를 거의 모든 분야에서 거의 수정 없이 원용하여 우리의 법명만 붙인 채 제정이라는 형태로 채용, 시행하였고, 사법시스템과 사법관료의 임명, 권한 등도 일본의 제도와 용어를 우리 언어로 변경하였을 뿐 그대로 유지하였으며, 그 결과 우리는 우리로서는 반드시 극복하여야 할 대상인 일본을 통하여, 우리와 특별한 외교적 관계를 형성한 적이 없는 독일의 법리와 법제, 나아가 심지어는 독일의 언어와 문화를 열심히 학습하고 활용하는 결과로 이어졌다.

해방 이후 상당기간 고등학교와 대학의 교육과정에는 제2외국어로 독일어가 주를 이루었으며, 입학시험과목에 독일어가 필수로 들어가기도 하였다. 제반의 법제 과목의 교육에서는 충분히 이해되지 못한 채 독일이나 일본의 법률서적을 단순히 번역하여 편찬한 학자들의 교과서가 학생들에게 제공되었으며 이를 토대로 각종의 국가시험이 실시되고 일본식으로 변형된 독일법제가 현실적으로 국민의 권리, 의무의 판단에 그대로 적용되었다. 그 뿐만 아니라 한국의 많은 학자나 실무가들이 일본이 우리에게 강요한 학문적 숙명을 받아들이는 것처럼, 독일로, 독일로 배움의 길을 떠났다. 그리고 이제 세계법제에서 그 영향력이 현저하게 감소한 유럽 대륙의 독일법을 배우고 돌아와 연구하고 가르치는 과정이 상당기간 이어져 왔다.

여기서 이 책에서 본래 대상으로 한 것은 아니지만 그 이후 시대상황의 변화에 따라 우리의 법제 현실이 일본법으로부터 점차 다양화지는 과정을 추가로 언급하고자 한다. 앞에서 본 바와 같이 법제는 각국과의 정치적, 문화적 교류를 통해 그 영향을 강하게 받으면서 변화해 가는 문화현상의 한 부분임에 틀림이 없다. 어쩔 수 없이 일본을 통해 독일법제를 중심으로 시행되어 온 우리의 법제도 해방 이후 한국전 등을 겪으면서 수십 년 간 미국 중심의 세계질서에 편승하여 미국과의 교류가 빈번해지고 동맹관계가 강화됨에 따라 그 영향을 받는 것은 어쩔 수 없는 일이었다. 물론 해방 직후 미군정의 영향을 받아 일부 법제에서 영미법의 영향을 다소 받기는 하였으나 그 이후의 전개는 이러한 제한되고 미미한 영향의 정도를 벗어나 상당한 정도로 영미법, 특히 미국법계로 접근하는 경향을 보인다는 점이다.

필자의 영역인 형사법 분야를 보면, 1953년 시행된 형법의 경우, 독일법의 원형을 그대로 따랐으나 절차법인 1954년의 형사소송법에 있어서는 미국의 영향을 적잖게 받아 영미절차의 보편적 구조라고 일컬어지는 대립당사자주의 구조를 일부 편입한 것이 사실이었다. 이후 큰 변화 없이 수십 년 간 기본적인 실체법은 일본을 통해 받아들인 독일법의 형태를 그대로 시행하여 오는 한편, 절차법에 있어서는 점차 미국식의 제도를 확대하여 왔는데 그 정점은 2008년의 형사소송법 등의 개정이었고 그 핵심은 배심제라고 일컬어지는 '국민참여 재판'의 실시(「시민의 재판참여에 관한 법률」)와 사법인력 양성에 있어서 이른바, '로스쿨제도'의 도입(「법학전문대학원의 설치에 관한 법률」)이었다[137]. 이러한 경향은 역시 위에서 본 바와 같이 세계적 유일패권국으로 자리 잡은 미국과의 긴밀한 관계에서 비롯된 것이거니와 이를 구체적으로 보면 크게 두 가지 요인에 기인하는 것으로 판단된다.

첫째, 무엇보다도 형사절차의 운영과 집행과정에서 국민들의 민주적 요구를 제대로 반영하지 못하여 국민들이 제도적 개혁을 강하게 요구하였다는 점을 들 수 있다. 중요한 형사사건에서 정치적 영향이 스며든 비민주적인 법원, 검찰의 결정이 없지 않았고 이로 인하여 인권과 정의가 훼손당하였다. 이를 계기로 개혁을 요구하는 국민들의 의사가 강하게 결집되었고 마침내 정치지도자들은 사법절차의 개혁이라는 결단을 내릴 수밖에 없었다. 그 방향은 과거 국가우선주의적인 원칙하에 다소의 인권침해가 있더라도 범죄에 대한 강력한 대처와 사회 안전을 강조하는 것으로 여겨졌던 독일식의 사법절차에 비하여 법의 정당한 절차와 혐의자, 피고인의 인권을 보다 중시하는 것으로 여겨졌던 영미식 제도의 도입이었고 이것이 결국 미국식 형사절차의 확대로 이어졌다[138]. 물론 이는 피상적인 이해에 기인하는 것으로 2차 대전 전 독일식의 인권억

137) 이른바, 참여정부 시절의 사법개혁위원회에서의 논의를 바탕으로 이루어진 대표적인 사법 개혁 사례라고 할 수 있다. 표성수, "근래 추진중인 형사사법 개혁에 관한 소고", 「한국 형사법학의 이론과 실천」, 박영사, 2010, 888면 이하.

138) 표성수, 앞의 책, 472-3면.

압적인 제도는 완전히 개선되었고 이 제도에 비하여 영미식의 제도가 보다 인권을 중시하는 것이라고 단정하는 것 또한 적절치 않으나 사법절차의 개혁을 요구하는 국민들의 의사를 수용하기 위해서는 영미식의 제도가 거의 유일한 대안이었다고 볼 수밖에 없었다.

또한 이러한 방향의 개혁움직임은 한국전 이후 꾸준히 이어졌던 미국과의 빈번한 교류와 세계유일의 패권국가인 미국으로부터의 문화적 영향에 기인한다고 할 수 있다. 전후 대부분의 법학자와 실무가들은 독일식의 법제연구에 치중하였으나 학문적 연구와 실무 수습에 도움을 얻기 위해 미국으로 향하는 법학자, 실무가들이 점차 증가하면서 최근에는 독일과는 비교할 수 없을 정도로 미국법 연구자들이 다수를 이루고 있다. 이러한 미국행의 증가는 미국의 문화와 법제의 광범위한 소개로 이어졌고 그들의 대부분은 우리 제도와 다른 측면에서 미국제도의 긍정적 측면을 다수 부각하였고 나아가 많은 실무가들이 이 제도의 도입에 찬성한 것을 들 수 있는바, 법 또한 문화현상의 한 부분으로 문화의 흐름과 편승하여 법제의 변화가 이루어지는 것임을 반증하고 있다.

이러한 영미화, 특히 미국화의 경향은 앞으로도 계속 이어질 것으로 예상된다. 영미법의 원류라고 할 수 있는 영국은 오히려 사법제도의 문제를 개선하기 위해 독일, 프랑스식의 소위 대륙법계에 접근하는 경향을 보이는 반면[139], 거의 유일하게 영미법의 원형을 유지하고 있는 미국법제의 도입은 시사하는 바가 적지 않다. 이러한 미국화로의 요구나 시도는 아직도 우리 사법제도가 국민들로부터 지지를 충분히 받지 못하고 있을 뿐 아니라 중요한 사법결정에 있어서 보편적 정당성과 합리성을 결한 경우가 있음을 반증하는 것이거니와 무릇 사법제도의 변화는 그 중요성으로 인하여 신중하게 그 개선의 방향이 결정되어야 하는 것이나 우리가 보편적으로 지향하고 있는 미국의 사법제도 또한 인권침해나 정의의 훼손의 문제가 상존하여 우리가 전적으로 이에 의존하는 것은 적절치 않다. 우리의 경우 지적된 많은 문제들은 대부분 제도에서 비롯된 것이라기보다 제도를 운영하는 국가의 지도자, 사법결정을 책임지고 있는 일부 사법 관료들의 잘못된 행태에 의한 것이라고 판단되나 이들이 국민들의 의사, 이익과 배치되는 잘못된 판단을 이어갈 경우 이를 대체하기 위하여 국민들은 피상적으로 이해되어 온 미국법제로의 변화를 계속 요구할 것이며 경우에 따라서는 이를 거부하기

139) 표성수, 앞의 책, 476면.

어려울 것으로 보인다.

이제 다시 본래의 주제로 돌아와 적잖은 시간을 들여 밟아 온 과정을 마무리하고자 한다. 앞에서도 여러 번 언급한 바와 같이 우리가 자진하여 선택한 것이 아니기에 우리가 독일법을 채용한 배경을 뒤돌아보는 것 자체가 안타까움의 연속이나 같은 맥락에서 법제사 연구의 권위자인 최종고 교수의 간단한 언급을 여기에서 소개하고자 한다. 교수는 '근세 한일법률교류사'라는 글의 말미에서 "19세기말 서양법이 수용되고, 20년 남짓 앞서 근대화 내지 서양화한 일본은 조선을 병합 지배하게 되었다. 그 후 오늘날까지 한국은 일본법으로부터 직, 간접적으로 영향을 받아 오고 있다. 여기에서 역사적 교훈을 찾는다면 법뿐만 아니라 모든 것이 스스로 배우려는 자에게 승리를 안겨주고 교만한 자는 실패에 이른다는 진리일 것이다"라고 지적하고 있다[140]. 법 또한 문화의 한 부분이며 문화는 국가가 처한 정치, 군사적 상황과 밀접하게 관계되어 있고 그 속에서 또한 계속 변화하는 것이기에 최종고 교수의 지적에 필자의 견해를 더하면, 일본은 20년 남짓 먼저 근대화한 것이 아니라 훨씬 이전부터 서구의 근대화를 답습 내지 모방해 왔으며, 이에 대하여 조선이 교만하였다기보다는 우리로부터 문화를 배워갔음에도 임란 등 전쟁을 일으킨 일본에 대한 적개심과 유교적 문화에 스스로 갇혀버려, 일본의 변화에 대한 정보와 대응에 눈과 귀를 닫아 버린 것이라는 점을 결론삼아 덧붙이고 싶다.

---

140) 최종고, "근세 한일법률교류사", 한일문화교류기금, 「되돌아 본 한일관계사」, 경인문화사, 2005, 354면.

에필로그

- 미래 우리의 법과 문화에 대한 기대를 겸하여 -

오래전 일이다. 한 텔레비전의 국경일 특집 프로그램에서 일본의 조선 국권 침탈에 대한 방영을 하고 있었다. 그 테마는 당시 고종이 강제로 국권을 침탈하는 문서에 서명을 하였음에도 불구하고 일본 내부에서 고종이 자의로 국권침탈을 양허하였다는 일부의 주장이 있고 이 주장이 허구임을 제반 자료를 통해 반박하는 것으로 관심 깊게 전체적인 내용을 보고 들었다.

그 주제와 내용은 매우 소중하고 또 진실한 것이었다. 그러나 한편 다시 생각해 보면, 매우 오래전의 일인 국권침탈의 자의성 여부가 다시 다루어진 배경이 일본의 일부 지각없는 정치인이나 학자들의 주장에 있음을 모를 바 아니나, 합리적인 사고를 가진 국민 중에 이를 자의에 의하여 이루어진 것이라고 인정할 사람은 한국 어디에도 없을 뿐 아니라 일본 내의 양심적 지식인 중에서도 찾아보기 어려울 것이라고 확신한다. 그러면 이 방송이 주는 메시지는 무엇인가? 일부 일본인들의 잘못된 주장을 반박하고 역사적으로 명백한 강제적 국권침탈을 다시 한 번 확인하는 정도에서의 의미가 있다고 판단된다.

또한 이 방송과 관련하여 우리가 중요하게 여겨야 할 것은 적어도 일본 내에 아직도 국권침탈을 합리화하려는 일부의 사람들이 존재하고 그들의 목소리가 공개적으로 들리는 현재의 상황에 대한 인식과 미래에 대한 경계일 것이다. 일본에는 여전히 그들의 과오에 대한 반성과 회오를 거부하는 세력이 있고 그렇다면 그들이 국제관계의 변화 등 경우에 따라 군사대국화, 나아가 전쟁에의 회귀를 감행할 가능성이 없지 않으며 따라서 우리가 여전히 이러한 세력들의 활동을 애써 살피고 대비하여야 한다는 점에서 시사하는 바가 적지 않다고 생각한다.

한편 이 프로그램을 보면서 우리가 보다 중요하게 여겨야 할 것은 이러한 차원을 넘어서는 것이 아닐까하는 생각이 떠나지 않았다. 언론이 국권침탈과 관련하여 국민들에게 던지고 함께 고민하여야 할 중요한 문제라고 필자가 아쉽게 여겼던 바는, 일본이 국권을 침탈함에 있어서 누구나 다 알고 있는 '조선의 왕조가 동의하였는가'가 아니라, '왜 우리는 일본의 강압에 굴복할 수밖에 없었는가', 나아가 그 전제로 '당시 일본은 어떻게 하여 우리보다 훨씬 강한 군사력과 경제력을 보유하게 되었는가', '왜 우리는 이러한 일본의 침략적 행태에 사전에 대비하지 못하였는가' 등일 것이다.

우리 스스로는 그것도 대략은 알고 있다고 여긴다. 일본이 1868년 명치유신을 통해 일찍 근대화에 성공하고 그로 인하여 군수산업을 일으키고 서강 열국의 원조와 묵인하에 국가를 전시체제로 전환하여 조선을 두고 각축을 벌이던 청과 러시아를 패퇴시키고 문약에 빠져 있던 조선을 강제로 병합하고 국민들에게 엄청난 고통을 가하였다는 정도로……. 그러나 이것이 전부일 것인가. 어떻게 하여 불과 30년도 안 되는 시간에 일본이 수백 년에 걸쳐 이룩해 온 서구의 정치적, 경제적, 사회적 변화를 따라잡은 뒤 산업, 군사적 발전을 이루고 나아가 당시 서구의 강국이었던 러시아마저 패퇴시킨 후 조선을 병탄하고, 심지어는 미국과 영국, 아니 전 세계를 상대로 전쟁을 도발할 정도에까지 이르렀을까에 대한 의문은 여전히 풀리지 않는다.

이 의문을 이해하기 위해서는 우리와 일본 측의 과거 역사적 흐름을 되짚어 볼 수밖에 없었고 본문에서 본 바와 같이 이를 따라 우리와 일본의 흐름을 비교하여 보면 대략 그 해답이 나온다. 물론 역사라는 것은 E. H, Carr가 「역사란 무엇인가」라는 저서에서 설파한 바와 같이 개개의 역사적 사건과 사료들을 이를 보는 이의 관점에서 버릴 것은 버리고 취할 것은 취함으로써 얻어지는 매우 주관적인 것이어서, 우리의 경우 우리의 관점에서, 일본의 경우 또한 그 관점에서 정리한 것이니만큼 그 객관성과 공정성에서 다소의 과장, 왜곡, 변형이 존재하는 것은 당연하다. 이를 감안하더라도 조선과 일본의 국가성장, 운영에 있어서 방향성의 차이는 이미 16세기 이후부터 시작되었고 그 큰 흐름의 축은 당시 적어도 물질적 근대화에 있어서 세계를 선도하고 있었던 서유럽의 문화유입이었다. 이로 인하여 일본과 조선과는 정치적, 경제적, 사회적, 문화적인 제 방면에서 격차가 서서히 벌어지기 시작한 것으로 보인다.

기독교 전래를 시작으로 서구의 정신적, 문화적 경향이 이미 일본에 고스란히 전파되었고 그 이후 기독교 탄압을 통해 정부 차원의 공식적인 교류는 차단되었으나 나가사끼의 데지마라는 항구를 통로로 네덜란드 등 서구와의 문화적 교류는 꾸준히 이어져 왔고 이를 통하여 서구의 정치적, 경제적 발전상과 서구 열강의 움직임이 일본에 계속 전해지면서 이를 모방하려는 정치적, 사회적 움직임이 곳곳에서 조금씩 나타났다. 17세기에는 농업자본, 상업자본 등의 축적과 함께 배태기 자본주의의 특징들이 나타나기 시작하였고 한편 경제력이 신장되면서 교육, 의료, 예술 등 전 분야에서 중화문화권의 것들로부터 서구의 것들로 변모되어 나가는 과정들이 속속 이어졌다.

앞의 여러 사례에서 보았듯이 이렇게 수백 년 간 축적된, 국가와 국민들의 서구지향의 에너지가 있었기에 결국 명치유신이라는 정치체제의 변화와 함께 급속도로 근대화가 완성되었고 이를 통해 중국이나 조선과는 비교가 안 될 정도로 군사력, 경제력 등에서 앞서 나가는 결과가 가능하였다. 만일 일본의 정치, 사회, 경제구조가 중국이나 조선과 같이 왕조중심의 폐쇄적 체제로 이루어져 있었다면 명치유신이라는 단발성 사건 하나로 이러한 국가개혁이 가능할 수는 결코 없었다고 할 수 있다. 이러한 과정을 통해 결국 청과 러시아는 허무하게 무너졌고 조선은 국권조차 강탈당하는 참화를 입게 되었다.

물론 해양국가인 일본처럼 자주는 아니더라도 우리에게도 중국에게도 이러한 서구의 접근은 드물게 있었다. 다만 문제는 그에 대한 당시 지배층의 반응과 대응이었다. 결과적으로 중국이나 당시의 조선은 이를 긍정적으로 대하지 못한 반면, 일본은 본문에서 보듯 신속하게 또 적극적으로 반응하면서 이를 적극적으로 받아들이는 것을 넘어 자신의 문화에 맞게 변형시켜 가면서 한 걸음 더 나갔음을 충분히 알 수 있다. 물론 에도 막부 안정기 이후 이러한 적극적인 움직임은 다소 축소되었지만 그 흐름을 결코 봉쇄하지 않고 적절히 활용함으로써 그 에너지를 비축해 왔던 것이 사실이었다. 그러면 이런 일본의 대응은 왜 가능하였을까?

이 문제에 대하여 앞에서 인용한 John. W. Hall 교수는 일본열도의 고립성 및 또 이것과 관련이 있는 것이라고 하면서, 중화문화권의 가장 먼 가장자리에 위치했던 것이 원인이라고 대략 지적한 바 있으며, 이러한 문화적 대응을 일반적인 관점에서 설명한 학자들도 적지 않다. 19세기 저명한 독일의 법률가인 Rudolf von Jhering은 어떤 민족의 역사적인 행동에 대하여 결정적인 영향을 미치는 여러 요인 중에서 가장 중요한 것은 거주지, 즉 지리적 여건이라고 지적한 바 있고, 법문화학자인 독일의 Bernhard Grossfeld 교수 또한 영국은 섬나라 특유의 성질이 있고 독일은 유럽 중앙에 위치함으로써 가질 수 있는 환경적 특질이 있으며, 일본에도 섬나라 특유의 문화가 존재한다고 설명한 바 있다.

이것이 주된 이유의 하나라는데 필자도 동의한다. 그러나 이러한 지정학적 위치, 환경 이외에도 여러 가지 사회적, 문화적 요인이 일정 부분 영향을 미치지 않았을까. 짐작컨대, 수백 년 간 지속되어 온 일본 국내의 정치적, 사회적 상황과 환경이 그 예라고 보인다. 특히 천황의 존재를 상징적으로 국가의 중심에 위치시키고 대신 지방의 장군들이 서로 대립하는 정치적 체제를 유지하여 오면서 중국이나 조선과 달리 철저한 중앙집권적 왕권제가 확립되지 못한 점에 주목할 필요가 있다. 봉건적 분권사회가 오래 지속되면서 문화흡수에 대한 영주들의 경쟁적인 노력, 정책의 다양성 및 지역마다의 특수한 정책의 유지 등도 이를 가능케 한 원인의 하나로 생각된다.

이러한 역사적 조망을 통해 가장 이해하기 어렵고 아쉬운 점은 우리는 왜 외부세계의 흐름을 자세히 보려고 하지 아니하였을까. 적어도 바로 이웃인 일본의 정세와 변화를 왜 정확하게 파악하고 대처하지 못하였을까. 일본은 임진, 정유 두 큰 전란을 일으킨 당사자였기에 조선도 일본을 당연히 경계하였을 것이고 통신사라는 정기적인 교류의 형식 이외에도 다른 여러 가지의 경로와 방법으로 일본의 사정을 어느 정도는 파악하고 있었을 것으로 추정된다. 그럼에도 조선은 애써 이를 외면한 것으로 보인다. 이를 긍정적으로 보면 조선은 과거 더 자주, 더 심하게 침략을 해 온 예비적 위험세력인 중국대륙과 만주의 정치적 변화를 지속적으로 관찰하면서 이들로부터 국가의 안전을 도모하여야 하는데 치중하였고 따라서 때로는 이들과 대립하거나 때로는 조공 등을 통한 화해 정책을 펴면서 중국대륙과의 원활한 관계유지에 열중하였던 것으로 보이며 이는 조선의 핵심적 역할을 한 관리들의 문건에서도 더러 파악된다.

예컨대, 일본으로의 통신사가 임진란 이후 12회에 파견되었던 데 비하여 청으로는 474회에 조공사절을 보낸 사실이 조선이 중국, 일본과의 틈에서 국가보전을 도모하기 위해 중국에 치중하였음을 여실히 보여준다. 참담하지만 당시 조선의 조정으로서는 명운을 유지하기 위해 육지로 연결된 중국대륙과의 관계가 매우 중요하였고, 더구나 두 차례의 호란을 통해 이를 절실하게 여겼을 터였다. 이러한 가운데 문화적 다양성 측면에서 중화문화권의 이탈이나 변용을 도모하는 것은 지극히 모험적인 선택이 될 가능성이 있었던 만큼 대중국 관계를 최우선시 할 수 밖에 없었고 중국이 서구화, 산업화의 길을 걷지 않는 이상 조선 스스로 이를 택하는 것 또한 무리한 결정이었을 것으로 보인다.

그러나, 한편 냉정하게 판단컨대, 앞에서 본 한 통신사 구성원의 보고서에 기술된 바와 같이, 일본과 서구 세계의 흐름을 지나치게 편향된 시각, 달리 보면 과거의 구원에 매몰된 편견을 바탕으로 냉정하게 보지 못하고 과소평가하였던 점은 적절치 아니하였다고 하지 아니할 수 없다. 특히 전란 직후이니 당시 왕조나 고위관료의 이러한 입장을 이해 못할 바 아니나 국가가 피폐해질 정도로 수차례의 침략과 전화를 겪었고 그로 인하여 국민들의 삶이 도탄에 빠진 경험을 하였던 것을 생각하면 보다 객관적이고 냉정한 정세판단이 필요하였을 것임에도 이를 놓친 것이라고 하지 아니할 수 없다.

주위 국가의 흐름과 정세가 국가의 존립과 국민들의 안위에 결정적 위해를 줄 수 있음이 명백한 만큼 지도자들이 냉철하게 이러한 주위 국가들의 흐름을 정확하게 꿰뚫고 대책을 마련하는 등의 과정을 마땅히 거쳤어야 함에도 이를 다하지 못한 것은 아무리 생각해도 아쉬운 일이다. 인접 국가에 대한 사정조차 정확히 파악하지 못하였을 정도이니 세월이 흘러 우리 국가의 운명을 영국, 미국, 프랑스, 러시아, 심지어 유대인들까지 자신들의 손 위에 올려놓고 흥정의 대상으로 삼을 정도로 국제정세가 복잡하게 흘러가는 것을 파악하고 대처하는 것은 거의 불가능에 가까운 일이었을 것이다.

이러한 이해는 굳이 과거 왕조 시대 지도그룹의 허물을 탓하고자 함에 있는 것이 아니다. 당시 왕조 또한 나름대로 백성들의 삶과 국가의 안전에 노력한 흔적들 수없이 많기 때문이다. 그러나, 반드시 지적할 점은 국가 운영의 방향이나 정책결정에 있어서, 특히 우리와 같은 해양세력과 대륙세력이 끝없이 충돌하는 지정학적 위치에 존재하여 우리의 의지와 관계없이 이웃 강국들의 흐름에 국가의 명문이 걸린 만큼 한 번의 잘못된 판단이 가져올 엄청난 결과를 항상 새길 수밖에 없다. 주변국의 정치적, 사회적 흐름은 물론 세계의 정세까지 정확하게 파악하고 이를 국가운영과 정책 결정에 반영하여야 하며, 이를 놓칠 경우 국가의 존립이 위태로울 정도의 불행한 결과를 초래할 수 있다는 것은 우리 뿐 아니라 역사 속에서 수없이 사멸된 소국가의 예에서 충분히 알 수 있는 일이다.

우리는 과거 일본의 역사적 흐름을 애써 외면하고 교과서에서나 교육현장에서 거의 취급하지 않는 입장을 취해 왔다. 가장 가까운 국가이면서도 우리에게 여러 번에 걸쳐 엄청난 피해를 가한 만큼 그들에 대한 부정적인 인식을 넘어 피해의식, 적대적 감정까지 가지고 있는 것이 사실이며 이러한 입장은 충분히 이해가능하다. 그러나 한편 우리의 이익을 위해서 보다 중요한 것은 현재의 국제적 상황과 미래의 한반도의 운명에 대한 냉정한 분석과 대처이다. 필자는 틈나는 대로 문물을 탐방하거나 아니면 그저 휴식을 취할 생각으로 해외에 나갔으며 어떻게 하다 보니 방문한 국가 중 아시아에서는 일본, 유럽에서는 독일을 가장 자주 방문하게 되었다. 둘을 합하면 아마 수십 회에 이를 것이다.

이 두 나라는 어쩐지 많은 점에서 닮았다는 생각을 자주 하게 되었다. 이는 국제전쟁을 도발한 과거 역사의 동일성에서가 아니라 현재 그들의 삶의 모습에서 발견한 것이다. 동·서양의 문화적 습속이 현저하게 다름에도 진실로 그들은 많은 부분에서 닮아 있었다. 왜 그런지 대략 짐작은 가나 자세한 연구를 바탕으로 한 것이 아니기에 구체적 설명은 약하거니와 그 와중에 솔직히 많은 것들에 대한 부러움과 함께 현재, 미래 우리가 그들을 따라가는 것은 물론 앞설 수는 없을까라는 간절한 바람이 적지 않았다. 이는 비단 필자만의 것은 아니며 험하고 힘든 현실을 살아가는 대부분 우리 국민과 보다 큰 틀에서 국가의 운영에서도 그러하기에 가지는 기대이다.

우리를 둘러싼 환경은 예나 지금이나 변하지 않았다. 주지하는 바와 같이 현재에도 일본의 일부 지도세력은 군사대국화를 지향하고 극동을 넘어 아시아 전역에까지 진출을 기도하고 있으며 중국은 미국과 세계를 주도하는 군사적, 경제적 패권경쟁을 벌이고 있다. 극동에까지 진출한 러시아는 구소련과 같은 정도는 아니라고 하더라도 여전히 세계의 군사, 경제 강국으로 한반도의 문제에 적잖은 지분을 가지고 있다는 듯이 개입하고 있다. 이러한 만큼 그들의 이러한 움직임과 경향, 뿐만 아니라 그들의 과거의 역사적 흐름과 경험 등을 면밀히 파악하고 철저히 대비할 필요가 있다. 정리하면, 중국과 일본, 미국, 러시아 뿐 아니라 나아가 이제는 글로벌화 된 시대에 영국, 프랑스 등 각국, 아니 전 세계의 흐름을 짚고 대처하여야 한다.

이제 마지막으로 책을 마무리하면서 몇 가지 관점을 정리하고자 한다. 우리의 대외현실은 매우 냉엄하다. 지정학적 여건 때문이다. 대외관계가 중요한 것은 다른 국가도 마찬가지이나 바로 이웃하고 있는 강대국들로 인하여 우리의 국제적 관계설정은 우리의 생존과 직결된 최우선적 국가과제이다. 미국과 일본, 미국과 중국, 중국과 러시아의 관계에서 보듯 국가 간의 관계에 있어서는 영원한 우방도 적도 없다. 따라서 국제관계에 있어서 과거에 얽매이는 것처럼 부질없는 일도 없다. 어떤 국가가 우리의 우방이었으므로, 또는 적이었으므로 라는 과거에의 회귀는 참고해야 할 다양한 요소의 일부일 뿐 국제관계의 설정에 최우선적 고려대상이 아니다. 가장 중요한 고려요소는 바로 현재와 미래의 우리의 국익일 뿐이다.

우리가 선택하지 않은 가운데 불가피하게 놓이게 된 지정학적 불안정성으로 인하여 우리가 선택해야 할 길은 어떠해야 하는가. 몇 가지 예를 본다. 오랜 기간 영토를 잃고 떠돌아다녔으나 아랍의 강국 사이에서 독립을 유지하고 있을 뿐 아니라 우리의 반도 안 되는 적은 민족으로 세계의 경제와 정치를 좌지우지하는 이스라엘과 그 민족들, 합스부르크 가와 부르봉 가라는 유럽의 강대국의 틈바구니에 끼어 핍박을 받아왔고 2차례의 세계대전 속에서도 평화와 번영을 구가한 스위스, 이들은 가히 우리의 모범이 될 만하지 아니하며 우리가 이들을 닮지 못하리라는 법이 있는가.

여기에서 더 나아가 우리는 내부의 적폐를 어떻게 해소할 것인가, 외부와의 관계설정을 어떻게 현명하게 할 것인가라는 과제를 본다. 외부적 관계에서는 현재 인접한 국가와의 어떠한 관계설정이 우리의 국익에 도움이 되는가가 중요하며 나아가 장차 우리 국가와 국민에게 어떤 영향을 끼칠 것인가 만이 고려의 관점이다. 따라서 외교관계의 설정에는 이러한 유연하고 신중한 대응이 기본이다. 우리는 이러한 관점을 제대로 유지하고 있는가? 스스로 수없이 자문하고 현명한 선택을 하여야 한다.

필자는 수년 전에 역사학자인 선배교수와 점심을 같이 하면서 몇 가지 궁금한 점을 문의하였다. 만주의 금나라를 융성시켰던 아골타는 물론이고, 누르하치가 이룬 후금을 거쳐 청을 성립시킨 후 한족의 명을 누르고 중원을 장악한 민족은 그 성이 말해 주는 바와 같이 우리 신라의 망명 왕족의 후계자들인지, 지금의 동북3성에 해당하는 만주를 아우르고 러시아와의 전쟁에서 승리한 후 1689년 네르친스크조약을 통해 아무르강 유역을 확보하고, 몽고와 타타르 족을 공격하여 북쪽으로 몰아냄으로써 원래 한족이 확보하였던 국토나 국민보다 훨씬 많은 현재 세계 3위의 중국의 국토를 확정짓고 민족을 하나로 묶은 강희제 등이 우리 한반도의 조상들임에 이런 점이 역사적으로 어떤 의의를 갖는지 등을. 교수님은 "역사학자들은 대부분 그렇게 이해하고 있지요. 그 뿐만 아니라 일본 천황의 가계는 원래 한반도에서 도래한 민족이라는 것도 학자들이 거의 동의하는 부분이지요. 하지만 그건 지나간 역사일 뿐이지요. 중요한 것은 현재 어떤 국가가 이를 실효적으로 지배하는가가 아닐까요"라는 답을 주셨다.

필자는 과거를 이야기한 데 대하여 역사학자인 교수님은 현재를 이야기하였고, 법학을 전공한 필자가 역사를 강조한 반면 그 분은 국제법적인 측면의 실효적 지배를 지적하셨던 것이다. 과연 그렇다. 짧은 대화이기는 하였지만, 그 분은 우리가 역사와 현재를 지나치게 한 쪽으로 몰아서 이해하는 단선적 관점에서 벗어나 이미 지나간 역사를 소홀히 할 필요는 없으나 그것은 그것대로 교훈을 얻는 점에 가치를 두되 보다 중요한 현재 우리의 위치와 상황을 정확하게 이해하고 이를 토대로 어떻게 미래를 향해 나아갈 것인가를 심도 있게 고민하고 논의하는 다양한 시각과 관점이 중요하다는 점을 지적하여 주신 것이었다. 미국 대통령의 가계가 아일랜드계, 또는 아프리카계라고 하여 아일랜드 또는 아프리카의 그 국가가 현재의 미국에 어떤 의미로 받아들여질 것이며, 미국으로부터 어떤 영향을 받을 것인가. 일본, 중국과의 관계도 마찬가지일 것이다. 유난히 치열하게 전쟁과 반목을 일삼아왔던 3국은 복잡하고 참담한 과거사를 가지고 있으나 중요한 것은 현재 우리의 위치와 중국, 일본의 현재 상황과 정책을 세밀히 살피고, 앞으로의 흐름을 어떻게 우리가 형성하고 대처해 갈 것인가를 고민하고 연구하는 일일 것이다.

또 한 가지 중요한 지적은 이러한 관계설정을 위해 우리는 세계의 흐름과 특히 강대국들의 움직임을 제대로 파악하고 국가의 정책방향을 제대로 설정하고 있는가일 것이다. 10여 년 전 일본에서 국민적 관심을 불러 일으켰던 서적 중에는 조용한 가운데 세계전체에 영향을 끼치고 심지어 그 흐름을 조종하기까지 하는 유대인들에 대한 연구가 있었던 것으로 기억한다. 정확한지는 모르겠으나 「유태인을 알아야 세계를 알 수 있다」, 「유태인을 알아야 일본을 알 수 있다」는 류의 책으로 기억된다. 바로 그렇다. 이러한 흐름을 놓치면 과거 우리가 서구의 흐름을 알지 못하고 알려고도 하지 않았던 것과 마찬가지의 참담한 결과를 초래할 수도 있다. 우리는 세계의 정치, 경제의 흐름을 주도적으로 이끌 정도의 힘과 능력을 갖추기를 원하나 현실은 그렇지 못하다. 안타깝게도 우리의 실상은 이러한 흐름 속에서 독립변수가 되지 못하고 종속변수로 취급되고 있는 만큼, 우리가 독립변수로 우뚝 설 때까지 다른 국가의 흐름을 잘 읽고 그에 현명하게 대처하는 것은 매우 중요하다. 이는 현재 공적인 기구 이외에 민간교류 등 다양한 루트를 통한 국제정보의 수집과 외교적, 경제적 대응 등으로 공식화되어 있는 만큼 그 기능을 얼마나 조직적, 효율적으로 체계화하고 해당 자료를 냉철하게 분석하고 대응하는가에 맞출 필요가 있다.

또한 상황이 이러한 만큼 국가의 지도자나 고위관료 등이 어떤 기준으로 자신의 정책과 목표를 설정하는가도 매우 중요하다. 법치국가에서 이들은 인치시대의 왕조와 달리 국가와 국민의 이익을 지키도록 소임을 부여받은 국민의 대리인이다. 국가와 국민의 안위와 발전, 소위 국리민복을 책임지고 있는 만큼 자신의 이해관계에 대한 타산보다 주위 국가 뿐 아니라 중요한 국가의 흐름과 동향, 국제관계의 정확한 파악과 이들과 어떤 관계를 유지할 것인지 등 중요한 과제에 전념하여야 하고, 국가의 운영이나 정책적 선택을 함에 있어서도 국가와 국민을 위해 합리적이고 공정한 결정을 하는 것이 특히 중요하다.

과거 우리는 역사를 통해 이러한 잘못된 선택의 결과로 국가가 큰 위기에 봉착하고 심지어 국민들이 전화에 휩싸여 엄청난 피해를 입고 국가가 폐망의 길로 들어선 경우를 수없이 기억하고 있다. 우리의 경우만 하더라도 고구려 시대 중국과 유화정책을 유지하려 하였던 영류왕을 시해하고 사실상 국권을 장악한 연개소문이 취약한 자신의 권력 정당성에 관한 내부적 혼란을 극복하기 위해 훨씬 강력한 중국의 당과 지속적으로 대립관계를 형성하면서 국민들을 전장으로 내몰았고 국력을 총동원하여 일시 승리하기는 하였으나 얼마 지나지 않은 당 고종의 집권기에 국가를 패망으로 이끌고 말았다. 고려 중기 역시 군사 반란으로 국왕을 무력화시키고 정권을 장악한 최씨 일족들이 전 세계적으로 유례가 없을 정도로 강력한 군사력을 확보한 몽고족의 원을 상대로 자신들의 집권 유지를 위해 적대 관계를 형성하였고 국민들을 전장으로 내몰아 10여 차례의 침입을 자초함으로써 국민들 상당수가 전사하거나 포로로 잡혀가는 등 피해를 입은 끝에 무신집권세력의 실권으로 겨우 국가의 안정을 도모한 경우도 있었다.

뿐만 아니라 조선조 중기 광해군에 대한 반란을 성공시켜 집권한 능양군 인조 역시 집권의 정당성에 대한 내부의 도전을 불식시키기 위해 이미 쇠퇴의 길로 들어선 중국의 명 왕조에 공개적으로 지지를 밝히고 청을 배척함으로써 2차에 걸친 청의 침입을 허용하였고 이로 인하여 무고한 국민들이 수없이 죽거나 끌려가는 등의 피해를 입었던 적도 있었다. 물론 반론도 있으나 이러한 예들은 모두 집권세력이 자신의 권력을 공고히 하거나 취약한 권력의 정당성을 보완하는 수단으로 무리하게 인접국과 적대관계를 형성함으로써 국가에 엄청난 피해를 입게 하고 국민들에게도 씻을 수 없는 고통을 가하는 등 잘못된 정책적 판단을 한 것으로 봄이 타당하다.

그러나 우리의 과거를 돌아보면, 이러한 잘못된 외교적, 정책적 판단의 사례 이외에도 주위 국가의 변화를 잘 살피고 현명하게 대처함으로써 국가의 안전을 기하고 국민의 생활을 윤택하게 한 사례들도 적지 않다. 따라서 굳이 우리의 과거사를 폄하하거나 또는 불필요하게 과장하여 찬양할 필요가 없으며 이러한 태도는 적절하지 않다. 그저 과거사는 냉정하게 객관적으로 바라보고 이를 현재의 국가운영과 미래의 정책적 선택에 반영하는 지혜가 필요할 뿐이다. 다만 수없이 현명하고 합리적인 판단과 결정을 하였더라도 한 두 번의 잘못된 외교적 판단과 잘못된 방향설정으로도 돌이킬 수 없는 준엄한 결과로 이어질 수 있는 만큼 이러한 결정과 판단에 있어서는 단 한 차례라도 오류와 오판이 없도록 지도자와 정책결정자는 성찰하고 또 성찰하면서 국가와 국민을 위한 결정에 나서야 한다.

오랜 전 중국 초나라 굴원의, 「창랑지수」의 이름으로 발간된 소설을 읽은 적이 있다. 그 중에서 '지금까지 세상에는 수많은 이데올로기가 있었으나 가장 중요한 이데올로기는 자기 자신의 이해관계'라는 취지의 글을 읽고 여러 가지 생각을 한 적이 있다. 레닌이 주도한 볼세비키 혁명에 다수 참여하였고 그 이후 공산당 중앙위원이 된 사람의 약 30%는 유대인이었다. 이에는 스탈린과 권력투쟁 후 실각한 이론가 트로츠키도 들어 있었다. 유대인들의 세계관과 종교는 공산주의 사상과 참으로 결합하기 어려운 것임에도 유대인들이 공산주의자들과 함께 혁명에 나선 이유 중에는 당시 짜르 체제에서 자행된 유대인들에 대한 조직적인 탄압으로부터 자신들을 지키기 위한 것도 포함되어 있었다.

우리는 기성 구태정치인들이나 권모술수에 능한 관료들에게서 자신의 이익을 위해 필요한 경우 정치적 신념을 변경하거나 정권마다 줄서기를 반복하는 모습을 더러 본다. 모두 자신의 입지를 위한 변신으로, 이런 일을 대놓고 하는 정치인, 관료들일수록 현실사회에서 성공한 사람이라는 역설적인 평가를 하기도 한다. 언젠가 우연히 한 정치인과 조우한 적이 있다. 나는 그에게 대개 정치인들이 자신의 이익을 위해 국민을 이용하려고 함과 달리 국가와 국민을 위해 스스로를 기꺼이 희생하는 정치인이 되어 달라는 당부를 했고, 그로부터 "정치판에서 그런 사람을 누가 뽑아 주나요?" 라는 웃음 섞인 답변이 돌아왔고 거기에서 대화는 끊겼다.

나는 정치를 너무 모르는 것이 문제였고 그는 정치를 너무 잘 아는 것이 문제였다. 나는 현실과 동떨어진 이상적 정치인상을 기대했고 그는 이상과 역시 동떨어진 공학적 설계가 필요한 현실정치를 생각했을 것이다. 그래서 그는 여전히 정치인으로 남아 있고 나는 학교에 있다. 우리의 짧은 만남은 그렇게 끝이 났지만 나는 우리의 법제가 일본의 법을 그대로 따를 수밖에 없었던 역사적 배경을 정리하면서, 국민을 가시밭길로 내몰면서 자신은 뒤에서 꽃마차를 타고 즐기는 지도자가 아닌, 스스로 가시밭길을 헤쳐 국민들에게 꽃길을 열어주는 지도자가 이 시간에도 절실히 필요하다고 생각하고 그런 지도자가 반드시 출현하리라 믿는다. 그리고 우리 국민들은 자신의 이익을 위해 국민을 이용하는 정치인 등을 단호히 배격하고 국가와 국민을 위해 스스로를 기꺼이 희생하는 정치인이나 관료들을 선택하는 혜안을 가지고 있다고 믿는다. 또 마땅히 그래야 한다.

10여 년 전 한국에 오래 근무한, 한 일본인 상사 맨이 「한국이 죽어도 일본을 못 따라잡는 18가지 이유」라는 제목의 책을 출간하여 읽은 적이 있다. 비록 그 사람은 한국을 걱정하여 진정한 조언을 한 것으로 그 의도를 좋게 이해하고자 하였으나 제국주의의 광풍 속에서 일본의 선도적 근대화, 산업화가 결국 한국을 뒤덮은 과거에서 보듯 한국이 여전히 구원이나 전통적 가치관, 진영 간 대립에 몰입되어 국제적 흐름을 파악하고 신속하게 대응하지 못한 채 뒤쳐져 버릴 경우 이런 류의 변신에 능한 일본에 결코 문화적으로 앞서지 못할 것이라는 취지가 곳곳에 강조되어 있어 씁쓸한 생각이 적지 아니하였다. 저자의 지적을 우리가 보다 전향적으로 받아들일 필요가 없지 아니하나, 결코 현재의 우리가 이전 국권침탈의 시기처럼 과거에 몰입되어 현재의 위치나 장래의 진로에 소홀하다고는 생각하지 않는다.

필자는 20여 년 전 후배법조인을 양성하는 기관에서 교육과 연구에 종사할 무렵 예비법조인들을 인솔하여 한 정보통신기관을 방문한 일이 있다. 정문 현관을 들어서자 중앙 쪽에 큰 현판이 눈에 띄었다. 정확한지는 자신이 없지만 그 문구는 '산업화는 늦었지만 정보화는 앞서가자'는 취지였다. 지도자들의 국가와 국민에 대한 바른 책무는 바로 이런 것이다. 우리가 서구에서 시작된 산업화의 흐름을 전혀 알지 못하고 대응하지 못한 반면, 일본은 이를 충분히 이해하고 발 빠르게 대응함으로써 일본에 국권마저 침탈당하는 피해를 입었지만, 새로운 성장과 발전의 동력으로 또 국력의 상징으로 여겨지는 정보화에 있어서는 어떤 국가보다도 앞서 나가자는 취지를 그 기관의 책임자와 당시 국가의 지도자가 이해하고 이를 앞장서 실천하려는 의지를 담아 현판으로 내걸은 것이리라. 필자는 당시 그 책임자의 이름을 기억하고 있으나 굳이 밝히지는 않는다. 하지만 당시 참으로 큰 감명을 받았다.

정보화라는 국가적 어젠다를 실천하기 위한 여러 가지 정책을 수립하고 실행함으로써 우리는 하드, 소프트 분야에서 세계의 흐름을 리드해 나가는 눈부신 성과를 이룬 것으로 판단된다. 이러한 노력은 현재도 마찬가지이고 앞으로도 우리 국가가 존재하는 한, 그리고 극동의 정치지형이 유럽과 같이 하나의 통일된 집결체로 극적으로 변모하지 않는 한, 영원히 우리 지도자와 정책결정자에게, 그리고 국민들에게 숙명처럼 주어진 과제이다. 국민들은 이러한 책무를 충실히 이행할 수 있는 지도자를 현명하게 결정하여야 하고 이들의 결정에 부족하거나 잘못된 점은 없는지 끊임없이 확인하고 문제를 지적하여야 한다.

근래 우리의 주력산업인 반도체 산업의 경우 누가 얼마나 효율적인 투자를 하여 메가급에서 기가급으로 또 기가급에서 더 높은 급으로 기술력을 높이고 더 빠르고 더 싼 제품을 생산하느냐가 기업 뿐 아니라 국가경제의 승패와 직결된다. 참으로 치열하고도 냉엄한 국제경제의 현실이다. 나아가 근래 우리가 주도하고 있는 소위 '한류'라는 이름의 문화적 어젠다는 중국과 일본을 압도하고 동남아시아를 넘어 세계로 그 영향을 확대하고 있다. 이러한 적극적이고 진취적인 아이디어는 그 만큼 우리의 미래를 설계할 능력을 가진 유능한 인재들이 적지 않다는 것이고 국가와 사회가 이들의 활동을 적극 후원하고 지원한다면 이를 우리의 상표를 붙인 문화수출로 확대할 수도 있을 것이다.

일본을 가끔 찾는 기회에 일본의 서점을 들러 출간된 책들을 본다. 그 중에는 한국의 이러한 문화 선도적 경향을 저질문화 등으로 비방하는 것들도 적지 않았으나 그만큼 우리의 문화 활동이 그들에게는 시기 내지는 비판의 대상이 된 것을 역설적으로 말해 주는 것이라고도 여겨졌다. 다만 여기에 그치지 말고 글로벌 시대에 맞는, 다른 문화권에서 미처 생각하지 못한 기술적, 문화적 아이디어들을 찾아내고 성장시켜 국제적 경쟁력을 높여 나갈 필요가 절실하다. 촌각을 다투어 경쟁 기업보다 먼저 신제품을 출시하는 것이 기업의 운명을 결정하는 것이라면 지금도 진행 중인 근대화의 과정에서 주변 경쟁 국가들의 상황을 정확하게 파악하고 이를 누가 먼저, 강력하게 추진하느냐가 국가의 명운을 결정할 것이다.

본문에서 여러 가지 역사적 과정을 통하여 확인한 바와 같이 앞으로도 이를 교훈으로 삼아야 한다는 점을 결코 놓쳐서는 안 된다. 이러한 시각에서 다시 한 번 우리의 과거 문화적 발전과정을 되돌아본다. 우리도 중국도 일본과 마찬가지로 서구화, 산업화를 시도하지 않은 것은 아니다. 다만 그 시기와 정도가 당시의 국내 정치적 상황으로 인하여 훨씬 뒤늦었고 정부의 추진의지와 강도 또한 미약하였던 점은 엄연한 사실이다. 결국 우리의 이러한 시도는 서구세력과 연합한 제국주의 일본의 강압으로 초기단계에서 완전히 무너져 버렸고 그런 점에서 일본의 책임이라는 앞에서의 견해도 타당하다. 다만 마지막으로 다시 한 번 강조하거니와 여기에 그쳐서는 역사를 통해 얻고자 하는 우리의 운명과 국가의 발전에 대한 교훈은 없다.

처음에 법제사적 측면에서 일본, 그리고 독일의 법제에 편입된 과정을 구체적으로 정리하고자 시작한 의문 해결의 과정은 결국 전반적인 문화사 나아가 역사의 문제까지 확대되었다. 법 또한 문화, 역사의 일부이니 만큼 어쩔 수 없다고 여기거니와 일본의 근대 이후의 과정을 이를 전공한 학자들이나 전문가들이 충분히 이해함에도 불구하고 일본이라는 과거 침략세력, 그리고 현재에도 그들의 향후 행동을 예측치 못하는 부정적인 시각에서 거의 자세하게 다루지 않거나 우리의 시각에서 애써 무시하거나 또는 생략하여 온 종래의 경향에서 거의 처음 시도한 필자의 위와 같은 내용들은 새로 발굴한 역사적 사실은 결코 아니며 종래의 사실들을 새로운 시각에서 순서에 맞추어 배열한 것에 불과하다.

이웃 일본은 우리에게 어떤 의미를 가지며 우리는 이에 어떻게 대응하여야 하는가. 아직도 풀리지 않는 과거의 통한 속에서 다양한 의견이 표출되고 있다. 과거의 역사를 잊고 미래를 설계하고자 함은 어리석은 일일 것이며 또한 역사에 매몰되어 미래를 제대로 설계하지 못함 또한 현명한 일이 아닐 것이다. 미국과 일본, 프랑스와 독일의 과거와 현재를 살펴보는 것만으로도 이러한 교훈을 쉽게 얻을 수 있을 것이다. 일본 큐슈대학의 마쓰하라(松原孝俊) 교수는 2002년 한국국제교류재단이 개최한 학술회의에서 '21세기는 한일문화 경쟁시대'라는 논문을 통하여 한일비교문화사적 관점에서 한일관계와 동아시아세계의 문화층을 제시하고 새로운 문화모델을 설정하는 과정에서 한국과 일본의 수준은 균일화되었고 이제 문화경쟁의 시대에 들어섰다고 지적한 바 있거니와 과거도 그러하고 현재는 물론 미래에도 우리와 일본, 중국은 문화적으로 뿐 아니라 정치적, 경제적으로 서로 각축하고 경쟁하는 관계이며, 그 과정에서 우리에게 도움이 되면 어떤 세력이라도 힘을 합하고 또 어떤 경우에는 멀리해야 하는 전략적 선택을 부단히 해 나갈 수밖에 없다.

국제질서는 냉엄하다. 영원한 적도 동지도 없다는 것이 국제질서에 관한 중요한 교훈이요, 또 정책이라던가. 이는 국제질서를 통하여 얻고자 하는 것이 자국의 안전과 이익일 진대, 계속 변화하는 국제질서 속에서 어떤 외교적 관계설정과 정책방향의 결정이 자국에 유리한가라는 셈법 또한 계속 변하는 것이기 때문이다. 미국, 러시아, 중국, 일본 등의 관계변화를 보면 이러한 교훈은 명백히 진리이다. 우리도 일본이나 미국, 중국을 과거의 친화적, 또는 적대적 관계에 고착하여 판단하고 그들과의 관계설정을 단선적으로 판단할 필요가 없으며 또 판단하여서도 안 된다. 이미 지나간 과거는 과거일 뿐 현재와 미래의 국제질서의 변화를 예의 주시하면서 우리의 국익을 위하여 주변국 뿐 아니라 글로벌 시대 상황에서 세계의 각국과 관계를 새로이 설정하고 변경하는 일을 끊임없이 하여야 한다.

외교나 안보정책의 전문가가 아닌 필자가 이런 일을 논하는 것이 적절할지는 모르나, 국민의 한 사람, 사회과학을 연구하는 한 사람으로서 외교나 통상 등 국제관계에 있어서는 유연하고 신중한 대처가 매우 중요한 것으로 판단된다. 과거 우리의 역사에서 보듯 주변국과의 관계에서 그저 명분만을 찾다가 실리를 잃어버리거나 심지어 전쟁 상황까지 초래하여 국가와 국민에 엄청난 피해를 가한 사례들을 적지 않게 찾을 수 있다. 이들은 모두 필요한 냉정함을 잃어버림으로써 국제관계에서 그릇된 판단을 한 것이 주된 원인이라고 생각한다. 어제의 적도, 필요하면 오늘 우방을 넘어 전쟁에서의 동맹국관계로 전환될 수 있을 뿐 아니라 어제의 우방도 우리 국익에 해가 되면 당연히 등을 돌려야 하는 것이 냉엄한 국제 질서에서 어쩔 수 없이 필요한 자세이고 정책의 방향이어야 한다.

과거를 거슬러 문화적 역류를 탐구하는 과정과 함께 이쯤에서 필자의 글을 마무리하고자 한다. 역사는 이를 통하여 현재, 나아가 미래에 반영하려는 의도를 가진 사람, 특히 국가의 지도자와 고위공직자들에게는 국가의 안전을 확보하고 발전을 담보하기 위해 반드시 참고하여야 할 귀중한 자료이다. 그렇지 아니하더라도 경제인들에게는 기업경영을 위한 중요한 정보가 될 수 있고, 학자들에게는 학문적 연구테마의 형성 등에, 나아가 일반 국민들에게도 풍요로운 삶을 영위하는데 매우 중요한 의미를 가진다. 역사의 가치가 이러함에, 역사탐구는 사실을 있는 그대로 받아들이고, 이를 통해 우리가 얻고 취할 수 있는 교훈으로 삼는 것이 기본이다. 역사를 우리에게 유리하거나 불리한 방향으로 또는 급변하는 세계정세 속에서 냉정하게 보지 못하고 왜곡하거나 변화시켜 이해하는 것은 이러한 소중한 교훈의 기회를 스스로 저버리는 것으로 결코 바람직하지 못하다. 혹여 우리는 지금도 이러한 우를 범하고 있지는 않은가? 우리 스스로와 우리 국가를 위하여, 함께 되돌아 볼 기회가 있기를 진심으로 기대해 마지 않는다.

1. 국내

[저서]

강영수, 「유태인 오천년사」, 청년정신, 2003.
구현숙, 「일본 근대화의 길」, 어문학사, 2008.
구태훈, 「일본역사탐구」, 태학사, 2002.
구태훈, 「일본근세. 근현대사」, 재팬리서치21, 2008.
김광옥, 「변혁기의 일본과 조선」, 인문사, 2011.
김상용, 「한국법사와 법정책」, 피앤시미디어, 2014.
김영작, 「근대한일관계의 명과 암」, 백산서당, 2006.
김용덕, 「일본근대사를 보는 눈」, 지식산업사, 2005.
김정오, 「한국의 법문화」, 나남, 2006.
류승훈, 「법으로 풀어가는 역사기행」, 법률출판사, 2015.
민두기, 「일본의 역사」, 지식탐구사, 1998.
민석홍, 나종일, 윤세철, 「세계문화사 제2판」, 서울대학교출판문화원, 2015.
민석홍, 「서양사 개론」, 삼영사, 1997.
박남수 등, 「한국근대사기초자료집 6」, 개화기의 사법, 국가편찬위원회, 2014.
박병호, 「한국법제사」, 민속원, 2012.
방광식, 「근대 일본의 국가체제 확립과정」, 혜안, 2008.
손승철, 「조선시대 한일관계사 연구-교린관계의 허와 실」, 경인문화사, 2006.
유영렬, 「한일관계의 새로운 이해」, 경인문화사, 2006.
이보형, 「미국사 개설」, 일조각, 2016.
이정규, 「한국법제사」, 국학자료원, 1996.
이재삼, 「법의 철학과 우리의 법제」, 대진, 2006.
이승일, 「조선총독부 법제정책」, 역사비평사, 2008.
조지만, 「조선시대의 형사법」 -대명율과 국전-, 경인문화사, 2007.
정혜선, 「한국인의 일본사」, 현암사, 2011.
표성수, 「영미 형사사법의 구조」, 육법사, 2004.
홍익희, 「유대인 이야기」, ㈜행성비, 2013.

홍일식, 「문화영토시대의 민족문화」, 육문사, 1987.

[논문]

강경숙, "조선도자와 임진왜란", 한일관계사학회 등, 「한·일 도자문화의 교류양상」, 경인문화사, 2005.

강덕상, "한일역사마찰의 배경", 현대송, 「한국과 일본의 역사인식」, 나남, 2014.

고병익, "군왜(群倭)와 기화요초(琪花瑤草)", 한일문화교류기금, 「되돌아 본 한일관계사」, 경인문화사, 2005.

권석봉, "일본의 근대화운동", 동양사학회, 「개관 동양사」, 지식산업사, 1990.

김기주, "서양세력의 아시아 진출", 동양사학회, 「개관 동양사」, 지식산업사, 1990.

김용운, "한국이 보는 일본", 한국국제교류재단, 「한국과 세계의 만남」, 지문당, 2002.

민덕기, "조선후기의 회고와 전망", 한일관계사학회, 「한일관계사연구의 회고와 전망」, 국학자료원, 2002.

민덕기 등, "한·일간 표류민에 관한 연구", 한일관계사학회, 「한일관계사의 양상」, 국학자료원, 2000.

민덕기, "표류민을 통한 정보의 교류", 한일관계사학회, 「조선시대 한일표류민연구」, 국학자료원, 2011.

박남수 등, "개화기의 사법", 국가편찬위원회, 「한국근대사기초자료집」 6, 2014.

박환무, "천황제 내셔널리즘의 형성과 변용의 한 단면", 한일관계사연구논집 편찬위원회, 「일본의 한국침략과 주권침탈」, 경인문화사, 2005.

방병선, "임란이후 조선도자", 한일관계사학회 등, 「한·일 도자문화의 교류양상」, 경인문화사, 2005.

손승철, "조선왕조실록 속의 한일관계기사 분석", 한일관계사학회 등, 「조선왕조실록 속의 한국과 일본」, 경인문화사, 2004.

손승철, "조선통신사와 21세기 한일관계", 한일문화교류기금. 「되돌아본 한일관계사」, 경인문화사, 2005.

신승하, "일본의 대륙침략". 동양사학회, 「개관 동양사」, 지식산업사, 1990.

이진희, "조선조 후반기의 한일관계", 한일문화교류기금, 「되돌아 본 한일관계사」, 경인문화사, 2005.

정성일, "표류·표착의 지역적 특성과 그 현재적 의의", 한일관계사학회, 「조선시대 한일표류민연구」, 국학자료원, 2011.

정재정, "한국과 일본의 러일전쟁관", 한일관계사학회, 「한일양국의 상호인식」, 국학자료원, 1998.

정창렬, “러일전쟁의 한일관계”, 한일관계사연구논집 편찬위원회, 「일본의 한국침략과 주권침탈」, 경인문화사, 2005.

조 광, “통신사에 관한 한국학계의 연구 성과와 쟁점사항”, 한일관계사연구논집 편찬위원회, 「통신사·왜관과 한일관계」, 경인문화사, 2005.

조성을, “한국과 일본의 화이관의 변화와 상호인식”, 한일관계사연구논집 편찬위원회, 「통신사·왜관과 한일관계」, 경인문화사, 2005.

최상용, “일본의 근대화를 생각한다”, 한일문화교류기금, 「되돌아 본 한일관계사」, 경인문화사, 2005.

최석완, “청일전쟁과 일본의 조선침략”, 한일관계사연구논집 편찬위원회, 「일본의 한국침략과 주권침탈」, 경인문화사, 2005.

최종고, “근세 한일법률교류사”, 한일문화교류기금, 「되돌아 본 한일관계사」, 경인문화사, 2005.

표성수, “근래 추진 중인 형사사법 개혁에 관한 소고”, 「한국 형사법학의 이론과 실천」, 박영사, 2010.

한태문, “통신사 왕래를 통한 문화교류”,한일관계사연구논집 편찬위원회, 「통신사·왜관과 한일관계」, 경인문화사, 2005.

현명철, “통신사 단절과 서계 문제”, 한일관계사연구논집 편찬위원회, 「통신사·왜관과 한일관계」, 경인문화사, 2005.

2. 일본

[저서]

아사오 나오히로(朝尾直弘) 등, 「새로 쓴 일본사」, 이계황 등 역, 창비, 2007.

이께다 료지(井け田 良治) 등, 「일본근대법사」, 법률문화사, 1999.

이와무라 히또시(岩村 等), 「입문 일본근대법제사」, 나까니시야 출판, 2003.

가쓰미 노부히꼬(霞 信彦) 등, 「일본법제사 사료집」, 경응의숙대학출판회, 2003.

가와구치 요시히꼬(川口由彦), 「일본현대법제사」 제2판, 신세사, 2014.

고또 마사또(後藤正人), 「근대일본의 법사회사」, 세계사상사, 2003.

사이또 다까시(齋藤 孝), 「세계사를 움직이는 다섯 가지 힘」, 홍성민 역, 뜨인돌 출판사, 2009.

시마다 마사오(島田正郞), 「아시아법사」, 임대희 등 역, 서경문화사, 2000.

스즈끼 겐지(鈴木健二), 「役に立つ日本史物語」, 講談社, 1990.

다나까 가오루(中田 薫), 「일본법제사강의」, 창문사, 1983.

니토베 이나조(新渡戶稻造), 「일본의 무사도」, 양경미/권만규 역, 생각의 나무, 2005.
하라 아끼라(原郎), 「청일 러일전쟁 어떻게 볼 것인가」, 김연옥 역, 살림, 2015.
하라다 게이이치(原田敬一), 「청일 러일 전쟁」, 최석완 역, 어문학사, 2012.
히야마 히사오(檜山久雄), 「동양적 근대의 창출」, 정선태 역, 소망, 2016.
요시노 마꼬토(吉野 誠), 「동아시아속의 한일 2천년사」, 한철호 역, 책과 함께, 2005.
로꾸모도 가헤이(六本佳平), 「日本の法と社會」, 유비각, 2004.

[논문]

이노우에 가쯔오(井上勝生), "국민국가로의 길", 아사오 나오히로(朝尾直弘) 등, 「새로 쓴 일본사」, 이계황 등 역, 창비, 2007.
오다기리 시노부(小田桐 忍), "문화로서의 법의 프롤로그", 쯔까모도 기요시(塚本 潔) 등, 「법과 문화의 역사사회학」, 세계사상사, 2004.
가마다 모또가즈(鎌田元一), "율령국가의 성립과 변모", 아사오 나오히로(朝尾直弘) 등, 「새로 쓴 일본사」, 이계황 등 역, 창비, 2007.
다까하시 히데나오(高橋秀直), "메이지 유신", 아사오 나오히로(朝尾直弘) 등, 「새로 쓴 일본사」, 이계황 등 역, 창비, 2007.
후지이 죠오지(藤井讓治), "근대사회의 성숙", 아사오 나오히로(朝尾直弘) 등, 「새로 쓴 일본사」 이계황 등 역, 창비, 2007.
미즈모도 구니히꼬(水本邦彦), "막번체제" 아사오 나오히로(朝尾直弘 등, 「새로 쓴 일본사」, 이계황 등 역, 창비, 2007.
미야기 기미꼬(宮城公子), "근세사회의 전환", 아사오 나오히로(朝尾直弘) 등, 「새로 쓴 일본사」, 이계황 등 역, 창비, 2007.
야마모또 시로오(山本四郞), "청일, 러일 전쟁", 아사오 나오히로(朝尾直弘) 등, 「새로 쓴 일본사」, 이계황 등 역, 창비, 2007.

3. 기타

[저서]

W. G. Beasley, 「일본 근현대사」 개정 3판, 장인성 역, 을유문화사, 2004.
Christopher Beckwith, 「중앙유라시아 세계사」, 이강한 등 역, 소와당, 2014.
Andrew Gorden, 「현대일본의 역사」 1, 문현숙/김우영 역, 이산, 2015.
Bernhard Grossfeld, 「비교법문화론」, 야마우찌 이스께(山內惟介) 등 역, 중앙대학출판부, 2004.

John Whitney Hall, 선사부터 현대까지 일본사, 박영재 역, 역민사, 2003.
Martin Jacques, 「중국이 세계를 지배하면」, 안세민 역, 부키출판, 2010.
Marius B. Jansen, 「일본과 동아시아 이웃 나라들」, 지명관 역, 소화, 2002.
W. F. Sands, 「조선의 마지막 날」, 김훈 역, 미완, 1998.
Donald Keene/시바 료따로, 「세계 속의 일본, 일본 속의 세계」, 고려원, 1994.
다닐로프/코술리나(A. A. Данилов/Л. Г. Косулина), 「새로운 러시아 역사」, 문명식 역, 신아사, 2015.
한중일 삼국 공동역사편찬위원회, 「한중일이 함께 쓴 동아시아 근현대사」 1, 2, 휴머니스트, 2012.
권오기/와까미야 요시부미(若宮 啓文), 「한국과 일본국」, 샘터, 2005.

[논문]

Daniel H. Foote, "The Benevolent Paternalism of Japanese Criminal Justice", 80 Cal. L. Review, 317(1992).
Vladimir Tikhonov, "19세기말 - 20세기 초 서구 선교사들의 한국 불교관". 한국국제교류재단, 「한국과 세계의 만남」, 지문당, 2002.

【ㄱ】

【ㅂ】

【ㅅ】

【ㅇ】

【ㅊ】

저자약력

표 성 수

- 서울대학교 법과대학 및 대학원 졸업
- Ikh Zasag Int. 대학교 명예박사
- 검사, 부장검사, 차장검사
- 사법연수원, 법무연수원 교수
- 금융감독위원회 위원
- 국민대학교 법과대학장(법무대학원장)

- 현 국민대학교 법과대학 교수

한국의 서구 법제 계수의 문화사적 배경

초판인쇄 : 2017년 08월 25일
초판발행 : 2017년 08월 30일
저　　자 : 표 성 수
발 행 인 : 유 지 수
발 행 처 : 국민대학교 출판부
주　　소 : 서울특별시 성북구 정릉로 77
전　　화 : 02-910-4242
팩　　스 : 02-910-4240
등　　록 : 1975년 6월 17일 제6-33호
인　　쇄 : 삼아인쇄사

ISBN 978-89-7812-406-5 (03360) 가격 22,000
* 잘못된 책은 교환해 드립니다.

국립중앙도서관 출판예정도서목록(CIP)

한국의 서구 법제 계수의 문화사적 배경
저 자 : 표 성 수
— 서울 : 국민대학교 출판부, 2017
p. ; cm
ISBN 978-89-7812-406-5 03360 : ₩22,000
한국 법제사[韓國法制史]
법제도[法制度]
360.911-KDC6
340.09519-DDC23 CIP2017021389